KB175530

다시 쓰는
한국현대사
2

다시 쓰는 한국현대사 2

휴전에서 10·26까지

박세길 지음

2015년 7월 20일 신판 초판 1쇄 발행
2023년 1월 20일 신판 초판 5쇄 발행

펴낸이 한철희 | 펴낸곳 돌베개 | 등록 1979년 8월 25일 제406-2003-000018호
주소 (10881) 경기도 파주시 회동길 77-20 (문발동)
전화 (031) 955-5020 | 팩스 (031) 955-5050
홈페이지 www.dolbegae.co.kr | 전자우편 book@dolbegae.co.kr
블로그 imdol79.blog.me | 트위터 @Dolbegae79 | 페이스북 /dolbegae

책임편집 소은주·정소연
표지디자인 김동신 | 본문디자인 이은정
마케팅 심찬식·고운성·조원형 | 제작·관리 윤국중·이수민
인쇄·제본 한영문화사

ISBN 978-89-7199-674-4 (04910)
      978-89-7199-683-6 (세트)

다시 쓰는 한국현대사 2

박세길

휴전에서 10·26까지

돌베개

책을 펴내면서

노예가 자신이 노예임을 깨닫지 못한다면 그 노예는 영원히 노예일 수밖에 없습니다. 마찬가지로 한 민족이 자신을 지배하는 외세를 마냥 받들어 모시기만 한다면 그 민족은 결코 식민지 노예의 멍에로부터 벗어날 수 없을 것입니다.

돌이켜보면 우리는 참으로 오랫동안 외세를 은혜로운 존재로 찬미하고 제 동포를 흉측한 괴물로 취급하는 가공스러운 최면상태를 강요받아왔습니다. 그 결과 한국전쟁 이후 이 땅은 반미의 무풍지대로 굴욕의 세월을 보내야만 했습니다.

제2차 세계대전을 거치면서 제국주의 진영의 총수로 등장한 미국은 거세게 휘몰아치는 민족해방의 물결을 억누르고 자국의 지위를 유지하고 강화하기 위한 속셈으로 그들이 자랑하는 첨단 과학기술에 필적하는 고도의 지능적인 수법을 사용해왔습니다. 미국은 무엇보다도 악마를 천사로 둔갑시키는 천재적인 능력을 발휘했습니다. 이 같은 미국의 능력은 다름 아닌 바로 이 땅에서 가장 전형적인 모습을 보여주었으며 시간이 흐름에 따라 더욱더 교활해진 것이 사실입니다.

미국은 침략적인 전쟁정책을 추구하면서도 언제나 자신을 자유와 평화의 수호자로 부각해왔습니다. 이를 위해 전쟁 도발의 책임을 적대진영에게 떠넘기기 위한 엄청난 음모가 수십 년에 걸쳐 줄기차게 전개되어온 것입니다. 이승만 단독정부 수립과정에서 자신을 독립의 원조자로 위장했던 미국은 4월 혁명을 계기로 식민통치에 심각한 제동이 걸리자 5·16군사쿠데타를 시발로 '정보공작정치'라는 새로운 수법을 도입했습니다. 그럼으로써 미국은 자신의 정체를 철저하게 은폐하고자 노력했습니다. 경제적 수탈에서도 사정은 마찬가지였습니다. 미국은 원조와 차관을 미끼로 우리 경제를 집어삼키는 과정에서도 자신을 빈곤의 구제자이자 경제개발의 후원자로서 부각해왔습니다. 이와 함께 엄청난 양의 경제잉여에 대한 수탈 역시 '경제적 합법칙성'이라는 이유로 교묘하게 포장됨으로써 그 진상이 극도로 은폐되어왔습니다.

미군정의 종식과 함께 남한이 미국의 직접통치에서 벗어나 점차 독립의 기반을 강화해왔다는 신화는 결국 미국의 통치방식이 더욱 교활해졌음을 의미하는 것에 불과한 셈입니다. 이러한 맥락에서 한국전쟁에 이르기까지 남한에서 보인 미국의 속성을 '잔인함'으로 특징짓는다면 그 이후는 '교활함'이라고 특징지을 수 있을 것입니다.

따라서 지금까지 우리 눈에 비친 역사적 사실의 상당 부분은 본질과 거리가 먼 지엽적·말단적인 것이거나 의도적으로 제시된 위장용임을 간파하지 않으면 안 되는 것입니다. 범인이 남겨놓은 알리바이만으로는 결코 사건의 진상을 밝힐 수 없습니다. 그러므로 한국현대사에 얽힌 진실과 그에 바탕을 둔 한국 사회의 전면적인 해명은 이론적인 사색에 앞서서 은폐되어 있는 진상을 들추어내고 비뚤어진 사실을 바로잡는 데서 시작하지 않으면 안 됩니다.

물론 지배자가 사용하는 은폐와 위장이라는 기본 수법은 어디까지나 심각한 '폭력'에 의해 뒷받침되어왔습니다. 미국이 남한을 지배하는 데 있어 가장 중요한 통로의 하나이자 거대한 음모의 산실인 각종 정보기관이 총칼로 무장한 군부의 손에 직접 장악되어왔다는 사실이 이를 잘 말해주고 있습니다. 바로 이 같은 폭력에 의존해 음모의 현장이 '성역'으로 탈바꿈해 선포되고 민중의 접근이 철저히 저지되어온 것입니다. 따라서 현대사에 관한 궁극적이며 확정적인 진실은 단순히 몇 자루의 펜대만으로는 밝혀질 수 없습니다. 그것은 오로지 진실을 파헤치고자 하는 전체 민중의 투쟁에 의해서만 가능할 뿐입니다. 우리의 현대사에 관한 정확한 규명작업은 '소수 지식인의 손에서 전체 민중의 손으로, 폐쇄적인 사색의 영역에서 공개적인 투쟁의 영역으로' 옮겨져야 합니다. 민중은 이러한 투쟁을 통해서만 자신을 얽어매고 있는 최면술에서 벗어나 세상을 똑바로 볼 수 있는 두 눈을 가지게 될 것입니다. 요컨대 민중이 미래의 역사를 자기 것으로 삼기 위해서는 먼저 과거의 역사를 되찾는 것부터 출발해야 하는 것입니다.

이 책은 해방에서 한국전쟁까지를 다룬 제1권과 마찬가지로 민중의 요구와 역할을 중심으로 외세와의 관계를 중점적으로 부각시키면서 남북의 민중을 하나의 민족사의 주체로 놓고 서술하고자 했습니다. 물론 이 같은 본래의 목적이 충분히 달성되었다고는 결코 자신할 수 없습니다. 통치자들에 의한 정보통제로 말미암아 확정적인 증거를 제시하지 못하고 단지 심증만을 굳히는 것으로 끝난 경우도 있을 것입니다. 또한 여전히 위세를 떨치고 있는 반공 이데올로기의 압력 때문에 정당한 평가는 고사하고 아예 다루지조차 못한 사건들도 있을 것입니다. 한편으로는 필자의 부족함을 통감하면서도 아직도 현실은 진실에 대해 적대적 입장을 취하고 있음을 새삼 확인하게 됩니다. 부족한 부분은 민중 모두의 손으로 메워지기를 기대해봅니다.

　마지막으로 이 책이 세상의 빛을 볼 수 있게 끝까지 맡아주신 돌베개 식구 모두에게 거듭 감사드립니다.

1989년 5월 1일

박세길

책을 펴내면서   5

제**3**부

부활의 기적   제1장 **식민지 예속화의 길**

1. 분단의 사슬   15

2. 뿌리 뽑히는 민족경제   25

3. 조국을 팔아먹는 자들   35

4. 이승만의 권력 놀음   45

제2장 **북한에서의 건설과 혁명**

1. 전쟁의 잿더미에서 사회주의 공업국가로   53

2. 자력갱생의 길   65

3. 주체사상의 발전   77

4. 건설은 평화를 요구했다   86

제3장 **4월 혁명**

1. 끓어오르는 민중의 분노   93

2. 드디어 민중봉기가 시작되다   101

3. 사태 수습에 나서는 미국   109

4. 멈추지 않는 민중의 전진   118

제**4**부

반혁명공세

제1장 **군사통치의 개막**

  1. 통치방식의 일대 전환　　129
  2. 미국의 비밀공작　　137
  3. 기만적인 민정 이양극　　148

제2장 **되살아나는 전쟁음모**

  1. 세계 제패를 노리는 미국　　159
  2. 남한에 부여된 역할　　165
  3. 진격을 서두르는 일본군　　175
  4. 6·3항쟁의 대혈투　　183

제3장 **본격적인 수탈의 개시**

  1. 미국 주도하의 경제개발　　199
  2. 더욱 교묘해진 제국주의의 수탈　　207
  3. 밑지는 장사에 민중만 죽어나고　　223
  4. 과거의 지위를 되찾는 일본　　241

제4장 **저항과 반격**

  1. 북한의 방위투쟁　　254
  2. 쫓겨가는 미국　　268
  3. 북한의 외교적 반격　　275

제**5**부

그래도
역사는
전진한다

제1장 **위기 속의 몸부림**

    1. 민주주의와 생존을 위한 투쟁   287

    2. 기만적인 통일 놀음   299

    3. 휘몰아치는 반동의 회오리   310

제2장 **암흑의 시대**

    1. 포기되지 않는 전쟁야욕   321

    2. 파탄의 길을 걷는 남한 경제   338

    3. 수용소로 돌변한 남한   351

    4. 민중의 항거와 유신독재의 붕괴   358

제3장 **새로운 도약을 향하여**

    1. 사회주의 건설의 성과들   373

    2. 3대 혁명의 진로   380

    3. 통일을 위한 발걸음   393

책을 쓰고 나서   401

참고문헌   405

제3부

부활의 기적

미국은 한국전쟁을 통해 남한에 존재하는 일체의 저항운
동의 씨앗을 말려버리고자 했다. 그 결과 이 땅의 민중운
동은 괴멸적 타격을 받지 않으면 안 되었다. 그로부터 미
국은 휴전과 동시에 남한을 자국의 요구에 맞게 개조하는
작업을 서둘러 진행했다. 원조라는 신형무기를 동원해 민
족경제를 뿌리째 뽑아버리고 남한을 자국의 상품을 판매
하고 자본을 투하하는 시장으로 전환한 것은 그 단적인
표현이다.

그러나 남한 민중은 4월 혁명을 통해 다시금 저항의 깃발
을 치켜들었다. 이와 함께 북한은 전쟁의 폐허로부터 발
전된 공업국으로 무섭게 발돋움하고 있었다. 이 모든 것
은 미국이 자행한 온갖 파괴공작에도 불구하고 불사조처
럼 다시 일어나는 우리 민족의 끈질긴 저력을 과시하는
것이었다. 그것은 한마디로 부활의 기적이었다.

제1장

식민지 예속화의 길

1. 분단의 사슬

1945년 8월 해방과 동시에 38선이 그어지고 9월 8일 미군의 진주와 함께 미군정 시대가 개막되었으며, 이어서 1948년 이승만 단독정부가 수립되고 3년간 한국전쟁을 거치는 과정에서 민족의 분단은 쉽게 움직일 수 없는 확고한 현실로 자리 잡았다.

민족의 분단은 단순히 민족이 둘로 갈라져 있는 상태만을 의미하는 것이 아니다. 다시 말해 그것은 민족의 절반이 외세에 계속 지배됨으로써 민족적 자주권을 근본적으로 박탈당한 상태를 가리키는 것이다. 이러한 맥락에서 휴전 이후 분단상황이 어떻게 고착되어갔는지를 이해하기 위해서는 외래 지배자가 이 땅에서 어떻게 자리 잡게 되었으며 민족분열정책과 민중에 대한 억압이 어떻게 파생되었는지를 살펴봐야 한다.

한국전쟁을 거치면서 남한에 대한 외세의 지배가 고착화된 가장 중요한 징표는 주한 미군의 영구주둔이라고 할 수 있다.

주한 미군은 1949년 6월 일시적으로 철수했지만 한국전쟁을 계기로 다시 이 땅에 밀려들어 오게 되었다. 주한 미군은 한국전쟁을 통해 재진주의 명분뿐 아니라 영구주둔을 위한 그들 나름의 근거를 마련하게 되었다. 즉, 그들의 주장에 의하면 한국전쟁은 주한 미군이 철수한 상황에서 발생한 것이며 따라서 한반도에서 전쟁의 재발을 방지하기 위해서는 미군이 계속 주둔해야만 한다는 것이었다. 이러한 주장은 그동안 남한 사회에서 절대적인 가치를 발휘해온 것이 사실이다. 그러면 과연 주한 미군은 평화의 수호를 목적으로 하고 있는가.

주한 미군의 영구주둔을 공식적으로 뒷받침하는 것은 1953년 10월 1일 한미 양국 간에 체결된 한미상호방위조약이다. 그중 특히 중요한 의미를 지닌 것은 다음의 제4조라고 할 수 있다.

상호합의에 의하여 미합중국의 육군, 해군, 공군을 대한민국의 영토 내와 그 부근에 배치하는 권리에 대해 대한민국은 이를 허용하고 미합중국은 이를 수락한다.[1]

결국 이 조항에 따라 미국은 우리 민중의 의사는 물론이고 남한 정부와의 아무런 협의 없이도 자유자재로 자국의 병력을 이 땅에 주둔·배치할 수 있는 특별한 권한을 지니게 되었다.

또한 주한 미군은 이 같은 자유로운 주둔권과 함께 세계 어디에서도 찾아보기 힘든 각종 특권을 누리게 되었다. 군사기지의 무료 사용을 예로 들어보자. 1988년 현재 주한 미군이 단 한 푼의 임대료도 지불하지 않고 사용하고 있는 기지용 토지는 서울시의 절반에 해당하는 9,000만 평에 달하고 이 토지의 실제 임대료는(1년분) 인근 토지가격

1 　노재봉, 「한국경제개발에 따르는 정치적 코스트」, 마루야마 나오키丸山直起 외, 인간사 편집실 편역, 『한반도 위상의 재조명』, 인간사, 1985, 326쪽.

을 근거로 환산할 때 약 8,400억 원(1987년 기준)에 해당된다.[2] 이들 토지는 대부분 이승만 정권이 별다른 보상 없이 강제로 징발한 것들이었다. 예컨대 1954년 12월 미 공군 비행장이 들어선 경기도 송탄 동쪽에 있는 180만 평의 땅은 한 푼의 보상도 없이 강제 징발된 것이었다. 그 결과 그곳에 거주하던 1,000가구 5,000여 주민은 삶의 터전을 빼앗긴 채 졸지에 알거지가 되고 말았다. 이는 명백히 불법적인 민중수탈에 다름 아니었다.[3]

그러면 주한 미군은 무엇을 위해 이 땅에 눌러앉았는가.

뒤에 다시 살펴보겠지만 주한 미군의 가장 중요한 주둔 목적 중 하나는 '대륙진공을 위한 안정된 교두보'를 확보하는 데 있었다. 그들이 1960년대까지 일관되게 추구한 중공 봉쇄정책에 입각하더라도 베트남과 남한은 미국이 대륙진공을 꾀하기 위해 확보 가능한 유일한 육로였다. 그만큼 한반도는 미국의 군사전략 속에서 절대적 가치를 지니고 있었다고 하겠다. 이러한 맥락에서 주한 미군의 임무는 남한을 미국의 공격적인 군사기지로 관리해냄과 동시에 적대진영에 대한 일상적인 군사 위협을 가하는 것으로 집약될 수 있을 것이다.

주한 미군의 임무 수행은 단순히 여기서 그치지 않았다. 주한 미군은 120개에 달하는 자신들의 기지를 관리하는 것뿐만 아니라 남한 전체를 미국의 군사적 목적에 맞게 복무하도록 만드는 임무까지 수행했다. 남한을 그들의 목적대로 바꾸어내는 데 가장 중요한 것 중 하나는 한국군을 장악해 자신의 군사전략 속으로 끌어들이는 것이었다.

---

2   『한겨레신문』, 1988년 9월 14일자. 이 비용은 주한 미군이 무료로 사용하는 부대시설 비용을 포함한 것이다.
3   『말』, 1988년 9월호, 47쪽.

한국군에 대한 주한 미군의 지배는 한국군의 작전권을 장악하는 것으로 표현되었다. 한국군에 대한 미군의 작전권 행사는 사실상 한국군이 태동하면서부터 일관되게 유지되어온 것이라고 볼 수 있다. 이는 1950년 7월 15일 이승만이 아무런 법적 절차 없이 한국군의 지휘권을 미군에 위임한 이른바 '대전협정'의 체결과 1954년 10월 17일 공표된 「유엔군의 작전지휘권에 관한 한미합의의사록」 등에서 명확히 드러난다. 한미합의의사록의 주요 내용인 "(한국군은) 유엔군사령부의 작전지휘권하에 있다"라는 구절은 한국군에 대한 미군의 작전권 행사를 거듭 확인해주고 있다.[4]

작전권 행사는 표면상으로는 남한 내에서 군사문제에 관한 최고 결정권을 지니고 있는 '한미군사위원회'의 대표자를 주한 미군 사령관이 겸임하는 것으로 보장되었다. 그러나 한국군에 대한 주한 미군의 통제는 이러한 수준에 머물지 않고 더욱 구체적인 부분까지 작용하고 있었다. 휴전 후 약 6만 명에 달하는 주한 미군과 군사고문단은 한국군 내부에 광범위하게 산재해 있으면서 기름과 탄약의 공급부터 연간 군사예산의 규모까지 결정하고 중대 단위 이상의 훈련계획과 방법을 지도·감독하며 각종 군사조직을 창설하는 과정을 직접 지휘해왔다.[5] 미군이 이처럼 한국군 최종 말단까지 통제하려고 애를 쓴 이유는 그들이 지난날 이 땅에서 겪었던 역사적 경험에서 비롯된 것이라고 볼 수 있다. 예컨대 1948년에 있었던 일련의 한국군 '반란'은 미국으로 하여금 '한국군, 그중에서도 하급장교와 일반사병들은 그냥 방

4   대동 편집부 엮음, 『민족과 경제』, 대동, 1988, 159쪽 참조.
5   허버트 빅스, 「지역통합 전략」, 김성환 외, 『1960년대』, 거름, 1984, 234~235쪽 참조.

치해두기에는 극히 신뢰하기 곤란한 대상'이라는 사실을 깨닫게 해주었던 것이다.

이렇게 하여 주한 미군은 주한 미군 사령관의 허락 없이는 한국군의 사소한 부대 이동도 불가능할 정도로 거의 완벽한 지배력을 행사하게 되었다.[6] 결국 미국은 자신이 원하는 대로 한국군을 동원할 수 있는 권한을 지니게 되었고 이러한 맥락에서 '작전권'은 '소유권'과 동일한 의미를 지니게 되었다.

일반적으로 군대는 한 나라가 주권을 행사하기 위한 가장 중요한 수단이다. 군대 없이는 주권 자체를 지켜낼 수 없기 때문이다. 따라서 한국군에 대한 미국의 작전권 보유는 한때 주한 미군 사령관을 역임했던 리처드 스틸웰의 표현대로 '전 세계에서 가장 경이로운 주권의 양도'인 것이다.[7] 이 점은 휴전협정, 즉 분단체제를 제도화하고 있고 그 때문에 민족의 통일을 위해서는 반드시 해결되지 않으면 안 되는 휴전협정에 대해서도 주한 미군 사령관이 그 대표권을 가지고 있으며 한국군은 이에 관한 어느 것에 대해서도 개입할 수 없다는 사실을 통해서도 뚜렷이 입증된다.[8]

주한 미군이 한국군을 전면적으로 장악하고 있다는 또 하나의 증거는 한국군을 유지하는 데 필요한 각종 군수물자의 공급이 미국의 지배 아래 놓여 있다는 점이다. 미국은 1945년부터 1960년에 이르는 16년 동안 약 30억 달러에 이르는 무상원조를 남한에 쏟아부었는데, 그중 80퍼센트 이상이 한국군의 유지비용을 조달하기 위한 군사원조

---

6   대동 편집부 엮음, 앞의 책, 159쪽 참조.
7   『말』, 1988년 3월호, 46쪽.
8   대동 편집부 엮음, 앞의 책, 159쪽 참조.

로 구성되어 있었다. 주한 미군은 이처럼 군사원조의 사용과정을 일관되게 장악함으로써 미국의 원조로 유지되는 한국군의 모든 분야를 지배할 수 있었던 것이다.

그러면 미국은 한국군의 유지비용을 조달하기 위해 어쩔 수 없이 경제적 손실을 감수하고 있는 것인가. 적어도 미국 군부의 눈에는 결코 그렇게 비치지 않고 있다. 1960년 3월 23일 미 상원 외교관계위원회에 출석한 렘니처 합동참모총장은 위원회 의장과의 대담에서 남한 군사원조에 관해 다음과 같은 의미심장한 발언을 했다.

의장(플브라이트): 나는 정부가 한국 총 방위비의 110%를 공급한다고 들었습니다. 다시 말하자면 우리는 한국 정부가 쓴 것보다 더 많은 비용을 대주었다는 것입니다.

장군(렘니처): 한국의 안전은 다소 많은, 정확히 18개 (한국군) 사단으로 지켜지고 있습니다. …… 나는 이 숫자가, 한국의 비무장지대 군인 투입은 다른 어떤 지역에서보다 달러당 많은 군인을 저렴하게 확보하고 있음을 보여준다고 확신합니다. …… 우리는 한국 방위에서 그리고 그 지역의 미국 방위에서, 투입된 달러 이상의 대가를 얻고 있습니다. ……

의장: 그런 사실은 인정하지만, 유럽은 그들 자신이 방위비의 92%를 지불하고 우리는 단지 8%를 지불하는 데 비해 한국에서는 우리가 110%나 지불하는 것이 타당하다고 봅니까?

장군: 한국에서 우리는…… 155마일의 전선을 따라 18개 사단, 아주 강력한 18개 사단을 가지고 있습니다. 나는 그만한 액수의 돈으로 그만큼 군사적으로 유리한 대가를 얻을 수 있는 다른 어떤 지역도 알지 못합니다.[9]

렘니처는 위와 같은 발언을 통해 유럽에서와는 달리 한국군이 실제적으로 미국의 '고용군대'라는 처지를 크게 벗어나지 못하고 있다는 사실을 강력히 시사해주었다. 나아가 렘니처는 한국군이야말로 가장 저렴한 비용으로 거느리고 있는 고용군대임을 강조했던 것이다. 지금까지 알려진 바에 따르면 한국군 1인당 소요되는 비용은 미군에 비해 200분의 1 정도밖에 되지 않는다고 한다.[10] 따라서 미국은 동일한 효과를 발휘하는 군사력을 유지하는 데 약 200배에 달하는 비용을 절감할 수 있었던 셈이다. 이는 곧 병력 징발을 통해 우리 민중의 노력을 수탈하는 것이라고 해도 크게 틀린 이야기가 아닐 것이다.

이렇듯 미국은 남한을 군사적으로 확고하게 지배하는 가운데 계속해서 무력을 증강하고 전쟁대결정책을 고수해나갔다. 1954년 7월 말 미국은 이승만 정부와 한국군을 72만 규모로 대폭 강화하는 것을 골자로 하는 '한미합의의정서'를 체결한 뒤 이를 실행에 옮기도록 했다. 아울러 최신형 전투기와 각종 핵무기를 대대적으로 반입하면서 1958년부터 휴전선 일대에서 본격적인 핵전쟁 연습에 돌입했다. 이를 위해 미국은 1957년 6월 21일 외부로부터의 군사장비 반입과 병력 증강을 금지하고 있는 휴전협정 군비축소 조항의 준수를 파기한다고 공식 선언했다. 당시 북한은 전체 국가예산의 2~3퍼센트만을 군사비로 지출하고 있었고 1958년경에는 중국군마저 완전히 철수시켰던 점을 고려한다면 이러한 미국의 정책은 명백히 전쟁 위협을 높이는 것이었다고 말할 수 있겠다.[11]

9   허버트 빅스, 앞의 글, 232쪽.
10   조민우 엮음, 『민중의 함성』, 거름, 1987, 185쪽 참조.
11   주한 미군의 주둔이 전쟁 억제를 위한 것인가 아니면 전쟁 위협을 고조하기 위한 것

미국의 전쟁대결정책은 이승만의 북진통일론을 위한 중요한 근거로 작용했다.

휴전 후에도 이승만 정부는 그 이전과 마찬가지로 북진통일을 공식적인 통일정책으로 삼았는데 이는 주한 미군이 '전쟁 재발의 억지'를 공식적인 자신의 주둔 명분으로 삼았던 것과도 분명히 모순된 것이었다. 이승만 정부의 북진통일론을 입증하는 몇 가지 예를 들어보자. 1959년 6월 9일 이승만은 미국의 『호놀룰루 스타』 기자에게 미국의 원조 없이 북진통일이 가능하다고 호언장담했으며 며칠 뒤인 6월 24일에는 UPI 기자에게 무력에 의한 북진통일을 거듭 강조했다. 또한 같은 해인 1959년 10월 집권 자유당은 통일의 기본 방침이 '북진통일'이며 그 방법은 유엔군과의 북진, 미국의 협력을 얻은 북진, 단독 북진 등임을 밝혔다. 아울러 남북의 통일은 반드시 '대한민국 주권하의, 대한민국 헌법질서하의 남북통일'이어야 한다고 강조했다.[12] 그러나 무엇보다도 이승만 정부의 북진통일 욕구를 가장 강력하게 입증해주는 것은 '평화통일'을 요구하고 나섰다는 이유로 진보당 당수 조봉암을 처형한 점일 것이다. 1956년 11월에 결성된 진보당은 평화통일정책을 주창함으로써 그해에 실시된 대통령 선거과정에서 국민들의 폭발적인 호응을 얻은 바 있었다.

이 같은 이승만 정부의 북진통일론은 미국의 전쟁대결정책에 고무된 것이지만 동시에 그러한 미국의 정책을 뒷받침해주는 것이기도

인가 하는 것은 한국현대사의 전 기간에 걸친 중대한 문제다. 이에 관해서는 이 책의 제4부 제2장 '되살아나는 전쟁음모'와 제5부 제3장 '새로운 도약을 향하여'에서 좀 더 상술될 예정이다.

12   노중선 엮음, 『민족과 통일』, 사계절, 1985, 365~366쪽.

했다. 즉, 북진통일론이란 미국이 적으로 간주하고 있는 북한에 대해 끊임없는 적대감을 고취함과 동시에 북한을 쓸어버릴 수 있는 수단인 무력 사용을 정당화하기 위한 것으로 볼 수 있다.

위와 같은 미국의 군사적 지배와 전쟁대결정책의 고수는 당연히 자주적인 평화통일을 열망하는 남한 민중에 대한 극단적인 정치적 억압을 수반할 수밖에 없었다. 이러한 정치적 억압은 시종일관 공산주의 세력의 격퇴라는 미명 아래 이루어지게 되었는데 휴전 이후 이승만 정부가 새롭게 고안한 억압장치들을 살펴보면 다음과 같다.

1954년 이승만은 도저히 해결 불가능할 것으로 생각되는 문제에 도전했다. 민중에 대한 억압을 더욱 강화하는 것이 그것이었다. 휴전 이후 형무소를 22곳이나 새로 설립했고, '사상경찰'의 수는 두 배로 늘렸으며 더욱이 공산주의 간첩의 활동을 저지한다는 미명하에 모든 국민에게 경찰에 등록하고 통행증을 휴대하도록 강요했다. 학생은 이름, 학교, 주소를 표시한 명찰을 가슴에 달게 했다. 세대주는 대문 앞에 동거인 모두의 이름을 새긴 문패를 달지 않으면 안 되었다. 1955년 7월에는 사상경찰을 돕기 위해 4만 7,000명의 청년으로 구성된 자위소방단이 조직되었다. 한국 육군과 경찰대도 이때 증강되었다. 로이타 통신에 의하면 1959년의 경찰관 총수는 3만 8,273명으로, 일본 점령 당시 조선인 1,027명 중의 한 사람꼴이었던 것이 540명 중 한 사람의 비율로 되었다.[13]

민중을 억압하고 통제하기 위한 또 다른 수법으로 내무부 산하에

---

13 데이비드 콩드, 장종익 옮김, 『남한 그 불행한 역사』, 좋은책, 1988, 47~48쪽.

'국민반'이 결성되어 일반 국민을 강제로 가입시켰다. 이웃집 사람들을 3인조, 5인조로 묶은 이 단체에는 모든 국민이 가입하도록 되어 있었는데 단체를 구성한 목적은 표면상으로는 국민과 정부 간의 의사소통을 개선하는 것이었으나 실제로는 이승만 정부에 대한 정치적 반대자를 색출하며 민중의 동향을 감시하고 협박하는 기구로 활용하기 위한 것이었다.[14]

이와 함께 민중의 단체활동은 모든 방면에서 끊임없이 파괴되었다. 1955년 3월 14일 이승만은 미군정이 제정한 정당등록법을 발동해 불교단체부터 봉사·학문·여론조사단체에 이르기까지 17개의 사회단체를 강제로 해산시켰다. 또한 진정한 의미에서 노동조합 결성의 자유가 전면적으로 부인되는 가운데 1955년 7월 15일에는 "파업을 전면 금지하고 파업에 참가한 사람은 공산주의자로 간주하겠다"라는 선언이 발표되었다.[15]

이렇듯 반공이라는 이름 아래 자행된 정치적 억압은 민중의 기본적 권리를 송두리째 부정하는 양상을 보여주었다. 결과적으로 이러한 반공정책은 이승만 정권을 유지해주는 결정적 요소로 작용했다.

위에서 언급한 여러 가지 요소를 종합해볼 때 반공정책이란 전쟁대결과 민족분열, 그리고 민중억압을 포장하기 위한 것에 다름 아님을 쉽게 알 수 있다.

---

14 김정원, 『분단한국사』, 동녘, 1985, 193~194쪽.
15 데이비드 콩드, 앞의 책, 48쪽.

2. 뿌리 뽑히는 민족경제

제2차 세계대전이 한창 진행되던 당시 미국에서는 국제관계위원회FR 라는 기구가 맹렬한 활동을 전개하고 있었다.[16]

이 기구가 수행하던 임무는 두 차례에 걸친 세계대전을 거치면서 막대한 무기판매를 통해 덩치가 커진 미국 독점자본을 계속 유지하고 성장시키기 위해 필요한 원료를 공급하고 판매시장을 확보하는 문제를 어떻게 해결할 것인지를 연구하는 것이었다. 스스로 미국을 제국주의라고 부르기를 주저하지 않았던 문제의 이 국제관계위원회는 결국 미국 독점자본의 세계 제패를 보장하는 장기적이고도 원대한 구상을 수립해내는 데 성공했다.

간단히 설명하기에는 매우 복잡하고 어렵기는 하지만 이 구상에 포함되어 있는 계획을 개략적으로 살펴보면 원조라는 미끼를 통해 종속국의 토착지배층을 매수해 끝내는 미국의 독점자본이 진출할 수 있는 길을 터놓는 동시에 국제통화기금·세계은행·국제연합 등 각종 국제기구를 창설하고 이를 미국이 지배함으로써 가급적이면 욕을 먹지 않으면서 세계지배를 꾀할 수 있는 도구로 활용할 것을 기도하고 있었다. 동시에 위원회는 힘에 의한 지배를 실현하기 위해 전 세계에 걸쳐 미군기지를 설치할 것을 분명히 밝히는 구상을 제시하는 것에 대해 조금도 망설이지 않았다.

의심할 여지 없이 국제관계위원회가 각고의 노력 끝에 만들어낸

---

16 국제관계위원회의 활동에 관해서는 맬콤 콜드웰, 「개입의 근원」, 거번 맥코맥·마크 셀던, 장을병 외 옮김, 『남북한 비교연구』, 일월서각, 1988, 161~162쪽 참조.

이 야심 찬 계획은 제2차 세계대전 후 미국 대외정책의 확고한 교과서적 지침이 되었다.

영광스럽게도 미국의 이러한 구상을 실현하는 가장 중요한 시험무대의 하나는 바로 한반도였다. 미국은 일찍이 한반도를 반 토막 내고 남한에 친미적인 단독정부를 세우기 위해 유엔이라는 간판을 내세웠고 한국전쟁에 대한 군사적 개입을 단행할 때에도 역시 유엔군이라는 모자를 눌러썼다. 이와 함께 한반도를 포함한 동북아시아에서 자국의 이익을 수호하고 거듭된 세력 팽창을 도모하기 위해 6만에 달하는 대규모 군대를 남한 땅에 장기간 주둔시켰던 것이다.

이제 이 점을 염두에 두면서 미국이 사전에 준비한 치밀한 계획 아래 수십 년에 걸쳐 남한의 경제를 집어삼키는 과정의 전반부에 해당하는 이른바 '원조경제 시기'로 관심을 돌려보자.

원조는 흔히 낚시의 미끼에 비유된다. 당장에는 먹기 좋지만 결국은 원조를 베푸는 상대에게 꼼짝없이 먹히고 만다는 뜻이다. 또한 원조를 제공하는 나라들은 원조를 통해 한 가지 목적만이 아니라 여러 가지 목적을 동시에 추구한다. 그것은 원조가 미치는 영향이 정치·경제·군사 등 광범위한 영역에 걸쳐 폭넓게 나타나기 때문이다.

1945년부터 1961년까지 미국이 남한 땅에 쏟아부은 원조액은 총 31억 달러를 넘었지만 사실 이 액수는 한국전쟁 중에 미국이 파괴한 남한 재산의 총액을 간신히 넘어서는 것이었다.[17] 물론 이러한 원조조차 대부분이 국방비로 충당되었음은 이미 밝힌 대로다.

미국이 원조를 통해 우선적으로 확보한 것은 남한 정부의 경제정

---

17   이내영 엮음, 『한국경제의 관점』, 백산서당, 1987, 119~122쪽 참조.

책에 관한 결정권이었다. 한국전쟁 후 1961년까지 남한 정부의 예산 중 약 절반 정도는 미국의 원조로 메워졌다. 미국은 이러한 원조의 사용에 대해 언제나 세부지침까지 결정했다. 구체적으로 말해서 1952년 5월 '대한민국과 통일사령부 간의 경제조정에 관한 협정'(일명 마이어 협정)이 체결되고 이에 따라 '한미합동경제위원회'가 설치되었는데 이 위원회는 원조자금의 사용에 관해 실질적인 최고결재권을 행사했다. 물론 합동위원회는 전적으로 원조 제공자인 미국이 장악하고 있었다. 따라서 남한 정부 예산의 절반 정도가 미국의 원조자금으로 충당되던 당시 사정에 비추어볼 때 이러한 과정은 곧 미국이 남한 정부의 예산관리와 그것에 입각한 경제정책 전반을 통제할 수 있게 되었음을 말해주는 것이다.[18]

이렇게 하여 1950년대에 이르러서도 남한의 경제정책은 미국의 장기적인 전략에 따라 결정되었다. 이 시기에 미국이 추구한 전략의 핵심은 남한 민족경제의 뿌리를 뽑고 초보적인 수준의 매판자본을 육성하는 것에 두어졌다. 그러면 먼저 매판자본이 어떤 방식으로 육성되었는지를 살펴보자.

일찍이 미국이 한국 민중으로부터 가로챈 과거 일본인의 재산은 고스란히 일부 친일파와 이승만 정부에 넘겨져 있었다. 일제강점기에 일본인들이 우리 민족의 피땀을 쥐어짜낸 결과로 만들어진 이들 재산은 당시 남한 재산의 8할을 차지할 정도로 그 비중이 매우 큰 것이었으며 그 가운데에는 대부분의 공장과 은행, 그 밖의 각종 산업시설이

---

18   김대환, 「1950년대 한국경제의 연구」, 진덕규 외, 『1950년대의 인식』, 한길사, 1981, 189쪽 참조.

포함되어 있었다. 어느 모로 보나 이들 재산은 해방과 동시에 마땅히 전체 민중의 소유로 전환되어야 할 것들이었다. 그것이 특정 개인의 몫이 될 수 있는 근거는 그 어디에도 없었던 것이다.

그러나 미국은 이러한 정당한 절차를 완전히 무시했고, 끝내는 이들 재산이 극소수 간상 모리배들의 손에 넘겨짐으로써 민중수탈의 새로운 도구로 전락하고 말았다.

이른바 '귀속재산'이라고 불린 이들 재산을 미군정과 이승만 정권이 분배하는 과정은 참으로 가관이었다. 방직공장의 예를 들면 다음과 같다.

> 1947년 당시 30여억 원으로 평가되고 있던 이 공장은 7억 원으로 산정되어 3억 6,000만 원에 불하되었는데 불하가격은 시가의 10분의 1에 불과했고 이른바 시장가격의 절반밖에 안 되었다. 게다가 대금지불은 귀속재산처리법의 규정에 의해 15년간 분할상환하게 되어 있었기 때문에 그간의 물가상승을 감안하면 이 거대한 공장의 불하가격은 사실상 공짜나 마찬가지였던 셈이다. 즉 1947년에 불하되었다고 하면 15년 후인 1961년의 물가지수는 300배로 상승했기 때문에 3억 6천만 원의 가치는 현재 통화로 12만 원밖에 되지 않고 그것조차도 특혜융자로 메워지고 있는 것이다.[19]

이러한 양상은 언제 누구에게 무엇이 불하되었든 동일한 것이었다. 간단히 말해 마땅히 전 민중이 주인이 되어야 할 재산을 미군정과

---

19 이내영 엮음, 앞의 책, 76~77쪽.

이승만 정부의 측근들이 아무런 대가도 지불하지 않고 고스란히 나누어 가진 것이다. 이처럼 남한의 재벌들은 별다른 노력 없이 단순히 '권력과 가깝다'는 이유만으로 하루아침에 그 지위에 오를 수 있었다.

적산불하와 함께 매판자본을 육성하기 위해 취한 중요한 또 하나의 조치는 한국전쟁 후 이승만 정권 아래 이루어진 기만적인 농지개혁이었다.

당시 남한은 농가의 70퍼센트 정도가 토지를 전혀 갖지 못한 채 지주의 과중한 수탈에 시달리고 있었다. 전체 인구의 80퍼센트를 차지하는 농민의 이 같은 상태야말로 모든 정치적 불안의 근원이었다는 사실에 대해서는 두말할 필요도 없겠다. 더욱이 이 점은 성공적으로 토지개혁을 단행한 북한과 비교되면서 남한 민중의 불만을 끝없이 고조시키는 요인이었다. 이에 따라 미국과 이승만 정부는 농민들의 불만을 누그러뜨리기 위한 모종의 조치를 취하지 않으면 안 되었다. 요컨대 정치적 불만에 대한 진정제가 필요했던 것이다.

농지개혁은 남한 경제를 자국의 요구에 맞게 개편하고자 했던 미국의 계획에 비추어보더라도 필요한 것이었다. 애초부터 미국은 남한을 영구적인 과잉 잉여농산물 처리장으로 만들고 이와 병행해 자국의 이익에 맞는 공업화를 추진하는 것을 목표로 삼고 있었다. 이러한 계획에 입각하면 지금까지의 지주제도는 도리어 거추장스러운 장애물이 될 것이 분명했다. 왜냐하면 지주들은 미국의 잉여농산물이 시장에 넘쳐흐름으로써 농산물가격이 떨어지고 그리하여 자기들의 소득이 줄어드는 것에 대해 그리고 소작농민들을 공업 분야의 노동자로 빼앗길 것에 대해 상당한 저항을 보일 가능성이 높았기 때문이었다. 따라서 미국은 잉여농산물의 홍수사태로부터 일부 친미적인 지주들을 일찌감치 안전한 공업지대로 피신을 보내야 할 필요성을 느꼈다.

이렇듯 반봉건적 질곡으로부터 농민을 해방하는 것이 아니라 지주들을 구출하는 것을 목적으로 하는 농지개혁은 애초부터 정상적으로 이루어질 수가 없는 것이었다.

이 점은 이승만 정권조차도 솔직히 시인하고 있는데 당시 농림부에서 발간된 『농지개혁법 해설』의 서문에서 다음과 같이 밝히고 있다.

> 원래 농지개혁이라고 하는 것은 한 사회의 개혁적 의의를 가지는 것이지만 남한에서 하려고 하는 것은 그러한 사회개혁적 의의를 가진 농지개혁이 아닙니다.[20]

요컨대 지주 구제의 길이 충분히 트여 있으니 지주들은 안심하고 당국의 정책에 협조할 것을 호소하고 있는 것이다.

1949년 6월 21일 제정된 「농지개혁법」은 한국전쟁으로 그 실시가 미뤄져오다가 전쟁이 끝난 다음에야 비로소 발효되었다. 이 법의 골자는 정부가 평년작의 150퍼센트 정도의 가격으로 지주에게서 토지를 구입한 뒤 이를 다시 소작농에게 동일한 가격으로 매각하는 유상몰수 유상분배에 의한 농지개혁이었다.

완전한 무상몰수가 아니었음에도 평상시의 토지 시가에 비해 훨씬 낮게 책정된 보상액 때문에 많은 지주가 농지개혁에 거센 반발을 보였다. 그리하여 이들은 토지분배 하한선인 3정보를 제외한 나머지 토지의 소유권을 위장해 분산하거나 소작농에게 강제로 고가에 매각

---

20 김병태, 「농지개혁의 평가와 반성」, 김윤환 외, 『한국경제의 전개과정』, 돌베개, 1981, 54쪽.

하는 등 손실을 최소한으로 줄이기 위해 애썼다. 정부 또한 이 점을 고려해 지주들이 충분히 시간적 여유를 가지고 대처할 수 있도록 농지개혁의 실시를 맥없이 늦추고 있었다.

이러한 과정을 통해 1945년 12월 말 144만 7,359정보였던 소작지 중에서 1966년 말 현재 분배된 토지는 38.1퍼센트에 해당하는 55만 971정보에 불과한 꼴이 되고 말았다. 그나마도 땅값 상환의 압력과 빚더미에 눌려 분배받은 토지를 다시 팔아넘기는 사태가 속출해 농민들은 다시금 지주소작제의 굴레에 묶였다.

이러한 와중에 어쩔 수 없이 세력이 위축된 중소지주와 농민들은 미국 잉여농산물이라는 대대적인 폭탄 세례에 직면해 심각한 몰락의 운명을 맞이했다. 단지 극소수 대지주들만이 '지가보상증권'을 담보로 융자혜택을 받거나 공장을 불하받음으로써 재빨리 자본가로 변신하는 과정을 통해 이러한 운명에서 벗어날 수 있었다.

위의 과정을 통해 미국은 남한의 경제를 집어삼키는 과정에서 제기되는 장애물을 제거함과 동시에 자신들과 손발을 맞출 수 있는 일단의 매판자본가들을 키워내게 되었다.

미국이 대대적인 원조공세를 퍼부어댄 상황은 바로 이러한 조건 아래에서였던 것이다.

엄청난 양의 원조물자가 태평양을 건너와 이승만 정부에 넘겨졌다. 이승만 정부는 이들 원조물자를 자신들과 가까운 매판자본가 혹은 상인들에게 다시 매각했다. 여기서 얻은 수익은 정부예산에 투입해 미국의 감독 아래 국방비를 중심으로 필요한 곳에 지출되었고 나머지 부분은 산업은행에 예치되어 매판자본가들을 지원하는 데 다시 사용되었다.

무엇이 문제인가.

먼저 원조물자를 구성하는 품목들이 문제가 된다. 간단히 말해 원조물자의 대부분을 차지하는 것들은 식량, 면화, 설탕원료 등 국내에서 생산되고 있거나 생산 가능한 품목들이었다. 이는 동일한 품목을 생산하던 농민이나 국내 원료를 기반으로 제품을 생산하던 중소기업들이 새로운 경쟁자를 만나게 되었음을 의미한다.

다음으로 원조물자의 가격이 지독히도 쌌다는 점에 문제가 있다. 대부분의 원조물자가 국내에서 생산되는 동일 제품보다 몇 배나 가격이 저렴했던 것이다. 이러한 원조물자를 배정받아 직접 혹은 가공판매했을 경우 시장경쟁에서 일방적인 우세를 점하리라는 것은 불을 보듯 명확한 것이었다.

1950년대에 원조물자에 기생해 황금을 긁어모은 대표적인 기업은 이른바 '삼백산업'이라고 불리는 면방직, 설탕업, 밀가루 제조업이었다. 한결같이 미국과 이승만 정부에 밀착되어 있던 일단의 매판자본가들은 면화, 설탕원료, 밀 등 값싼 원조물자들을 독점적으로 배정받아 가공판매함으로써 순식간에 시장을 석권함과 동시에 탄탄한 재벌로 성장해갔다. 이들이 얼마만큼 손쉽게 돈을 벌어들였는지는 당시 조선제분 사장 조화돈의 다음과 같은 말을 통해 쉽게 확인할 수 있다.

밀가루 한 포대에 56원 60전을 남기고 있었는데 밀가루를 팔아 돈을 번다기보다는 돈을 시장에서 쓸어 모으는 형편이었다.[21]

삼성재벌의 모체라 할 수 있는 제일제당 역시 이러한 과정을 통해

21   김대환, 앞의 글, 193쪽.

성장해갔다.

이처럼 일부 매판자본가들이 원조물자에 기생해 자신을 살찌우던 반면 남한 민중 대부분이 심각한 생존의 위협에 직면했다.

먼저 면방직, 밀가루 산업 등의 분야에 종사하던 소규모 중소업체들이 급속한 몰락의 과정을 걷게 되었다. 이들 중소기업은 원조물자를 배정받는 과정에서 매판적 대기업에게 철저히 따돌림을 받았기 때문에 당연히 국내에서 생산되는 원료에 의존할 수밖에 없었다. 해외에서 직접 수입해 올 수는 있었으나 달러 역시 정부의 통제 아래 일부 특권재벌에게만 접근이 허용되었기 때문에 이 역시 불가능한 것이었다. 결국 가격경쟁에서 절대적으로 불리했던 중소기업들은 더는 견뎌내지 못하고 연거푸 문을 닫았다. 이러한 중소기업의 몰락과정은 1958년 200인 이하 중소기업이 차지하던 국민총생산의 몫이 66.3퍼센트였던 것에서 1963년에 이르러서는 43.7퍼센트로 크게 줄어들었다는 사실을 통해 뚜렷이 입증된다.[22]

중소기업의 몰락은 이들에게 원료를 공급해왔던 농민들이 시장을 상실하는 결과를 초래했다. 대표적인 것으로는 면화를 들 수 있는데, 본래 남한은 비록 일제에 강요된 측면이 있긴 하지만 면화가 풍부하게 생산되던 곳이었다. 그러나 이제 값싼 미국 면화가 밀려들어 오면서 농민들은 면화를 생산해봤자 팔 곳이 전혀 없는 꼴이 되고 말았다. 결국 농민들은 면화생산을 포기할 수밖에 없었고 이후 남한은 100퍼센트 미국 면화를 수입하는 나라로 전락했다. 이는 농민의 입장에서 볼 때 주요한 수입원을 잃어버린 셈이었다.

---

22   위의 글. 226쪽 참조.

농민을 파탄으로 몰고 간 것은 면화와 같은 공업원료만이 아니었다. 미국은 남한의 식량 부족을 핑계로 쌀, 보리, 밀 등 다량의 농산물을 쏟아부었는데, 그 농산물의 양은 대부분 국내 수요를 넘어서고 있었다. 결과는 분명했다. 농산물가격은 계속 하락해갔다. 쌀값은 1956년을 100으로 볼 때 1958년에는 93.4, 1959년에는 82.5로 하락했고, 밀값도 마찬가지로 1956년을 100으로 했을 때 1959년에는 73.3으로까지 하락했다.[23]

그리하여 미국의 원조 선심 덕분에 소득이 될 만한 작물 수가 갈수록 줄어들고 그나마 생산되던 농작물은 갈수록 가격이 하락함으로써 농민들이 빈곤에서 벗어날 수 있는 가능성은 철저히 봉쇄되고 말았다.

늘어나지 않는 농토에 가족은 계속 늘고 소득이 향상될 기미는 전혀 보이지 않는 암담한 상황에서 농민들은 끝내 버텨내지 못하고 결국 고향을 떠나 도시로 몰려들 수밖에 없었다. 물론 고향을 떠난 이들 농민을 마땅한 직장이 기다리고 있는 것은 결코 아니었다. 그들은 어디까지나 실업자일 뿐이었다. 실업자 대군은 중소기업의 몰락으로 더욱더 불어났다. 실업자의 팽창은 한정된 일자리에 비해 일자리를 찾는 사람이 훨씬 많다는 것을 의미하므로 당연히 노동자의 임금수준을 크게 떨어뜨리는 요인이 되었다. 점차 저임금구조가 정착되어갔다.

이상이 미국의 원조공세로 겪어야 했던 남한 민중의 운명이었다. 확실히 미국은 의도했던 대로 대성공을 거두었다. 팔리지 않은 채 남아돌아가는 상품으로 골머리를 앓던 미국은 그중의 일부를 남한 땅에

---

23 이내영 엮음, 앞의 책, 129쪽.

쏟아부었다. 미국은 이러한 원조 공급으로 다분히 선심 쓰는 양 허세를 부리며 다음과 같은 매우 중요한 성과를 거둘 수 있었다.

첫째, 미국은 원조를 통해 한국군을 유지하는 데 필요한 비용을 조달함으로써 동북아시아에서 필요한 군사적 목표를 최소의 비용으로 달성할 수 있었다.

둘째, 미국은 원조의 개척자적 역할 덕분에 남한을 자국에서 남아도는 상품을 팔아먹는 안정된 시장으로 확보하게 되었다. 이미 밝혔듯이 미국의 원조물자 공세에 떠밀려 국내의 원료 중 많은 품목이 생산이 완전히 중단되거나 그 규모가 크게 축소되고 말았다. 또한 농민의 소득이 향상되지 않고 그에 따라 농업생산에 대한 투자가 빈약해짐으로써 식량생산 역시 날로 증가하는 인구를 먹여 살리기에는 턱없이 부족해지고 말았다. 이러한 상태에서 미국은 남한 정권을 적당히 매수하고 협박함으로써 일정한 단계에 이르러서는 자국의 상품에 충분한 가격을 매겨 팔아먹을 수 있게 되었다.

셋째, 중소기업과 농민의 몰락은 실업자를 대규모로 양산해냈고 이는 장차 진출하게 될 미국 독점자본에게 저임금을 바탕으로 한 엄청난 초과이윤을 안겨줄 터전이 되었다. 대량실업은 우리 민중에게는 더없이 고통스러운 상황이지만 초과이윤을 노리는 자본가의 눈에는 황금알을 낳는 거위로 보였던 것이다.

3. 조국을 팔아먹는 자들

이승만과 한민당 일파가 미국에 달라붙어 단독정부를 수립하는 데 앞장섰을 뿐만 아니라 이후에도 계속해서 미국의 남한 지배를 위해 모든 춘선을 더 비췄다는 사실은 셜코 새삼스러운 이야기가 아니다.

이는 미국이 남한의 통치기구를 직접 장악하고 있는 상황에서 이들 '친미세력'이 미국의 결정에 따라 각종 정책을 집행해나갔다는 사실을 통해 집중적으로 드러나고 있다. 이미 살펴본 대로 휴전 후에도 한국군은 여전히 미국의 완벽한 지배 아래 놓여 있었다. 이러한 양상은 일반적인 행정기관에서도 마찬가지로 나타났다. 1953년 이래 미국인 고문단은 경찰, 은행, 조세, 교육, 예산, 기획 등 거의 모든 분야에 배치되어 있으면서 사실상 완벽한 의사결정권을 행사해왔던 것이다.[24] 따라서 한국인 관리들은 이러한 미국인 고문단의 결정을 실행에 옮기는 손발 역할에서 크게 벗어날 수가 없었다.

그러면 왜 이승만과 그 일파는 일관되게 미국을 추종하면서 미국의 이익을 위해 그토록 모든 봉사를 아끼지 않았는가. 그들은 자유의 수호와 민주주의의 실현 등 바로 미국이 강조해왔던 갖가지 이상의 추구를 명분으로 내걸었지만 이는 한낱 사탕발림에 불과한 것이었다. 이들이 미국을 추종하게 된 것이 미국이 추구하는 이념에 공감했기 때문이 아니라는 것은 너무나 분명한 사실이다. 단적으로 대부분이 친일경력을 소유하고 있던 이들 골수 '친미파'는 제2차 세계대전 당시 일본이 미국과 전쟁을 벌였을 적에 한결같이 열렬한 '반미투사'로 활약하던 자들이었다. 그리고 이들이 그 같은 반미투사에서 친미분자로 변신하기까지는 그 어떤 시간적 간격도 필요치 않았다.

익히 알다시피 해방 직후 친일파는 그들의 엄청난 죄과로 말미암아 민중의 엄중한 심판을 받아야 할 처지에 놓여 있었다. 그 같은 파

24　데이비드 콩드, 앞의 책. 288쪽.

산상태에서 이들이 새로운 활로를 찾게 된 것은 전적으로 미군의 진주 덕분이었다. 그런 의미에서 이들에게 미국은 곧 죽음의 구렁텅이에서 자신들을 구출해준 천생의 은인일 수밖에 없었다. 따라서 이들 알량한 무리는 그 이후 미국에 자신의 모든 것을 내맡기게 되었고 이같은 발악은 대를 이어 그들의 후예에게 고스란히 계승되어갔다.

이승만을 중심으로 하는 일단의 집단이 오로지 사리사욕 때문에 미국을 추종하게 되었다는 사실을 그 누구보다도 가장 잘 알고 있었던 것은 다름 아닌 미국 자신이었다. 미국은 이들을 계속 자국의 주위에 거느린 채 충성스러운 하수인으로 부려먹기 위해 유일하게 이들의 욕심을 채워주는 방법을 택했다. 요컨대 적당한 권세와 부를 안겨줌으로써 이들을 구워삶는 것, 이것만이 서로를 묶어주는 유일한 끈이었던 것이다.

이로부터 '부정부패'가 이들 매국노 집단의 본질적 속성으로 자리잡게 되었다. 특히 권력이 있는 자리에 있으면 미국이 던지는 온갖 특권을 가장 손쉽게, 가장 집중적으로 거머쥘 수 있었기 때문에 부정부패는 권력과 결부되어 더욱 극심할 수밖에 없었다. 물론 이 같은 부정행각은 대부분 교묘하게 은폐되기 마련이지만 어느덧 관례인 양 굳어지면서 일종의 공공연한 비밀처럼 되어버리고 말았다.

지금까지 말한 내용과 같은 맥락에서 정권과 그와 밀착된 집단이 어떤 방법으로 자신들의 특권을 늘려나갔는지를 살펴보는 것은 곧 그 집단의 본질적 성격을 밝히는 결정적 열쇠에 해당한다고 볼 수 있다.

이승만과 그에 연계된 일단의 무리가 각종 특권을 거머쥘 수 있었던 일차적 요인은 미국의 원조에 기생한 덕분이었다. 물론 미국 원조에 대한 기생이 곧 미국 원조의 일부를 가로챘다는 의미는 아니다. 정확히 말하면 미국의 원조를 수단으로 민중을 수탈함으로써 미국이 본래 의도하는 목적을 실현시켜줌과 동시에 자신의 뱃속까지도 채우는 것을 가리킨다. 나아가 이들은 원조에 기생함으로써 얻어낸 자신의 지위를 이용해 민중에 대한 수탈을 더욱 강화했는데 이 과정에서 특히 이승만 정권과 매판재벌의 공모관계가 지속적으로 유지되었다.

그러면 이 점을 염두에 두면서 이승만 정권의 불법자금 형성과정을 중심으로 당시 매국집단들의 부정행각을 살펴보자.

한국전쟁 이후 미국이 남한에 쏟아부은 원조 중에서 가장 많은 비중을 차지한 것은 익히 알다시피 한국군을 부양하기 위한 이른바 군사원조였다. 따라서 이승만의 불법자금 중 상당 부분은 그 같은 군사원조가 배정되는 한국군 내부에서 얻어질 수밖에 없었다.

이미 밝혔다시피 미국은 자신의 군사적 목표를 달성하기 위해 극히 저렴한 비용으로 한국군을 거느리고 있었다. 이 같은 상황에서 이승만 정권은 미국이 필요로 하는 한국의 젊은이들을 행정기구를 통해 강제로 징집하는 임무를 떠맡았다. 그 대가로 이승만 정권은 엄청난 양의 군수물자를 빼돌려 자신의 배를 채울 수 있는 특별한 자유를 부여받게 되었다.

완고한 미국의 한결같은 추종자이면서 동시에 이승만의 충실한 하수인이었던 한국군 고위장교들은 공공연하게 군수물자를 빼돌리는 데 열을 올렸다.

이들은 석유, 자동차, 자동차 부속품, 식품원료 등 값어치가 나가는 물건이라면 가리지 않고 시장에 내다 팔아서 호주머니를 불려나갔다. 더욱 악랄한 방법은 70만 사병의 부식을 가로채는 것이었다.[25] 심

---

25 김세진, 「한국 군부의 성장과정과 5·16」, 김성환 외, 앞의 책, 127쪽.

지어는 사병들을 동원해 상업적인 건물을 세운 뒤 이를 팔아먹는 사태까지도 발생했다.[26]

이렇게 해서 얻은 수입의 상당 부분은 이승만의 금고로 들어갔다. 그 대가로 이승만은 행정감찰기구와 국회로 하여금 군 내부의 대규모 부정행위를 덮어주도록 조치했을 뿐만 아니라 일반 국민이 군 내부의 상황에 접근하는 것을 철저히 차단했다. 바로 이 같은 이유 때문에 한국의 군부는 한국 국민에게는 불가사의한 접근 불능의 성역으로 자리 잡게 되었다.

파렴치한 부정행위는 한국군의 요소요소에 배치되어 있는 미 군사고문단의 방관적 태도 아래 아무런 제약을 받지 않고 이루어졌다. 본래 미 군사고문단은 한국군 내부에서 미국의 원조에 의존하고 있는 군수물자의 보급과 사용을 감독하는 임무를 맡고 있었다.[27] 미국이 이러한 방관을 통해 노렸던 것은 그 같은 부정 수익의 궁극적 원천이 결국은 미국의 원조임을 아는 한국군 장교들이 미국의 손아귀에 완벽하게 사로잡히도록 만드는 것이었다.

마찬가지로 이들 부정행위가 정권이 보호하는 가운데 이루어짐으로써 이승만 정권과 군부는 비정상적인 밀착관계를 유지하게 되었다. 이로부터 한국군 고위장교 집단 내부에는 권력에 대한 강한 욕구가 자리 잡게 되었다.

위와 같은 부정횡령으로 인한 직접적인 피해자는 말할 필요도 없이 한국군 사병들이었다. 사병들은 대폭 감소된 식량과 부식 때문에

---

26 데이비드 콩드, 앞의 책, 48쪽.
27 위의 책, 48쪽.

대부분 심각한 굶주림과 영양실조에 시달렸다. 자동차와 석유의 유출은 곧 훈련조건의 악화를 초래했고 사병들은 상업적 성격을 띤 건축공사에 동원됨으로써 부당한 노동을 강요당했다. 필연적으로 폭발할 수밖에 없는 사병들의 불만을 억누르기 위해서는 더욱더 강압적인 체제가 필요했다.

다음으로 이승만 정권의 돈줄은 미국 원조물자의 가공판매에 기생하던 소수의 매판자본가들과의 공모관계에서 형성되었다.

당시 이승만 정권은 원조물자의 배정과 금융대출 등 자본에 사활적 이해가 걸려 있는 요소들에 대해 독점적인 지배력을 행사하고 있었기 때문에 일부 매판자본가들에게는 이승만에게 거액의 뇌물을 바치는 것이 통례로 되어 있었다. 당연히 이승만은 그들에게 온갖 특혜를 베풀었다. 즉, 권력과 자본은 뒷거래를 통해 한 덩어리가 되었고 민족의 경제를 팔아먹는 공범자가 되었던 것이다. 그 과정을 살펴보면 다음과 같다.

먼저 이승만 정권은 쏟아져 들어오는 각종 원조물자를 특정 재벌에게 집중적으로 배정했는데 배정 당시 지불된 금액은 동종 상품의 국내 시장가격에 비해 터무니없이 낮은 수준에 머물고 있었다. 그리하여 이들 재벌은 면화 등 일부 제품에 대해서는 가공판매를 통해, 비료·시멘트·양곡 등 일부 품목은 중간도매를 통해 거액의 이윤을 남겼는데 이윤으로 남긴 금액이 물자구입액에 비해 1954년에는 180퍼센트, 1957년에는 64퍼센트, 1960년에는 20퍼센트나 되었다. 당연히 이들 이윤의 일부는 뇌물의 형태로 이승만의 금고로 들어갔다.

한국전쟁 후 한국에서 행해진 정치자금 염출제도는 미국의 대한원조 계획에서 파생된 것이었다. 정부는 면허제도를 통해, 미국의 원조물자에 대한 입찰을 자유당에 정치자금을 상납하거나 자유당이 대부분의 주식을 갖고 있는 회사에게만 허용했다. 1960년 현재, 자유당 의장인 이기붕은 29개 개인 기업체에 대규모 주식을 갖고 있었으며, 전체적으로 자유당은 미국의 원조를 받는 모든 개인 기업체들의 주식을 적어도 50% 정도 보유하고 있었던 것으로 믿어진다.[28]

마찬가지 수법이 각종 금융대출과정에서도 공공연하게 이루어졌다. 현재도 그렇지만 1950년대에도 달러는 곧 황금알을 낳는 거위였다. 기계공업이 사실상 전무한 상태에서 달러는 해외에서 설비를 도입해 공장을 세울 수 있는 수단인 동시에 값싼 원자재의 수입을 통해 높은 수익을 남기도록 해주었다. 그런데 당시에는 중석 수출과 주한 미군의 대여로 얻은 달러를 한국은행에서 집중 관리하고 있었다. 아울러 달러의 대출은 상공부장관의 허가 아래 이루어졌는데 이는 달러 배정을 정권이 장악하고 있었음을 의미하는 것이었다. 이러한 상황에서 이승만은 거액의 뇌물을 제공하는 특정인에게 달러를 대출했다. 이렇게 해서 달러를 손에 넣은 자본가들은 외국 물자를 사들여 그대로 국내 시장에 내놓기만 해도 몇 배의 이익을 남기는 폭리를 취할 수 있었고, 그러한 과정을 통해 손쉽게 재벌로 성장해갔으니 풍한산업, 대한방직 등이 바로 그에 해당한다.[29]

원화대출도 마찬가지였다. 당시 원화대출은 주로 산업은행을 통해 이루어졌는데 산업은행의 자금원천은 크게 국채발행을 통해 얻어

---

28   김정원, 앞의 책, 186쪽.
29   김대환, 앞의 글, 192~194쪽 참조.

진 자금과 원조물자 판매대금(대충자금)으로 이루어져 있었다. 은행대출은 두 가지 점에서 커다란 이익을 안겨주었다. 먼저 은행대출 금리의 수준은 보통 18.25퍼센트를 밑돌았는데 같은 시기의 사채이자율이 연 20~25퍼센트에 달했기 때문에 은행에서 대출받은 자금을 사채로 돌리는 것만으로도 상당한 불로소득을 얻을 수 있었다. 다음으로 금리수준을 능가하는 높은 인플레로 인한 이익발생을 들 수 있다. 예컨대 1956년의 일반은행 대출금리는 18.25퍼센트였는데 같은 해의 물가상승률은 29.4퍼센트에 이르고 있었으므로 결국 실질금리는 -11.15퍼센트인 셈이었다. 즉, 은행대출은 그 자체만으로도 가만히 앉아서 대출총액의 11.15퍼센트에 해당하는 불로소득을 안겨주는 것이었다.[30]

따라서 은행대출 자체가 대단한 특혜일 수밖에 없었고 달러대출과 마찬가지로 이승만이 거액의 뇌물 제공자에게 집중적인 대출을 해주는 부조리가 횡행했다. 물론 이러한 뒷거래에 가담할 수 있는 자들은 자금사정이 넉넉한 극소수의 매판자본가들뿐이었다.

은행대출과정에서 이루어진 뇌물제공의 예를 들면 1956년 대통령 선거 때 자유당이 산업은행에 대해 12개 기업체에 총 17억 환의 자금을 융자하라고 압력을 가했는데, 이 12개 기업체들은 은행에서 융자받은 자금을 다시 자유당의 선거자금으로 상납했던 것으로 알려졌다. 이 같은 선거자금 염출방법은 1958년 국회의원 선거 때도 역시 활용되었다. 선거가 끝난 후 자유당의 요구대로 정치자금을 상납한 기업체에 자금을 융자해준 산업은행의 은행장은 그 협조에 대한 대

30　위의 글, 194~198쪽 참조.

회사명	대출받은 자금	자유당에 상납한 자금
태창방직	1억 환	1억 환
중앙산업	6억 7,000만 환	5,000만 환
금성방직	2억 환	1억 환
수도영화	2억 환	1억 환
동립물산	7억 환	1억 2,000만 환
동양시멘트	1억 5,400만 환	5,000만 환
조선방직	1억 5,000만 환	1억 5,000만 환

〈표 1〉 1956년 대통령 선거자금 염출업체
출전: 김정원, 『분단한국사』, 동녘, 1985, 187쪽.

가로 장관에 임명되었다. 당시 선거자금 염출에 참여했던 기업체 중 7개 기업체는 〈표 1〉과 같다.

이승만 정권과 매판자본가의 뒷거래는 세금징수과정에서도 이루어졌다. 이승만 정권 아래 세금의 액수는 세무서의 자의적 판단에 따라 책정되었는데 이러한 조건에서 세금을 경감하고자 하는 기업주와 세무관리들 간에 공공연한 뇌물이 오갈 수밖에 없었다. 정권 차원에서 행해진 더욱 노골적인 특혜는 특정 재벌에 대한 각종 세금의 감면조치였는데 대통령이 지정하는 산업에서 생기는 소득에 대해서는 4~6년간의 소득세 감면조치를 연장해 그 기한이 만료된 것이라도 1951~1961년 동안에는 세금의 3분의 1을 경감해주고 이와 동시에 배당세·영업세·법인세 등이 감면되었다.[31] 이 같은 엄청난 이득을 보

---

[31] 김대환, 앞의 글, 191쪽.

장해주는 대통령 특별지정의 대가로 거액의 뇌물이 오갔음은 두말할 나위도 없는 것이었다.

이렇게 해서 모인 자금은 이승만 정권을 유지하기 위한 비용으로 쓰였는데 자세한 내용은 다음 장에서 살펴볼 것이다.

이미 밝힌 바와 같이 위의 자금은 이승만 정권이 미국의 군사적 목표에 복무하고 또한 남한을 경제적으로 수탈하는 것을 목표로 하는 달러, 원조물자, 그 판매대금을 매판자본가에게 건네주는 중개인 역할을 통해 얻은 것이었다. 매판자본가의 역할이 미국의 경제적 수탈을 위한 대행자의 성격을 지니고 있음을 고려한다면 결국 이승만 정권은 민족을 팔아먹음으로써 자신의 배를 채웠던 것이다.

말할 필요도 없이 이승만 정권의 부정 수입은 기본적으로 민중을 수탈해서 얻은 것이었다.

남한의 젊은이들을 한국군 사병으로 대량징집한 것은 가장 가혹한 형태로 노동력을 수탈하는 것을 의미했다. 또한 미국 원조에 의한 매판자본가의 성장이 중소기업의 몰락, 농민의 파탄, 그에 따른 대량실업과 극단적인 저임금구조의 형성으로 귀결되었다는 것은 이미 앞에서 밝힌 바와 같다. 이와 함께 매판자본가의 성장을 지원하기 위해 시행한 고의적인 인플레정책과 재벌에 대한 세금감면 혜택 역시 민중의 엄청난 희생을 초래했다. 이승만 정부가 매판재벌에 대한 금융상의 특혜를 노리고 화폐를 무더기로 찍어냄으로써 야기된 높은 인플레는 한정된 수입만으로 살아가던 민중의 생활 처지를 더욱 어렵게 만들었다. 마찬가지로 재벌기업에 대한 세금감면 혜택으로 인한 정부예산의 부족을 메우기 위해 민중은 더욱더 많은 세금을 물어야 하는 형편이 되고 말았다.

이러한 맥락에서 미국의 지원이란 엄밀히 말해 이승만 정권과 그 주변의 매판집단들에게 효과적인 민중수탈의 수단을 제공한 것을 의미했다. 물론 그 수단이란 철저히 미국의 이익을 추구하기 위한 하나의 부속품에 불과한 것들이었다.

4. 이승만의 권력 놀음

역대 남한 정권이 보여준 가장 중요한 특질 중 하나는 일단 권력을 손에 넣게 되면 결코 내놓으려고 하지 않는 장기집권에 대한 욕망이다.

이 같은 현상은 권력 자체가 민중의 참된 이익에 봉사하기 위한 것이 아니라 어디까지나 온갖 특권을 독점할 수 있는 황금 의자로서의 의미만을 지니고 있기 때문에 나타나는 것이다. 다시 말해 일단 권력의 달콤한 꿀맛을 보고 나면 다시는 그 자리에서 물러나지 않으려고 발버둥치게 되는 것이다.

이승만은 이러한 장기집권에 대한 욕망이 얼마나 강력한 것인지를 유감없이 보여주었다.

휴전 이후 이승만 정권은 극단적인 민중 억압을 통해 표면상의 정치적 안정을 이룩한 듯이 보였으나 그러한 안정은 결코 오래갈 성질의 것이 아니었다.

무엇보다도 '친미'라고 하는 배를 함께 탔던 세력 내부의 분열은 여전히 치유되지 않은 채 갈등을 계속하고 있었다. 즉, 이승만이 권력을 독점하면서 그로부터 소외된 다수의 인사가 야당세력을 형성함으로써 이승만 정권에 대한 끊임없는 도전을 가해왔던 것이다. 이 같은 야당세력은 1955년 민주당으로 모여들게 되었는데 여기에는 과거 한민당 출신뿐만 아니라 이승만 정권 내부에서 자신의 야심을 실현할 수 없게 된 인물들이 상당수 포함되어 있었다. 한때 국무총리까지 역임했던 장면이 그러한 경우였다.

이들 야당세력은 미국의 지지 아래 이승만이 누리던 특권적 지위를 고스란히 차지하는 것을 궁극적 목표로 삼고 있었다는 점에서 집권세력과 본질적인 차이는 없었지만 일정 정도는 민중과 결합할 수 있는 가능성을 안고 있었다.

야당의 입장에서 볼 때 그들이 선택할 수 있는 집권 수단은 선거에서 승리하는 것뿐이었다. 그런데 이들 야당은 자금과 조직 면에서 집권세력에 비해 훨씬 뒤떨어져 있었기 때문에 표를 긁어모을 수 있는 방법은 민중의 지지를 더욱 많이 확보하는 것이었다. 그렇기 때문에 야당은 비록 기만적이기는 하지만 민중의 요구를 어느 정도 대변하고자 노력할 수밖에 없었다. 민중 역시도 투쟁의 무기를 완전히 박탈당한 상태에서 억압정치에 대한 저항의 표시로 야당에 표를 던지게 되었다. 이러한 결과 적어도 선거과정에서는 민중과 야당 간에 독재권력을 향한 공동전선이 형성될 소지가 많았다.

이러한 맥락에서 민중의 참된 지지를 받지 못한 이승만 정권이 공정한 선거를 통해 야당과의 경쟁에서 승리한다는 것은 애초부터 불가능한 일임은 너무도 분명한 사실이었다. 따라서 이승만 일파가 장기집권의 길을 걷게 되는 과정은 당연히 온갖 불법과 사기로 점철될 수밖에 없었다.

부산 정치파동을 통해 불법적으로 집권연장을 꾀했던 이승만은 불과 2년 뒤인 1954년에 이르러 다시금 추악한 음모에 골몰하고 있었다.

당시 이승만을 사로잡은 고민거리는 헌법에 명시되어 있는 대통령 중임 제한에 관한 규정이었다. 이 조항대로라면 이승만은 다음 대통령 선거에 출마할 수 없었다. 결국 이승만은 문제의 이 조항을 삭제하고 종신집권의 길을 열기 위해 헌법 개정을 획책하기 시작했다.

1954년 5월 20일 제3대 민의원 선거가 실시되었다. 이승만의 자유당은 개헌 가능선인 의석수의 3분의 2를 확보하기 위해 대규모 부정선거를 감행했다. 이승만은 미국의 원조달러와 원조물자로 큰 벌이를 한 정계와 재계의 인사들로부터 거액의 선거자금을 긁어모았다. 이 자금을 바탕으로 상대방을 위협할 폭력깡패를 고용하고 유권자를 매수하는 일을 서슴지 않고 자행했다. 야당의 유세장이 폭력배의 기습을 받았고 야당의 선거운동원들이 아무런 이유 없이 경찰에 체포되었다. 나아가 야당후보들은 폭력배들의 거듭되는 테러 위협에 혼쭐이 난 나머지 후보를 사퇴하는 상황에 몰리기도 했다. 재무, 세무, 경찰, 군대 등 정부의 주요 부문을 장악하면서 실질적인 감독권을 행사하던 미국인 고문들은 이 같은 이승만의 불법행위를 그대로 방관함으로써 결과적으로 부정선거의 공범자가 되고 말았다.[32]

이렇게 해서 치러진 선거의 결과는 예상했던 대로 자유당의 압도적 승리로 끝났다. 자유당 114, 민국당 15, 대한국민당 3, 국민회 3, 제헌동지회 1, 무소속 67석으로 판가름이 난 것이다. 그러나 자유당은 당초 목표한 개헌정족수를 차지하지 못했기 때문에 포섭공작에 열중해 교섭단체를 등록할 때는 결국 137석을 확보했다.

이승만의 자유당은 예정대로 같은 해 9월 9일 이기붕 외 135명의 서명으로 개헌안을 제출했다. 개헌안의 내용은 다음과 같다.

---

32 데이비드 콩드, 앞의 책, 44쪽 참조.

① 국민투표제 가미

② 순수한 대통령제로의 환원

③ 경제제도의 자유경제체제로의 수정

④ 대통령 궐위 시 부통령의 승계제도

⑤ 초대 대통령에 대한 중임제한규정 철폐[33]

개헌의 골자는 이승만이 죽을 때까지 대통령 자리에 앉게 하는 것
이며 1954년 당시 79세의 고령이었던 이승만이 죽게 되면 자유당의
부통령이 그 자리를 이어받게 하자는 것이었다.

국회 내에서 행해진 개헌은 이승만의 반대세력에 대한 온갖 협박
과 회유 속에 진행되었다.

우선 개헌을 강력히 반대하고 나선 민국당을 협박하는 조치들이
잇따라 취해졌다. 이승만의 사주를 받은 일단의 집단은 국민 여론을
가장해 "국민 전체가 갈망하는 개헌안을 조속히 통과하라"라는 결의
문을 채택함과 동시에 "민국당은 역적이다"라는 전단을 살포했다. 이
와 함께 10월 20일에는 민국당의 신익희가 6·25 때 납북되어 북한
의 남북협상총선거추진위원회에서 일하는 조소앙과 인도 뉴델리에
서 요담하고, 귀국 후에도 조소앙의 밀사와 연락을 취한 흔적이 있다
는 보도가 있었다.[34] 반공의 칼날을 들이댐으로써 야당을 굴복시키고
자 하는 이승만의 상습적인 수법이 또다시 모습을 드러낸 것이었다.

헌법 개정안을 국회의 표결에 붙일 예정이었던 11월에는 개헌에

---

33   김도현, 「1950년대의 이승만론」, 진덕규 외, 앞의 책, 78쪽.

34   위의 글, 79쪽.

비판적인 입장을 보이던 13개 신문과 잡지가 강제적인 폐간조치를 당했다.[35]

11월 27일, 국회가 열리자 회의장 주변에는 고액권 지폐가 가을 낙엽처럼 쌓였다. 개정안에 찬성표를 던지는 의원에게는 50만 환의 '대가'가 주어졌다.[36] 136표만 얻으면 헌법 개정에 필요한 3분의 2에 달한다. 하지만 거액의 뇌물을 뿌렸는데도 최종 결과는 찬성 135표를 획득하는 데 그치고 말았다. 사회를 보던 최순주 국회부의장은 개헌안의 부결을 선포했다.

그러나 곧 기상천외한 일이 벌어지고 말았다. 국회에서 투표가 행해진 다음 날인 28일, 자유당은 긴급 의원총회를 열어 다음과 같은 성명을 발표했다.

작일의 부결 선포는 의사과정의 잘못된 산출방법에 의하여 착오로 선포된 것이고 재적의원 203명의 3분의 2의 정확한 수치는 135.333……인데 자연인을 정수 아닌 소수점까지 나눌 수 없으므로 개헌안은 가결된 것이다.[37]

정부에서도 긴급 국무회의를 열고 공보처장 담화를 통해 "60표의 반대표는 총수의 3분의 1에 훨씬 미치지 못한다. 한국은 표결에 있어서 단수(소수점 이하의 숫자)를 계산하는 데 전례가 없었으나 단수는 계산에 넣지 말아야 할 것이며 따라서 개헌안은 통과되었다"라고 발표

---

35 데이비드 콩드, 앞의 책, 47쪽.

36 위의 책, 47쪽.

37 김도현, 앞의 글, 80쪽.

했다.[38]

이어서 29일 최 부의장은 "전번 회의에서 부결이라고 선포한 것은 계산착오이므로 취소하고, 가결되었다"라고 번복 선포했다. 정부는 이날 오후 3시 경무대에서 임시 국무회의를 열고 이승만 대통령의 서명으로 개정헌법을 공포했다. 이러한 숫자 놀음은 이승만의 발상이라는 뒷얘기가 있다.[39] 뒤에 사람들은 이를 사사오입 개헌이라고 불렀다.

장기집권의 야욕에 사로잡힌 이승만의 교활성은 여기에 그치지 않았다.

이른바 사사오입 개헌을 통해 자신의 야욕을 노골적으로 드러냄으로써 국민적 지탄에 봉착한 이승만은 대통령 선거에 재출마하기 위해 간교한 술책을 부리기 시작했다. 1956년 5월 5일 제3대 대통령 선거를 앞두고 자유당은 임시 전국대의원회를 가졌는데 이승만은 메시지를 통해 이번 대통령 선거에는 "출마하지 않기로 했다"라고 언명하고 그 이유를 "민주주의에 있어서는 대통령이 두 임기를 마치면 퇴임하는 것이 좋으며 더욱이 초대 대통령에 취임하여 오늘날까지 국토통일에 성공치 못하고 있어 원수의 책임상 무심히 있을 수 없어 책임을 지고 물러가는 것이 좋을 것이다"라고 말했다. 이 같은 말이 종신집권을 위해 불법적으로 헌법을 개정했던 이승만의 진심일 리 만무했다. 아니나 다를까, 과거의 수법대로 국민 여론을 가장한 각종 사기극이 연출되었다.

자유당 전당대회에서 이승만이 눈물까지 흘려가며 출마를 단념하

---

38 위의 글, 80쪽.

39 같은 곳.

겠다는 연설이 있은 직후 전국 각지의 도시와 농촌에서 이승만의 결의를 재고해줄 것을 요청하는 관제시위가 연이어 날조되었다. 백만 노동자를 대표한다는 어용 노동조합 대표는 이승만이 출마를 하지 않으면 '직장은 물론 스스로의 목숨까지도 포기하겠다'는 촌극을 벌였다. 같은 취지로 50명의 스님이 단식투쟁에 들어갔다는 소식도 전해졌다. 혈서를 가지고 와 이승만에게 나라를 계속 지도해달라고 탄원하는 사람도 생겨났다.

그 밖에도 대규모 시위대가 비가 오나 눈이 오나 밤낮으로 대통령 관저 앞에서 연좌농성을 벌이며 대통령을 계속해달라고 부르짖었다. 당시의 이러한 기만적 사태에 대해 사람들은 이승만이 출마의 빌미를 잡기 위해 소와 말, 심지어는 귀신까지 동원하고 있다고 비꼬았다.[40]

대통령 지명을 사퇴한 지 17일 만에 이승만은 '본의가 아님에도 불구하고 국민의 의사에 굴복하여' 대통령 후보로 출마하겠다는 의사를 밝혔다. 아울러 이승만은 자신의 후계자로 선택한 이기붕을 부통령 후보로 지명했다.

이에 맞서 1955년 9월 19일 민주당으로 옷을 갈아입은 야당은 이승만의 결정은 국민의 의사가 아니라 이승만이 스스로 조작해낸 시위대의 의사에 부응했을 뿐이라는 성명을 발표했고 신익희와 장면을 각각 대통령과 부통령 후보로 내정했다.

조봉암이 지도하는 진보당 역시 조봉암을 대통령 후보로, 의사 박기출을 부통령 후보로 지명했다.

선거전에서는 예상대로 이승만 세력의 테러, 협박, 공갈, 매수, 선

---

40   위의 글, 81쪽.

거 방해 등 온갖 부정행위가 자행되었다. 선거 10일 전 갑자기 민주당 후보 신익희가 사망했다. 독살되었다는 보도가 있었지만 그것은 부정되었다. 신익희의 유해가 서울로 이송되자 수천 명의 시위대가 이승만의 저택을 향해 거리를 행진하며 전제 지배의 철회를 요구하는 한편 국민을 위해서라면 무엇이든 하겠다고 큰소리치던 대통령을 저주했다. 그러자 특별경찰대가 출동해 바리케이드를 치고 국민들이 더는 과격한 행동을 하지 못하도록 삼엄한 경계를 폈다.

선거 결과는 이승만 504만 6,437표, 조봉암 216만 3,808표, 고 신익희 185만 표로 공식 발표되었다. 엄청난 부정선거에도 불구하고 이승만이 총투표수의 80퍼센트를 획득할 것이라는 당초 예상과는 달리 겨우 52퍼센트 선에 그치고 말았다. 이는 전시에 치러진 대통령 선거 때보다 22퍼센트나 떨어진 것이었다. 기권표와 무효표 65만 2,000표를 야당 후보의 득표수와 합치면 다수의 국민이 이승만을 거부한 셈이었다. 이 같은 이승만의 실질적 패배와 함께 민주당의 장면이 401만 2,654표를 얻음으로써 380만 5,502표를 얻은 이기붕을 누르고 부통령에 당선되었다.

이승만은 부정선거를 통해 가까스로 재집권에 턱걸이를 하게 되었으나 민심은 이미 그로부터 확연히 떠나고 있었다. 좀 더 정확히 말하면 애초부터 민중의 지지와는 무관했던 이승만이 국민들로부터 더욱더 강력한 거부의 대상이 되어가고 있었던 것이다.

선거유세과정에서 민주당 후보가 내세운 "못살겠다 갈아보자"라는 구호는 조봉암 후보의 평화통일에 대한 절규와 함께 민중 속에서 폭풍적인 호응을 얻었다. 이 사실은 남한 민중이 그간의 좌절에서 벗어나 새로운 희망을 향해 다시금 꿈틀거리고 있음을 강력히 시사해주는 것이었다.

제2장

북한에서의 건설과 혁명

1. 전쟁의 잿더미에서 사회주의 공업국가로

3년간에 걸친 한국전쟁 기간에 미군에 의한 폭탄 세례는 북한 전역을 완전히 초토화했다.

미군의 폭격으로 무엇이 파괴되었는지는 애써 열거할 필요가 없다. 전쟁 전에 만들어놓은 거의 모든 것이 파괴되었기 때문이다. 파괴된 재산의 값어치는 자그마치 30억 달러에 이르렀으며 이는 1949년 당시 생산능력에 비추어볼 때 약 6년 동안 이룩한 피땀의 결과를 송두리째 한순간에 빼앗긴 셈이었다.[1]

이러한 상태에서 경제재건을 꾀한다는 것은 사실상 무에서 출발하는 것과 다름없었다. 오히려 폐허가 되어 흩어져 있는 파괴의 잔해물들을 치우기 위해서는 엄청난 인력과 시간이 요구되었기 때문에 무에서 출발하는 것만도 못했다고 할 수 있다.

북한이 완전한 폐허 위에서 새롭게 경제를 재건해나감에 있어서 '사회주의 형제 나라'들의 긴급원조가 커다란 기여를 한 것은 사실이

---

1   엘렌 브룬·재퀴스 허쉬, 김해성 옮김, 『사회주의 북한』, 지평, 1988, 66쪽.

었다. 그러나 모든 원조가 으레 그렇듯이 이 같은 원조도 결코 일시적인 수준을 넘어서지 못했고 그 양에 있어서도 북한이 입은 엄청난 피해액에 비추어본다면 결코 충분한 것이라고 볼 수 없었다. 그나마도 경제정책을 둘러싼 대립으로 소련의 원조는 1957년 이후 급속히 감소되고 말았다.[2]

따라서 북한이 성공적인 경제재건을 꾀하는 데 가장 절실하게 필요했던 것은 어떻게 하면 한정된 자원을 한 치의 낭비도 없이 최대한 효율적으로 사용하는가 하는 문제였다. 이를 위해 북한은 크게 두 가지 방법을 선택했다. 그 하나는 '중공업의 우선적 성장을 보장하면서 경공업과 농업을 동시에 발전시키는 것'이었으며, 또 하나는 '전반적 생산관계의 사회주의적 개조'를 신속히 추진하는 것이었다.[3]

중공업의 우선적 성장을 보장하면서 경공업과 농업을 동시에 발전시키는 것은 북한의 독특한 경제발전 기본 노선으로 스탈린식의 '중공업 우선론'이나 먼저 경공업과 농업을 발전시킨 후에 중공업을 발전시킨다는 중국식의 단계적 발전노선과도 다른 것이었다. 북한이 중공업을 우선적으로 발전시킨다는 것은 중공업을 위한 중공업을 건설하는 것이 아니라, 중공업 중에서도 자립경제의 토대를 마련하고 인민생활 향상에 직접적으로 연관되는 부문, 즉 석탄·금속·전력·기계·화학·건설과 기계제조 부문의 공작기계·광산·방적·비료·농업

---

2   한국전쟁 이후 북한이 받은 직접원조는 약 5억 5,000만 달러에 달하는 것으로 알려졌다. 위의 책, 68쪽.

3   북한의 전후 복구건설과정은 크게 세 시기로 나누어 진행되었다. 첫 번째 시기는 휴전협정이 체결된 1953년 당시에 이루어진 긴급복구과정이고, 두 번째 시기는 1954년부터 1956년까지 전개된 3개년 계획 기간(예정보다 약 9개월 일찍 완수됨)이며, 세 번째 시기는 1954년 4월부터 시행에 옮겨진 5개년 계획 기간이라고 할 수 있다.

기계에 중점을 두어 중공업을 건설한다는 것이었다.[4]

생산관계의 사회주의적 개조는 국가적 차원의 계획적인 경제정책 수립뿐만 아니라 당시 북한 인민이 처한 상황으로 인해 불가피하게 요청되었던 것이기도 했다. 즉, 전쟁으로 인한 혹심한 파괴는 공업과 농업을 막론하고 개인의 힘만으로 자신의 처지를 개선하는 것을 거의 불가능하도록 만들었으며 그것은 오직 서로의 능력과 생산수단을 합칠 때에만 해결 가능했던 것이다. 요컨대 북한의 사회주의화는 "어려울 때일수록 서로의 힘을 합치고 보다 짜임새 있어야 한다"라는 소박한 진리가 경제재건과정에 적용되어 나타난 것이라고 할 수 있다.

이러한 맥락에서 북한은 1954년 3개년 계획을 시행에 옮기면서부터 생산관계의 사회주의적 개조를 추진해나갔는데, 이는 크게 상공업과 농업의 두 가지 분야로 나누어 이루어졌다.

우선 상공업 부문을 살펴보자.

1947년 북한 공업은 83퍼센트 정도를 국유산업이 담당하고 있었다. 이들 국유산업은 본래 일본인 소유였던 것을 특정 개인의 손에 넘겨주지 않고 국가 소유로 확정한 결과물들이었다. 이러한 조치는 민족해방의 일환이자 사회주의를 향한 기초 조성에 해당하는 것으로 볼 수 있다. 이에 관해서는 스칼라피노와 이정식 같은 미국의 부르주아 정치학자조차도 국유화는 "자연스러울 뿐만 아니라 비교적 간단했다. ⋯⋯ 사회주의적 행위인 만큼 민족주의적인 것이었다"라고 평가하고 있다. 한편 김일성 자신도 당시의 국유화에 대해서는 "자본주의

---

4   조진경, 「북한 현대사 개관」, 서울지역 교지편집인연합회 엮음, 『백두에서 한라까지』, 돌베개, 1988, 221쪽.

적 방향으로 나아가는 것은 아니지만 그렇다고 해서 사회주의적인 것
도 아니다"라고 언급했다.[5]

당시 소규모 소비재 상품은 여전히 개인기업이 생산하고 있었다.
그러나 이들 개인기업은 한국전쟁을 겪으면서 불가피하게 소멸과정
을 거칠 수밖에 없었다. 미 공군의 폭격으로 공장시설이 대부분 파괴
되었기 때문이다. 결국 북한에 남아 있던 일부 자본가계급은 미국의
손에 제거된 셈이었다. 그리하여 북한은 자본가계급과의 투쟁을 위해
특별히 피를 흘릴 필요가 없었다. 적어도 공업 분야의 사회주의적 개
조는 애써 자본가계급을 만들어내지 않는 것만으로도 족했던 것이다.

극히 미약하나마 여전히 잔존해 있던 사기업, 수공업, 개인상업에
대해서는 협동조합을 통해 개조해나갔다. 이에 관해 김일성은 다음과
같이 정리하고 있다.

전후 시기에 자본주의적 상공업의 사회주의적 개조는 성숙된 문제로 제
기되었습니다. 전쟁으로 인하여 자본주의적 상공업은 심한 피해를 입었
습니다. 적지 않은 기업가와 상인들이 영락되어 국영 부문의 노동자, 사
무원으로 진출하였으며 남아 있는 상공업자들도 대부분 수공업자나 소
상인과 거의 같은 처지에 떨어지게 되었습니다. 이러한 형편에서 자본
주의적 상공업자들은 국가와 사회주의 경제의 지원에 의거하지 않고는
또한 자기들의 생산수단과 자금을 연합하여 공동으로 노력하지 않고는
영락된 경리를 복구할 수 없었습니다. 더욱이 농업과 수공업이 협동화

5   아이단 포스터 카터, 「북한의 발전과 자력 갱생: 비판적 평가」, 거번 맥코맥·마크
셸던, 앞의 책, 127쪽.

되어감으로써 그들은 원료와 자재도 종전과 같이 사적 시장을 통해 구득할 수 없게 되었습니다. 인민경제의 모든 부문에서 사회주의 경제형태가 압도적으로 지배하는 조건하에서 얼마 안 되는 기업가, 상인들만이 계속 사적 경리를 유지할 수는 없었습니다.

기업가, 상인들은 오직 사회주의 경제체계에 망라됨으로써만 자기들의 처지를 개선하고 앞날을 개척할 수 있었으며 국가와 사회에 더 잘 복무할 수 있었습니다.

우리나라에 조성된 구체적 실정으로부터 우리 당은 각이한 형태의 협동경리로써 자본주의적 상공업을 개조할 방침을 제시하였습니다. 기업가, 상인들은 이것이 자기들의 이익에 부합되며 또한 정당한 길이라는 것을 깨닫고 당의 협동화 방침을 지지하였습니다. 이리하여 자본주의적 상공업의 사회주의적 개조는 짧은 기간에 완성되었습니다.[6]

즉, 영락된 자본주의적 상공업에 대해서는 그대로 방치하거나 이를 국가가 몰수하는 조치를 취하지 않고 동종 업종끼리 협동조합을 결성해 생산과 판매, 경영 등을 공동으로 수행하게 함으로써 더욱 효과적으로 자신들의 처지를 개선하도록 만든 것이다.

다음으로 전쟁 직후까지 여전히 인구의 다수를 차지하던 농업 분야에서 일어난 변화를 살펴보자.

1953년까지 북한의 농업은 불과 1.2퍼센트만을 제외하고는 모두가 '개인경리체제'에 의존하고 있었다. 그중에는 부농에 의한 경리도

---

6 돌베개 편집부 엮음, 『북한 '조선로동당' 대회 주요 문헌집』, 돌베개, 1988, 174~175쪽.

포함되어 있었다. 그러나 부농, 중농, 빈농을 막론하고 전쟁으로 인한 농지 황폐화, 농기구와 비료의 절대적 부족, 관개시설의 파괴 등으로 모두가 심각한 위기에 몰려 있었다. 이러한 조건에서 농업생산의 급속한 향상은 오직 기계화를 통해서만 가능했으며 그 같은 기계화는 생산활동 자체가 불가능할 만큼의 극심한 노동력 부족현상에 직면해 있던 당시의 실정 때문에 더욱 절실한 과제로 떠올랐다. 그러나 북한인들이 보기에는 지금까지 유지되어왔던 소규모 개인경리체제로는 거액의 자금이 소요되는 이 같은 농업의 기계화가 애초부터 불가능할뿐더러 기계화의 효율성 자체까지도 떨어뜨리는 요인이 되고 있었다. 또한 개인경리체제는 국가적 차원에서 종합적인 농업생산계획을 수립하는 것을 어렵게 만들었다. 더욱이 공업의 대부분이 국유화되어 있는 시점에 공업의 원료를 공급해주고 그 제품을 구입해주어야 할 농업이 개개인의 뜻에 좌지우지된다면 공업 자체의 계획도 곤란을 겪을 수밖에 없었다.[7]

결국 이 같은 난점은 농업의 협동화를 통해서만 해결 가능한 것으로 나타났다. 즉, 농업의 협동화를 바탕으로 중공업 분야에서 생산된 농업기계와 각종 제품들을 손쉽게 농촌에 공급하고 동시에 전체 농업생산을 계획적으로 조절할 수 있었던 것이다. 이러한 맥락에서 북한은 농업의 협동화를 강력히 추진해나갔는데 북한이 선택한 농업협동조합은 토지, 농업시설, 가축을 조합원의 공유로 하고 기술과 노동력에 따라 각자의 몫을 분배하는 형태였다.

북한은 농업의 협동화를 추진하는 과정에서 조급함을 피하면서 농

---

7   위의 책, 170쪽 참조.

민 자신의 의사에 따라 자발적으로 참여하도록 유도했다. 이를 위해 토지가 부족해 더는 개인경리에 집착할 필요가 없었던 빈농들을 중심으로 군 단위에 몇 개씩의 농업협동조합을 조직해 시범적으로 운영했다. 아울러 이들 협동조합에 대해서는 국가적 차원에서 농기계를 보급하고 자금을 지원하는 일 등을 우선적으로 실시했다. 이러한 과정을 통해 협동조합의 유리함을 두 눈으로 목격한 농민들은 자발적으로 토지를 모아 협동조합을 창설하게 되었다. 한편으로 그러한 자발성은 품앗이, 두레 등 전통적으로 협동노동에 익숙해 있던 농민들의 습성에서 기인한 바가 컸다. 이렇게 하여 1958년 말까지는 중농과 부농을 포함한 북한의 농민 대다수가 농촌협동조합에 가입하게 되었다.

이렇게 하여 북한은 식민지 유산의 청산과 전쟁피해 복구라는 특수한 요구가 결합됨으로써 별다른 폭력을 수반하지 않고 인민대중의 자발적 참여 아래 사회주의적 개조를 완수할 수 있게 되었다. 1950년대 당시 이 같은 북한의 사회주의화는 식민지 지배를 경험했던 나라들 중에서 유일한 경우에 해당하는 것이었다. 그 결과 북한은 1946년 인민민주주의적 개혁 때와 마찬가지로 사회주의적 발전에서도 제3세계의 선두주자가 되었다.[8]

생산의 사회주의적 개조와 함께 그러한 조건 속에서 경제재건을 강력히 밀고 나가기 위해서는 무엇보다 전문적인 기술인력의 확보가 절실히 필요했다. 전쟁 직후 북한에서는 중공업 부문의 전체 노동자들 가운데 10년 이상의 노동경력을 가진 노동자가 불과 10퍼센트밖에 안 될 정도로 특히 이 문제는 매우 심각한 것이었다. 이 같은 난점

---

8   위의 책, 170~171쪽 참조.

을 극복하기 위해 각종 대학과 기술교육기관이 세워지고 다수의 해외 유학생이 파견되었다. 그 결과 1953년 이후 3년간에 걸쳐 고급 기술훈련을 받은 1만 1,000여 명의 노동자와 800명의 해외 유학생들이 각 생산기업소에 배치되어 생산활동에 종사하게 되었다. 그 밖에도 노동자 기술교육과정을 마친 3만 2,000명의 노동자가 전반적인 기술수준의 향상에 기여하게 되었다.

이렇듯 전반적인 생산관계의 사회주의적 개조가 진행되고 기술인력이 준비되는 것에 발맞추어 본래의 방침대로 중공업의 우선적인 발전을 목표로 모든 노력이 기울여졌다. 북한은 국내 자원의 40퍼센트를 중공업 분야에 집중적으로 투입했으며 그중에서도 모든 경제의 기초가 되는 기계·화학·야금·수력발전·광업 부문에 우선적으로 힘을 쏟았다. 이러한 노력의 결과 1949년에 비해 1961년의 생산량은 전기가 390만 톤에서 970만 톤으로, 석탄은 120만 톤에서 1,200만 톤으로, 강철은 5,000톤에서 79만 톤으로, 시멘트는 10만 3,000톤에서 240만 톤으로 각각 증가하게 되었다.[9]

이렇듯 급속도로 증강된 중공업의 성과물들은 신속하게 경공업과 농업 분야의 발전을 위해 재투입되었다.

중공업의 발전으로 기계와 원료 등을 공급받으면서 경공업 역시 빠른 속도로 발전하게 되었는데 〈표 2〉는 북한의 중공업이 경공업과 대체로 비슷한 성장 속도를 유지하고 있음을 보여준다.

북한의 경공업 발전에서 나타난 특징적 요소 중 하나는 지방공업을 중점적으로 육성했다는 점이다. 이는 경공업 자체가 생산에 필요

---

9   엘렌 브룬·재퀴스 허쉬, 앞의 책, 171쪽 참조.

	1949년	1951년	1953년	1956년	1957년	1958년
생산수단	100	33	42	171	250	337
소비재	100	65	99	208	297	414

(1949=100)

〈표 2〉 공업총생산에 대한 생산수단과 소비재 비율
출전: 「조선중앙연감」, 1958, 176쪽, 엘렌 브룬·재퀴스 허쉬,
「사회주의 북한」, 지평, 1988, 152쪽에서 재인용.

한 원료뿐만 아니라 생산제품조차도 인민의 일상적인 생산활동과 더욱 밀접히 관련되어 있다는 사정에 따른 것이다. 요컨대 이러한 지방공업을 통해 그 지방의 특산물과 남는 일손을 바탕으로 그 지방의 특수한 수요에 맞는 제품을 생산할 수 있었던 것이다. 결과적으로 이처럼 지방공업이 발전한 덕분에 농민을 포함한 각 지방의 인민들은 자신이 생산한 상품의 시장과 직장을 손쉽게 확보할 수 있었고 동시에 자신의 구미에 맞는 제품의 공급을 더욱 효과적으로 보장받을 수 있었다. 이 같은 경공업의 지방공업화 정책은 지난날 일제강점기에 인민의 요구와는 무관하게 추진된 식민지 공업의 편파성을 근본적으로 수정하고자 하는 의도에서 추진되었다고 볼 수 있다.[10]

중공업의 발전과 그에 입각한 정부의 지원에 힘입어 농업 역시 순조로운 발전의 길을 걸을 수 있었다.

북한은 숱한 곤란을 겪고 있던 농촌경제를 신속히 복구하기 위해 1953년부터 1959년까지 1,200억 원(1959년 2월의 화폐개혁을 고려하면 120억 원)의 국가지원금을 농민들에게 지급했고, 경제적 토대가 약한

10　위의 책, 153~155쪽 참조.

농업협동조합과 빈농들에게는 특별히 30여만 톤의 식량과 243억 원 이상에 이르는 영농자금을 꾸어주었으며, 16만 톤 이상의 현물세·대여곡 납부와 14억 원 이상의 대부금 반환을 면제해주었다.[11]

아울러 북한은 정부 차원에서 관개사업에 대해 투자를 집중했고 그 결과 1959년 관개답은 전체 논 면적의 91퍼센트인 46만 3,000정보로 증가하게 되었다. 또한 중공업이 발전함에 따라 화학비료와 농기계의 공급이 크게 늘어났으며, 전기 공급도 크게 진전되어 1960년에는 전체 농가의 62퍼센트가 전기를 공급받게 되었다.

이러한 국가적 지원은 협동농장체제에 의해 능률적으로 관리됨으로써 전반적인 농업생산의 빠른 증대를 가져왔다. 그 결과 곡물재배 면적은 1954년의 23만 6,000정보에 비해 1958년에는 약 3배로 늘어난 82만 6,000정보에 이르게 되었다. 그에 따라 총알곡생산량 역시 1956년에는 287만 톤, 1957년 320만 톤, 1958년 370만 톤으로 각각 증가하게 되었다.[12]

이렇게 하여 북한은 급속한 경제성장을 달성하게 되었으며 경제성장이 지닌 성과는 같은 시기의 남한과 비교해볼 때 더욱 뚜렷한 것이었다.

1954년부터 1962년까지 국민소득의 연평균 성장률은 남한이 4.7퍼센트인 데 비해 북한은 22.1퍼센트에 달했다. 마찬가지로 같은 기간의 1인당 국민소득의 증가율은 북한이 17.2퍼센트인 데 비해 남한은 0.8퍼센트에 머물러 있었다. 또한 1963년에 북한은 기술·공업

11   스칼라피노·이정식, 한홍구 옮김, 『한국공산주의운동사』 3, 돌베개, 1987, 672쪽.
12   위의 책, 673쪽.

노동자가 전체 노동인구에서 차지하는 비율이 65퍼센트에 이르게 됨으로써 일찌감치 세계적으로도 앞선 공업국의 대열에 끼어들게 되었지만 1962년의 남한은 여전히 기술·공업노동자가 전체의 8.8퍼센트밖에 되지 않는 낙후된 농업국의 처지를 벗어나지 못하고 있었다. 산업구조 못지않게 경제의 자립능력에 있어서도 남북한은 현저한 차이를 보여주었다. 북한은 1960년 초반에 이미 기계설비, 공업원료, 기초소비재, 식량 등을 거의 대부분 자체적으로 공급할 수 있는 능력을 갖춘 데 비해 남한은 이들의 상당 부분을 해외에 의존하고 있었을 뿐만 아니라 시간이 흐르면서 의존의 정도가 더욱 심화되고 있었다.[13]

〈표 3〉은 남북한의 경제력을 비교한 것인데 당시 북한 인구가 남한 인구의 절반 정도에 그쳤기 때문에 1인당 생산량은 표에서 나타난 것보다 약 2배의 차이가 날 것이다.

수치상으로 나타난 경제성장률이 인민대중의 처지를 얼마만큼 실질적으로 개선했는지는 정확히 알 수 없다. 그럼에도 이미 말했듯이 1960년대 초반에 이르러서는 의식주에 관련된 몇 가지 기본 문제가 대체로 해결상태에 접어들었다는 것은 상당히 분명한 것으로 보인다. 다음의 사실은 이 점을 뒷받침해주고 있다.

1954년과 1956년에 걸쳐 550종의 소비품목에 대해 평균 10.3%의 가격인하가 있었고 나중에 7개 이상의 품목에 대해서도 추가적인 가격인하가 있었다. 또한 임금인상이 있었다. 1954년 4월 25%, 1956년 11월 35%, 1958년 1월 10%, 그리고 12개월 후 40%의 임금인상이 있었다.

---

[13] 아이단 포스터 카터, 앞의 글, 139쪽.

	한국	북한	남북 대비
석탄(t)	5,888,000	11,788,000	1:2
전기(kwh)	1,770,000,000	10,418,000,000	1:5.7
철(t)	46,000	776,000	1:16
비료(t)	64,000	662,000	1:10
트랙터(대)	0	3,996	-
면직(m)	133,000,000	256,000,000	1:1.7
쌀·밀(t)	4,534,000	4,830,000	1:1
어획고(m)	434,000	620,000	1:1.4
시멘트(m)	522,000	2,253,000	1:4.3

〈표 3〉 1961년 현재 남북한 경제력
출전: 김병오, 『민족분단과 통일문제』, 한울, 1985, 221쪽.

…… 동시에 사회보장과 사회보험수당, 유급 하계휴양과 방학, 무료진료, 그리고 (1959년부터의) 무료교육을 포함한 사회복지의 향상에 막대한 금액이 분배되었다. 이러한 모든 조치들은 노동자와 공무원들의 감세조치와 함께 평균 생활수준을 훨씬 향상시켰다. 물론 이것이 소비지향주의로의 이동을 뜻하는 것은 아니다. 그러나 인민대중의 물질적 필요는 중요하게 취급되었으며, 더욱 균등한 분배가 이루어졌다.[14]

위와 같은 사실은 최근까지 극도의 정보통제로 남한의 민중에게는 전혀 알려지지 않았지만, 더욱 객관적으로 북한을 볼 수 있는 위치에 있는 사람들에게는 상당히 경이로운 현상으로 비쳤음에 틀림없

---

14 엘렌 브룬·재퀴스 허쉬, 앞의 책, 79쪽.

다. 예컨대 영국인 조안 로빈슨은 북한의 성장에 관해 "전후 세계의 모든 경제적 기적은 이러한 성과 앞에 가려진다"라고 표현했다. 또한 프랑스인 르네 뒤몽은 "농업과 공업에서 북한은 사회주의 블럭을 이끌어나갈 수 있는 위치에 이르렀다"라고 평가했다.[15]

2. 자력갱생의 길

1950년대 당시 북한은 사회주의권에서 유일하게 식민지 지배를 경험한 나라였다. 이 점이야말로 북한에서 진행된 사회주의 건설과정이 다른 나라와는 구별되는 매우 특수한 측면을 갖도록 만든 결정적 요인이다. 북한은 어느 한순간도 지난날 식민통치로 야기되었던 쓰라린 고통을 잊으려고 하지 않았다. 40년간에 걸친 일제의 식민통치는 조선의 경제를 완전히 불구로 만들었고 조선 민중은 오로지 노예적인 학대와 빈곤만을 강요받았다. 일제는 조선에서 일어나는 어떤 형태의 독자적인 기술발전도 허용하지 않으면서 조선을 단지 자국의 공산품 시장으로, 식량과 원료의 공급지로 전락시키고 말았다. 그 결과 조선 민중은 자신의 노동의 결과를 아무런 대가 없이 일제에 빼앗긴 반면 저들이 만들어놓은 상품은 값비싸게 살 수밖에 없는 극단적인 수탈 대상이 되었던 것이다.

분명 이 같은 쓰라린 경험은 북한인 모두의 뼛속 깊이 사무쳤고 그만큼 '그 누구를 위해서가 아닌 바로 자기 자신을 위한, 그리고 다

15　아이단 포스터 카터, 앞의 글, 134쪽.

른 누구의 힘에 의한 것이 아닌 바로 자신의 힘에 의한' 경제건설에 대해 지독하리만치 강한 애착을 느낄 수밖에 없었다. 즉, 북한은 애써 생산해낸 경제잉여가 끊임없이 해외로 누출되는 조건 아래에서는 아무리 생산관계를 개조하고 착취제도를 폐지한다 하더라도 인민대중의 생활 처지를 근본적으로 개선시킬 수 없다는 사실을 지난날의 경험을 통해 분명하게 터득하고 있었던 것이다.

경제잉여가 해외로 누출되는 것을 방지하기 위해서는 완제품은 물론이고 기술과 원료마저도 더는 해외에 의존해서는 안 된다. 그 같은 의존은 설사 교역 대상이 사회주의 국가라 하더라도 생산력 발전의 수준이 상이한 상태에서 경제잉여가 누출되는 것을 불가피하게 할 것이며 궁극적으로는 정치적 독립마저 곤란하게 만들 것이다.

이 같은 맥락에서 북한은 단지 생산관계를 사회주의적인 것으로 개조하는 데 머물지 않고 기술과 원료 등을 자체 공급할 수 있는 자립경제 건설을 강력하게 추구해나갔다.

경제적 자립에 대한 북한의 집념은 자본주의 국가와의 관계에서는 말할 것도 없고 다른 사회주의 형제 나라에 대해서도 단호한 모습을 나타냈다. 이 점은 1960년대 초 소련이 사회주의권 내의 국제분업에 입각한 통합경제를 제창했지만 북한이 이를 전면 거부함으로써 극명하게 드러났다. 당시의 이 사태는 결국 소련이 군사물자를 포함한 일체의 지원을 보류하는 것으로까지 발전하고 말았지만 북한은 끝내 굴복하지 않았다. 1963년 가을 공식적인 당 기관지인 『로동신문』은 「사회주의 진영을 수호하자」라는 제목으로 다음과 같은 내용의 기사를 발표했다.

오늘날 어떤 인민들은 …… 형제국과의 합의를 일방적으로 무시하고 실질적으로 경제적·기술적 협력관계를 차단했다. 그들은 자립적 민족경제건설을 '민족주의적 경향'으로 낙인찍었다. …… 그 대신에 자립적 경제건설에 반대하는 자들은 사회주의 국가들의 '통합경제'를 지지했다. …… 통합경제라는 기치 아래 그들은 형제국들의 자립경제를 말살시키기를 원한다. …… 그리고 그 경제를 다른 경제에 종속시키려 한다. …… 경제에서의 자립성을 잃으면 어떠한 나라도 진정한 독립과 주권을 유지하기 어렵다는 것은 두말할 나위도 없다. …… 자본주의 국가 사이에서나 행해졌던 단서 붙은 '원조'나 내정간섭을 전제로 한 '원조'는 사회주의 국가들 사이에서는 있을 수도 없고 있어서도 안 된다.[16]

그러면 이제부터 경제적 자립을 향한 북한의 노력이 어떤 방식으로 펼쳐졌는지를 살펴보자.

이미 살펴본 대로 북한이 공업발전에서 우선적으로 힘을 쏟은 분야는 모든 경제의 기초적 원동력이라고 할 수 있는 중공업, 그중에서도 기계공업이었다. 이 같은 방침은 내외로부터 많은 비판에 봉착했는데 비판의 주된 근거는 주민들이 식량과 다른 일용품들이 부족해 심각한 곤란을 겪고 있는 상황에서 중공업에 우선적인 중요성을 부과

16　엘렌 브룬·재퀴스 허쉬, 앞의 책, 87쪽. 북한의 자립경제노선이 집약되어 표현된 것 중 하나는 1962년 평양에서 개최된 제2회 아시아 경제 세미나가 채택한 「자력갱생에 의한 자립적 민족경제건설에 대하여」라는 세칭 「평양선언」이다. 「평양선언」은 "정치적 독립의 달성은 민족해방혁명의 궁극적 승리를 위한 제1보에 불과하다. 자립적 민족경제의 건설은 민족해방혁명의 완수를 위한 하나의 연속적인 혁명적 과제이다. 자립경제의 건설은 이들 나라가 이미 쟁취한 정치적 독립을 더욱 확고히 하는 것이다. …… 자립적 민족경제의 건설을 반대하는 것은 결국 경제적으로 뒤떨어진 나라를 파행적인 식민지 경제의 낡은 틀 내에 머무르게 하여 독립국의 자주적 발전과 번영의 길을 막는 것이다"라는 내용을 주요 골자로 하고 있었다(한홍구, 「새로 쓴 북한통사」, 『월간중앙』, 1988년 10월호).

하는 것은 잘못이라는 것이었다. 그러나 김일성을 위시한 북한의 정책결정 집단은 이 같은 비판을 물리치면서 중공업 우선정책, 정확히 말해 중공업과 경공업·농업의 병진정책을 일관되게 밀고 나갔다. 내외의 비판에 관한 북한의 응수는 다음과 같았다.

> 당이 〔경공업 및 농업과 동시에 중공업을 건설하겠다는〕 노선을 발표하였을 때 당내의 종파주의자들은 이에 반대하였다. 또 몇몇 해외의 동지들도 우리 당의 정책에 간섭하였다. 종파주의자들은 중공업에 너무나 많은 중요성을 부과하고 있다고 말하였다. 즉 그들은 "기계가 어떻게 쌀을 생산하겠는가?"라고 반문하였다. 달리 말하자면 그들은 우리에게 짧은 기간 동안이나마 잘살고 그리고 그 후에 아무것도 남지 않더라도 모든 자원과 외국 원조를 '먹어치워버릴 것'을 요구하였다. 우리 당은 중공업에 우선을 두지 않으면 인민대중의 생활을 안정시킬 수 없으며, 우리의 방어력이 어려움을 당하게 될 것이고, 우리는 자립적인 민족경제의 기반을 마련할 수 없다는 이유로 이러한 노선을 거부했다. 사실 기계가 쌀을 생산할 수는 없다! 그러나 중공업은 농업과 경공업 발전의 기초다. 우리가 더욱 많은 농업용 기계를 생산할 때 더욱 많은 쌀을 생산할 수 있다. 우리가 더욱 많은 장비를 만들 때, 우리는 더욱 많은 집을 짓는다. 그리고 배를 사용하여 많은 고기를 잡을 수 있다.[17]

이렇게 하여 기계공업을 위시한 중공업 분야 전반에 걸쳐 비약적인 발전을 이룩하게 되었는데, 이와 관련해 주목할 만한 현상은 기술

17　엘렌 브룬·재퀴스 허쉬, 앞의 책, 71쪽.

을 발전시키되 경제적 자립을 보장할 수 있도록 북한의 특수한 사정에 맞게 발전시켰다는 사실이다.

먼저 섬유기술의 경우를 예로 들어보자. 북한은 자체적으로 면화를 생산하기에는 경작지가 매우 작고 기후 역시 적합하지가 않았으며 일반적인 방식에 따라 합성섬유를 만들어내고자 해도 이 역시 기초 원료인 원유를 해외에서 도입해 와야만 했다. 이 문제를 해결한 것이 석회석을 이용한 인조섬유의 생산이었다. 석회석은 남북한을 막론하고 전 세계적으로도 가장 많은 매장량을 보유하고 있는 자원의 하나다. 석회석을 이용한 섬유의 생산공정을 간단히 살펴보자. 작업은 먼저 카바이드 가스와 아세톤을 얻기 위해 석회석을 부수어 불에 태우는 것에서 시작된다. 이 물질이 수마일 길이의 관을 통해 지나가면서 아세톤과 가스가 혼합해 수중 분출기를 통해 젤리 같은 물질이 뿜어져나와 라텍스처럼 하얗고 질긴 얇은 판으로 나오게 된다. 이것들은 건조기를 지나고 마침내 호퍼hopper를 통해 천연 목화와 아주 흡사한 솜털로 덮인 섬유다발이 되어 나온다. 그때부터 섬유다발은 최종 옷감을 생산하기 위해 일반 기계로 다루어진다.[18]

동일한 맥락에서 옥수수 줄기와 갈대를 이용해 섬유를 생산하는 기술이 개발되었다. 옥수수와 갈대는 경작지의 제한을 상대적으로 덜 받으면서 북한의 산천 어느 곳에서나 쉽게 재배 가능한 것들이었다. 더욱이 새롭게 개발된 기술로 1헥타르분의 갈대를 가지고 면화 20헥타르분의 섬유를 생산해낼 수 있다. 이 밖에도 예는 많다. 북한은 국내에서 풍부하게 생산되는 목재를 이용해 비스코스를 만들어내고 다

---

18 윌프레드 버쳇, 김남원 옮김, 『북한현대사』, 신학문사, 1988, 139쪽.

시 이를 재료로 담요를 짜내는 기술개발에 성공했다. 그러면서도 목재를 절약하기 위해 볏짚을 원료로 종이를 만드는 기술이 개발되기도 했다. 또한 북한은 에너지 문제에 있어서도 자신이 보유하고 있는 수력과 석탄을 최대한 이용해 석유에 대한 의존도를 10퍼센트 정도로 낮출 수 있었다.[19] 이와 같이 북한은 자체적으로 보유하고 있는 자원을 최대한 활용함으로써 원료 수입을 위해 불필요한 노력을 기울일 필요도 없었고 불공정한 무역으로 인한 피해를 입지 않아도 되었다.

북한은 이 같은 기술들을 전적으로 자신의 힘에 의존해 개발해냈다. 그 누가 대신 개발해주는 기술이라면 그것은 진정한 자신의 것이 될 수 없으며 궁극적으로는 기술의 자립을 실현하는 것이 불가능하다. 기술은 오로지 자신의 힘으로 개발해낼 때에만 개발 능력의 부단한 축적이 이루어져 안정적이고도 지속적으로 발전해나갈 수 있는 것이다. 더욱이 자체 실정에 맞는 기술을 추구할 때라면 이 점은 더욱 분명한 사실이다. 이러한 맥락에서 북한의 노동자들은 외국 전문가의 지도나 해외 유학생들의 귀국을 기다리지 않고 경제건설의 첫 순간부터 종종 원시적이고 비효율적이라는 비난을 받을 만큼 숱한 시행착오를 거치면서 독자적인 힘으로 기술을 개발하기 위해 혼신의 노력을 기울였다. 이러한 과정을 통해 북한은 단지 기술만 향상시키는 데 그치지 않고 '기술을 개발할 수 있는 능력' 자체를 발전시킬 수 있게 되었던 것이다. 몇 가지 예를 더 들어보자.

다음은 1958년경 북한의 노동자들이 사전 지식이 전무한 상태에서 트랙터 제작 기술을 습득해나가는 과정을 묘사한 것이다.

19　엘렌 브룬·재퀴스 허쉬, 앞의 책, 122쪽 참조.

우리는 많은 어려움이 있었다. 그러한 작업(트랙터 제작)을 위한 설계도도 없었고 경험이나 장비도 없었으며 거기다 충분히 숙련된 노동자도 거의 없었다. 이곳의 어떤 반동분자들은 우리처럼 후진 기술 수준을 가진 나라에서는 복잡한 기계들을 조립하는 것이 불가능하다고 말했다. 그러나 우리 전 집단은 작업에 착수했다. 우리는 수입해 온 모델을 하나 가지고 있었는데 그것을 분해했다. 분해된 것을 가지고 우리는 설계도를 그렸고 이곳 혹은 다른 공장의 노동자들이 부품을 만들기 시작했다. 우리는 수없는 좌절을 겪었다. 우리는 제대로 된 것이 나오기까지 선단부의 틀을 주조하는 데 32번 실패했다. 심지어는 헤드라이트를 만드는 것 같은 단순한 일도 우리를 좌절시켰다. 주형을 만들어 망치로 헤드라이트를 두드려 만듦으로써 그것을 해결한 사람은 바로 나이든 한 수세공이었다. 그가 처음 하나를 만드는 데 1주일이 걸렸고 일을 끝마치기 전 그의 오른손은 두 배로 부풀어 올랐다. 크랭크축을 필요한 공차公差까지 깎는 일은 또 하나의 주요 난제였다. 우리는 회전기가 없었다. 그래서 밀고 당기는 회전장치 하나를 임시변통으로 만들어 그 양쪽에 노동자들이 서서 로프를 가지고 앞뒤로 잡아끌었다.

그와 같은 방법으로 우리는 최초의 트랙터를 만들었다. 모든 것을 하나로 짜 맞추고 난 다음 이어서 엔진을 작동시키는 데는 엄청난 어려움을 겪었으나 엔진은 마침내 우렁찬 소리와 함께 움직이기 시작했고, 모든 우리 노동자들과 수천 명의 농민들이 엔진의 첫 가동이 이루어지는 것을 보기 위해 모여들었다. 그런데 우리가 굉장히 당황한 것은 그것이 단지 거꾸로 가려고만 하는 것이었다. 누군가 전동장치(기어)를 조립하는 데 실수를 한 것이었다. 우리는 그것을 고쳤고 김 주석께서 임무를 부여한 지 35일 후에 우리는 우리 손으로 처음 만든 트랙터를 김 주석께 보여드리기 위해 평양으로 몰고 갔다.[20]

일단 첫 번째 모델이 만들어지자 부품의 대량생산에 들어갔고 생산량이 점점 증가해 1960년에는 표준형 15마력짜리 트랙터를 연간 1만 2,500대나 생산하게 되었으며 불도저로도 쓰고 산림에서 무거운 작업에도 쓰이는 대형 트랙터(75마력)도 수백 대를 생산하기에 이르렀다. 그리하여 트랙터는 전국의 모든 집단농장에 평균 다섯 대를 공급하기에 충분할 만큼 생산되었다. 더구나 이 공장에서 만들어진 트랙터는 밭농사에만 적합한 기존의 소련제와는 달리 논농사에도 사용할 수 있도록 설계되었기 때문에 그 명칭 또한 '주체 트랙터'로 불리게 되었다고 한다.[21]

트랙터 공장의 경우와 비슷한 자체 개발 사례가 1950년경 평양 전기기관차 공장에서도 일어났다.

우리는 그전 작업에 대한 경험도 설계도도 없었다. 세계에서 전기기관차를 제작하는 나라는 거의 없다. 우리는 가파른 언덕과 커브가 많은 우리나라의 특수한 지형적 특징을 고려한 기관차를 설계해야만 했다. 우리는 설계를 끝마치는 데 6개월이 걸렸다. 우리는 엄청난 어려움을 겪었지만 우리가 설계를 마친 때부터 우리가 최초로 우리 손으로 만든 전기기관차를 생산할 때까지는 1년이 채 안 걸렸다.[22]

동일한 맥락에서 앞에서 예로 든 석회석을 원료로 비날론 합성섬유를 생산하는 공장도 단 한 명의 외국인 전문가 없이 전적으로 북한

20 윌프레드 버쳇, 앞의 책, 146~147쪽.
21 위의 책, 147쪽.
22 위의 책, 148쪽.

의 기술진이 설계하고 건설했다.

위와 같은 과정을 통해 북한은 1970년대 초반에 이르러서는 기계를 만드는 기계라 할 수 있는 공작기계의 98퍼센트를 자체적으로 생산할 수 있는 능력을 갖추게 되었으며 기계의 성능 또한 소련과 비슷하고 중국보다도 나은 수준에 도달하게 되었다.[23]

지금까지 살펴본 내용 가운데 부분적으로 확인된 것이기는 하지만 북한이 장기간에 걸친 식민지 수탈로 말미암아 역사적으로 축적된 기술 수준이 매우 낮고, 전쟁으로 모든 것이 파괴되었으며, 외국의 원조 역시 만족스럽지 못한 상태에서 급속한 경제성장을 이룩할 수 있었던 것은 전적으로 '인민대중'의 탁월한 열정과 특유의 창의성이 만들어낸 결과라고 할 수 있다. '자기 나라 인민대중의 힘에 의해 모든 것을 해결해나가는 것', 바로 이것이 자력갱생, 즉 자립경제의 건설을 가능하도록 만든 근본적인 요소였던 것이다.

북한이 '인민대중의 창의적 열성'에 힘입어 자립적 경제건설을 추구하게 된 것은 이미 1945년 해방의 순간부터라고 할 수 있지만 그것이 더욱 전면적이고 본격적인 의미를 지니기 시작한 것은 이른바 천리마운동이 전개되면서부터다.

천리마운동이 최초로 제창된 것은 1956년 12월 조선노동당 중앙위원회 전원회의에서였다. 뒤에서 다시 살펴보겠지만 문제의 1956년은 북한이 내외적으로 심각한 시련을 겪고 난 바로 직후였다. 즉, 그해에 김일성 반대파들이 경제건설 전략에 대한 반대를 이유로 급기야는 쿠데타를 시도했으며 소련도 동일한 이유로 내정간섭과 함께 약속

---

23 아이단 포스터 카터, 앞의 글, 135쪽.

된 원조를 대폭 감축하는 등 자못 심각한 사태가 발생했던 것이다. 이러한 위기상황을 가까스로 극복한 북한의 지도층은 기존의 방침을 포기하지 않고 자력갱생노선을 더욱더 강하게 밀고 나갔다.

이를 위해 북한의 지도자들은 인민대중의 헌신적 열정과 창의적 능력에 모든 것을 걸기로 결심했다. 1956년 12월에 열린 당 중앙위원회 전원회의 직후 모든 정치위원회 위원들은 전국 각처로 내려보내졌으며, 김일성 자신 역시 강선제강공장에 직접 내려갔다. 이들은 각 공장 노동자들과 가진 회합을 통해 "우리는 오직 혁명의 주력군인 노동계급 여러분만 믿으며, 우리에게는 여러분들 외에는 의지할 사람도 없다. 그러므로 당이 당면한 중대한 위험을 극복하기 위하여 여러분은 잘 생산하고 건설하도록 경각심을 높여 힘들여 일해야 하며 그리하여 경제건설을 더욱 활발하게 추진해야만 한다"라는 호소를 거듭했다. 동시에 사회주의 건설을 가속화하기 위해 "천리마의 속도로 진군하자"라는 구호가 광범하게 제창되었다. 여기서 말하는 천리마는 '엄청난 속도로 행복의 나라를 향해 솟아오르는 전설 속의 날개 달린 말'로 급속한 사회주의 건설의 승리를 상징하는 것이었다.

노동자를 위시한 북한의 인민대중은 지도자들의 호소에 열렬히 호응하고 나섰다. 작업반, 공장, 직장, 농장 상호 간에 기술혁신과 생산 증대를 향한 집단적 경쟁이 뜨겁게 불붙기 시작했다. 이 같은 집단적 경쟁을 요체로 하는 천리마운동은 개인 간의 경쟁을 위주로 하는 소련의 스타하노프운동과는 명백히 구별되는 것이었다. 집단적 경쟁은 스포츠의 단체경기처럼 개인주의를 조장하기보다는 오히려 단체 정신을 더욱 강화해주었다.

천리마운동의 개시와 함께 종전의 생산기록은 연거푸 깨져나갔고 새로운 기술혁신과 성취가 계속해서 모습을 나타냈다. 앞에서 예를 든 트랙터와 기관차의 자체 제작도 이러한 맥락에서 이루어졌다. 천리마운동이 이룩한 성과에 관해 김일성은 다음과 같이 휘황찬란하게 표현했다.

우리의 영웅적 노동계급은 1년도 못 되는 기간에 30만~40만 톤 능력의 용광로들을 건설하였으며 80여 킬로미터의 광궤철도 부설공사를 75일간에 완성하였으며 1년 남짓한 기간에 아무것도 없던 황무지 위에 대규모 현대적 비날론 공장을 세웠습니다. 우리 근로자들은 공작기계 새끼치기 운동을 전개하여 1년간에 국가계획 외에 1만 3,000여 대의 기계를 생산하였으며 지방의 유휴 자재와 유휴 노동력을 동원하여 3-4개월간에 1,000여 개의 지방산업 공장들을 건설하였으며, 37만 정보의 논과 밭을 수리화하는 대자연 개조사업을 6개월간에 수행하였습니다. 우리는 이러한 실례를 무수히 열거할 수 있습니다.[24]

천리마운동으로 창출된 애국적 열정이 고조되는 동안에 주요 공업의 생산 할당량이 4년 내에 달성되었거나 초과 달성되었으며, 공업의 주요 분야에서 5개년 계획의 목표가 2년 6개월이라는 기록을 세우며 달성되었다는 보고서가 출간되었다. 정보에 밝은 몇몇 전문가가 '북한의 기적'이라는 이야기를 하기 시작한 것이 바로 이때였다. 이렇게 하여 북한의 노동자들은 기적의 주인공이 되었다. 그럼으로써 그들은 자신들의 능력을 과소평가하고 있던 자들에게 '본때'를 보여주었다.

---

24 돌베개 편집부 엮음, 앞의 책, 191쪽.

북한이 선택한 자력갱생노선은 일단 급속한 경제성장과 공업화를 통해 그 성공이 입증되기는 했지만 외부세계의 평가는 두 가지 극단적인 방향으로 나타났다. 그 하나는 북한이야말로 식민지 상태에서 벗어난 제3세계 나라가 걸어갈 수 있는 최선의 모델이라는 찬양에 가득 찬 평가이고, 다른 하나는 미국을 위시한 진영이 내리고 있는 이른바 '폐쇄적'이라는 다분히 비난조의 평가다. 북한이 폐쇄적이라는 평가는 '이윤을 보장받을 수 있는 경제적 거래를 거부하고 있다'라는 반응으로 분명 제국주의의 이해가 반영되어 있는 것이라고 할 수 있다. 또한 폐쇄적이라는 용어는 북한이 외부세계에 대해 문을 걸어 잠그고 있다는 의미로 사용되기도 하는데, 이는 사태의 진실을 상당히 은폐하고 있는 것이라고 할 수 있다. 엄밀히 말해 북한이 외부세계와의 접촉을 거부했다기보다는 서방세계, 특히 미국이 북한의 국제적 고립을 강요해왔다고 보는 편이 정확할 것이다. 미국은 오랫동안 자신의 진영에 속하는 나라들이 북한과 외교관계를 맺는 것을 방해해왔으며 또한 자국민이 북한을 자유롭게 왕래할 수 있는 기회를 철저히 봉쇄해왔다. 이에 발맞추어 남한 당국도 국가보안법을 통해 모든 형태의 북한과의 접촉을 완전히 봉쇄했으며 이를 어길 경우 설사 해외교포라 하더라도 대부분 간첩으로 몰아 극형에 처해왔다. 이처럼 실제에 있어서는 서방세계가 북한에 대해 완고한 폐쇄성을 보여왔던 것이다.[25]

25 엘렌 브룬·재퀴스 허쉬, 앞의 책, 171~176쪽 참조.

3. 주체사상의 발전

북한의 사회주의화는 명백히 식민지 시대의 민족해방투쟁에 그 뿌리를 두고 있었다.

1945년 해방과 더불어 수립된 북한의 권력은 지난날 민족해방운동의 추진세력이 담당했다. 아울러 권력의 핵심부에는 항일무장투쟁을 통해 정통성을 부여받게 된 김일성 일파가 자리 잡게 되었다. 한국전쟁 이전의 전반적인 개혁조치 역시 민족해방투쟁의 과정에서 내걸었던 반제·반봉건의 과제를 주 내용으로 하는 것이었다.

이 과정에서 노동자계급은 국가권력의 확고한 주역으로 등장하게 되었다. 반면 일본인이 소유하던 기업·은행·철도 등 각종 산업시설이 국유화됨으로써 착취계급으로 간주되는 자본가계급은 식민지 체제의 몰락과 함께 그 힘이 현저하게 약화되고 말았다. 즉, 본격적인 사회주의 단계 이전에 노동자계급은 자신의 적대계급에 대해 확고한 힘의 우위를 확보하게 된 것이다.

이러한 계급 간의 역학관계는 미국과의 전쟁을 통해 더욱 분명한 형태를 띠게 되었다. 중소규모의 민족자본에 해당하는 잔존해 있던 대부분의 자본가계급은 자신들의 생산도구가 미 공군의 폭격으로 파괴됨과 동시에 그 지위를 상실하고 만 것이다. 이러한 조건 아래 북한은 별다른 저항 없이 소수로 전락한 중소상공인으로 하여금 자신의 처지를 개선할 수 있는 방향에서 사회주의적 협동화에 능동적으로 참여하도록 유도할 수 있었다.

이처럼 북한에서 자본주의적 상공업을 사회주의로 개조하는 것은 극히 자연스러운 과정으로 나타났다.

북한이 내외적으로 복잡한 상황에 직면하게 된 것은 중공업 우선

정책과 농업의 협동화를 추진하면서부터였다.

　기존의 생산관계를 개조하는 것이 아닌 사실상 무에서 유를 창조하는 것과 다를 바 없는 공업화의 추진은 한정된 자원을 어떤 분야에 우선적으로 투입해야 옳은 것인가 하는 논쟁을 불러일으켰다. 또한 중공업이 충분히 발전된 수준에 도달하지 못한 데다 협동화의 기술적 조건으로 간주되던 농기계의 공급이 여의치 않은 상황에서 농업의 협동화가 과연 시의적절한 것인지가 문제로 제기되었다.

　이러한 문제를 둘러싸고 북한 지도층 내에서는 심각한 의견 충돌이 발생했고 그것은 곧 권력투쟁의 양상을 띠게 되었다. 바꾸어 말하면 북한의 권력투쟁은 곧 정책노선을 둘러싼 사상투쟁의 성격을 지니게 된 것이다. 이 같은 갈등은 북한 내부에 국한되지 않고 중국과 소련 등 이른바 '사회주의 형제 국가'와의 관계에서도 발생했다. 아울러 이 같은 외부세계와의 갈등은 김일성을 반대하는 북한 내 일부 집단이 중국과 소련을 각각 추종함으로써 내부적 갈등과 접목되었다.

　한국전쟁이 끝난 후 북한 주민들 사이에서 김일성의 권위는 절대적인 성격을 지니게 되었다. 김일성은 항일무장투쟁의 영웅으로, 토지개혁을 통해 농민들의 오랜 숙원을 해결해준 은인으로, 미국의 전면적인 침략이라는 절체절명의 위기에서 나라를 구출한 탁월한 지도자로 부각되었으며 사실 여하를 떠나 신화적인 능력이 북한 주민을 강력하게 사로잡고 있었다.[26]

　이렇듯 김일성이 강력한 통치기반을 다져나가는 가운데 북한의 지도층 내에서는 김일성과 뿌리를 달리하는 일단의 집단이 김일성에

26　스칼라피노·이정식, 앞의 책, 651쪽 참조.

도전하기 위해 고개를 들고 있었다. 박창옥을 중심으로 한 소련파와 최창익을 위시한 연안파 등이 바로 그러했다. 이들은 공통적으로 국내 민중과의 관련 없이 간접적으로 민족해방투쟁에 참여했던 세력으로 북한 내에서 이렇다 할 대중적 기반 없이 중국과 소련의 지원에 의존하고 있었다. 이 점이 북한 주민의 지지에 의존하던 김일성과의 중요한 차이점이었다.

이들은 1차 5개년 계획이 시행단계에 들어갔던 1956년부터 함께 손잡고 김일성의 정책에 대해 공격을 가하기 시작했다.[27]

이들은 당이 중공업에만 치중해 '인민생활'의 향상을 무시했고, 그 결과 인민은 영락했으며 인민의 불만이 고조되고 있다고 비난했다. 따라서 이들은 경공업을 즉각적으로 발전시켜 더욱 많은 의복, 식량, 주택 등이 인민에게 돌아갈 수 있도록 노력해야 한다고 주장했다. 또한 사회주의적 공업화가 실현되지 않아 농기계를 충분히 공급할 수 없는 조건에서 농업협동화는 시기상조라고 몰아붙였다.

이 같은 반대파들의 주장은 소련의 지지를 받게 됨으로써 정책을 둘러싼 갈등은 국제적으로 확산되었다. 즉, 소련은 중공업 우선정책을 지양하고 소비자의 욕구와 농업 부문에 많은 주의를 기울여야 하며 현재의 농업협동화는 시기상조임을 강조했다. 그러나 북한이 이러한 주장을 받아들이지 않자 소련은 원조를 대폭 삭감하는 것으로 응수했다. 이러한 가운데 1956년 6월 김일성이 소련과 동부 유럽을 방문하던 틈을 타서 소련파와 연안파가 직접 쿠데타를 기도함으로써 사

---

[27] 1956년 북한에서 발생한 이른바 '8월 종파사건'에 관해서는 위의 책, 638~645쪽 참조.

태는 극에 달하게 되었다.

결국 이들 반대파는 다수를 점하고 있던 김일성 지지세력에 의해 제거되고 말았다. 당에서 쫓겨난 이들 반대파는 제각기 소련과 중국에 지원을 요청했고 그로 말미암아 소련과 중국의 내정간섭을 불러일으키게 되었다. 특히 이 과정에서 소련은 김일성을 직접 제거하고자 시도하기도 했다. 그리하여 이들은 다수의 견해를 무시한 채 권력쟁탈에만 눈이 어두운 종파분자로, 인민의 뜻을 존중하지 않고 강대국에 의존하려고 하는 사대주의자로 비난받기에 이르렀다.

이러한 투쟁 속에서 김일성은 승리를 거두게 되었을 뿐만 아니라 자신의 정책이 갖는 정당성을 실제적 성과를 통해 입증해냄으로써 그의 지위는 더욱 확고한 것이 되었다. 이러한 가운데 극히 주목할 만한 현상이 나타났는데, 이는 김일성이 반대파들의 비판을 분쇄하고 그간의 성과들을 평가하는 과정에서 이후 주체사상으로 포괄되는 독특한 사상체계를 형성·발전시키게 되었다는 점이다.

우선 김일성은 외부세계의 간섭과 그것을 추종하는 국내 세력에 맞서 자기 나라의 구체적 실정에 대한 이해와 그에 따른 자주적 해결 능력을 강조함으로써 대응했다.

> 외국 수정주의자들(당시 소련 지도층을 가리켰던 유행어), 강대국 국수주의자들 및 조선 내 그들의 추종자들은 우리 당의 농업협동정책을 의심하려 하였다. 그들은 우리나라에서의 농업협동화는 시기상조라고 주장했다. 그들은 우리나라의 실제 상황에 대해 알지 못하고 있었을 뿐만 아니라 이해하려고 노력하지도 않았다.[28]

이 같은 비판은 주체사상을 통해 다음과 같이 표현되었다.

주체사상이란 혁명과 건설을 수행함에 있어서 우리 국가의 구체적인 현실에 맑스-레닌주의의 일반원리를 창조적으로 적용하는 것이며 우리의 역사, 실제 상황, 우리 자신의 역량, 전통, 요구, 우리 인민의 의식 등을 정확하고 충분히 인식하는 것이다.[29]

북한의 대외적 자주성은 1960년대 이후 본격화된 중소분쟁의 시기에 더욱 분명한 모습을 나타냈다. 당시 사회주의 진영에 속하는 많은 나라가 중국과 소련의 노선 중 어느 것을 선택할 것인가 하는 문제를 놓고 심각한 고민에 빠져 있었다. 결국 대부분의 사회주의 나라들이 중국과 소련 중 어느 한 나라를 선택하게 됨으로써 중소 간의 분열은 사회주의 진영 전체의 분열을 초래했다. 그러나 이러한 와중에도 북한의 선택은 매우 독특한 것이었다. 즉, 북한은 다른 형제 나라들처럼 어느 쪽을 택해야 하는지를 문제 삼지 않았던 것이다. 이른바 자주노선이라고 불리는 북한의 선택은 다음과 같은 김일성의 언급을 통해 적나라하게 드러났다.

지금 어떤 사람들은 우리 당을 비롯한 맑스-레닌주의 당들에 대하여 '중간주의', '절충주의', '기회주의' 등의 딱지를 붙이고 있습니다. 그들은 우리가 '무원칙한 타협의 길'을 택하고 있으며 '두 걸상 사이에 앉아 있다'고 말하고 있습니다. 이것은 부질없는 소리입니다. 우리에게도 자기의 걸상이 있습니다. 우리가 무엇 때문에 자기의 걸상을 버리고 남의

---

28   김정원, 앞의 책, 223쪽.
29   위의 책, 236쪽.

두 걸상 사이에 불편하게 양다리를 걸고 앉아 있겠습니까? 우리는 언제나 자기의 똑바른 맑스 - 레닌주의의 걸상에 앉아 있을 것입니다. 자기의 올바른 걸상에 앉아 있는 우리를 두 걸상 사이에 앉아 있다고 비방하는 사람들이야말로 비뚤어진 왼쪽 걸상이나 오른쪽 걸상의 어느 하나에 앉아 있는 것이 틀림없습니다.[30]

북한은 이 같은 대외적 자주성의 견지가 단순한 자존심의 문제를 넘어서서 국가와 민족의 운명에 사활적 요소가 되는 것으로 받아들였다. 이는 소련과 그를 추종하는 국내 세력의 완강한 반대를 무릅쓰고 독자적인 경제건설 전략을 추진한 결과이기도 했다. 북한은 자신의 노선이 올바르다는 것을 실제적 성과를 통해 입증해냈는데, 만약 줏대 없이 남이 하라는 대로 따라하기만 했다면 결코 기대할 수 없었던 성과를 체험을 통해 확인했던 것이다. 이 같은 사실은 1960년 중반 이후 외부세계로부터 군사적 위협이 있음에도 소련과 중국이 방관자적 입장을 취하게 됨으로써 다시 한 번 경험하게 되었다. 그 당시 북한은 가중되는 미국의 군사적 위협에 직면해 전적으로 자신의 힘으로 방위계획을 수행하지 않으면 안 되었던 것이다. 위와 같은 역사적 경험을 통해 북한은 자주성을 민족의 생명과 존재, 즉 민족이 죽느냐 사느냐를 판가름하는 중대한 요소로 받아들이게 되었으며, 그것은 매 순간의 계기를 맞이하면서 이후 '사상에서의 주체', '정치에서의 자주', '경제에서의 자립', '국방에서의 자위'라고 하는 네 가지 요소로 구체화되었다.

---

30   돌베개 편집부 엮음, 앞의 책, 446쪽.

대체적으로 주체사상의 형성은 '자신의 실정에 맞게 자신의 힘으로 문제를 해결해야 한다'라는 교훈에서 출발했다고 볼 수 있다. 그러나 이렇게 해서 출발한 주체사상은 그것이 실천적으로 검증되는 과정에서 더욱 보편적인 기초를 획득해나가게 되었다. 주체사상이 특수성의 세계에서 보편성의 세계로 나아갈 수 있도록 다리를 놓아준 역사적 계기는 특히 농업의 협동화 과정에서 마련되었다.

그것은 김일성이 사회주의적 공업화를 실현하지 않고는 생산관계의 개조가 불가능하며 현대적 농기계 없이는 농업의 협동화를 실현할 수 없다는 주장을 반박하면서 본격적으로 모습을 나타냈다.

사회주의적 공업화와 현대적 농기계에 관하여 말한다면 물론 공업을 더욱 발전시켜 농업까지 포함한 인민경제의 모든 부문들을 새로운 기술로 장비하지 않고는 사회주의의 완전한 승리를 보장할 수 없습니다. 그러나 생산력과 기술의 발전 수준이 비교적 낮다 할지라도 생활이 낡은 생산관계의 개조를 절실히 요구하며 또한 그것을 담당할 만한 혁명 역량이 준비되었을 때에 사회주의적 개조를 지연시킬 수는 없는 것입니다. 우리 당의 방침은 인민경제의 기술적 개조를 실현할 수 있으리만큼 공업이 발전할 때까지 기다릴 것이 아니라 사회 발전의 성숙된 요구에 따라 우선 생산관계의 사회주의적 개조를 수행함으로써 생산력의 급속한 발전을 보장하며 특히 기술혁명을 위한 광활한 길을 열어놓으려는 데 있었습니다. 우리는 생산관계를 개조함으로써만 전쟁으로 인하여 그와 같이 혹심하게 파괴되었던 생산력을 급속히 복구하고 더욱 발전시킬 수 있었으며 공업의 발전에 따라 지체 없이 기술혁명을 강력히 추진시킬 수 있게 되었습니다.[31]

이 같은 김일성의 주장에서 특별히 강조하는 것은 크게 두 가지라고 볼 수 있다.

첫째, 생산관계의 변혁을 생산력의 발전을 보장하는 적극적인 계기로 파악해야 한다는 점이다. 즉, 생산관계를 진보적인 방향으로 개조해야만 생산력 발전의 기본 요소인 '인민대중의 창조력을 최대한 발동'시킬 수 있고 동시에 자원을 효율적으로 활용할 수 있기 때문에 기술혁명을 앞당길 수 있다는 것이다.

둘째, 앞의 것과 밀접한 관련을 갖는 것으로 물질기술적 조건이 구비되어 있지 않아도 사람이 그것을 요구하고 추진할 준비가 되어 있다면 생산관계의 개조가 가능하다는 주장이다. 결국 사회개조에서 중심 역할을 하는 것은 물질기술적 조건이 아니라 바로 인간이라는 것이다.

이로부터 '인간이 만물의 주인이며 만물을 결정한다'는 주체사상의 철학적 기초가 태동하게 되었다. 물론 이 같은 주장에 관해 북한은 전혀 새로운 발견이 아니라고 하고 있다. 예컨대 김일성 자신도 "우리는 이 사상의 창시자가 아니다. 모든 맑스-레닌주의자들은 이 사상을 가지고 있다. 나는 단지 이 사상에 특별한 강조를 두었을 뿐이다"라고 말했다.[32]

세계의 중심적 존재인 인간이 사회와 자연을 개조하는 것은 개개인이 아닌 '인민대중'의 모습으로서다. 따라서 생산관계를 사회주의적으로 개조하고 그 바탕 위에서 급속한 경제성장을 이루어내는 것의

---

31 위의 책, 176~177쪽.
32 아이단 포스터 카터, 앞의 글, 133쪽.

승패는 인민대중이 지닌 자연과 사회개조 능력, 즉 창의력을 어떻게 발동하는지에 달려 있다는 것이다.

이러한 맥락에서 김일성은 다음과 같이 말했다.

> 동지들! 맑스-레닌주의가 가르치는 바와 같이 역사의 창조자는 인민대중이며 사회주의와 공산주의는 수백만 근로자들의 자각적이고 창조적인 노동에 의해서만 건설될 수 있습니다. 그러므로 사회주의 건설에서 가장 중요한 것은 인민대중의 창조력을 최대한으로 동원하며 그들의 열성과 창발성과 재능을 전면적으로 발전시키는 것입니다.[33]

북한의 주장대로라면 천리마운동이란 바로 이 같은 인민대중의 창의력을 조직적으로 발동시키기 위한 대중운동에 다름 아니었다. 주체사상의 역사적 시험의 과정이라고도 할 수 있는 천리마운동은 실제적으로 북한에서의 경이로운 경제발전의 결정적 원동력이 됨으로써 주체사상을 성공적으로 합격시켰다고 볼 수 있다. 아울러 천리마운동을 통해 펼쳐졌던 북한 인민대중의 역할이야말로 경제적 자립과 정치적 자주성을 실현시킬 수 있는 궁극적인 힘의 원천이라고 할 수 있다. 따라서 인간이 '만물의 주인이며 만물을 결정한다'는 주체사상의 원리는 '국가와 민족의 운명은 인민대중에 의해 결정된다'는 것으로 구체화된 셈이었다.

---

33 돌베개 편집부 엮음. 앞의 책, 192쪽.

4. 건설은 평화를 요구했다―북한의 통일정책

한국전쟁 이후 북한이 전쟁피해 복구와 사회주의 경제건설에 전력했음은 이미 살펴본 대로다.

북한이 여러 가지 어려운 여건 속에서도 그 나름대로 성공을 거둘 수 있었던 주된 요인 중 하나는 한정된 인력과 자원을 경제건설에 최대한 집중했던 데 있었다. 다시 말해 비생산적인 분야, 그중에서도 군사력 증강으로 인한 국력 소모를 적극적으로 억제했던 것이다.

이러한 이유로 1960년 초반까지의 북한 정규군의 병력규모는 남한에 비해 대략 절반 수준에 머물러 있었다.[34] 군사비 또한 남한에서 전체 예산의 절반 이상이 군사비로 돌려지고 있었던 것에 비해 1963년까지는 2~5퍼센트 안팎을 오르내리고 있었다.[35] 계속되는 남쪽의 북진 위협에도 불구하고 북한이 훨씬 작은 규모의 군대를 유지할 수 있었던 것은 당시까지는 별다른 균열을 보이지 않았던 사회주의권의 탄탄한 연대, 그중에서도 공동방위에 대한 강한 의지에 있었던 것으로 보인다.

어쨌든 이러한 상황은 적어도 북한이 전쟁을 원치 않으며 전쟁을 일으킬 능력 또한 없음을 뚜렷이 입증해주는 것이었다.

한국전쟁 이후 북한의 통일정책은 대략 이러한 상황에 조응해 전개되었다. 북한은 경제건설을 위한 평화적 여건의 마련이라는 실제적 필요에 따라 그리고 자신을 도덕적으로 강화시키고자 하는 의도 아래

---

34 데이비드 콩드, 앞의 책, 318쪽.
35 김정원, 앞의 책, 350쪽 참조.

이른바 '평화통일정책'을 전면에 내걸었다. 비슷한 맥락에서 경제건설의 성공을 바탕으로 남북한 간 다방면적인 교류를 적극적으로 주창하고 나섰다.

북한의 평화통일정책은 휴전협정에 대한 그들의 입장과 밀접히 관련되어 있었다. 휴전협정(정전협정)이 체결되고 얼마 후인 1953년 8월 5일 조선노동당 중앙위원회 제6차 전원회의에서 김일성은 다음과 같이 보고했다.

정전은 우리에게 있어서 커다란 승리입니다. 정전은 비록 조선에 완전한 평화를 가져오지는 못했지만 그러나 정전협정의 체결은 조선문제의 평화적 해결의 첫걸음으로 되며 긴장된 국제정세의 완화에 기여한 첫 모범으로 됩니다. 우리는 정전협정을 체결함으로써 우리 조국의 통일문제를 평화적으로 해결할 수 있는 가능성을 얻게 되었습니다.[36]

이 같은 견해는 남한이 휴전협정을 당장 폐기되어야 할 것으로 간주했다는 사실과 좋은 대조를 이룬다. 북한은 이처럼 휴전협정을 평화협정으로 대체하기 전에 평화를 유지하기 위한 최소한의 장치로 인정하고 있었다.

여기에 머물지 않고 북한은 한반도의 긴장완화를 위한 더욱 적극적인 조치를 추구했는데 1955년 3월 11일 최고인민회의는 다음과 같은 내용의 요구를 제시했다.

36　이해영, 「조국통일운동의 역사적 전개과정」, 서울지역 교지편집인연합회 엮음, 앞의 책, 57쪽.

미국과 남조선 간에 체결된 각종의 군사조약을 배격하고 조선의 내정에 대해 외국의 간섭을 배제하여 조선에서의 평화적 조건을 보장하기 위해 우선 일체의 외국 군대를 조선 지역으로부터 조속히 철퇴시키며 남북조선의 군대를 10만 이하로 각각 축소할 것을 강력히 주장한다.[37]

이 같은 주장은 공식석상에서 몇 차례에 걸쳐 반복되었고 그에 상응하는 조치로 1956년 5월 31일에는 같은 해 8월 31일까지 인민군 8만 명을 축소한다는 성명이 발표되었다. 이어서 긴장완화에 대한 요구는 1958년 2월 5일에 발표된 「조국의 평화적 통일을 위한 제안」에서 다시 한 번 구체화되었다.

우선 「제안」은 미국과 이승만 정권이 전쟁 위협을 고조시키고 있다며 맹렬하게 성토했다.

미국 측과 남조선 당국은 정전협정을 파괴함으로써 조선에서의 긴장 상태를 격화시키고 있다. 그들은 조선 내에서 무력 증강을 금지하고 있는 정전협정의 가장 중요한 조항의 준수를 일방적으로 거부하고 남조선에 신형무기를 반입하며 원자무기의 기지를 창설하기에 몰두하고 있다. ……(중략)……

조국의 평화적 통일이 지연되고 조선에서의 평화가 더욱 위협되며 남조선에서 비참한 상태가 더욱더 심각하여지는 기본 원인은 미국 군대가 남조선을 계속 강점하고 있는 데 있다.

특히 미군과 남조선 군대는 군사 분경선 근방에서 대규모적인 원자전쟁

---

37   노중선 엮음, 앞의 책, 334쪽.

연습을 실시하였다. 미군 지휘관들과 이승만을 비롯한 남조선 호전분자들은 조선민주주의인민공화국에 대한 새로운 전쟁을 준비하고 있다는 사실을 숨기려 하지 않고 있으며 원자무기를 남조선에 도입하였다는 것을 공공연하게 떠들고 있다.

이리하여 조선에서의 평화는 중대한 위기에 직면하고 있다.[38]

이 같은 정세판단에 입각해 앞의 「제안」에서는 다음과 같은 조치를 요구했다.

조선에서의 긴장상태를 완화하고 조선문제를 평화적으로 해결하기 위하여 미군과 중국인민지원군을 포함한 기타 모든 외국 군대가 남북조선으로부터 동시에 철퇴하여야 한다. 이를 위하여 조선에 군대를 파견하고 있는 국가들은 조선으로부터 자기의 군대를 즉시 철퇴시키기 위한 적절한 조치를 조속히 취하여야 할 것이다. 미군의 남조선 강점은 어떠한 구실로써도 정당화될 수 없으며 또한 미군이 남조선에 계속 남아 있을 하등의 근거도 없다.[39]

여기서 특히 주목할 만한 사실은 남한 측이 주한 미군은 그대로 두고 중국군만의 철수를 요구했던 데 반해 북한은 중국군을 포함한 모든 외국군의 동시 철수를 주장했다는 점이다. 그러나 더욱 중요한 것은 북한이 자신의 주장이 지닌 진실성을 입증하기 위해 미국이 주

---

[38] 위의 책, 353쪽.

[39] 같은 곳.

한 미군의 철수 의사가 없음을 명백히 밝히고 있음에도 「제안」이 발표되고 나서 4개월 후인 1958년 10월 26일을 기해 중국인민지원군을 일방적으로 완전히 철수시켰다는 점에 있다.[40] 그 이후로 북한은 어떤 외국군의 주둔도 허용하지 않았다. 외국군의 철수와 함께 북한은 남북의 군사력을 축소할 것을 요구했다.

> 조선민주주의인민공화국 정부는 이미 1만 명의 병력을 감소한 바 있거니와 금후 조속한 기간 내에 남북조선의 군대는 각각 최소한도로 축소되어야 한다.
>
> 남조선 당국은 남북조선의 군비축소에 관한 조선민주주의인민공화국의 이 정당한 제의에 지체 없이 호응함으로써 남북 간의 긴장상태를 완화하며 확장된 국군의 유지를 위하여 남조선 인민들이 지불하는 과중한 군사적 부담을 반드시 경감시켜야 한다.[41]

그러나 유감스럽게도 북한의 이 같은 제안은 미국과 이승만 정권이 일언반구의 응답도 없이 간단히 무시해버림으로써 전혀 실현되지 못했고, 그에 따라 북한의 제안이 어느 정도까지 진실된 것인지조차 확인할 길이 없었다.

외국군의 철수와 남북한의 군비감축을 통한 긴장완화를 조건으로 북한이 민족의 통일을 위한 기본 원칙과 그 방법으로 내세운 것은 조선노동당 제3차 대회 선언 「조국의 평화적 통일을 위하여」에서 다음

---

[40]　위의 책, 362쪽.
[41]　위의 책, 354쪽.

과 같이 표현되고 있다.

조선문제의 종국적 해결은 조선 인민 자신의 민주주의적 의사에 따라
실현될 것이며 조선의 통일 정부는 전 조선 인민의 총선거에 의하여 수
립되지 않으면 안 된다. 선거에 대한 여하한 외부의 간섭도 받아서는 안
되며 어떠한 불안, 구속과 공포, 위협도 있어서는 안 된다. 민주주의 원
칙에 입각한 전 조선 자유선거의 결과 수립될 연합 정부에서는 노동자
농민을 위시한 광범한 인민대중의 대표들이 참가해서 진실한 민주정치
를 실시하여 각계각층의 권리와 이익을 보장하지 않으면 안 된다.[42]

북한의 통일정책과 관련지어 살펴보아야 할 것은 남북한 간 다방
면적 교류에 관한 다양한 제의다. 그중 몇 가지 예를 살펴보자.

1954년 12월 1일 북한의 체신상은 남북한 간의 체신·우편연락을
조속히 실현하자고 남한 체신부장관에게 서한을 발송했다.[43] 1955년
6월 29일 북한의 8·15해방 10주년 기념준비위원회는 평양에서 열릴
8·15해방 10주년 경축행사에 남한의 국회, 정당, 사회단체기관, 교
육·문화·종교단체, 기타 해외동포단체 대표를 초청했다.[44]

같은 해 11월 8일 북한의 전기상은 남한에 대한 송전문제와 관련
해 다음과 같은 내용의 성명을 발표했다.

8·15 이후 남조선의 인민은 장기간 북반부로부터 전력의 공급을 받았

---

42 위의 책, 339쪽.
43 위의 책, 330~331쪽.
44 위의 책, 334쪽.

다. 우리는 동포에의 송전을 보장하기 위해 노력했으나 당시의 미군정 당국의 불성의에 의해 이를 일시 중지시켰다. 만약 남조선 당국이 성의를 보인다면 공화국 북반부의 전력을 남조선에 공급하는 것은 과거와 같이 현재도 가능하다.[45]

1957년 1월 31일 북한 적십자사 중앙위원회 위원장은 대한 적십자사 총재에게 다음과 같은 내용의 서한을 발송했다.

1. 귀사가 희망하는 장소에서 남북 적십자 단체가 그들의 서신을 정기적으로 교환할 것을 제안한다.
2. 우리는 이 문제의 실현을 위해 귀사의 어떠한 의견도 신중히 검토할 용의가 있다는 것을 표명하고 회답을 기대한다.[46]

같은 해 10월 7일 북한의 상업상은 남북한 간의 통상과 물자의 교류를 요망하는 서한을 대한민국 상공부장관에게 발송했다.

1959년 9월 21일 북한은 백미 3만 섬, 직물 100만 마, 신발 10만 족, 시멘트 10만 톤, 목재 150만 재를 남한의 전쟁재해 복구를 위해 제공할 용의가 있다고 제의했다.[47]

위에서 언급한 제의에 대해 미국과 이승만 정권은 다른 문제와 마찬가지로 아무런 응답도 하지 않았고, 그 결과 남한의 민중은 이러한 제의가 있었다는 사실조차 알지 못한 채 지나가고 말았다.

---

45 위의 책, 337쪽.
46 위의 책, 346쪽.
47 위의 책, 365쪽.

제3장

4월 혁명

1. 끓어오르는 민중의 분노

1950년대 말에 접어들면서 미국과 이승만의 압제 아래 놓여 있던 남한에서는 위기의 폭발을 예고하는 징후가 도처에서 뚜렷이 나타나고 있었다.

미국의 원조에 기생해 사리사욕을 채우면서 민족의 경제를 팔아먹던 매판자본가들은 자신이 파놓은 함정 속으로 깊이 빠져들고 있었다.

값싼 원조물자의 공세에 밀려 광범위한 농민과 중소기업이 몰락하고 그에 따라 민중의 빈궁화가 가속화됨으로써 결국 매판자본가들은 제품을 판매할 수 있는 시장을 자신의 손으로 파괴하는 결과를 초래한 것이다.

여기에 덧붙여 1950년대 말부터 미국의 원조마저 급속히 감소되기 시작했다. 남한에 대한 미국의 원조 총액은 1957년 3억 8,289만 3,000달러에서 1958년에는 3억 2,217만 2,000달러로 감축되었고, 다시 1959년에는 2억 2,220만 4,000달러로 크게 삭감되었던 것이다.[1] 이러한 미국 원조의 감소는 지금까지 그에 의존해왔던 남한의 매판자본가들로 하여금 제품생산에 필요한 각종 원료와 부품의 조달을 극도로 어렵게 만들었다.

결국 전반적인 구매력의 감소와 원료·부품의 부족으로 각 공장의 조업률은 급격히 낮아지기 시작했고 아예 문을 닫는 공장들이 속출했다. 이는 곧 실업자의 증대를 의미하는 것이었고 1958년 초에는 그 수가 약 420만 명에 이르고 있었다. 실업자의 증대는 다시 임금의 인하를 재촉했으며 대부분의 노동자가 하루에 12시간에서 17시간씩이나 고된 노동에 시달리면서도 생활비의 절반 이하에 해당하는 임금만을 지급받고 있었다. 이 같은 상태는 구매력을 계속 감소시켰고 그 결과 생산은 더욱 축소되었는데, 한 예로 1958년 당시 섬유공장의 가동률은 불과 35퍼센트 정도밖에 되지 않았다.[2] 이렇게 꼬리에 꼬리를 물면서 원조경제체제는 붕괴를 향해 치달아갔다. 1957년에 8.7퍼센트였던 경제성장률이 1958년에는 7.0퍼센트로, 다시 1959년에는 5.2퍼센트로 크게 떨어졌다. 그에 따라 1인당 국민소득도 1958년의 85달러에서 1959년에는 84.3달러로 도리어 감소되고 말았다. 설상가상으로 미국이 자국 상품을 더욱 비싸게 팔아먹기 위해 환율을 1달러 대 500환에서 1달러 대 650환으로 인상함으로써 불황임에도 불구하고 도리어 물가가 상승하는 기현상마저 나타났다. 예컨대 1959년 당시 물가지수는 10.3퍼센트나 뛰어오르고 있었다.[3]

파멸적인 경제위기 속에서도 이승만 정권은 1958년 군사비를 전년에 비해 110억 환을 증가시켰고 전체 세금은 무려 500억 환이나 더 거두어들였다.[4]

1   김정원, 앞의 책, 196쪽.
2   데이비드 콩드, 앞의 책, 55쪽.
3   김정원, 앞의 책, 197쪽.
4   데이비드 콩드, 앞의 책, 55쪽.

대량해고로 인한 실업자의 속출, 임금인하, 물가상승, 조세부담의 가중 등 모든 방면에서 민중의 생존은 벼랑 끝으로 내몰리고 있었다. 절망적인 상황에 봉착한 민중은 결국 투쟁의 깃발을 들 수밖에 없었다. 전쟁을 거치면서 강요된 좌절감에서 벗어나 이제 다시금 부활의 몸부림이 시작된 것이다.

1957년에서 1958년 사이에 대한석탄회사 6개 광산의 노동자, 부산과 목포의 항만노동자, 한국모직공장 노동자 등이 체불임금을 돌려받기 위한 투쟁에 돌입했다. 이와 동시에 정부의 철도·전기 노동자가 임금인하와 해고에 항의하는 파업을 잇따라 일으켰다. 1958년 1월, 부산의 조병창 노동자는 임금인상과 노동시간 단축을 요구하는 파업을 단행했다. 같은 해 10월에는 정부가 경영하는 대한중석공사의 노동자들이 대량해고에 맞서 격렬한 항의파업을 전개했다. 어느 경우에나 단체교섭권과 하루 8시간 노동제가 요구되었다. 주한 미 육군 기지의 한국인 노동자와 미국 무역회사의 노동자도 파업투쟁에 합류했다. 이들 노동자는 노동자의 기본권에 덧붙여 한국인 노동자에게 영어를 사용하라는 명령과 남한에서의 미국인 치외법권을 철회하라고 요구했다. 전체적으로 1954년의 44건에 비해 1958년에는 총 200건의 파업이 발생함으로써 발생 건수가 급속히 증대되었다.[5]

농촌에서도 각지에서 농민들이 일어나 군사기지를 위한 농지의 강제징발, 불법적인 소작료, 엄청나게 비싼 비료, 저곡가정책 등에 대해 항의했다. 동시에 근본적인 토지개혁 요구가 계속되었다.[6]

---

5   데이비드 콩드, 앞의 책, 55쪽.
6   같은 곳.

이렇게 하여 굴욕만을 되씹던 민중이 들고일어나기 시작했고 미국과 이승만의 독재체제는 그 밑바탕부터 금이 가기 시작했다. 이와 함께 1956년 대통령 선거과정에서 나타났듯이 솟구쳐오르는 평화통일에 대한 열망은 극단적인 반공정책에 의존하던 이승만 정권을 뿌리째 뒤흔들어놓았다.

위기에 봉착한 이승만 정권은 더욱더 야수처럼 돌변해갔다. 노쇠한 독재자에게는 이제 국민의 환심을 살 만한 거리가 전혀 남아 있지 않았다. 그에게는 단지 폭력으로 응수하는 길만이 남아 있을 뿐이었다. 그리고 야비한 폭력은 또다시 반공이라는 이름으로 자신의 정체를 숨기고자 발악했다.

1958년 초 이승만은 40일간에 걸쳐 대대적인 반대자 소탕작전에 돌입했다. 이 과정에서 1만 명의 민주인사가 체포·투옥되었고 그중에는 민주혁신당의 지도자와 조봉암 등 진보당의 간부들이 다수 포함되어 있었다. 아울러 진보당과 민주혁신당 등 많은 군소 정당이 단순히 한반도의 평화통일을 제창한 것을 국가보안법을 위반했다는 혐의를 씌워 강제 해산시켰다.[7]

이와 함께 곧 실시될 국회의원 선거를 의식한 이승만 정권은 선거법을 개정해 국회의원 선거에 입후보한 자에게 50만 환의 공탁금을 내도록 규정했다. 이는 지주, 매판자본가, 고급관료 등 돈 많은 자들만이 국회에 진출할 수 있게 한 것이며 결국 평화통일을 주창하던 민중세력의 정치참여를 봉쇄하기 위한 조치였다.[8]

---

7   위의 책, 54쪽.
8   위의 책, 56쪽.

이처럼 미국과 이승만 정권은 체제를 밑바탕부터 흔들던 민중세력에 대한 탄압에 우선적으로 주력했다. 그와 함께 보수적인 민주당이 이들 혁신적 민중세력과 연계하는 것을 저지하기 위한 적당한 무마책이 강구되었다. 그 결과 나타난 것이 1958년 초에 제정된 이른바 「협상선거법」이었다. 협상선거법은 그동안 야당에 유리하게 작용했던 선거에 대한 신문의 비판을 금지하고 아울러 경찰의 선거개입을 차단함으로써 보수적인 두 세력 간에 타협점을 제공하기 위한 것이었다. 그러나 결과적으로 경찰의 선거불개입은 야당에 대한 자유당 정치깡패들의 테러를 방관하는 것으로 악용됨으로써 그 기만성을 폭로하고 말았다.[9]

이러한 와중에 1958년 4월에 두 보수 정당만이 참가한 가운데 국회의원 선거가 실시되었다.

선거전은 예전처럼 야당 후보자를 방해하는 방식으로 진행되었다. 신문은 민주당 후보가 '경쟁에 나서지 말라'는 강요를 받았다고 보도했다. 1958년 4월 14일 『동아일보』는 민주당의 한 후보가 "나의 생명은 위기에 처해 있다. 나를 도와준 사람들까지 위태로운 상황에 놓여 있기 때문에 입후보를 포기하고 싶다"라고 말한 사실을 보도했다. 2만 명이 선거 직전에 체포되어 투옥되었다. 선거 당일에는 정·사복 경관과 폭력배들이 자유당의 승리를 보장하기 위해 투표소 근처에 몰려 있었다. 도시에서는 수천 명의 유권자가 투표권을 상실한 일이 발생했다. 이름이 선거인 명부에서 지워졌기 때문이다. 농촌에서는 경찰과 공무원들이 '공동책임계획'이라는 것을 만들어 농촌의 유

---

9   김정원, 앞의 책, 192쪽 참조.

지들과 이장으로 하여금 각 지역의 모든 사람이 자유당에 투표하도록 만드는 방법을 취했다. 농민은 비밀투표를 인정받지 못했으며 투표소에 집단으로 들어가도록 강요받았다. 투표함이 도난당하는가 하면 위조한 투표용지가 무더기로 발견되는 사건도 있었다. 표 바꿔치기와 집단 투표가 당연한 것으로 행해졌다. 군부대에서는 병사가 투표용지를 상관에게 보여주도록 강제되었다. 자유·민주 양당의 폭력단이 맞붙어 싸우고 급기야는 개표 중에 '무효표'가 속출하는 사태가 발생했다.[10]

결과는 엄청난 부정이 있었음에도 자유당의 뚜렷한 패배로 나타났다. 총투표수의 57.9퍼센트가 야당인 민주당에 돌아갔다. 선거 전에 131석이던 자유당 의석은 126석으로 줄어들었다. 정치적 중심지인 서울에서는 본래 자유당이 지니고 있던 16개 의석 중에서 15개가 민주당으로 돌아갔다. 이 같은 양상은 대부분의 대도시에서 공통적으로 나타났다.

결국 민중은 자신의 진정한 정치적 대변자를 갖지 못한 가운데서도 야당에 표를 던짐으로써 이승만 정권에 대한 증오심을 분명하게 부각시켰던 것이다. 당시로서는 그것만이 독재자에 대한 유일한 공격 수단이었다고 해도 과언이 아니었다. 이로써 선거 결과에 관계없이 남한 민중 대부분이 이승만을 거부하고 있음이 명백히 드러나게 되었다. 당시 샌프란시스코 주재 총영사는 한국을 다녀간 뒤 남한 국민의 80퍼센트 이상이 이승만을 반대하고 있으며 민중반란이 일어날 위험이 있다고 말했다.[11]

---

10   데이비드 콩드, 앞의 책, 57쪽.
11   위의 책, 58쪽.

이렇게 하여 민주당의 소극적인 협력을 얻어 혁신세력을 소탕하는 데 성공했던 이승만 정권은 더욱 심각한 위기에 직면했다.

막다른 골목에 도달한 이승만 정권은 자신에게 다가오고 있는 죽음의 그림자를 떨쳐버리기 위해 광란적으로 몸부림쳤다. 드디어 이승만 정권은 보수·혁신을 막론하고 자신의 모든 반대자를 향해 탄압의 칼을 휘두르기 시작했다. 늙은 독재자는 급속히 이성을 잃어가고 있었던 것이다.

선거가 끝나고 얼마 후인 1958년 11월에 이승만은 몇몇 탄압 법안과 함께 2개의 법안을 국회에 제출했다. 하나는 지방자치법을 개정함으로써 모든 시장과 지방 공무원의 선거를 중지하는 대신 이들을 대통령이 직접 임명하도록 하는 법안이었으며, 또 하나는 국가보안법을 개정함으로써 남북한의 통일 주장을 포함해 사형 또는 종신형에 해당하는 '범죄'의 범위를 넓히려는 것이었다.

개정 법안에는 이승만을 반대하는 것으로 판단되는 모든 개인과 단체는 반정부 혐의를 받아 최고형의 처벌을 받을 수 있게 되어 있었다. '국가기밀'이라는 단어의 정의가 엄청나게 확대되어 자유당과 이승만 정부, 이승만 측근들의 뇌물수수, 테러행위, 부패 등을 폭로하는 사람은 죽음을 각오하지 않으면 안 되었다. 이러한 종류의 '국가기밀'이 이미 일반에게 널리 알려져 있는 경우에도 다시 한 번 폭로하는 것 역시 위험한 행위로 간주되었다. 국가기밀에 해당하는 죄를 범한 사람은 변호사를 부를 수조차 없는 상태에서 무기한 구금되었다. 또한 적을 이롭게 하는 것이라 여겨지는 목적으로 정치·경제·사회·문화·군사 각 분야의 정보를 수집하는 사람은 누구를 막론하고 10년의 징역형에 처해졌다. 이 밖에도 대통령, 국회의장, 기타 대법원장을 비방한 자에게는 이른바 '불경죄'라는 명목으로 10년의 징역형이 선고

되었다.[12]

한마디로 개정된 국가보안법이 노리는 것은 반공을 빙자해 이승만 정권에 대한 어떤 비판과 저항도 봉쇄하기 위한 것이었다.

무차별적인 탄압을 예고하는 이 법률안이 세상에 알려지자 각계각층에서 거센 반대여론이 치솟아올랐다.

대한변호사협회는 무고한 사람들이 투옥되고 엉터리 죄목으로 사형에 처해질 우려가 있음을 지적하며 반대의사를 명확히 했다. 그동안 이승만 정권을 지지해왔던 부유층에서도 자신의 생명과 재산에 위험이 미칠 수도 있겠다는 기미가 보이자 이승만에게 절대권력을 부여하는 것을 저지하지 않으면 안 되겠다고 생각하는 사람들이 나타났다. 야당의원들 역시 그동안 국회의원의 특권이 경찰에 의해 손쉽게 유린당해왔던 경험에 비추어 그러한 법안은 이승만 일파 이외의 모든 사람을 위험에 빠뜨리는 것이라고 생각했다. 권력에 대한 다소간의 비판을 통해 독자의 구미를 맞추어왔던 11개 유력신문과 통신사도 얼마 남지 않은 '언론의 자유'를 상실할 것이 두려워 11월 21일 국가보안법 개정을 반대하는 성명을 발표했다.[13]

드디어 곳곳에서 이승만의 음모에 반대하는 시위가 일어나기 시작했다. 경찰은 공산주의자의 음모를 적발한다는 미명 아래 비상경계태세를 강화했다. 그러나 시위의 물결은 계속되었고, 전반적인 여론이 이승만의 고립을 뚜렷이 나타내자 경찰과 군대 내에서도 정부의 명령에 소극적으로나마 대응하는 자들이 나타났다.[14]

---

12 위의 책, 58~59쪽.
13 위의 책, 59쪽.
14 위의 책, 60쪽.

격렬한 반대여론에도 불구하고 이미 돌이킬 수 없는 상황 속으로 빠져들고 있던 이승만 일파는 1958년 12월 24일 야당의원들을 지하실에 감금한 채 국가보안법 개정안을 통과시키고 말았다.

격분한 야당은 국민주권사수투쟁위원회를 발족한 뒤 더는 아무것도 기대할 수 없게 된 의사당을 박차고 나가 거리의 군중과 합류했다. 이미 거리에는 썩어빠진 독재권력에 대한 깊은 증오심을 품은 채 투쟁을 준비하는 민중이 있었다. 결국 자신의 경쟁자를 말살시키고자 했던 탄압정책은 다양한 반대세력들을 거리로 내몰았고 그곳에서 하나로 뭉치도록 도왔다.

2. 드디어 민중봉기가 시작되다

이승만 정권의 위기는 근본적으로 미국의 남한 지배로부터 야기된 것이었다.

평화통일에 대한 민중의 열망을 짓밟고 전쟁 위협을 고조한 것도 미국이며, 원조물자를 쏟아부어 민족경제를 파괴하고 민중을 도탄에 빠뜨린 것도 근본적으로 미국이며, 이승만 독재가 유지될 수 있는 자금과 각종 수단을 제공한 것 역시 미국이었다.

이러한 범죄행위로 말미암아 미국은 이승만에 대한 남한 민중의 거센 불만이 궁극적으로 자신을 향하지 않을까 전전긍긍했다. 국가보안법 개정을 둘러싸고 남한의 상황이 심각한 국면에 접어들던 1958년 12월경, 미국 국무성 대변인 링컨 화이트는 당시의 사태에 대해 "이는 한국 국내 문제이므로 우리들이 논평할 여지가 없다"라고 언급하면서 애써 미국의 결백을 강조하고자 했다. 한마디로 도둑이

제 발 저린 격이다.[15]

그러나 사태는 수습될 기미를 보이지 않은 채 날로 악화되어갔다. 미국은 어쩔 수 없이 무대의 전면에 모습을 드러낼 수밖에 없었다.

1959년 1월 다우링 주한 미 대사가 남한 사태의 수습을 협의하기 위해 워싱턴으로 소환되었다. 뒤이어 2월에는 윌리엄 드레이퍼 특사가 국무성의 동북아시아국 차장과 함께 서울로 파견되었다. 그들은 민주당을 비롯한 각 야당에 새 국가보안법을 인정하고 이승만과 협력해 그것을 공산주의자 탄압에 이용하라고 부추겼다. 미국은 일란성 쌍생아 격인 이승만과 민주당이 공동의 적인 민중과 싸우기 위해 협력할 것을 촉구했던 것이다. 한결같이 미국의 지지를 정권 장악을 위한 필수요소로 간주하고 있던 보수정당에 대한 미국 대표의 설득과 회유는 분명한 힘을 지니고 있었다. 미국의 온화한 미소는 민주당으로 하여금 권력이 자신의 눈앞에 다가오고 있다는 느낌을 갖게 해주었다. 결국 민주당은 미국의 요청대로 국가보안법 개정에 동의했다. 그들은 장차 자신들이 그 법을 이용할 수 있기를 기대했던 것이다.[16]

그러나 민주당의 부분적인 타협이 곧 일반 대중의 불만을 진정시키는 요소가 되지는 못했다. 이승만에 반대하는 시위는 쉽게 사그라지지 않았고 일부 언론은 계속해서 정부를 비판하는 기사를 게재했다. 이 와중에 1959년 4월 30일 야당지로 주목받고 있던 『경향신문』이 강제폐간조치를 당했다. 『경향신문』의 폐간을 단행한 법적 근거가 되었던 것은 미 군정법령 88호였다.[17]

---

15 위의 책, 61쪽.
16 위의 책, 69쪽.
17 김도현, 앞의 글, 83쪽.

드디어 사태는 최후의 결전을 향해 치닫고 있었다.

운명의 순간은 1960년 3월 15일 대통령 선거를 전후로 벌어졌다. 자유당에서는 이승만과 이기붕이, 민주당에서는 미군정 당시 경찰 총수로 악명을 떨친 조병옥과 친일경력을 지닌 장면이 각각 정·부통령 후보로 나섰다.

이승만 일파는 총력을 기울여 부정선거 자금을 긁어모았다. 가장 중요한 자금의 원천은 여전히 미국의 원조였다. 이로써 미국은 결코 이승만 정권을 포기할 의사가 없음을 분명히 했다. 또한 매판재벌, 각종 어용단체, 모든 공무원이 발 벗고 나서서 자금을 모으는 데 혈안이 되었고, 그 결과 이승만은 약 400만 달러의 돈뭉치를 손에 넣을 수 있었다.[18] 이 자금은 이승만의 재선을 보장할 수 있도록 유권자를 매수하고 폭력배를 고용하기 위해 대량으로 살포되었다.

이승만 일파의 음모와 이를 저지하고자 하는 민중 간의 충돌은 이미 선거운동과정에서 발생하고 있었다.

2월 28일 독재권력은 야당인 민주당의 강연회가 있을 예정인 대구에서 일요일임에도 불구하고 고등학생들을 강제로 등교시켰다. 학생들의 강연회 참여를 봉쇄하고자 한 야비한 술책에 격분한 학생들은 독재권력을 규탄하며 대대적인 가두시위에 돌입했다. 시위대는 민주당의 강연회장을 목표로 하지 않고 삼덕동 우체국, 반월동, 대구매일신문사 등 시내 중심가로 진출했다. 학생들은 민주당에 대한 지지보다는 독재권력에 대한 누적된 불만으로 시위에 참가하고 있었던 것이다.[19]

---

18   데이비드 콩드, 앞의 책, 74쪽.
19   김성환, 「4월 혁명에 관한 역사적 고찰」, 송건호 외, 『해방 40년의 재인식』 I, 돌베개, 1985, 308쪽.

2·28대구시위 이후 3월 5일에는 서울에서, 8일에는 대전에서, 10일에는 수원에서 각각 시위가 일어났다. 그리고 3월 7~8일에는 부산에서도 시위의 조짐이 나타나기 시작했다. 12일에는 부산 영도에 있는 해동고등학교에서 드디어 시위의 횃불이 타올랐다. 그리고 투표일 하루 전인 14일에는 시내의 거의 모든 고등학교가 참가한 대규모 시위가 일어났다. 이처럼 선거가 실시되기 전부터 국민들은 명백히 이승만 정권을 거부하고 있었다.[20]

선거 직전에 민주당 대통령 후보인 조병옥이 미 육군병원에서 뇌수술을 받던 중 사망하고 말았다. 그리하여 이승만은 쉽게 부전승을 거두게 되었다. 선거 결과에 대한 초점은 이기붕과 장면 중 누가 부통령에 당선될 것인지로 모아졌다. 장면은 1956년 선거에서 이기붕을 상당히 많은 표차로 눌러 이긴 전력이 있었고 이기붕은 환자의 몸인 데다가 원성의 표적이 되어 있었기 때문에 누구나 장면이 당선될 것을 확신하고 있었다.

드디어 3월 15일이 다가왔다. 이날 남한 전역에서는 상상을 초월하는 가공스러운 부정선거가 감행되었다.[21]

투표소에는 경찰이 비상선을 치고 대한반공청년단의 청년들이 주변에서 설쳐댔다. 야당의 선거감시원이 내쫓겼고 투표를 하지 않은 일반인들은 투표소 접근이 철저히 차단되었다. 투표는 이승만의 폭력단이 감시하는 가운데 공개적으로 행해졌고 야당 부통령 후보에게 던져진 표는 그 자리에서 제거되었다. 당연한 기본적 권리를 끝까지 수

---

20   위의 글, 309쪽.
21   김정원, 앞의 책, 199쪽.

호하고자 했던 사람들 대부분이 그 자리에서 폭행을 당했다. 남한의 통신사인 동양통신은 지시받은 대로 투표할 것을 거부했다는 이유로 구타당한 사람들의 수가 셀 수조차 없을 정도라고 보도했다. 그것은 한마디로 선거가 아니었다.[22]

투표 결과가 나오기도 전에 민중의 불만은 폭발하기 시작했다. 경남 마산에서는 당치도 않은 부정투표를 보다 못한 학생들의 주도로 수만 명의 시민이 즉각 시위에 돌입했다. 경찰이 발포를 시작함으로써 시위대열이 주춤하자 학생들은 "내 뒤를 30만 명만 따라오라. 우리가 죽음을 두려워할 때가 아니다. 우리가 죽어도 100만 학도는 마산을 버리지 않는다. 반드시 나라를 바로잡기 위하여 일어날 것이다"라고 외치며 결사적으로 항전을 계속했다. 이 과정에서 어린 김주열 학생이 미제 최루탄이 눈에 박혀 사망하는 사태가 발생했다.[23] 경찰은 김군의 시신을 마산 세관 부두 앞바다에 버렸다. 그 밖에도 경찰의 만행으로 15명 이상이 사살되고 수백 명이 부상을 당했다. 이 소식은 순식간에 전국으로 알려지면서 거센 분노의 불길을 불러일으켰지만 이승만 정부는 이러한 비극을 공산주의자들이 교사한 운동이라고 매도했다.[24]

투표 결과는 보나마나였다. 투표함은 불타기도 하고 몰래 바뀌기도 했으며 아예 무시되어버린 것도 허다했다. 이 가운데 이승만이 총투표의 97퍼센트를 획득해 대통령에 당선되었다. 이기붕의 부통령 표는 822만 587표에 달했는데 현직 부통령 장면은 184만 4,257표에

---

22 데이비드 콩드, 앞의 책, 74~75쪽.
23 김성환, 앞의 책, 308쪽.
24 데이비드 콩드, 앞의 책, 75쪽.

불과했다. 이는 일반 여론과는 완전히 동떨어진 것으로 부정선거가 자행되었음을 확증해준 것이었다. 즉, 이승만 일당이 민주주의를 압살하고 정권을 도둑질하고 있다는 사실이 노골적으로 드러난 것이다.

이승만의 파렴치한 행위가 드러나자 온 국민은 분노로 들끓기 시작했다. 분노가 폭발해 투쟁으로 점화되는 도화선은 다시금 마산에서 이루어졌다.

4월 11일 미제 최루탄이 눈에 박힌 채 바다에 표류하던 17세 김주열 군의 시신이 드디어 발견되었다. 순진한 소년의 주검을 목격한 마산 시민들은 두 눈이 뒤집히고 말았다. 마산의 여고생을 중심으로 대규모 시위가 발생했으며 시위대는 순식간에 1만 명으로 불어났다. 시위대는 고교생의 살해범을 찾아 부근의 파출소를 습격해 서류를 불태우고, 경찰 저지선을 돌파해 마산 경찰서와 시청을 향해 돌진했다. 이날 시위는 최고 15만 명이 참가한 가운데 한밤중까지 계속되었다. 이같은 민중의 분노에도 아랑곳없이 범죄자 이승만은 여전히 상투적 수법을 동원해 저항하는 민중을 협박하고자 했다. 이승만은 시민들의 항쟁이 "결국 공산주의자에게는 유리한 기회를 주는 것이니 거기에 참석하지 말 것"을 호소했다. 이승만에게는 자신을 위협하는 모든 것이 곧 공산주의자를 이롭게 하는 것으로 간주되었다. 이러한 논리는 이후 이승만을 계승한 역대 독재자들 모두에게 금과옥조가 되었다.

일단 점화된 투쟁의 불길은 순식간에 전국으로 퍼져나갔다. 서울에서는 4월 18일 고려대학교 학생 3,000여 명이 시위를 벌이며 경찰의 학원개입 중지를 요구했고, 재선거를 요구하며 시위를 벌이다가 체포된 학생들의 석방을 주장했다. 학생들은 학교로 돌아가던 도중 이승만 정권이 고용한 폭력배에게 습격을 받았고 손도끼를 휘두르는 폭력배들의 무차별적인 공격으로 수많은 학생이 부상을 당했다. 이 사건은 서울 시내의 학생과 시민의 분노를 폭발시켰고 급기야는 대규모 항쟁을 불러일으키게 되었다.

4월 19일 서울의 투쟁은 서울대학교 학생들이 '누구도 신용할 수 없다', '민중의 비탄은 심화되었다'라고 쓰인 플래카드를 들고 시내를 행진하면서 시작되었다. 중무장한 경찰 50명이 미국이 지급한 M1소총, 카빈, 최루탄 등으로 공격을 개시했지만, 학생들은 가스 속에서 빠져나와 국회의사당으로 향했다. 국회의사당에서는 큰 소리로 선언문을 낭독하고, 3월 15일의 선거를 규탄하며, 체포된 학생들의 석방을 비롯한 전 국민의 언론·출판·집회의 자유를 요구했다. 이때 200명의 경찰대와 함께 대한반공청년단의 깡패들이 나타나 쇠뭉치, 쇠막대기, 못을 박은 몽둥이, 자전거 체인 등을 휘두르며 덤벼들었다. 그러나 이러한 독재자의 발악에도 불구하고 항쟁의 불길은 순식간에 온 시내를 휩싸고 있었다. 이미 이날 오전 대학생들의 시위에 발맞추어 10만 이상의 시민들이 시내 곳곳에서 반독재투쟁에 돌입하고 있었다. 투쟁에 참여한 사람들은 노동자, 영세상인, 사무원 등 가난하고 억압받는 민중이었다. 이들은 자신의 직업에 맞는 조직을 갖추지는 못했지만 학생들이 붙여놓은 가두투쟁의 불길 속에 자연스럽게 뛰어들었다. 민중은 평소 원한의 대상이 되었던 표적을 공격함으로써 자신의 의사를 분명히 했다. 자유당 본부와 특별봉사단 건물에 불길이 솟았다. 어용신문인 서울신문사와 서울방송국도 공격을 받았다. 대한반공청년단 본부도 불탔다. 미국 대사관은 구호를 외치는 학생들에게 포위되었고 독재권력을 떠받쳐왔던 미국 원조기관이 습격을 당했다. 학생들은 더글러스 맥아더의 동상에 돌을 던졌고 동상은 파괴된 채 넘어졌다.[25]

이날 서울을 비롯한 각 도시에는 계엄령이 떨어지고, 오후 7시 이후의 야간 통행이 금지되었다. 한국 육군 제15사단이 전차대를 선두로 일본식과 미국식으로 교육받은 육군 참모총장 송요찬의 지휘 아래 출동했다. 송요찬은 미 대사관으로부터 각별한 신임을 받고 있던 인물이었다.

그러나 계엄령에도 아랑곳없이 시위는 더욱 확산되고 격화되었다. 다수의 학생과 시민은 독재자의 은신처인 경무대를 향해 돌진했다. 경찰은 무차별 발포를 자행했고 이로 인해 120명이 죽고 450명이 부상당했다. 같은 날 부산에서는 7만 명이 모여 6개 소의 경찰서를 비롯해 군청, 소방서, 대한반공청년단 지부 등을 파괴했다. 이곳에서도 10명이 살해되었고 80명 정도가 부상을 당했다. 광주에서는 시위대 2만 명이 경찰서와 지방관청 건물, 자유당 지부 등을 습격해 방화했다. 이 '피의 화요일'에 각 도시에서 쓰러진 피해자 수는 경찰 측 추정만으로도 사망자 183명, 부상자 6,259명에 달했다.[26]

분명 평화적 시위로 출발했던 남한 민중의 투쟁은 경찰의 유혈적 탄압과 맞부딪히면서 급속히 봉기로 전환해가고 있었다. 억압적 통치를 상징하는 모든 건물이 공격 대상이 되었으며 특히 반공회관 등이 공격 대상이 되었다는 사실은 미국의 남한 지배와 그 전제조건인 반공 이데올로기가 항쟁의 과정 속에서 강력한 거부 대상으로 떠오르고 있음을 보여주는 것이었다. 일상적인 침묵 속에 가려 있던 민중의 원한도 투쟁의 거리에서는 거침없이 뿜어져 나왔다. 이와 함께 투쟁대열도 더욱 확대되어 급기야는 온건한 대학교수들마저도 최루탄으로

---

25 위의 책, 79쪽.

26 위의 책, 80쪽.

뒤범벅이 된 가두로 뛰쳐나왔다. 이 모든 것은 강압적으로 유지되어 오던 미국과 이승만 독재체제가 막다른 골목으로 몰리고 있음을 암시하는 것이었다.

3. 사태 수습에 나서는 미국

극단적인 빈곤의 심화, 민족의 이익을 송두리째 팔아먹으면서까지 사리사욕만 추구하던 이승만 독재의 전횡과 평화통일에 대한 열망을 무참히 짓밟은 채 강압적으로 추진된 전쟁정책은 급기야 쓰러져 있던 민중을 일으켜 세워 대규모 항쟁에 분기하도록 만들었다.

　비록 조직화되지 못했고 새로운 사회의 건설에 대한 전망을 갖추지는 못했지만 민중은 투쟁의 불길 속에서 무섭게 돌변해갔고 그럼으로써 신속하게 굴종의식을 내던져버리고 민족적 자존심을 회복해갔다.

　한편 폭력으로 민중의 저항을 짓밟으면서 미국의 이익을 보호해주던 이승만 정권이 붕괴 직전에 도달하고 민중의 공격이 점차 미국을 향하게 되자 그동안 은밀하게 야당을 구슬리면서 한편으로는 자신의 범죄행위를 은폐하는 데 급급해왔던 미국은 다시 무대의 전면에 나서서 사태 수습에 열을 올렸다.

　미국은 대부분의 남한 민중을 사로잡고 있던 불만의 표적이 주로 이승만이라는 사실을 재빨리 간파했다. 그리하여 미국은 표면에 드러난 불만의 표적을 제거함으로써 민중의 저항을 무마하기로 작정했다. 이러한 맥락에서 남한에 들어와 있던 미국인 통치자들은 민첩하게 움직이기 시작했다.

　주한 미군 사령관은 항쟁에 나선 민중을 위협하기 위해 비상계엄령을 발동한 뒤 군부대를 시내에 투입하면서도 자신의 휘하에 있는 송요찬 계엄사령관에게 발포행위를 최대한 자제할 것을 명령했다.[27] 이는 군부대의 시위진압 동원에 관한 결정권이 주한 미군 사령관에게 있던 사정에 비추어볼 때 군부대의 발포가 자칫 상황의 악화를 초래할 뿐만 아니라 그 책임 또한 직접적으로 미국에 돌려질 것이라는 점을 고려했기 때문이었다. 이와 동시에 매카나기 주한 미 대사는 이승만을 직접 찾아가 사임을 종용했다. 이승만은 원조를 중단하겠다는 위협을 내세운 미국의 요구를 거역할 수 없었다. 마침내 이승만은 4월 26일에 이르러 사임의사를 공식 발표하고 말았다. 이승만의 뒤를 이어 행정기구를 운영할 인물로는 송요찬과 마찬가지로 미 대사관으로부터 각별한 신임을 받고 있던 허정이 지목되었다. 허정은 즉각 과도정부를 수립한 뒤 헌법 개정과 공정한 선거를 실시할 것을 약속했다.

이렇게 하여 민중의 저항을 일시적으로 잠재운 뒤에 의원내각제를 골자로 하는 새로운 헌법이 채택되고 그 헌법에 따라 1960년 7월 20일 국회의원을 선출하기 위한 총선이 실시되었다. 총선거의 결과는 이승만 정권 아래 야당의 위치에 있었던 민주당의 압승으로 나타났다. 뒤이어 장면을 수반으로 하는 내각이 조직됨으로써 제2공화국이 공식 출범하게 되었다. 상징적 의미를 갖는 대통령직에는 윤보선이 선출되었다.

그러나 이러한 변화는 한낱 권력의 간판만을 갈아치운 것에 불과한 것으로 미국의 전면적인 개입을 배경으로 혁명의 열매를 찬탈하기 위한 교활한 사기극일 뿐이었다.

---

27 김정원, 앞의 책, 298쪽 참조.

우선 민중의 불만을 걸러내고 정권을 교체하는 장치를 마련하기 위한 헌법 개정이 민중의 참여가 완전히 배제된 가운데 자유당 의원이 그대로 자리를 지키고 있던 국회 내에서 독단적으로 처리되었을 뿐만 아니라 국가보안법 등 각종 억압장치들이 전혀 철폐되지 않은 채 고스란히 유지되고 있었다.

또한 새로이 권좌에 앉게 된 민주당 역시 과거에는 민중의 표를 주워 모으기 위해 민주의 탈을 쓰기는 했지만 근본적 속성에 있어서는 이승만 정권과 별다른 차이가 없었다. 무엇보다도 민주당 의원의 40퍼센트 이상이 친일지주계급의 자제였으며 약 4분의 1은 직접 총독부 관리를 지낸 바 있었다.[28] 이 점에 관해서는 윤보선과 장면도 결코 예외는 아니었으며, 특히 장면은 오랫동안 노골적인 친일행각으로 비난을 받아왔던 인물이었다.[29] 이러한 뿌리를 지닌 민주당은 당연히 정치·사회적 변혁을 지향하기보다는 미국의 지원을 등에 업은 채 권력이 안겨주는 온갖 특권에 안주하는 것을 궁극적 목표로 삼을 수밖에 없었다.

이러한 민주당의 속성은 그들이 정권을 손에 넣자마자 금방 탄로나기 시작했다. 장면 정권은 빗발치는 국민적 여론에 밀려 이승만 정권 당시 부정부패와 민중탄압을 일삼던 원흉들을 처벌하는 작업에 일단 착수했다. 이러한 맥락에서 장면 정권은 특히 집중적인 지탄을 받고 있던 81명의 경찰서장을 비롯한 총 2,213명의 경찰관을 파면시켰다. 그 결과 독재권력의 첨병 구실을 해왔던 경찰은 커다란 타격을 받

---

28   위의 책, 250쪽.
29   데이비드 콩드, 앞의 책, 45쪽 참조.

은 채 상당 기간 그 기능이 마비될 수밖에 없었다.[30] 그러나 장면 정권은 그 이상의 진전을 보여주지 못했다. 부정축재로 살찐 재벌들에 대해서는 여전히 정치자금 확보라는 이해관계 때문에 아무런 손을 쓰지 못하고 말았다. 이승만 정권과 야합했던 군부 지도자들의 숙청 또한 자신들에게 충실한 인물들을 상실할 것을 두려워한 주한 미군 장교들의 압력으로 완전히 백지화되고 말았다.[31] 장면 정권은 여기에 그치지 않고 과거 이승만이 했던 수법 그대로 부정축재에 직접 손을 댔다. 예컨대 장면 정권은 국영기업의 수익 일부를 비밀리에 빼돌렸는데, 그 결과 장면 정권 1년 동안에 8개 국영기업체가 낸 적자는 자그마치 455억 환에 달했다. 이와 함께 장면 정권은 재벌기업의 세금을 줄여주는 대가로 거액의 뇌물을 받아먹었다. 후일 보도된 바에 따르면 당시 13개 기업으로 구성된 한 경제단체가 정부에 막대한 뇌물을 바치고 포탈한 소득세액이 달러로 환산할 때 3,344만 9,000달러나 되었다고 한다.[32] 이처럼 장면 정권은 지난날 민중에게 약속했던 사항들을 헌신짝처럼 내던진 채 앞선 독재권력의 모습을 그대로 닮아가고 있었다.

일반적으로 비민주적 억압체제에서 그것을 담당하던 권력이 갑작스럽게 자리를 잃게 되면 지배층 내에는 심각한 혼란이 야기된다. 그들은 통치의 중심을 상실한 상태에서 상황에 공동으로 대처하지 못한 채 우왕좌왕할 뿐만 아니라 제각기 권력을 차지하기 위해 심각한 아귀다툼을 벌이게 되는 것이다. 이러한 점에 비추어볼 때 이승만 정권

30 김정원, 앞의 책, 258쪽 참조.
31 위의 책, 262쪽.
32 위의 책, 257쪽.

에서 장면 정권으로 교체될 당시 남한의 지배층 동향은 상당히 질서 정연했다고 할 수 있다. 이렇게 될 수 있었던 것은 미국의 역할이 작용했기 때문인 것으로 보인다. 특히 과도기에 권력에 대한 욕심을 드러내기 쉬운 군부는 주한 미군의 손아귀에서 집중적으로 통제되고 있었고 행정기관 역시 미국인으로 구성된 각종 위원회와 고문제도가 적절히 이끌어가고 있었다. 이러한 가운데 보수 정치인들 대부분이 재빨리 민주당으로 옷을 갈아입었으며 재벌들 역시 아무런 미련 없이 자유당을 떠나 새로운 정권과 손을 잡았다. 요컨대 지배체제 전체가 민중항쟁으로 부분적 타격을 입었음에도 미국이라는 확고한 중심에 기대어 심각한 혼란을 겪지 않은 채 신속하게 새로운 질서로 재편되어갔던 것이다. 그럼으로써 폭발적인 민중항쟁의 소용돌이로부터 능히 자신을 지켜낼 수 있었다.

이렇듯 4월 혁명에 대응한 '반혁명'의 임무수행에서 미국의 역할은 극히 결정적인 것이었다.

미국은 권력의 간판을 갈아치움으로써 민중항쟁의 불길을 일시적으로 잠재우는 데 그치지 않고 새롭게 탄생한 장면 정권을 자신들의 식민지 예속화 정책을 위한 충실한 도구로 삼음과 동시에 민중을 탄압하는 기구를 재정비하기 위해 계속해서 바쁘게 움직였다. 이와 관련된 대표적인 경우를 몇 가지 살펴보자.

지난날 미국은 이승만 정권을 지원해야 할 필요성 때문에 달러에 대한 원화의 낮은 환율을 그대로 허용했다. 그러나 이제 미국은 불가피하게 원조를 줄이면서도 동시에 막대한 군사예산을 유지해야 한다는 새로운 상황에 직면하게 되었다. 미국은 이 문제를 환율인상을 통해 해결하고자 시도했다. 즉, 환율을 높이면 더 적은 액수의 달러를 공급해도 국내에서는 마찬가지의 값어치를 발휘할 수 있는 것이다.

미국의 비위를 맞춰야 할 필요성을 느끼고 있던 민주당 정권은 재빨리 환율인상에 관한 미국의 요구를 받아들였다. 그 결과 1961년 1월 1달러당 650환이었던 환율이 1,000환으로 평가절하되었고, 곧이어 2월에는 1달러당 1,300환으로 다시 평가절하되었다.[33]

원화 환율의 평가절하와 함께 미국은 1961년 2월 장면 정권으로 하여금 '한미경제기술원조협정'을 받아들이도록 종용했다. 장면은 이 과정에서 3,500만 달러의 원조를 특별히 제공받았다.[34]

이 협정에는 모든 원조의 배당과 지출을 미국이 직접 감독하도록 되어 있었다. 이는 원조를 사용하는 데 관한 전체적인 방향은 미국이 결정하되 재벌에 대한 배당만큼은 남한 정부가 처리했던 과거 이승만 정권 때와는 사뭇 다른 양상을 보여준 것이었다. 결국 미국은 새로운 협정을 통해 원조자금이 전체의 52퍼센트나 차지하고 있는 정부 예산에 대한 통제권은 물론이고 개별 자본에 대한 직접적인 통제권까지도 확보할 수 있게 되었다.[35] 또한 이 협정으로 인해 미국 경제고문의 요청이 있을 경우 경제상의 자료나 기록을 모두 제공해야 하며 남한에 주재하는 미국인 교육자와 기술자 전원은 외교관의 지위를 부여받는 것과 동시에 세법을 비롯한 남한의 많은 법률에 구속받지 않는 특권을 누리게 되었다.[36]

또한 비슷한 시기인 1961년 1월 미국은 장면 정권을 움직여 '외자도입촉진법'을 제정하도록 했다. 이 법에 따르면 국내에 투자하는 외

---

33 위의 책, 255쪽.

34 데이비드 콩드, 앞의 책, 107쪽 참조.

35 김정원, 앞의 책, 254~255쪽 참조.

36 데이비드 콩드, 앞의 책, 105쪽.

국 자본에 대해서는 연간 20퍼센트의 수익을 보장해주며 그러한 투자회사의 남한 내 보유 자산은 아무런 세금을 내지 않아도 좋다고 되어 있었다.[37]

'한미경제기술원조협정'과 '외자도입촉진법'은 이른바 '원조시대'가 막을 내리고 해외자본의 본격적 진출에 의한 경제개발 시기가 도래했음을 강력히 시사해주는 것이었다. 결국 미국은 그러한 경제개발 시기에 대비해 남한의 경제정책 전반을 더욱 확고하게 지배함과 동시에 자본 진출을 효과적으로 보장하기 위한 제도적 장치에 대한 준비를 서둘러 진행시킨 셈이다.

이러한 조치와 함께 미국은 새롭게 고양되는 민중의 저항을 압살하기 위해 각종 탄압기구를 재정비하는 데 직접 발 벗고 나섰다.

미국은 우선 극도로 위신이 실추되어 있고 그 기능마저도 마비되어 있는 경찰력을 재건하기 위한 노력을 빈틈없이 기울였다. 1961년 2월 캘리포니아 주 오클랜드의 경찰국장을 지낸 바 있는 미 국무성 요원의 지도 아래 3만 3,000명의 경찰을 훈련시키는 특별계획이 추진되었다. 훈련에는 남한 전역에 24시간 경비체제를 유지하기 위해 경찰과 군대, 검찰이 합동으로 기동대를 편성하는 것이 포함되어 있었다. 이와 함께 미 군사고문단의 직접적인 지휘 아래 폭동진압 훈련이 실시되었다. '비둘기'라고 불린 이 훈련에서는 유사시에 정부청사와 국회의사당을 점거한 '폭도'를 격퇴시키는 연습이 행해졌다.[38]

경찰력을 강화하고 그것을 군부대와 밀접히 결합시키는 조치와

---

37 위의 책, 104~105쪽.
38 위의 책, 106쪽.

함께 더욱 강력한 탄압을 위한 법률제정이 시도되었다.

장면 정권이 제안한 법률 중 하나는 「반공법」으로 이 법에 따르면 평화통일을 주장하는 정당 혹은 단체의 결성은 간첩활동으로 간주되어 종신형부터 사형에 이르는 처벌을 받도록 규정되어 있었다. 이 새로운 입법이 겨냥하는 진정한 목표는 공민권 박탈에 대한 저항 혹은 굶주림과 빈곤 타파를 위한 움직임 등을 모두 '반역'죄로 고발하고, 또한 그러한 노력을 격려하고 지지하거나 혹은 동조하는 사람까지 모두 '국가의 안보를 위태롭게 하는' 행위라는 이유로 기소할 수 있게 하자는 것이었다.[39]

또 하나의 악법은 '데모규제법'으로 이는 공공건물로부터 20미터 이내에서 일어나는 시위와 집회를 모두 금지한다는 내용이었다. 외국인이 소유 또는 접수한 건물이나 저택에 서 있는 사람, 일몰 이후의 시위, 확성기를 설치해 사람을 불러 모으거나 또는 확성기의 사용을 방조하는 행위 등은 그것만으로도 범죄의 성립조건이 되었다. 경찰의 허가나 지도가 없는 데모가 일체 금지된 것이다.[40]

일부 국회의원들에 따르면 이 두 개의 악법은 장면이 제안하기는 했지만 실제로는 미 대사관 고문단이 만든 것으로 밝혀졌다.[41]

이렇듯 미국과 장면 정권이 억압과 수탈의 재강화를 위한 조치들을 계속 발표하자 당시 남한 민중은 자신의 처지를 개선할 수 있는 어떤 가능성도 보장받지 못한 채 여전히 억압과 빈곤의 수렁 속에서 헤맸다. 당시 남한 민중의 상황은 종종 이승만 때보다도 더욱 악화되고

---

39 위의 책, 110~111쪽.
40 위의 책, 111쪽.
41 같은 곳.

있었는데 이 점은 특히 경제 면에서 집중적으로 나타났다.

대폭적인 환율인상은 해외 수입에 크게 의존하던 남한 경제를 높은 물가상승의 소용돌이 속으로 밀어넣고 말았다. 이미 환율변경이 실시된 1961년 초 첫 2개월 동안에만도 물가는 15퍼센트나 뛰어오르고 있었다. 마찬가지로 수입부담이 가중된 국내의 공업생산도 크게 위축되어 그 생산량이 급속히 저하되었는데 어떤 부문에서는 1개월 동안에 24퍼센트나 떨어지기도 했다.[42]

이러한 양상은 장면 정권이 정치자금을 긁어모으기 위해 비밀리에 일본 제품을 수입하면서 더욱 악화되었다. 즉, 장면 정권은 이제까지 사치품이라는 이유로 수입이 금지되었던 일본 상품의 수입을 특정 재벌에게 허용하는 특혜를 베풂으로써 재벌들로 하여금 막대한 이득을 볼 수 있도록 해주었고 그 대가로 상당한 뇌물을 챙긴 것이다. 이 같은 일본 상품의 유입은 당연히 국내 산업에 엄청난 타격을 안겨주었다.[43]

이러한 이유로 이승만 정권 시대인 1959년에는 5.2퍼센트였던 경제성장률이 장면 정권 아래인 1960년에 와서는 2.1퍼센트로 뚝 떨어지게 되었다. 이는 인구증가율 2.7퍼센트에도 밑도는 수준이었다. 전체적으로 장면 정권 당시 생산량이 9.8퍼센트 감소되었고 그에 따라 공식적인 실업률은 23.7퍼센트라는 엄청난 수치를 기록하게 된 반면 물가는 38퍼센트나 뛰어올랐다.[44]

설상가상으로 1961년 봄 농업위기로 인한 식량난이 야기되었으

---

42   김정원, 앞의 책, 255쪽.
43   위의 책, 256쪽.
44   같은 곳.

며, 그 결과 그해 3월 현재 총 21만 7,456가구가 정부의 지원이 없으면 당장 굶어 죽게 될 상황에 직면했다.[45]

4. 멈추지 않는 민중의 전진

역사적인 4월 혁명으로 이승만 독재체제를 거꾸러뜨렸던 남한 민중은 미국의 간교한 술책에 부딪혀 잠시 주춤거리게 되었다.

그러나 4월 혁명은 일시적이나마 이승만 독재의 첨병 구실을 했던 경찰의 폭력을 침묵하게 함으로써 결과적으로 억압적인 통치체제를 상당히 약화시켰다. 바로 이 같은 조건 아래 민중은 스스로를 조직화하면서 새롭게 전열을 가다듬어나갔다.

보수적인 야당에 표를 던짐으로써 독재체제에 대한 거부의사를 표명하고 학생들이 이끄는 거리의 투쟁에 개별적으로 참가했던 민중은 직업별 조직을 갖춤과 동시에 생존권투쟁을 강화함으로써 역사적 대변혁을 향해 새롭게 진입해 들어갔다. 각급 공장노조, 은행노조, 교원노조를 결성하기 위한 노력이 활발히 전개되었으며, 그 결과 1959년 말 558개였던 노동조합이 1960년에는 356개가 늘어난 914개가 되었다. 노동쟁의 또한 1957년을 100으로 할 때 1960년에는 504로 무려 5배가 늘었으며 참여 노동자 수도 1957년을 100으로 할 때 1960년에는 685로 폭발적인 증가 추세를 보였다.[46]

---

45 위의 책, 257쪽.
46 김병오, 『민족분단과 통일문제』, 한울, 1985, 156쪽.

이와 함께 사회대중당, 한국사회당, 사회혁신당 등 민중의 이익을 옹호하고 자주적인 평화통일을 지향하는 진보정당들이 속속 등장했다. 이들은 시간과 자금의 부족으로 7·29총선에서는 대참패를 기록했지만 이에 굴하지 않고 계속해서 대중적인 투쟁을 이끌어나갔다.

이렇듯 각계각층에서 대중투쟁의 불길이 활발하게 지펴오르고 새로운 정당과 사회단체들이 광범위하게 결성되는 가운데 우리 민중은 그동안 권력이 설치한 '친미 반공'의 철책선을 돌파해내기 위한 과감한 시도들을 펼쳐나갔다. 이러한 맥락에서 반공의 이름 아래 제정되었거나 제정을 시도하고 있는 각종 파쇼악법을 철폐하기 위한 투쟁이 불을 뿜기 시작했고 민족분열을 조장하는 북진통일론에 대한 비판이 강화되면서 참된 평화적 통일을 성취하기 위한 운동이 급속하게 확산되어나갔다. 이와 함께 더욱 노골화되는 미국의 내정간섭과 식민지 예속화 정책에 대한 반대투쟁이 다시금 고개를 들기 시작했다. 지금부터 이에 관련된 사건들을 하나하나 살펴보자.

장면 정권이 미국의 지시에 따라 반공법과 데모규제법의 제정을 서두르자 우리 민중은 이를 저지하기 위해 적극적인 투쟁에 나섰다. 사회대중당 등 여러 민주적 정당과 사회단체들이 '반민주악법반대 공동투쟁위원회'를 결성함으로써 투쟁대오를 통일시키기 위한 노력을 보였고 1961년 3월 22일에는 공동투쟁위원회의 주최로 1만여 명의 시민이 참석한 가운데 '2대악법반대 서울시민 궐기대회'가 개최되었다. 대회는 다음과 같은 결의문을 채택했다.

결의문

1. 우리는 장 정권이 획책하고 있는 '반공법', '데모규제법'은 물론 이승만 전제정권에 의해 만들어진 국가보안법까지도 즉시 철폐할 것을

결의한다.

2. 우리는 반민주악법을 제정하여 인민의 기본권을 박탈하고 외세의존으로 남한 특권 보수주의를 고수하여 민족통일을 방해하려는 장면 정권이 총사퇴할 것을 결의한다.

3. 우리는 인류사상 최초 및 최대의 악법인 '반공법' 및 '데모규제법'을 인민의 의사를 배반하여 만약 현 국회가 이를 통과시킬 때는 국회불신임 투쟁까지 전개할 것을 단호히 결의한다.

4. 우리는 배고파 못 살겠다고 아우성치는 수백만 피억압 대중들의 그 외침에 발맞추어 조국의 평화적 통일을 최단시일 내에 성취할 것을 결의한다.

5. 우리는 학문과 사상의 자유를 짓밟히고 양민을 공포정치 속에 휘몰아 넣으려는 2대 악법을 철회할 때까지 결사투쟁할 것을 결의한다.[47]

결의문은 2대 악법이 민중의 기본권을 말살하는 것은 물론이고 극심한 빈곤문제를 해결할 수 있는 조국의 평화적 통일마저 가로막는 요소가 될 것임을 분명히 밝히고 있다.

다음 날인 3월 23일에는 39개의 정당·사회단체에 소속된 2만 명 이상의 시민이 서울 국회의사당 앞 광장에 모여 항의집회를 개최했다. 집회에 참석한 시민들은 새로운 입법 움직임을 규탄하고, 이는 한국 민중의 머리에 '식민지 노예의 족쇄'를 채우는 것이라고 비난하며 '양키 고 홈'을 외치면서 미국의 영향력 때문에 정치적 자유가 제한되고 있음을 강조했다. 이날 집회는 몇 시간 동안이나 계속되었고 날이

---

47 노중선 엮음, 앞의 책, 400~401쪽.

저문 후에도 타오르는 햇불을 손에 든 대학생과 고교생을 앞세운 시민들이 '장면 내각을 타도하자'라는 구호를 외치며 장면의 저택을 향한 가두시위에 돌입했다. 이날 시위를 진압하기 위해 새롭게 정비된 경찰이 투입되었고, 그 결과 123명의 시민들이 체포되었다. 장면은 여기에 만족하지 않고 전 경찰에 비상경계태세를 명령함으로써 민중의 불만을 억누르고자 애썼다. 그러나 시위는 멈출 줄 모르고 계속되었으며 그 범위 또한 부산, 대구, 광주, 마산, 전주 등 전국의 주요 도시로 확산되었다.[48]

결국 민중의 거센 저항에 봉착한 장면 정권은 2대 악법의 제정을 보류하지 않으면 안 되었다.

한편 2대 악법 반대투쟁과정에서도 우리 민중은 이승만을 해외로 빼돌리고 각종 불평등협정을 강요하며 부당한 내정간섭을 일삼고 있는 미국을 단호히 규탄하고 나섰다.

이 시기에 그 무엇보다도 남한 민중의 반미 감정을 크게 고조시킨 것은 1961년 2월 8일 미국의 강요로 체결된 '한미경제기술원조협정'이었다. 남한을 완전한 식민지 수탈지로 만들고 말겠다는 미국의 의도가 역력히 드러난 이 협정은 즉각 광범위한 분노를 불러일으켰다. 야당인 신민당은 이 협정이 남한을 지배하겠다는 미국의 책략 가운데 일부라고 규탄했고 사회당 의원도 이 협정을 '반역적·모욕적인 것'이라고 성토했다. 계속해서 협정이 체결된 후 3주일 동안 항의대회와 집회가 꼬리를 물며 개최되었다. 학생들은 서울의 미국 대사관 앞에서 시위를 벌이며 반대의사를 표명했고 시민들은 시가행진을 하며 장

---

48   데이비드 콩드, 앞의 책, 111쪽.

면의 저택 부근에서 '장면 정부 타도'를 외쳤다. 이러한 분위기를 반영이나 하듯 당시 서울발 AP 통신은 문제의 협정이 "국가 주권의 침해이며, 미국의 내정간섭의 통로를 열어놓은 것이라 하여 일부 한국인들로부터 혹평을 받고 있다"라고 보도했으며, 로이터 통신도 협정이 조인된 후에 더욱 뚜렷하게 드러나기 시작한 광범위한 반미 감정을 강조했다.[49]

혁명 1주년이 되는 4월경에 접어들면서 미국에 대한 민중의 불만이 더욱 뿌리 깊은 것임을 드러내는 사건들이 도처에서 터져나왔다. 4월 19일 대구에서는 2만 5,000명가량의 시민들이 환호하는 가운데 이승만과 장면의 허수아비 인형이 미제 침대 위에서 함께 자고 있는 모의 결혼식이 거행되었다. 이는 이승만과 장면 모두 미국의 지지를 등에 업고 권좌에 앉게 되었음을 풍자하는 것이었다. 또한 4월 28일에는 서울대학교에서 매카나기에게 명예 법학박사 학위를 수여했는데 행사장에 참석했던 대부분의 사람들이 '매카나기 고 홈', '양키 고 홈'을 외치며 시위투쟁을 벌이기도 했다. 비슷한 시기에 서울, 부산, 대구, 김해 등 각지에서는 반미적인 포스터와 유인물이 대대적으로 살포되었다.[50] 또한 미군부대에 소속된 노동자들은 한국 노동법의 적용과 한미행정협정의 체결을 촉구하는 시위를 전개함으로써 미국의 반노동자적 작태를 공격했다.[51]

이처럼 민중 자신의 손으로 '친미'와 '반공'이라는 노예적 사슬을 하나씩 끊어나가는 가운데 조국의 평화적 통일을 성취하기 위한 투쟁

49 위의 책, 105쪽.
50 위의 책, 114~115쪽.
51 김성환, 앞의 글, 315쪽.

이 활화산처럼 솟구쳐올랐다.

1960년 9월 30일 사회대중당, 한국사회당, 혁신동지총동맹, 천도교, 유교회, 민주민족청년동맹, 통일민주청년동맹, 4월 혁명학생연합회 등 애국적이고 민주적인 정당과 사회단체들은 함께 손을 잡고 '민족자주통일중앙협의회'(민자통)를 결성하고 다음과 같은 통일방안을 제시했다.

> 자주·평화·민주의 원칙 아래 ① 즉각적인 남북정치협상, ② 남북 민족 대표들에 의한 민족통일건국최고위원회의 구성, ③ 외세를 배격, ④ 통일협의를 위한 남북대표자회담 개최, ⑤ 통일 후 오스트리아식 중립 또는 영세 중립을 택할 것이냐 또는 다른 형태를 택할 것이냐를 결정하여야 한다.[52]

이러한 민자통의 통일원칙과 방안은 지금까지 권력 측이 강요해온 외세 의존적이며 무력 지향적인 통일정책에 대해 정면으로 반기를 든 것이라고 할 수 있다. 이는 약 2년 전에 평화통일론을 주창했다가 간첩으로 몰려 처형되고 만 조봉암의 뜻을 이어받은 것이기도 했다.

이렇게 하여 일단 물꼬가 트이자 통일논의는 무서운 기세로 확산되기 시작했다. 1960년 11월 초 서울대학교 학생들은 '민족통일연맹'을 결성해 학생들의 통일운동을 위한 발판을 마련했다. 이와 함께 각계각층에서 다양한 형태의 남북교류안이 쏟아져나왔다. 예컨대 1960년 12월 6일 사회대중당 위원장 김달호는 대학교수, 학생, 정당

---

[52] 노중선 엮음, 앞의 책, 378쪽.

인, 언론인, 법조인 등으로 구성된 남북한 시찰단의 교환을 제의하기도 했다.[53]

평화통일을 위한 투쟁은 혁명 1주년인 1961년 4월경에 이르러 더욱 적극적인 양상을 띠게 되었다.

4월 19일 서울대학교 학생들은 혁명 1주년 기념집회를 개최하고 그들 나름대로 당면한 역사적 과제를 밝힌 다음과 같은 내용의 선언문을 발표했다.

…… 우리는 여기서 3, 4월 항쟁을 계속 발전시켜야 한다. 지금 이 땅의 역사를 전진적으로 변혁시키기 위해서는 반봉건, 반외압세력, 반매판자본 위에 세워지는 민족혁명을 이룩하는 길뿐이다. 이 민주민족혁명 수행의 앞길에는 깨어진 조국의 민족통일이라는 커다란 숙제가 놓여 있다. 이를 이룩하기 위해서 우리들 젊은 대열을 정비하고 전진한다.[54]

계속해서 학생들은 침묵시위를 전개했는데 플래카드에는 다음과 같은 구호가 적혀 있었다.

이 땅이 뉘 땅인데 오도 가도 못하느냐
언론인 사회단체 남북교류
이북 쌀 이남 전기
민족자주통일

---

53 위의 책, 390쪽.
54 위의 책, 405쪽.

외세는 물러가라

남북 서신 교환

실업자의 일터는 통일에 있다

한국문제는 한국인의 손으로[55]

이어서 5월 3일 서울대학교 민족통일연맹은 남북학생회담과 학생 친선체육대회 등 남북한 학생 간 다방면의 교류를 전격 제의했으며, 전국의 학생들로부터 폭넓은 호응을 얻었다. 그 결과 전국의 19개 대학이 참여하는 '민족통일 전국학생연맹'이 결성되기에 이르렀고 연맹은 즉각 5월 이내에 판문점에서 남북학생회담을 개최할 것을 요구하고 나섰다. 이와 함께 민자통은 남북학생회담이야말로 조국통일의 서막이라고 하며 적극적인 환영의사를 밝혔고 사회당은 학생회담과 발맞추어 남북정당·사회단체회담의 개최를 주창했다.

이러한 가운데 집권당인 민주당은 5월 7일 신상초 대변인을 통해 다음과 같은 발언을 함으로써 학생들의 요구를 정면으로 거부하고 나섰다.

정부여당의 통한방안은 대한민국의 헌법절차에 따른 유엔 감시하에 북한만의 선거, 즉 이승만의 '무력북진통일'이 오늘날 '평화반공통일'로 용어가 바뀐 것에 불과하다. 남북학생회담은 '될 수도 없고 해봤자 소용도 없이 공산당에 이용만 된다.' 그러므로 학생들을 설득하여 학생회담

---

55   위의 책, 405~406쪽.

움직임을 중지시킬 방침이다.[56]

이처럼 장면 정권은 스스로 자신들의 통일방법이 이승만 때의 그것을 그대로 계승한 것임을 폭로했다.

그러나 정부 당국의 부정적 반응에도 불구하고 5월 13일 민족자주통일중앙협의회 주최로 1만여 명의 시민과 학생들이 참석한 가운데 '남북학생회담 환영 및 통일촉진 궐기대회'가 개최되었다. 대회에서는 5월 하순에 판문점에서 학생회담을 개최할 것이라고 발표되었으며 '가자, 북으로! 오라, 남으로!'라는 구호를 외치는 등 통일에 대한 열기로 들끓었다. 이 같은 분위기를 반영해 남한의 합동통신은 "통일운동은 올해의 커다란 흐름으로 발전할 것이 틀림없다. 올해는 통일을 실현하는 결정적인 해가 될 것이다"라고 예측했다.[57]

이처럼 민중의 생존권을 수호하고 반외세적인 평화통일을 달성하기 위한 투쟁이 거세게 불타올라 억압적인 반공체제에 일대 균열이 가게 되자 그 누구 못지않게 초조한 것은 바로 미국이었다. 의심할 여지 없이 이 같은 민중의 투쟁은 남한을 안정된 군사기지이자 경제적 수탈지로 삼고자 하는 미국의 입장에서는 심각한 위협이 되고도 남는 것이었다. 이 점은 남한 민중 사이에서 반미 감정이 급속히 확산되고 있었음을 고려한다면 더욱 분명한 사실이었다. 그에 따라 미국은 연약하기 짝이 없는 장면 정권으로는 남한에서 자신의 지위를 더는 유지할 수 없음을 확신하게 되었다.

---

56 위의 책, 417쪽.
57 데이비드 콩드, 앞의 책, 116쪽 참조.

제4부

반혁명 공세

북한과의 경쟁에서 참담한 패배를 겪음과 동시에 역사적
인 4월 혁명을 계기로 심각한 위기에 직면한 미국은 다방
면에 걸쳐 반혁명공세를 한층 강화했다. 군사적으로는 아
시아에서의 새로운 전쟁정책을 구체적으로 확립해나갔
고, 정치적으로는 군사독재라는 더욱 난폭하고 고도화된
통치방식을 도입했으며, 경제적으로는 예속적인 자본주
의의 발전을 통해 본격적인 수탈의 막을 올렸다. 이로써
우리 민중은 새로운 전쟁 위협에 직면함과 동시에 자유에
대한 극단적인 억압과 무차별적인 경제잉여의 수탈을 강
요받지 않으면 안 되었다.

제1장

군사통치의 개막

1. 통치방식의 일대 전환

역사적인 4월 혁명의 봉화와 함께 그동안 미국과 이승만의 폭정 아래 오로지 침묵과 굴종만을 강요받았던 이 땅의 민중은 얼어붙었던 가슴을 뜨거운 투쟁의 열기로 녹이며 저항의 기세를 한층 높여나갔다.

이미 살펴본 대로 4월 혁명 이후 민중의 거센 투쟁의 물결 속에서 가장 주목할 만한 것은 평화적인 민족통일을 향한 힘찬 전진이었다. 그리고 이 같은 민족의 재통일을 위한 몸부림은 필연적으로 그것을 결정적으로 가로막고 있는 일체의 요소에 대한 거부로 나아가고 있었다.

통일을 위한 외침이 전국에서 메아리치고 그에 따라 억압적인 반공체제의 뿌리가 흔들리기 시작하자 미국을 위시한 지배집단은 새로운 대응수단을 마련하기 위해 분주하게 움직였다. 이 같은 움직임은 민중에 의해서도 감각적으로 인지되고 있었다. 1961년 5월에 접어들면서 시중의 다방 등에서는 모종의 군사쿠데타에 대한 소문이 심상치 않게 나돌고 있었다.[1]

---

1   데이비드 콩드, 장종익 옮김, 『남한 그 불행한 역사』, 좋은책, 1988, 119쪽.

결국 일은 터지고 말았다. 1961년 5월 16일 새벽, 일단의 무장병력이 한강다리를 건너 서울에 진입한 뒤 통신시설 등이 갖춰진 주요 건물을 점령했다. 이들은 당시 제2군 부사령관이던 박정희 소장이 이끄는 공수 특전단, 해병대 제1여단 등 도합 3,600명에 달하는 군병력으로 정권을 찬탈하기 위한 군사쿠데타를 감행하고 있었던 것이다.

새벽 5시, 서울은 순식간에 이들 반란군에 장악되었다. 곧 군사혁명위원회가 구성되었으며 의장에는 당시 육군참모총장이던 장도영, 부의장에는 반란의 실질적 지도자인 박정희가 각각 선임되었다. 계속해서 군사혁명위원회는 자신이 입법·사법·행정의 일체를 장악한다는 성명을 발표했으며 다음 날인 17일 오전 5시에는 남한 전역을 대상으로 비상계엄을 선포함과 동시에 포고 제1호를 발표했다. 포고 제1호에는 옥내외 집회를 금지하고, 국외 여행을 불허하며, 언론에 대해 사전검열을 실시하는 것과 함께 야간 통행금지 시간도 저녁 7시부터 이튿날 아침 5시로 연장하는 등 민중의 손발을 묶고 숨통을 조이기 위한 일련의 강압적 조치들이 망라되어 있었다.

6월 6일에는 불법적인 국가재건최고회의를 설치하고 이를 최고통치기관으로 삼음으로써 마침내 박정희 일파는 권력을 한 손에 쥘 수 있는 장치를 마련하게 되었다.[2] 이처럼 박정희 일파는 무력으로 정권 찬탈에 성공함과 동시에 민중에 대한 전면적인 공격을 개시했다.

군사쿠데타가 발생한 직후 단지 평화적 통일을 부르짖었다는 이유만으로 930여 명의 인사가 '잠재적 용공주의자'라는 혐의로 체포되었으며 다시 총 2,014명에 달하는 사람들이 정치범 용의자로 몰려 검

---

2   한동혁 엮음, 『지배와 항거』, 힘, 1988, 100~101쪽.

거·투옥되었다. 그 가운데 605명은 정당의 당원이었고, 264명은 사회단체 회원이었으며, 나머지는 교사·학생·신문기자 등으로 구성되어 있었다. 체포된 이들 인사는 한결같이 민족의 평화적 통일과 사회의 민주화를 위해 헌신적으로 투쟁했던 사람들로 그중에는 '조속한 시일 내에 남북의 비무장화와 평화적 통일을 검토하기 위한 남북대표자회담을 제창' 했다는 이유로 투옥된 진보적 신문의 편집자 9명도 포함되어 있었다.[3]

계속해서 박정희 일파는 4월 혁명 이후 광범위하게 등장한 각종 민주적 정당과 사회단체와 모든 형태의 노동조합에 대해 무력으로 탄압을 가함으로써 이들을 강압적으로 해체시켰다. 이와 함께 민중의 이익을 대변하던 각종 언론매체도 집중적인 공격을 받고 모두 폐간조치를 당하고 말았다.

5·16군사쿠데타는 장면 정권 아래 경찰이 하지 못하던 것을 더 강력한 군대가 직접 나서서 처리했다는 점에서 단순한 정권의 교체가 아니라 통치방식의 대전환을 예고하는 것이었다. 일반적으로 권력은 통치를 수행하는 데 있어 가장 중추적이고 결정적인 역할을 해내는 집단의 손에 넘어가게 되어 있다. 그런데 1961년 5월 이후 남한에서는 군부가 억압적인 지배체제를 유지하기 위한 가장 중요한 요소로 등장했다. 이는 군의 무력에 의존하지 않고는 통치가 불가능할 만큼 민중의 역량이 성숙되었음을 가리키는 것이기도 했다.

예상했던 대로 민중운동에 대한 무력진압을 감행했던 박정희 일파는 이 같은 무력통치를 일시적인 것에 국한하지 않고 항구적인 것

3　데이비드 콩드, 앞의 책, 133쪽.

으로 만들기 위해 갖가지 폭압적인 장치를 마련하는 데 골몰했다. 그 결과 등장한 것이 바로 중앙정보부였다.

중앙정보부는 1961년 6월 10일, 법률 제619호 「중앙정보부법」에 의해 발족되었는데, 그 내용을 보면 중앙정보부는 '국가안전보장에 관련된 국내외 정보사항 및 범죄수사와 군을 포함한 정부 각 부서의 정보, 수사 활동을 감독'하며, '국가의 타 기관 소속 직원을 지휘·감독'하는 권한을 갖도록 되어 있었다.[4] 한마디로 중앙정보부는 각종 정보·수사기관뿐만 아니라 정부를 구성하는 모든 기관의 활동을 지휘·감독할 수 있는 명실공히 최고 권력기구인 것이다. 그러나 더욱 중요한 사실은 이 같은 중앙정보부가 현역군인의 직접적인 참여를 통해 군부에 완벽하게 장악되었다는 점이다. 결국 군부는 비계엄 상태에서도 중앙정보부라는 기관을 이용해 모든 분야에 대한 실질적인 통치력을 발휘할 수 있게 된 것이다.

이처럼 중앙정보부는 단지 국가기관만을 지휘·감독하는 것에 그치지 않고 사회의 모든 분야에 직접 파고들어 감시와 통제활동을 펼쳐나감으로써 민중에 대한 군사통치를 구체적으로 만들었다.

이러한 사실은 중앙정보부 조직의 거대함을 통해 쉽게 알 수 있다. 중앙정보부는 처음 출발할 때 쿠데타의 또 다른 주역인 김종필 중령의 군부 내 기반이었던 특무부대 요원 3,000명을 중심으로 조직을 결성했는데 그 후 급격히 요원 수를 확대해 불과 3년 뒤인 1964년에는 무려 37만 명에 이르게 되었다.[5] 1970년대 후반에 발표된 또 다른

4　한동혁 엮음, 앞의 책, 104쪽.
5　김정원, 『분단한국사』, 동녘, 1985, 281쪽.

자료에 의하면 남한 인구의 약 10퍼센트 정도가 중앙정보부와 직간접적으로 관계를 맺고 활동하고 있었다고 한다.[6]

이같이 방대한 수에 달하는 중앙정보부 요원들 중 상당수가 민간인들로 채워졌는데 이들은 정보요원으로서의 자신의 신분을 숨긴 채 통상적인 직업에 종사하면서 주변의 동태를 감시하고 그 결과를 상부에 보고하는 역할을 했다. 또한 이들은 암암리에 정부의 시책을 홍보하고 그럼으로써 주위의 여론을 정부에 유리한 방향으로 조성하는 등 다방면에서 권력의 말초신경 역할을 수행했다. 이처럼 요소요소에 자신의 요원을 심어놓음으로써 민중의 일거수일투족을 감시하고 통제하는 가운데 더 상급의 전문적인 요원들이(이들 중에는 민간인 복장을 한 현역군인이 상당수 포함되어 있었다) 학원, 신문사 편집국, 각종 문화단체 등 사회적으로 영향력 있는 비정부기관에 공개적으로 출몰해 정부의 방침에 따르도록 회유하거나 협박했다. 중앙정보부 요원의 개입활동은 여기에 머무르지 않고 사실상 사회의 모든 영역에 걸쳐 광범위하게 이루어졌다. 하다못해 모든 다방과 술집에 이르기까지 이들의 손길이 미칠 정도였다.[7]

중앙정보부는 위와 같은 빈틈없는 감시와 통제를 하면서 저항적인 요소가 발견되면 즉각 탄압을 가함으로써 그 같은 요소가 확산되는 것을 사전에 봉쇄하고자 했다. 이를 법적으로 뒷받침하기 위해 고안된 것이 바로 1961년 7월 3일에 공표된 소위 「반공법」이다. 이 법은 반공이라는 이름 아래 민중의 모든 권리를 억압하고 박탈하는 것

---

6 거번 맥코맥, 「한국과 일본: 관계정상화 10년」, 거번 맥코맥·마크 셀던, 장을병 외 옮김, 『남북한 비교연구』, 일월서각, 1988, 192쪽.
7 김정원, 앞의 책, 310쪽.

을 합리화하는 것으로 본래 장면 정권이 제정을 시도하다가 민중의 강력한 저항에 부딪혀 유보되었던 법이다. 이 법의 주요 골자는 다음과 같다.

제3조

① 반국가단체에 가입하거나 타인에게 가입할 것을 권유한 자는 7년 이하의 징역에 처한다.

② 전 항 미수범은 처벌한다.

③ 제1항의 죄를 범할 목적으로 예비 또는 음모한 자는 5년 이하의 징역에 처한다.

제4조

① 반국가단체나 그 구성원 또는 국외 공산계열의 활동을 찬양, 고무 또는 이에 동조하거나 기타의 방법으로 반국가단체를 이롭게 하는 행위를 한 자는 7년 이하의 징역에 처한다.

② 전 항의 행위를 할 목적으로 문서, 도서, 기타의 표현물을 제작, 수입, 복사, 보관, 배포, 판매 또는 취득한 자도 전 항의 형과 같다.

제5조

① 반국가단체나 국외의 공산계열의 이익이 된다는 점을 알면서 그 구성원 또는 지령을 받은 자와 회합 또는 통신 기타 방법으로 연락을 하거나 금품의 제공을 받은 자는 7년 이하의 징역에 처한다.[8]

가히 세계 역사상 유례가 없을 만큼 지독한 악법인 이 반공법은 흔히 말하는 대로 '귀에 걸면 귀걸이, 코에 걸면 코걸이'답게 권력의 입장에 반대되는 모든 행위를 처벌할 수 있도록 되어 있었다. 남북의 협상에 따른 평화적 통일은 말할 것도 없고 단순한 서신교환 등 낮은 차원의 남북교류조차도 반국가단체인 북한과 회합·통신하는 것에 해당한다는 이유로 반공법의 저촉 대상이 되었다. 이를 근거로 5·16쿠데타 전에 남북학생회담 추진 등 평화적 민족통일을 위한 운동에 주도적으로 참여했다가 체포·구속된 모든 인사에게 반공법이 소급 적용되었다. 이 중에는 오직 '남북한의 경제·문화적 교류를 지지했다'는 이유만으로 폐간조치를 당했던 전 『민족일보』의 사장 조용수도 포함되어 있었다.[9] 또한 단순히 정부의 정책을 비판하는 것조차도 반국가단체의 주장에 동조했거나 적을 이롭게 했다는 이유로 처벌의 대상이 되었다. 특히 이 같은 억지는 언론탄압을 위해 광범위하게 이용되었는데, 몇 가지 예를 들어보면 다음과 같다.

『한국일보』 기자 3명은 1962년 4월, 서울 근처의 강화도에서 일단의 여행객이 폭력배에게 방해를 받았다고 보도했다. 경찰 진술에 의하면 이 기사에 '군사정권의 위신을 훼손하는' 사실의 곡해가 있다는 것이다. 3명의 기자는 공산주의자의 파괴적 활동을 지원했다 하여 반공법 저촉으로 7년형을 선고받았다.[10]

---

8 한동혁 엮음, 앞의 책, 105쪽. 반공법은 이후 민주세력을 탄압하기 위한 악법의 대명사가 되었고 그런 만큼 비난의 소리가 매우 거셌다. 1980년 국가보위입법회의는 이 같은 여론을 감안해 반공법을 폐기하는 대신 그 내용을 고스란히 국가보안법에 삽입하는 기만적 조치를 단행했다. 예컨대 기존 반공법의 제4조는 1980년에 개정된 새로운 국가보안법의 제7조로 슬그머니 자리바꿈만 한 것이다.

9 데이비드 콘드, 앞의 책, 221쪽.

1962년 7월 말 신문기자 3명은 월성군의 상인이 화폐개혁으로 바뀐 한국통화 '원' 대신 전 통화인 '환' 지폐를 사용했다고 보도했기 때문에 반공법에 저촉되어 체포되었다.[11]

『동아일보』의 편집장과 논설기자 1명은 군사정권이 헌법 수정을 검토하고 있다는 사실에 대해 논설을 발표한 혐의로 체포되었다. 두 사람에게는 반공법과 특수범죄처벌특별법 위반죄가 적용되었다.[12]

이처럼 상식적으로는 도저히 범죄행위에 해당한다고 볼 수 없는 부문에 대해서도 권력집단은 단순히 자신들의 기분을 상하게 했다는 이유만으로도 반공법이라는 전가의 보도를 휘둘러댔다.

그리하여 반공은 박정희 일파가 자신을 지키는 최고의 무기가 되었다. 때문에 그들이 쿠데타 직후 내건 소위 혁명공약이라는 것에서 반공을 첫머리에 내놓은 것은 결코 우연이 아니었던 것이다.

지금까지 언급한 바와 같이 박정희 일파는 연약한 장면 정권을 밀어내고 정권을 가로챔과 동시에 민중에 대한 무력소탕전을 전개함으로써 모든 저항의 씨앗을 말려버리고자 기도했으며, 계엄해제 이후에도 계속해서 군사통치를 실행할 목적으로 중앙정보부 창설과 반공법 제정을 감행했다. 이로써 이 땅의 모든 민주의 싹이 무참히 짓밟히고 인권의 암흑시대가 펼쳐지는 군사독재의 막이 오르게 되었다.

---

10   위의 책, 224쪽.
11   위의 책, 225쪽.
12   같은 곳.

2. 미국의 비밀공작

이제 우리는 대반역죄임에 분명한 5·16군사쿠데타와 관련해 중대한 의문에 대한 해답을 찾아야 할 것이다. 쿠데타는 미국이 가장 완벽하게 통제를 가하고 있던 군부대에서 발생했다. 또한 쿠데타는 6만의 미군과 60만의 한국군이 버티고 있는 상황에서 불과 3,600명의 소규모 부대만으로 이루어졌다. 분명 군 작전권은 주한 미군에 빈틈없이 장악되어 있었으므로 어떤 형태의 군부대 이동도 주한 미군 사령관의 사전 허락 없이는 불가능하다는 것은 상식에 속한다. 그렇다면 쿠데타를 주도한 박정희 일파는 자신들이 받들어 모시고 있던 미국의 권위를 송두리째 부정하고 그것에서 완전히 이탈해버린 것인가, 아니면 미국의 암묵적인 사전 승인을 얻어낼 수 있었던 것인가. 결론은 틀림없이 둘 중 하나일 것이다.

　그러면 먼저 쿠데타 직후 미국이 보인 반응과 대응 양상을 살펴보자. 군부대가 기습적으로 서울 점령을 감행하고 정부 수반인 장면이 허겁지겁 수도원으로 도망치고 있던 5월 16일 당시 주한 미군 사령관 매그루더는 즉각적으로 한국군 사령관들에게 '합법적인 정부 당국에 통치력을 즉각 반환하고 군대에 질서가 회복되도록 권위와 영향력을 발휘할 것'을 요구했다. 또한 주한 미국 대사 마셜 그린은 미국이 '지난해 7월 국민에 의해 선출되고 8월에 국무총리의 선출과 함께 구성된 합헌적인 대한민국 정부'를 계속 지지하고 있다고 선언했다. 여기에 그치지 않고 매그루더 사령관은 사령부에서 비상참모회의를 소집해 쿠데타를 진압하기 위한 한국군 제1군과 미 1군단의 동원계획을 수립했다. 그러나 군대를 동원하려 했을 때 한국군 제1군 사령관은 자신의 부대 내에서 일어난 반란에 직면했으며, 미군의 전략이 실행 불가능한 것임을 깨달았다. 몇 시간 뒤 그의 이름으로 5·16을 지지한다는 성명이 발표되었다. 비록 장면 정부가 임명한 워싱턴 주재 대사가 미군의 단독개입을 요청하기는 했지만, 미군과 한국군 간의 전투 개시라는 심각한 사태는 피해야만 한다는 이유로 받아들여지지 않았다.[13]

계속해서 장면 내각이 쫓겨나고 국가재건최고회의가 설립된 이튿날 미 국무성은 남한의 사태에 관해 다음과 같은 성명을 발표했다.

한국 국민이 민주적 과정을 통해서, 가능한 공산주의의 위협에 대한 국가안보뿐 아니라 건전한 경제성장과 국민복지의 증진을 위한 필수적 기반으로서의 안정, 질서, 합헌적 정부와 법치를 획득하도록 돕는 것이 한국에서의 우리의 목적이었으며, 지금도 여전히 그러하다.

우리는 정부를 민간인에게 넘겨주려는 군부 지도자들의 강한 의지에 고무되고 있다.[14]

위에서 언급한 사실만 놓고 볼 때 5·16군사쿠데타에 대한 미국의 입장은 대체로 부정적인 것이라고 볼 수 있다. '군사쿠데타에 관한 미국의 책임 면제'는 어느 정도 분명한 사실인 것으로 보이며 또한 지금까지 그러한 견해가 지배적이었다. 이 같은 견해는 장면 정부가 이승만 정부에 비해 미국의 요구에 대해 훨씬 충실했다는 점 때문에 더욱 강력하게 뒷받침되었다. 실제로 장면 정부에서 미국의 충고는 모

---

13 김정원, 앞의 책, 273~274쪽.
14 위의 책, 275쪽.

두 채택되고 아무 하자 없이 이행되었다. 언론통제와 국회에 대한 압력이 완화되었으며, 환율은 더욱 현실적인 수준으로 조정되었다. 이 같은 정책은 분명 미국의 '민주적 이미지'를 고양하는 데 크게 기여했다. 나아가 장면 정부는 미국에 대해 당시 한국 총예산의 52퍼센트를 점하게 된 모든 미국 원조의 사용품을 감독할 전적인 권리를 부여하는 등 남한에서 미국의 지위가 강화되도록 노력했다. 결국 미국은 장면 정권을 제거해야 할 별다른 이유가 없었던 것이다.

그렇다면 우리도 군사쿠데타에 관한 미국의 결백을 그대로 인정할 수밖에 달리 선택의 여지가 없는 것 아닌가. 그러나 최종 결론을 내리기에는 아직 이르다.

주한 미군 사령관 매그루더가 쿠데타를 진압하기 위해 군 동원을 시도했으며, 또한 주미 대사가 미군의 단독행동을 요청했을 때 한국군과 미군의 교전상태를 우려해 이 요청을 거절했다는 사실은 적어도 미국이 쿠데타를 저지하려는 분명한 의도를 지니고 있었다고 이야기할 수 있는 근거가 되기 쉽다. 그러나 여기에는 매우 중요하면서도 상당히 치명적인 약점이 도사리고 있다. 즉, 미국은 유혈사태를 우려해 단독진압을 포기했다고는 하지만 사실 주한 미군은 이 같은 유혈사태를 피하면서도 쿠데타를 물거품으로 만들 수 있는 강력한 수단을 보유하고 있었다.

이미 밝힌 바와 같이 한국군의 군수품은 대부분 미국의 원조로 조달되고 있었으며 그러한 군수품의 공급과정은 주한 미군이 빈틈없이 장악해왔다. 미국이 공급하는 물품 중에는 군사작전상 가장 기초적인 의미를 지닌 가솔린, 탄약 등이 포함되어 있었다. 따라서 만약 미국이 군수품의 공급을 중단하는 조치를 취한다면 한국군 내의 어떤 부대도 결코 그 명맥을 유지해나갈 수 없었을 것이다.

쿠데타군 역시 예외일 수는 없었다. 그런데 5·16군사쿠데타 직후 워싱턴 국무성의 체스터 볼스는 미국 정부의 견해를 밝히는 자리에서 남한에서의 군사쿠데타에 관해 "뜻밖의 충격을 받았다", "미국으로서는 입헌정부의 전복을 그다지 달갑게 여기지 않는다"라는 등의 발언을 하면서도 "군사혁명위원회에 대한 미국의 강력한 간섭, 가령 가솔린의 공급이나 자금을 중단시키는 조치 등은 취하지 않을 것이다"라는 의미심장한 태도를 취했다.[15]

이 같은 미국의 태도에 대해 영국의 잡지 『이스턴 월드』는 다음과 같이 논평했다.

실제로 장도영 장군과 그의 군사혁명위원회가 그들 독자적으로 행동했는가 아닌가는 아직 의심스럽다. 그들은 현실적으로 미국의 자금과 보급물자에 의존하고 있으므로 만약 미국이 새로운 정부를 승인하기를 거부한다면 순식간에 붕괴될 것이기 때문이다. 워싱턴의 발뺌하는 듯한 발언은 쿠바 사건 때와 마찬가지로 누구도 속일 수 없는 것이다. 중립주의를 추구하는 통일운동을 사전에 없애버리겠다고 한 것은 국무성이 아니라면 CIA나 팬타곤(미 국방성의 속칭)일 것이다. 이는 쿠데타가 미국에게서 승인받을 것이라는 장도영 장군의 자신만만함 속에서도 드러나고 있다. 그는 한국군이 다른 어떤 조직보다도 미국과 긴밀한 관계를 유지해왔다는 것과 미국이 '과거 이상의 지원'을 제공해줄 것임을 적절하게 지적했다.[16]

15　데이비드 콩드, 앞의 책, 126쪽.

16　위의 책, 127~128쪽.

또 한 가지 미국이 쿠데타를 저지하고자 했다는 점에 관해 의심하도록 만드는 것은 이 같은 쿠데타가 전혀 기습적인 것이 아니라 이미 사전에 충분히 파악하고 있었다는 사실이다. 좀 더 구체적으로 말하면 1960년 3월 이후, 그러니까 약 14개월 전부터 계획하고 있던 군사쿠데타에 관해 미 중앙정보국CIA 그리고 서울과 워싱턴의 미군 군사정보기관은 사전에 그런 정보를 입수하고 있었고, 주한 미군 사령관 매그루더 역시 그 사실을 알고 있었다고 한다.[17] 이는 명백히 내란음모의 사전 적발을 의미하는 것으로 정상적인 상황이라면 그 같은 음모에 가담한 자들은 즉각 체포해 재판에 회부되는 것이 마땅하다.

그런데 놀랍게도 그 같은 음모는 그대로 방관되었고 마침내는 실현되기에 이르고 말았다.

위의 두 가지 사실만으로도 미국은 애초부터 쿠데타를 저지하려는 확고한 의지가 없었고 결과적으로 쿠데타가 성공할 수 있도록 방조했다는 결론을 내리기에 충분할 것이다.

그러나 문제는 여기서 그치지 않는다. 미국이 군사쿠데타를 허용했을 뿐만 아니라 이를 적극적으로 사주했다는 의심을 갖도록 만드는 몇 가지 증거들이 발견되고 있다. 이는 CIA의 비밀공작에 관계된 것인데 5·16군사쿠데타 당시 CIA의 최고 책임자였던 덜레스(존 포스터 덜레스의 친동생)는 다음과 같이 실토했다.

내가 재임 중에 CIA의 해외활동으로서 가장 성공을 거둔 것은 이 혁명 (5·16군사쿠데타를 가리킴)이었습니다. 미국에서 일부 지도자가 지지

---

17 위의 책, 119쪽.

하고 있던 장면 내각은 부패하였고 이승만 정권을 타도한 민중의 기대에 부응하지 못하였습니다. 위태로운 순간이었습니다. 만일 미국이 무엇인가를 하지 않았더라면 민중은 공산주의자들의 선전에 현혹되어 남북통일을 요구하는 폭도들을 지원하였을지도 모릅니다.[18]

그런데 덜레스의 말대로 5·16군사쿠데타가 미국 CIA의 비밀공작에 따른 것이라면 쿠데타 직후 주한 미 대사관과 미군 사령부가 취했던 상반된 모습과는 어떤 관련을 가지고 있는 것인가. 이 점을 밝히기 위해 먼저 그 같은 대사관과 사령부의 행위가 적어도 1개월 전부터 하달되던 미 국무성의 정책지침에 따른 것이라는 점을 알아야 할 것이다.[19] 그런데 이 같은 미 국무성의 지시는 쿠데타를 사전에 봉쇄해야만 하고 또한 봉쇄 가능한 시점에 단지 사후 대응책만을 전달하고 있다는 점에서 애초부터 석연치 않은 인상을 풍기고 있었다. 결국 미 국무성의 지시는 모종의 각본에 따른 것이라는 의심을 살 수밖에 없었다. 다음의 사실을 보자.

현장에서도 멀지 않고 군사령부 내부에 친구도 있던 일본인의 눈에는 사태가 명확히 보였다. 동경의 잡지 『주간신조』의 5월 20일 호는 미군이 사전에 쿠데타를 알고 있었음이 틀림없으며, 만약 미군 사령부가 사전에 미리 군사혁명위원회가 정권 장악의 야욕을 취소시키지 않으면 금후 일체의 군사보급 내지 원조를 중단시키겠다고 명확히 대처했다면 그

---

18   한동혁 엮음, 앞의 책, 103쪽.
19   데이비드 콩드, 앞의 책, 119쪽.

와 같은 모험은 당연히 저지시킬 수 있었다고 지적했다. 또한 위의 잡지가 전하는 바에 의하면 CIA는 약하고 무능한 장면 내각을 무너뜨리고 '강력한 반공 정부'로 교체시키기 위하여 군부에게 쿠데타를 감행하도록 교사하였고, 그 후 그런 전략을 은폐시키기 위하여 미 국무성을 배후에서 조종하여 서울의 미 대사관과 미군 당국에 장면 지지 성명을 발표하도록 했다는 것이다.[20]

즉, 숱한 의혹에도 불구하고 5·16군사쿠데타는 미국 CIA의 배후 조종으로 이루어졌으며 쿠데타 직후의 미 대사관과 미군 사령부의 행위들은 그 같은 미국의 개입 사실을 은폐하기 위한 고도의 알리바이임을 밝히고 있는 것이다. 미국은 이처럼 교묘하게 알리바이를 조작해 오랫동안 군사쿠데타에 대한 자신의 결백을 주장할 수 있었지만 이것은 결국 미국 자신도 쿠데타를 배후에서 조종하는 것이 엄청난 범죄행위임을 인정하고 있었다는 사실을 폭로할 뿐이다.

그러면 미국은 스스로 범죄행위임을 알면서도 왜 이 같은 군사쿠데타를 사주했는가. 지금까지 나온 이야기들에 따르면 민중의 통일논의를 저지하고 강력한 반공 정권을 수립하는 것이 그 동기로 지적되고 있지만 여기에는 좀 더 구체적인 설명이 필요하다.

다음 장에서 더욱 상세히 살펴보겠지만 1960년대에 접어들면서 미국 내에서 이른바 '매파'라고 불리던 강경세력들은 아시아에서 대규모의 군사적 목표를 추진하고 있었다. 그것은 베트남에서 시작해 한반도와 타이완 등을 발판으로 중국을 최종적인 목표로 하는 대담

---

20 위의 책, 125쪽.

한 전쟁계획이었다. 여기서 한반도는 다시 한 번 주요한 전장으로 설정되었고 동시에 한국군은 그 같은 군사작전에 있어서 극히 필수적인 역할을 요구받게 되었다. 이러한 맥락에서 남한과 관련해 시급하게 요청되었던 것은 최대한의 효과적인 전시동원체제를 갖추는 것이었다. 그것은 다시 전쟁정책에 대한 장애물로 작용할 수밖에 없는 소위 평화통일론자들을 일망타진함으로써 긴장과 대결을 본질로 삼는 반공정책을 한층 강화하고 이를 바탕으로 남한을 병영국가로 만드는 것으로 구체화되었다. 이 같은 목표는 군대가 직접 정권을 장악하고 사회의 모든 분야를 전면적으로 통제해야만 손쉽게 달성할 수 있는 것이었다.

이처럼 미국은 단순히 정권을 갈아치우는 데 그치지 않고 남한의 통치체제 전반을 군사적 목표에 더욱 확고하게 결부시키는 것에 대해 절실한 이해관계를 가지고 있었던 것이다. 비록 유일한 요인은 아니겠지만 이와 같은 미국의 이해관계야말로 5·16군사쿠데타가 발생하게 된 중요한 배경임은 의심할 여지가 없다. 이는 쿠데타의 실질적인 주모자라고 할 수 있는 CIA 국장 덜레스가 그의 형과 함께 한국전쟁 당시부터 아시아에서 전쟁계획을 이끌어온 대표적 인물 중의 한 사람이며,[21] 군사쿠데타 이후의 핵심적인 프로그램이었던 중앙정보부의 창설 역시 미국 CIA의 상당한 개입과 후원 아래 이루어졌다는 사실을 통해서도 입증된다.[22] 요컨대 덜레스가 이끄는 미국 CIA는 예정

---

21   카쿠오·액셀로드, 「한국전쟁과 원폭투하」, 리영희·임재경 엮음, 『반핵』, 창작과비평사, 1988, 197~202쪽 참조.

22   미 하원 국제관계위원회 국제기구소위원회 엮음, 한미관계연구회 옮김, 『프레이저 보고서』, 실천문학사, 1986, 47~48쪽 참조.

된 군사적 목표를 수행하기 위한 준비작업의 일환으로 남한에서의 군사쿠데타를 비밀스럽게 추진했던 것이다.

5·16군사쿠데타가 미국의 군사적 계획을 위한 예비조치의 일환으로 감행되었다는 사실은 쿠데타 이후 발생했던 몇 가지 중요한 움직임을 통해서도 드러난다.

1961년 11월 미국의 케네디 대통령은 박정희를 워싱턴으로 불러들여 군사정부에 대한 지지를 공식화하는 것과 동시에 현안문제에 관한 미국 정부의 정책을 시달했다. 이로부터 미국 정부는 남한에 신형 군사장비를 제공하기 시작했고 그에 발맞추어 남한의 모든 공공건물에는 '북한을 한국으로 통합시키자'라는 이승만 식의 슬로건이 적힌 현수막이 내걸렸다. 이와 함께 1961년 중순에는 아시아 반공연맹 한국지부의 주도 아래 북한해방촉진협의회가 발족되었다. 이 계획이 발표된 기자회견 석상에서 박정희는 "현재의 국제정세를 감안할 때, 머지않아 통일의 날이 오리라는 것을 확신한다"라고 밝혔다. 동시에 그는 군대가 책임지고 '공산주의의 간접 침략을 분쇄하고, 통일을 달성'하지 않으면 안 된다고 강조했다. 지금까지 말한 움직임들은 표면상의 명분이 무엇이든 간에 군사정권에 의한 '북진'을 시사하는 것이다.[23]

이렇듯 남한 전역을 병영화하기 위한 목적 아래 감행된 5·16군사쿠데타는 그 같은 군사적 필요와 밀접히 관련되면서 남한에 대한 미국의 통치력을 한층 강화해주었다. 이는 군부가 남한에서 미국에 가장 빈틈없이 장악되어 있다는 사실을 통해 우선적으로 확인된다. 결

---

[23] 데이비드 콩드, 앞의 책, 170~171쪽 참조.

국 미국은 4월 혁명을 거치면서 매수를 통해 행정기구를 통제하던 기존의 방식이 취약하다고 판단하고 더욱 조직적인 통제가 가능한 군부를 직접 권좌에 앉혔다고도 볼 수 있다.

이 점은 군사통치를 보장하는 기관에 해당하는 중앙정보부와 미국의 관계를 보더라도 명확하게 드러난다.

중앙정보부가 미국 정부, 그중에서도 CIA의 직접적 지배를 받고 있다는 사실은 이들 정보기관의 활동 전반이 그러하듯이 철저히 흑막에 가려 있다. 그럼에도 몇 가지 사실을 통해 그 같은 관계가 어느 정도 밝혀질 수 있을 것이다.

우선 중앙정보부가 설립과정부터 미국의 CIA와 직간접적인 연관을 맺고 있었다는 사실이다. 이와 관련해 반드시 지적해야 할 사항은 중앙정보부의 창설과 이후의 활동과정에서 핵심적 역할을 한 기구의 하나가 한국군 내의 중앙정보위원회였다는 점이다. 이 중앙정보위원회는 처음부터 미국 CIA와 밀접한 관련을 가지면서(사실상 그 지도를 받으면서) 쿠데타 직전에 설립되었는데, 당시 한국인 책임자는 1956년부터 1959년까지 워싱턴 주재 한국 대사관의 무관을 역임한 이후락이었다.[24] 이 같은 사실은 미국 CIA가 쿠데타를 음모하면서 중앙정보부의 창설을 이미 준비하고 있었을 뿐만 아니라 그 기구를 자신의 지배 아래에 넣기 위해 충분히 고려하고 있었다는 점을 강력히 시사해주는 것이었다.

역대 CIA 한국지부장은 여기에 그치지 않고 중앙정보부장과 국군보안사령관을 정기적으로 접촉해왔는데 특히 중앙정보부장을 한 달

---

24   미 하원 국제관계위원회 국제기구소위원회 엮음, 앞의 책, 197쪽.

에 두세 번 정도 만나온 것으로 알려졌다. 군사정권을 뒷받침하는 양대 권력기구의 책임자라고 할 수 있는 중앙정보부장, 보안사령관과 CIA 지부장이 가진 회합에서 어떤 이야기가 오갔는지는 자세히 알수 없지만 남한에 대한 미국의 정책 전반이 거론되었을 것이라는 점은 쉽게 짐작할 수 있는 일이다.[25] 미국 CIA와 중앙정보부의 결속을 제도적으로 뒷받침해온 것은 1958년 한미 양국 간에 체결된 '군사정보교환협정'이었다.

이 같은 결속은 특히 한국군에 대한 미군의 지배력이 뒷받침되면서 중앙정보부에 대한 미국 CIA의 통제로 나타날 수밖에 없었다.[26] 이렇게 하여 5·16군사쿠데타 이후 남한에 대한 미국의 개입 시 군과 정보기관이 가장 중요한 통로가 되었으며 그에 따라 주한 미군 사령관과 CIA 한국지부장도 남한에서 가장 영향력 있는 미국인의 지위를 차지하게 되었다.[27]

중앙정보부가 남한 정부 내에서 최고 권력기구의 지위를 차지하면서도 미국 CIA의 통제를 받게 되었다는 사실은 남한에 대한 미국의 통치방식의 또 다른 변화를 의미하는 것이었다. 즉, 이전까지 행정기구를 장악하기 위해 활용되어왔던 공개적인 방식들, 예컨대 각종

---

25 조갑제, 『국가안전기획부』, 조선일보사, 1988, 195쪽 참조.

26 남한 내에서 미국 CIA의 활동은 단지 중앙정보부와 직접적인 관련을 맺는 것 이외에도 매우 광범위하게 이루어졌다. CIA 요원들은 미국 회사의 상사원, 평화봉사단의 단원, 미국 문화원의 직원 등으로 파견되어 근무하면서 각종 정보수집과 공작활동에 종사했다. 이들은 주로 한국인들과 접촉하면서 미국의 정책에 대한 협력을 얻어내거나 아시아재단 등 각종 단체에 자금을 대면서 친미적 여론의 조성을 꾀하는 등 매우 다양한 영역에 걸쳐 활동을 전개하고 있다.

27 외교상 미국 정부를 대표하는 주한 미 대사는 실질적 권한을 행사하기보다는 주로 미국의 정책을 공식화하는 역할을 수행한다.

위원회와 고문제도 등이 정보기관을 통한 더욱 비밀스러운 통제방식으로 대체된 것이다. 이 같은 변화는 다분히 4월 혁명을 계기로 급속히 고양되기 시작한 남한 민중의 민족주의적 경향을 의식한 결과라고 할 수 있다. 이처럼 미국이 식민 통치자로서의 자신의 정체를 숨기고자 사력을 다했기 때문에 오늘날까지도 남한 사회에서는 미국의 통치가 중점적으로 이루어지는 통로에 해당하는 많은 군부대와 정보기관은 그 실상이 철저히 가려져왔다. 요컨대 이들 영역은 이른바 '성역'으로 취급되어 민중의 접근이 완강하게 거부되어왔던 것이다. 그 결과 5·16군사쿠데타 이후 남한 민중은 미국의 정체를 파악하기가 더욱 어려워졌다. 그러한 가운데서도 중앙정보부의 통치기능이 강화되는 것에 상응해 미국의 남한 통치력도 더욱 강화되었다.

이렇듯이 5·16군사쿠데타는 미국의 군사적 요구에 부응함과 동시에 미국의 남한 통치를 더욱 난폭하게 만들면서도 더욱 교묘한 형태를 띠게 만드는 역사적 전환점이 되었다.

3. 기만적인 민정 이양극

무력으로 정권을 찬탈하고 솟아오르는 민중의 투쟁열기를 무참하게 짓밟아버린 박정희 일파는 소위 혁명공약이라는 것을 통해 자신들은 '임무만 완수되면 군부대로 복귀하겠다'라고 약속했지만 이것이 한낱 쿠데타에 대한 일반의 반감을 무마하기 위한 사탕발림에 불과하다는 사실은 누가 봐도 분명한 것이었다. 예상했던 대로 박정희 일파는 1961년 8·12성명과 1963년 3·16성명 등 두 차례에 걸친 조치를 통해 군정 연장을 꾀함과 동시에 무력에 의존한 영구집권 음모에 광분했다.

　박정희 일파는 경쟁세력과 반대파의 손을 묶기 위한 조치로서 1962년 3월 16일 구 정치인 4,374명의 정치활동을 봉쇄하는 이른바 「정치활동정화법」을 공포했다. 이때 명단에 오른 사람들은 최고회의에서 추방된 전 군부 지도자와 군사통치에 비판적인 언론인들만이 아니라 자유당·민주당·신민당 등 보수적인 야당과 진보적인 군소정당의 저명한 지도자, 전직 고위 관리, '남북학생회담' 추진에 관련된 다수의 학생 지도자들도 포함하고 있었다. 이들은 정치활동정화법에 의해 공직선거의 후보자가 되는 것, 선거운동에 종사하는 것, 정치집회의 연사가 되는 것, 정당활동을 하는 것 등을 포함한 정치활동을 향후 6년간 금지당했다. 이렇게 하여 박정희 일파는 정치활동을 독점하고자 했을 뿐만 아니라 비판적인 언론을 봉쇄하고 투옥되지 않은 다수의 민중 지도자를 공개적인 활동의 장으로부터 격리하는 데 필요한 새로운 장치를 마련할 수 있었다.[28]

　더불어 독재권력을 떠받쳐줄 갖가지 도구들이 양산되었다. 이 중 가장 중요한 것은 쿠데타 세력의 정권 장악에 대해 합법성의 외피를 씌워주게 될 공개적인 정당의 창설이었는데 이러한 맥락에서 등장한 것이 민주공화당이었다. 본래 민주공화당이라는 명칭은 주도세력의 완고한 친미성향을 반영하기라도 하듯 미국의 양대 정당인 민주당과 공화당의 이름을 합친 것이었다. 이 같은 민주공화당의 산파 역할을 한 것은 다름 아닌 중앙정보부였고 그 중심세력 역시 김종필을 중심으로 하는 육사 8기생으로 가히 군부가 모든 실권을 쥐고 있었다고

28　김정원, 앞의 책, 284쪽 참조.

해도 과언이 아니었다. 이렇게 만들어진 민주공화당은 이후 선거 참여와 국회 장악 등을 통해 무력에 의한 정권찬탈이 합법적인 절차에 따른 것인 양, 그리고 군부의 강압적인 통치가 국민의 의사를 반영한 정치인 것처럼 위장하기 위한 허울의 역할을 떠맡게 되었다.

이와 함께 박정희 일파는 소위 '국민재건운동'이라는 것을 요란하게 펼쳤다. 재건운동은 내핍생활의 실천, 근면정신의 고취, 생산·건설의욕의 증진, 국민도의의 앙양, 정서관념의 순화, 국민체위의 향상 등 7개 항을 목표로 내걸면서 전개되었는데 이는 쿠데타의 목적이 새로운 사회 건설에 있는 것처럼 국민의 눈을 현혹시킴과 동시에 이 같은 운동을 통해 군사정부의 지지세력을 긁어모으기 위한 속셈에 따른 것이었다. 박정희 일파는 이 같은 기만적인 운동을 추진하기 위해 재건국민운동본부를 서울에 설치했고 본부장직에는 고려대학교 총장 유진오 박사를 임명했다. 계속해서 박정희 일파는 대부분의 주요 민간단체의 임원, 저명한 언론인, 출판인, 교육자, 연예인, 종교 지도자들을 이 운동의 지도적 위치에 앉혔고 누구나 '자발적'으로 회원이 되도록 강요했다. 모든 시·읍·면에 지부가 설치되었고 각 가정마다 1인씩 회합에 참석할 것이 강요되었다. 1963년 재건국민운동본부는 회원 300만 명을 가진 것으로 알려졌다. 그러나 이 같은 허울 좋은 운동이 오래갈 리 만무했다. 운동본부가 등장한 지 불과 석 달 후 유진오는 이것이 '전체주의 체제'에 불과하다며 본부장직에서 사임했고, 민중역시 냉소적인 반응만을 보임으로써 결국 재건운동은 슬그머니 자취를 감추고 말았다. 재건운동 외에도 박정희 일파는 자신의 지지세력을 모으고 민중에 대한 통제를 강화하기 위한 수단으로 한국부인회, 4H클럽, 토지개량조합 등 각종 어용단체를 창설했는데 이 모든 것은 공화당 당원을 확장하는 데 이용되었고, 그 결과 공화당은 1963년 대통

령 선거 직전, 당원수가 무려 158만 6,000명에 이르렀다.[29]

박정희 일파가 거느린 또 다른 조직 중 주목할 만한 것들은 '애국단', '청년단체연합회', '한국청년회' 등 일련의 청년조직이었다. 이승만 정권 때처럼 이들 청년조직 역시 깡패집단으로 구성되었는데 오히려 과거에 비해 깡패집단의 성격이 더욱 분명해졌다고 볼 수 있다. 박정희 일파가 이러한 조직을 창설하기 위한 계기로 삼은 것은 쿠데타 직후 이루어진 이른바 '깡패소탕작전'이었다. 1961년 5월 22일 군사정부가 제2공화국 기간에 도시에서 폭력을 휘두르던 4,200여 명의 깡패를 체포했다는 발표가 있었다. 깡패들은 범죄와 부패를 일소하겠다는 신정부의 의지를 과시하기 위한 방편으로 '나는 깡패입니다'라는 표찰을 달고 가두행진에 내보내진 후 공공노역장에 동원되어 혹심한 노동을 강요당했다. 깡패들은 이와 같은 정권 홍보용으로 이용된 후 앞에서 말한 각종 청년조직으로 묶였고 그에 의해 군사정권이 민중을 위협하고 침묵하게 만드는 강력한 폭력수단의 역할을 부여받기에 이른 것이다. 그리하여 박정희 일파는 자신들이 내건 구호와는 달리 과거의 악을 청산하는 것은 고사하고 이전 독재권력의 유산을 고스란히 이어받게 되었다.[30]

지금까지 언급한 것과 같이 박정희 일파는 자신들의 영구집권을 뒷받침해줄 각종 조직을 양산해냄과 동시에 이들 조직을 관리하고 새로운 지지자들을 꼬드겨내며 반대파를 매수하는 데 필요한 거액의 자금을 마련하기 위해 혈안이 되어 날뛰었다. 박정희 일파가 자금을 긁

---

29 위의 책, 282쪽.
30 위의 책, 300쪽 참조.

어모으는 과정은 한마디로 불법과 사기로 가득 찬 것이었다.

박정희 일파가 저지른 불법적인 자금횡령사건으로 대표적인 것이 바로 세칭 4대 의혹사건이다. 이는 1964년 국회 국정감사를 통해 폭로된 것으로 증권파동, 워커힐, 새나라자동차, 회전당구사건 등을 가리킨다.

첫째, 증권파동은 중앙정보부가 대한증권거래소를 직접 장악함으로써 주가조작을 통해 엄청난 부당이익을 챙긴 사건이다. 이 사건으로 5,340명에 달하는 선의의 군소 투자자들이 138억 6,000만 환이라는 막대한 피해를 입어야 했다. 둘째, 워커힐은 주한 미군의 휴양지를 마련해 달러를 획득한다는 것을 빙자해 역시 중앙정보부의 주도 아래 설립이 추진된 종합 위락시설이었다. 문제는 워커힐 설립에 필요한 자금을 정부지원으로 조달하면서 그중 상당 부분을 횡령한 점이다. 셋째, 새나라자동차 사건은 중앙정보부가 일본제 승용차를 불법적으로 반입한 뒤 이를 시가의 2배 이상으로 국내 시장에 판매함으로써 거액의 폭리를 취한 사건이다. 마지막으로 회전당구사건이란 법적으로 금지되어 있는 도박기계인 회전당구기(세칭 파친코) 100대를 재일교포의 재산을 반입하는 것처럼 세관원을 속여 국내에 수입하도록 허용했고 서울시 안에 33군데의 당구장 개설을 승인하고자 했던 사건으로서 이 역시 권력의 개입 의혹이 짙은 사건이었다.[31]

위의 4대 의혹사건은 세금 포탈, 정부 예산 유용, 증권 사기 등 그 수법이 극히 치졸할 뿐만 아니라 그로 인한 피해가 민중에게 직접 돌

31   한일관계위원회, 「60년대 한일경제관계의 구조」, 김성환 외, 『1960년대』, 거름, 1984, 359~363쪽 참조.

아갔다는 점에서 박정희 일파가 지닌 사기성을 적나라하게 드러낸 사건이라고 할 수 있다.

또한 박정희 일파는 설탕, 밀가루, 시멘트 등을 생산하던 이른바 삼분재벌이 가격 조작과 세금 포탈 등을 통해 엄청난 폭리를 취할 수 있도록 묵인해준 대가로 약 3,800만 달러의 뇌물을 손에 넣었다. 세칭 '삼분 폭리'라고 불린 이 사건은 그 전해인 1962년의 흉작으로 심각한 식량난이 발생했던 시기에 해당 업체들이 주요 식량의 하나인 밀가루의 판매가격을 정부의 공시가격을 무시한 채 턱없이 높게 매김으로써 결과적으로 민중의 기아를 더욱 가속화하게 만든, 말 그대로 파렴치함이 극에 달한 일대 사기사건이었다.[32]

이 같은 사기횡령과 함께 박정희 일파는 필요한 자금을 조달하기 위해 일찌감치 그들의 옛 조국인 일본을 향해 손을 내밀었다. 당시 남한은 1963년 10월 말 미국의 『뉴스위크』가 "남한의 소매 상품 가운데 75%는 밀수품이며 그 대부분이 일본으로부터 들어온 것이다"라고 보도했을 만큼 비밀리에 반입된 일본 상품이 범람하고 있었다. 이러한 상황에서 박정희는 밀수범에 대한 엄단을 강조하면서 "밀수선을 발견할 경우, 포획하지 못하면 발포해도 좋다. …… 체포된 밀수업자는 누구든 사형에 처해질 것이다"라고 엄포를 놓았다.[33] 이 같은 조치는 국민산업의 보호를 위해 당연한 것이라고 내세워졌지만 박정희 일파의 진정한 속셈은 전혀 다른 곳에 있었다. 간단히 말해 박정희 일파가 노린 것은 그 같은 일반적 금지조치를 통해 일본 상품의 불법 반입과

---

32 위의 책, 366쪽 참조.
33 데이비드 콩드, 앞의 책, 179~189쪽 참조.

정을 독점하고자 한 데 있었다. 한 예로 1963년 당시 박정희 일파는 25억 달러 상당의 자본과 상품의 수입을 알선해준 수수료로 재일교포로부터 960만 달러의 검은돈을 제공받았다고 한다. 여기서 말하는 재일교포는 일본인 거래자가 합법을 가장하기 위해 내세운 것에 불과했다.[34] 따라서 박정희 일파가 알선해준 일본 상품의 수입 역시 한일 양국의 무역이 공식적으로 승인되지 않았던 당시 사정에 비추어본다면 밀수행위와 조금도 다를 바 없었던 것이다.

이렇듯 경쟁자와 반대파들의 발을 묶고 불법적인 방법으로 거액의 자금을 마련하게 된 박정희 일파는 그 자금을 바탕으로 1963년 10월 15일 새로 제정된 헌법(대통령 중심제와 소선구제를 골자로 함)에 따른 대통령 선거에 도전했다.

대통령 선거가 실시되기로 예정된 시기의 상황은 어느 모로 보나 박정희 일파가 국민적 신뢰를 얻는 것을 곤란하게 만들었다. 이미 각종 부정사건은 그것만으로도 박정희 일파를 궁지에 몰아넣었으며 당시의 경제상태 역시 군사정부가 내세운 근대화라는 구호에 걸맞지 않게 악화일로를 걷고 있었다. 불법자금을 횡령하기 위해 추진된 통화량 팽창은 급속한 물가상승을 초래했고, 그 결과 군정기간 중에 소비자 가격은 32퍼센트, 쌀값은 64퍼센트나 폭등했다. 그에 반해 명목상의 평균임금은 다만 19퍼센트 상승했을 뿐이다. 1인당 국민소득은 1961년 87.71달러에서 1962년 85.25달러로 떨어진 반면 식료품 비용은 55.7퍼센트, 피복비는 10.7퍼센트나 각각 인상되었다. 1961년 당시 8.4퍼센트였던 공식 실업률은 1963년에 8.6퍼센트로 상승했다.

---

34 김정원, 앞의 책, 299쪽.

민중에게는 이 같은 사실이 1963년의 2차 산업 성장률이 13.3퍼센트를 기록했다는 정부의 발표보다도 훨씬 생생하게 느껴지는 것이었다.[35]

정치활동의 규제 대상에서 제외되어 박정희 일파와 경쟁하게 된 야당 역시 국민적 신뢰를 얻지 못했다. 이들 중 상당수는 지난날 장면 시대의 집권을 통해 역대 다른 정권과 조금도 다를 바 없다는 사실을 스스로 입증함으로써 국민적 기대를 저버렸다. 그러한 마당에 이들은 사리사욕에만 사로잡혀 단일후보 하나 만들어내지 못한 채 너도나도 대통령 후보에 출마함으로써 마지막 남은 국민적 여망마저도 무참히 배신하고 말았다. 당시 박정희에 맞서 대통령 후보에 출마한 야당 인사로는 제2공화국의 전 대통령 윤보선, 전 과도정부 수반인 국민의당 허정, 옥중 출마한 4월 혁명 후의 계엄사령관인 자유민주당의 송요찬, 추풍회의 오재영, 이승만 밑에서 국무총리를 지낸 정민회의 변영태, 신흥당의 장이석 등 도합 6명이었다. 이들 6명 중 허정과 송요찬이 막바지에 후보직을 사퇴함으로써 최종적으로 야당 후보는 4명이 되었다.

야당 후보들의 분열은 그들의 고질적인 분파성에도 원인이 있었지만 중앙정보부의 교묘한 공작에 기인한 탓도 컸다. 예를 들어 당시 후보로 나섰던 변영태가 야권 후보 단일화를 위해 후보직 사퇴를 고려하자 중앙정보부는 이를 저지하기 위해 사력을 다했다. 중앙정보부 요원들이 민간인을 가장하여 변영태의 후보 사퇴 중지를 요구하는 서한을 대대적으로 띄웠고 결국 그에 놀아난 변영태가 후보 사퇴를 포

---

35 위의 책, 295~296쪽.

기하고 말았다.

10월 15일 치러진 대통령 선거는 이렇게 하여 얼마 전에 민간인 옷으로 갈아입은 박정희와 6명의 야당 후보 간의 대결로 나타나게 되었다. 그 결과 당시 『동아일보』가 서울 시민을 인터뷰한 내용에서도 나타났듯이 민중은 참다운 자신의 대변자를 전혀 갖지 못한 채 선거에 임해야 했다.[36]

10월의 대통령 선거는 9월에 본격적인 선거운동이 시작되면서 박정희 일파가 거액의 자금을 뿌리고, 온갖 불법이 총동원된 가운데 치러졌다. 특히 박정희 일파는 소속 당원 이외에는 선거운동을 금지한 선거법 규정을 깡그리 무시한 채 '한국부인회', '오월동지회', '신민회', '토지개량조합' 등 각종 관제조직들로 하여금 유권자의 표를 긁어모으도록 내몰았다. 이 중에는 앞에서 말한 군정 초기에 체포되었던 바로 그 '깡패'들로 구성된 사납기 그지없는 '청년단'이 포함되어 있었다.

이처럼 거액의 자금이 살포되고 온갖 불법행위가 총동원되었는데도 선거 결과는 박정희의 턱걸이 당선으로 나타났다.

박정희는 총 1,100만여 표 가운데 전체의 42.61퍼센트인 470만 2,642표를 얻는 데 그쳤다. 이는 투표 결과를 그대로 인정한다 하더라도 박정희를 지지하는 표보다 반대하는 표가 더욱 많았다는 것을 보여주는 셈이며 결과적으로 박정희의 실질적 패배를 의미하는 것이다. 따라서 박정희의 당선은 야당 후보의 덕을 톡톡히 본 셈이었다. 이 점은 박정희의 득표수가 차점자인 윤보선의 득표수와 불과 15만 표밖에 차이 나지 않았다는 사실을 통해 더욱 강력한 의미를 지니게

───────

36 위의 책, 296쪽.

되었다. 이러한 결과를 놓고 많은 사람이 허정과 송요찬이 선거전에서 윤보선을 지지하며 조금 일찍 사퇴했거나 다른 후보 중 어느 한 명이 출마를 포기했더라면 박정희는 선거에서 승리하지 못했을 것이라며 아쉬워했다. 이 같은 아쉬움은 야권이 단결할 필요가 있다는 맥락에서 일견 타당한 것이기는 했지만 엄밀히 말해 현실을 모두 반영한 것이라고 보기는 힘들다. 단적으로 당시 김형욱이 책임자로 있던 중앙정보부는 투표 결과가 자신들에게 불리하게 나타날 경우에는 '투표함을 뒤집어버리는 것'까지도 각오하고 있었던 것이다. 모든 독재권력이 그러하듯이 박정희 일파에게도 선거란 한낱 합법성을 가장하기 위한 요식행위에 불과했다.

계속해서 한 달 뒤인 11월에는 국회의원 선거가 실시되었다. 국회의원 선거 역시 대통령 선거와 동일한 양상을 띠면서 진행되었다. 공화당은 여전히 돈과 폭력으로 선거전에 임했고 그에 반해 야당은 11개로 분열된 채 제각기 표를 갉아먹었다. 선거 결과는 공화당이 총투표의 32.4퍼센트밖에 차지하지 못했는데도 총 175개 의석 중 110석을 차지함으로써 압도적 승리를 거둔 것으로 나타났다. 이번 선거에서 주목할 만한 사실은 공화당이 부정선거 기술을 습득하기 위해 영입한 전 자유당원들이 모두 당선되었다는 점이었다.[37] 이로써 박정희 일파는 선거에서도 지난날 이승만 정권의 유산을 고스란히 이어받게 되었다.

이렇게 하여 대통령 선거와 국회의원 선거에서 승리를 가로챈 박정희 일파는 영구집권의 발판을 마련하게 되었고 우리의 현대사는 제

---

37 위의 책, 301쪽.

3공화국이라는 새로운 시대의 막을 올리게 되었다.

지금까지가 이른바 민정 이양극의 전모다.

박정희 일파는 '두 차례에 걸친 선거 결과 군정은 종식되었고 민정이 개시되었다'라고 강변했다. 그러나 몇몇 중심적인 인물이 군복을 벗고 민간인 복장을 갖추었다고 해서 군사통치가 종료되었다고 보는 사람은 그 어디에도 없었다. 이미 무력으로 필요한 모든 권력의 지반을 닦아놓았을 뿐만 아니라 군부의 계속적 통치를 보장하는 장치가 사전에 마련되어 있는 조건 아래 선거라는 요식행위를 거쳤다 해서 문제의 본질이 변한 것은 아니었다. 군사통치는 여전히 계속되고 있었던 것이다.

제2장

되살아나는 전쟁음모

1. 세계 제패를 노리는 미국

제2차 세계대전 직후 핵과 유엔, 달러를 독점적으로 지배하면서 천하무적을 자랑했던 미국도 1950년대 후반에 접어들면서 뚜렷한 쇠퇴의 기미를 보이기 시작했다.

소련만이 홀로 서 있던 사회주의권은 제2차 세계대전을 거치면서 세계 육지의 4분의 1과 인구의 3분의 1을 차지하는 광대한 세력으로 팽창했고 정치·경제·군사 등 모든 방면에서 착실한 성장을 거듭함으로써 급기야는 제국주의 진영을 힘으로 압도하는 지경에 이르고 있었다. 특히 1955년 소련이 인공위성을 이용한 대륙간탄도미사일 실험발사에 성공함으로써 핵무기 운반능력에 있어서는 도리어 미국을 앞지르기 시작했다.

식민지 피억압 민족의 급속한 정치적 독립은 제국주의 체제를 떠받쳐주던 지반이 허물어지고 있음을 의미하는 것이었다. 동아시아에서 불붙기 시작한 민족해방운동의 기운은 1950년대를 넘어서면서 순식간에 중동과 아랍국가들, 아프리카 등지로 확산되어갔다. 마찬가지로 형식적인 정치적 독립에도 불구하고 미국에 의한 전면적 수탈을 강요받고 있던 중남미 역시 쿠바 혁명을 계기로 더욱 완전하게 독립하기 위한 새로운 운동이 요원의 불길처럼 번져나가기 시작했다. 식민지 피억압 민족의 광범위한 정치적 독립 못지않게 제국주의 진영을 초조하게 만든 것은 새롭게 탄생한 이들 나라의 상당수가 세계 자본주의 체제를 이탈해 새로운 길을 모색하기 시작했다는 점이었다. 이같은 양상이 계속 확산된다면 이는 곧 제국주의를 회생 불능의 상태로 몰아넣는 것이나 다름없는 것이었다.

미국의 곤경은 제국주의 상호 간의 모순을 통해서도 야기되었다.

일찍이 미국은 사회주의권과 대항할 목적으로 패전국인 서독과 일본이 다시 일어설 수 있도록 막대한 원조를 퍼부어댔다. 미국의 원조에 힘입어 서독과 일본은 빠른 시일 내에 경제재건을 달성할 수 있었고 1950년대 중반을 넘어서면서부터는 상당한 분야에서 미국을 따라잡기 시작했다. 이렇게 되자 미국으로서는 매우 곤란한 사태가 발생하게 되었다. 즉, 많은 나라가 미국에서 만든 것에 비해 더욱 값싸고 품질 좋은 서독과 일본 제품을 구입하기 시작한 것이다. 그 결과 미국이 세계 곳곳에서 군사기지를 유지하고 반혁명세력을 지원하기 위해 대량 살포한 달러가 미국으로 되돌아가지 않고 일본과 서독, 기타 서유럽 국가로 흘러들어가게 되었다. 이러한 과정을 통해 미국 이외의 나라에서 달러가 쌓이게 되자 미국 제품을 구입할 필요성이 갈수록 줄어들고 미국 내 인플레에 의해 달러의 가치가 나날이 떨어져 불필요해진 달러를 미국이 보유하고 있는 금과 교환하고자 하는 압력이 형성되었다. 그러나 미국은 그만한 금을 충분히 지니고 있지 못했다. 이와 같은 이유로 미국이 세계 경제의 명맥을 틀어쥘 수 있도록 보장했던 달러체제는 심각한 곤란에 직면할 수밖에 없었다. 세계 어디에서나 사용할 수 있는 화폐로서의 달러에 대한 신용이 실추되기 시작한 것이다.

미국은 날로 악화되는 자국의 지위와 영향력을 회복하기 위해 가능한 모든 수단을 동원해 몸부림쳤다.

우선 미국은 허물어져가는 달러체제를 붙들어 매기 위해 제국주의 진영의 일원인 서독과 일본, 기타 서유럽 국가의 협력을 얻어내 국제 금시장을 강제적으로 조작하고자 애썼다.

아울러 그동안 무상원조를 통해 자신의 하수인 집단을 키워내고 경제적 수탈을 위한 제반 여건을 조성해왔던 나라들에 대해서는 이자가 붙은 차관을 쏟아부어댐으로써 제국주의의 이익에 복무하는 예속적 자본주의의 길을 걷도록 유도했다. 이러한 조치는 위기에 봉착한 제국주의 독점자본에게 새로운 활로를 뚫어주는 것일 뿐만 아니라 식민지 종속국에서 사회주의권과 민족해방세력에 대항할 수 있는 더욱 강력한 동맹세력의 육성에도 그 목적을 두고 있었다.

미국의 반격은 단순히 경제적 차원에 머물지 않았다. 1950년대 후반 이후 남한의 이승만 정권처럼 미국의 원조정책이 흔들리면서 붕괴되거나 궁지에 몰리는 친미 독재정권이 속출하고 있었다. 베트남의 응오딘지엠, 터키의 멘데레스 정권 등이 그 예다. 이와 함께 이라크처럼 반제국주의적인 정권이 등장하기도 했다. 사태가 이렇게 발전하자 미국은 이들 나라에 깊숙이 개입해 허약한 정권을 갈아치우고 반미 정권을 허물어뜨리는 방법으로 더욱 강력한 친미 정권을 세우는 조치를 단행했다. 아울러 해당 나라 민중의 자주적 독립과 사회의 민주적 개혁에 대한 열망이 무참하게 짓밟혔다. 이 같은 조치는 대부분 반동적인 군부를 매수해 쿠데타를 종용함으로써 이루어졌다.

그러나 전 세계에 걸쳐 전개된 더욱 강력한 미국의 반혁명공세는 사회주의권과 민족해방운동에 대한 군사적 반격이라고 할 수 있다.

미국이 급격히 그 세력이 확대된 사회주의권과 군사적으로 대결하기 위해서는 우선적으로 상대방을 분열시킨 뒤 그중 취약한 부분을 집중적으로 공격할 필요가 있었다. 이를 위해 미국은 핵 전력을 크게 강화하는 데 성공한 소련과 그 직접적인 보호 아래 놓여 있던 동유럽 국가들에 대해서는 미소작전을 펼침으로써 그들의 손발을 묶어놓고자 시도했다. 이 같은 시도는 소련의 흐루쇼프의 '평화공존' 정책을 악용하면서 상당한 성공을 거둘 수 있게 되었다. 그 결과 미국은 아직은 약체로 여겨졌던 중국과 갈수록 반제국주의 투쟁을 강화하고 있던 베트남, 북한 등 동아시아 국가들을 향해 무력을 집중할 수 있는 여지를 마련하게 되었다.

이러한 맥락에서 미국은 중국 대륙을 향한 관문이자 9년간에 걸친 프랑스와의 전쟁으로 말미암아 몹시 지쳐 있던 베트남에 자국과 동맹국의 군사력을 집중시킴으로써 군사적 진공의 돌파구를 연 뒤 그 여세를 몰아 한반도와 타이완 등을 발판으로 단계적인 공격의 확산을 꾀한다는 방침을 세웠다. 다음의 사실은 이 점을 뒷받침해주고 있다.

1964년은 동남아시아에 대한 미국의 군사적인 움직임이 역사적인 전환점을 보인 해이다. 돌이켜볼 때 가속화되고 있던 전쟁의 위협은 미국의 국방성으로부터 비롯되는 것이었다. 그곳의 3군 참모본부, 특히 공군 참모본부는 베트남을 기점으로 삼아 한국에서의 '전쟁'에서도 승리할 수 있다는 가능성을 증명하고자 했다. 공군은 무서운 오만을 가지고 언제 어디서나 '공군은 승리할 수 있다'는 것을 세계에 과시하였다. 공군력에 의한 승리란 그들의 자만스런 말에 의하면 '모든 권력을 공군으로'라는 의미이다.

1950~1953년 한국전쟁에서 공군과 맥아더 장군은 적의 근거지임이 분명한 중국의 '성역'까지 전쟁을 확대시키고자 했지만, 이는 백악관의

압력으로 저지되었다. 미국 공군의 소장파 장군들은 이 때문에 '승리할 수 있었던 전쟁도 놓치고 말았다'며 은인자중 시기를 기다려왔고, 위력을 가진 새로운 병기를 개발해내면서 정치적 '돌격'으로 유리한 상황을 만들 수 있는 '적절한 때'를 기다려왔던 것이다.[1]

이렇게 하여 한국전쟁에서의 실패를 만회하려는 미국의 야심에 따라 베트남전쟁이 전면화되었는데 그 구체적인 과정을 살펴보자.

새삼스러운 이야기가 되겠지만 미국의 베트남 개입은 이미 오래전인 한국전쟁 발발 당시부터 시작되고 있었다. 이 같은 초기의 개입은 미국이 주로 자신의 역량을 한국전쟁에 투입하게 됨에 따라 대체로 프랑스를 지원해주는 간접적인 형태를 취하고 있었다. 그러나 1954년 5월 7일 디엔비엔푸에서 벌어진 결전에서 호찌민이 이끄는

---

1   데이비드 콩드, 앞의 책, 339쪽.
미국이 중국을 최종 목표로 하는 새로운 전쟁을 추진하고 있다는 것은 다음과 같은 몇 가지 사실을 통해서도 뒷받침된다.
영국 『이코노미스트』의 미국 특파원 조 로고리 기자는 1964년 5월, CIA, 하버드 대학, MIT(매사추세츠 공과대학)가 일체로 되어 있는 특수집단에서 보이는 분위기에 대해 다음과 같이 전했다. "기자가 보스턴에서의 어떤 학문 토론을 보고 느낀 바에 의하면 거기에서는 '제3차 세계대전'을 상정하며, 중국의 공산주의자 1억, 2억, 혹은 3억을 살해하는 것이 바람직한가 어떤가에 대해 논의가 집중되었다. 이러한 행동을 상정할 수 있다는 것은 중국인을 인간으로서가 아니라 괴물로 생각하는 것에 다름 아닌 것이다."
며칠 후인 6월 15일, 널리 읽히고 있는 앨런 스콧의 「워싱턴 보고서」는 "미국은 동남아시아에 있어서 중국과의 일대 결전을 준비하고 있다"라고 말하고 있으며 또한 존슨 대통령 측근인 라스크, 맥나마라, 맥조지 등이 그러한 '제어된' 결전은 미국에 더욱 유리한 결과를 가져다줄 것으로 짐작된다고 말한 것도 밝히고 있다.
또한 6월 28일, 존슨 대통령은 미니애폴리스 연설에서 "오늘날에도 과거와 마찬가지로 우리나라가 '자유'를 수호하고 있다고 생각한다면, 전쟁의 위험을 무릅쓸 수 있는 준비가 필요하다"라고 선언했다(위의 책, 341~342쪽).

베트남 공화국군에 패배해 프랑스가 물러난 뒤, 베트남에 대한 미국의 개입이 더욱 적극성을 띠게 되었다. 미국은 '베트남과 프랑스 간의 휴전이 아니라 엄밀하게 프랑스의 패배임을 밝히고 1년 이내에 자유로운 총선거를 통한 베트남의 평화적 재통일을 보장한 제네바협정'을 일방적으로 깔아뭉갠 채 응오딘지엠 괴뢰정권을 날조함으로써 북위 17도선 이남의 남베트남 지역을 불법적으로 강점하고 말았다.

그러나 베트남 민중은 이 같은 미국의 불법적 개입에 맞서 조금도 굴하지 않고 민족해방전선NLF에 결집되어 강인한 저항을 펼쳐나감으로써 다시금 미국의 조종 아래 있는 응오딘지엠 정권을 붕괴 직전으로 몰아갔다. 이토록 민중의 저항이 거세게 불어닥치자 다급해진 미국은 1963년 11월 1일 쿠데타를 단행함으로써 더욱 강력한 군사지배체제의 확립을 기도했으나 그것만으로는 사태가 진정될 기미를 보이지 않았다.

1962년 초 사이공(호찌민 시의 전 이름)에 베트남 군사원조사령부를 설치하고 베트남 정부를 지원할 요원을 4,000명으로 늘린 미국은 케네디가 1963년 말에 암살당하고 존슨이 대통령직을 승계하자 베트남에 대한 개입을 더욱 적극적으로 펼쳐나갔다. 당시 월터 로스트, 로버트 맥나마라, 맥조지 번디 등 소위 '매파' 그룹은 북베트남이 민족해방전선을 조종하고 있다고 주장하면서 북베트남을 공격할 구실을 찾고 있었다. 그러던 중 1964년 8월 4일 존슨 대통령은 "북베트남 통킹만 밖 공해상을 순찰 중이던 미국 구축함 매독스호가 북베트남 어뢰정 3척의 공격을 받았다"라고 발표했다. 이 발표가 나오자마자 미국은 북베트남에 대한 대대적인 폭격을 개시했다. 그런데 1972년 미국의 언론에 폭로된 「국방성 비밀문서」에 따르면 이른바 '통킹만 사건'은 미군이 북베트남 영토를 먼저 공격함에 따라 유발된 것으로 존슨의 발표는 명백히 날조된 것임이 판명되었다. 그리고 실제로 어뢰정의 공격이 있었느냐 하는 것조차 의심스럽게 하는 증거들이 미국 의회에 제시되기도 했다. 이렇게 하여 통킹만 사건은 제국주의자들이 침략전쟁을 도발함에 있어서 통상적으로 어떤 수법을 쓰는지를 분명하게 확인해주는 계기가 되었다.[2]

베트남에서 벌어진 일련의 사태는 많은 점에서 한반도의 상황과 매우 유사한 모습을 보여주었다. 베트남은 자국의 의사와는 전혀 무관하게 미국으로부터 분단을 강요당했다. 그리고 이러한 분단상태를 관리하기 위해 미국이 내세운 괴뢰정권은 즉각 민중의 완강한 저항에 봉착해 붕괴 직전의 상태로 몰리게 되었다. 그러자 미국이 직접적인 군사개입을 단행해 베트남 전역을 전쟁의 포연 속에 휩싸이게 한 것이다. 그러나 베트남과 한반도는 단순한 유사성 이상의 관계를 지니고 있었다. 우리는 앞으로 이 양국 간의 떼려야 뗄 수 없는 불가분의 관계에 대해 살펴보게 될 것이다.

2. 남한에 부여된 역할

미국의 동아시아 반제국주의 진영에 대한 군사적 반격은 한국전쟁 당시에 비해 훨씬 약화된 조건 아래 추진되었다. 따라서 미국은 동맹국들의 강화된 역할을 통해 약화된 자국의 힘을 보충하지 않으면 안 되었다. 이러한 맥락에서 한일국교정상화와 한국군의 베트남 파병이 적

---

2   리영희, 『전환시대의 논리』, 창작과비평사, 1979, 300~308쪽 참조.

극 추진되었다. 여기서 한일국교정상화는 일본의 자본과 군대를 남한에 진출시킴으로써 궁극적으로 동북아시아에서 일본의 반혁명적 역할의 강화를 보장하기 위한 사전조치라는 의의가 있었다.

한일국교정상화와 한국군의 베트남 파병이 미국의 주도 아래 하나의 군사적 목표를 위해 동시에 추진되었다는 사실은 다음의 몇 가지 사실을 통해서도 입증된다.

1964년 1월 18일 로버트 케네디 미 법무장관이 내한해 한일국교정상화를 위한 회담을 조속히 타결하라고 종용했고, 같은 달 29일에는 국무장관 러스크가 찾아와 똑같은 압력을 가했으며, 1964년 9월에는 미 국무성의 윌리엄 번디 차관보가 일본과 한국을 잇따라 방문해 "한일국교정상화에 미국으로서 할 수 있는 모든 일을 하겠다"라고 말했다.[3]

또한 존슨 대통령이 1964년 11월에 열린 선거에서 대승리를 거둔 지 얼마 지나지 않은 12월 3일 워싱턴에서는 '북베트남 폭격 결정이 내려지리라고 믿으며' 사이공에서 돌아온 미국의 맥스웰 테일러 대사가 처음으로 베트콩(남베트남 민족해방전선)을 '적'으로 불렀다는 뉴스가 각 신문의 1면에 게재되었다. 같은 날 도쿄에서는 미국의 재촉 속에서 8개월 동안 소강상태에 있던 한국과의 정상화 교섭이 재개되었다. 또한 12월 19일자 신문 보도에 의하면 존슨 대통령은 박정희에게 친서를 보내 경비는 미국이 부담할 터이니 한국군을 베트남에 파견해달라고 요청했다.[4]

---

3   김종철, 「종속과 독재와 저항」, 박현채 외, 『해방 40년의 재인식』 II, 돌베개, 1986, 65쪽.
4   데이비드 콩드, 앞의 책, 344쪽.

이러한 맥락에서 민중의 거센 저항에도 아랑곳없이 한일국교정상화와 한국군의 베트남 파병이 강행되었지만 그것은 어디까지나 우리 민족의 존엄성을 철저하게 유린하면서 이루어진 것이었다.

먼저 한일국교정상화를 공식화하는 것으로 1965년 6월 22일에 체결된 이른바 '한일협정'이 갖는 허구성에 관해 살펴보자.

한일협정은 기본 조약과 4개 부속협정으로 이루어져 있었는데 그 중에는 '청구 및 경제협력에 관한 협정'이 포함되어 있었다. 이 협정에 따르면 한일국교정상화의 대가로 일본이 남한 정부에 무상원조 3억 달러, 유상재정차관 2억 달러를 10년에 걸쳐 제공하고 이와는 별도로 상업차관 3억 달러를 제공하기로 되어 있었다. 일본은 이 자금을 과거 식민통치의 죄과에 대한 보상이 아닌 남한의 독립 축하금으로 간주했다. 아울러 한일협정 그 어느 곳에도 과거 일본이 우리 민족에게 자행했던 엄청난 죄과에 대한 사과는 단 한마디도 없었다. 결국 한일협정은 국교정상화를 위한 최소한의 조건, 즉 과거의 죄악에 대한 진심 어린 해명과 사과 그리고 그에 상응하는 정당한 보상 없이 체결되고 만 것이다. 다른 동남아시아 국가들이 일본의 일시적인 침략만으로도 당당한 승전국의 입장에서 거액의 배상금을 받아냈던 사실을 고려한다면 이 협정이 얼마나 굴욕적인 것이었는지를 능히 짐작할 수 있다.

문제는 여기서 그치지 않았다. 한일국교정상화는 애초에 일본이 의도했던 대로 일본의 남한 지배를 위한 길을 또다시 열어주었던 것이다. 결국 일본은 몇 푼의 차관으로 남한 전체를 집어삼킬 수 있는 호기를 마련한 셈이다. 즉, 한일국교정상화는 과거 조선에 대한 일본의 식민지 지배관계를 '정상화'한 것이나 다름없었다.

이 같은 굴욕적 성격은 한국군의 베트남 파병에서도 동일하게 나타났다.

1965년 8월 18일 공화당만이 참가한 가운데 국회는 베트남에 2만 명의 병력을 파견할 수 있는 권한을 정부에 부여하는 '파병동의안'을 통과시켰다. 당시 야당 의원들은 집권 공화당이 한일협정에 대한 비준안을 날치기로 통과시킨 것에 항의해 국회 참여를 거부하던 중이었다. 다음 해인 1966년 베트남에 대한 2만 병력의 추가파병이 결정되었는데, 그해 3월 7일 브라운 주한 미 대사는 한국군의 추가파병에 대한 미국의 보상조치로 다음과 같은 요지의 14개 항을 발표했다(이른바 브라운 각서).

1. 추가파병에 따른 모든 비용은 미국 정부가 부담한다.
1. 한국군 육군 17개 사단과 해병대 1개 사단의 장비를 현대화한다.
1. 베트남 주둔 한국군을 위한 물자와 용역은 가능한 한 한국에서 구입한다.
1. 베트남에서 실시되는 각종 건설, 구호 등 제반 사업에 한국인 업자를 참여시킨다.
1. 미국은 한국에 추가로 AID 차관과 군사원조를 제공하고, 베트남과 동남아시아로의 수출 증대를 가능케 할 차관을 추가로 대여하며, 기타 경제개발 목적에 사용하기 위한 신규차관을 제공한다.
1. 한국이 탄약생산을 늘리는 데 필요한 자재를 제공한다.[5]

브라운 각서가 제시하고 있는 한국군에 대한 '구매조건'은 한국군

---

5   김정원, 앞의 책, 308~309쪽.

의 전력 강화를 위한 지원, 경제개발을 위한 자금제공과 수출시장의 보장으로 크게 나눌 수 있을 것이다. 그런데 이 같은 조치들은 미국의 군사적 목표를 위해 반드시 필요했던 것이지 결코 단순한 보상은 아니었다.

그러면 미국이 한국의 젊은이들을 돈을 주고 사면서까지 베트남 전선에 투입하고자 애썼던 구체적인 이유는 무엇인가? 먼저 다음 사항을 눈여겨보자.

베트남전쟁 당시 파견 군인의 봉급을 보면 영관급의 경우 미군이 833.15달러인 데 비하여 한국군은 291.75달러, 위관급의 경우 미군이 569.05달러인 데 비하여 한국군이 190.40달러, 하사관급의 경우 미군이 335.15달러인 데 비하여 한국군이 68.00달러, 이등병의 경우 미군이 235.15달러인 데 비하여 한국군이 35.79달러이다. 미국은 우리 국군 5만 명을 베트남에 파병시킴으로써 그 차액으로 3억 500만 달러의 이득을 본 셈이다.[6]

이 사실은 첫째, 미국이 한국 젊은이들의 목숨을 돈을 주고 샀으면서도 실제 가치보다 낮게 값을 지불함으로써 경제적으로도 이득을 남겼음을 보여준다. 그리고 이 같은 미국의 이익은 베트남 파병 한국군의 숫자가 연인원 31만 2,000명에 달했다는 사실에 비추어 볼 때 경제대국 미국으로서도 결코 적지 않은 액수임을 쉽게 알 수 있다.[7]

---

6   조민우 엮음, 『민중의 함성』, 거름, 1987, 186쪽.
7   거번 맥코맥, 앞의 글, 182쪽.

둘째, 미국은 경제적 이익 못지않게 정치적 소득을 거두기를 희망했다. 먼저 미국은 한국군을 통해 병력 보충을 꾀함으로써 자기 나라 젊은이들의 희생을 조금이나마 줄이고 이를 통해 미국 내에서 광범위하게 일고 있는 반전 분위기를 무마하고자 했다. 이와 함께 미국은 베트남 민중에 대한 초토화, 몰살작전 등 야만적 임무를 최대한 한국군에 떠넘김으로써 비난을 모면해보고자 했다. 그리하여 베트남 파병 한국군은 가장 위험성이 높고 또한 야만적 대량학살을 위주로 하는 작전에 집중적으로 투입되었고, 그로 말미암아 한국군은 숱한 희생자가 속출하면서 도덕적으로도 씻을 수 없는 오명을 뒤집어쓰게 되었다. 물론 이 같은 행위들은 소문과 같이 한국인 특유의 체질에서 우러나온 것은 결코 아니었다. 그것은 두말할 필요도 없이 최고 작전권자인 미국이 강요한 것이었을 따름이다.

셋째, 미국은 그 어떤 명분으로도 정당성을 인정받을 수 없는 베트남에 대한 무력개입을 마치 자유수호라는 국제적 대의에 입각한 것처럼 호도하고자 했다. 이를 위해 미국은 남한을 포함한 5개의 아시아 동맹국에 군대 파견을 종용했다. 이 같은 미국의 행위가 한낱 자신의 죄과를 은폐하기 위한 술책이었다는 사실은 한국군을 제외한 나머지 4개 나라의 군대 수가 호주 4,500명, 필리핀 2,000명, 뉴질랜드 150명, 그리고 태국이 17명 정도에 그칠 만큼 대체로 형식적 파견이라는 성격을 띠고 있었다는 것으로도 분명하게 입증된다.[8] 미국의 술책은 과거 한국전쟁 당시 16개국이 참가하는 유엔군을 결성했던 것과 맥락을 같이하는 것이었다. 그러나 미국은 베트남전쟁 시기에 와

---

8   김종철, 앞의 글, 67쪽.

서는 한국전쟁 당시처럼 유엔을 마음대로 이용하지 못했을 뿐만 아니라 동원 가능한 동맹국의 숫자도 16개국에서 5개국으로 대폭 줄어들고 말았다. 이는 미국의 지위가 약 15년 만에 현저하게 약화되었음을 의미하는 것이었다. 그런 와중에도 유독 한국군만은 대규모 동원이 가능했다는 사실은 남한이 세계에서 가장 미국에 예속된 나라임을 보여주는 것이었다.

넷째, 미국과 남한 당국이 자랑스럽게 떠벌려왔던 대로 한국군의 베트남 파병은 한국군의 실전경험을 축적하기 위한 목적을 가지고 있었다. 대체 그 같은 실전경험은 무엇을 위한 것이란 말인가. 실전경험은 오로지 실제 전쟁을 위해서만 쓸모 있을 뿐이다. 여기서 미국이 장차 한반도에서 전쟁을 도발하기 위해 한국군을 사전에 충분히 훈련시키고자 했음이 드러난다.

이렇게 하여 '단군 이래 최대의 해외원정군'이라 불린 한국군의 베트남 파병은 우리 민족 모두에게 엄청난 희생과 오욕을 안겨주었다. 1967년에서 1972년 동안에 한국군은 1,170건에 이르는 대대 단위 이상의 대규모 작전을 수행하면서 4만 1,000명의 베트남 민중을 학살했으며 이 과정에서 약 4,000명의 한국군 병사가 목숨을 잃었다.[9] 이러한 베트남 민중에 대한 한국군의 학살은 종종 특정 부락에 대한 초토화로 나타났는데 한 예로 1970년 9월경 탄친성의 핀츠온촌에서

9　오코노기 마사오小此木政夫,「한반도를 둘러싼 국제정치」, 마루야마 나오키 외, 인간사 편집실 편역,『한반도 위상의 재조명』, 인간사, 1985, 185쪽. 또 다른 자료에 의하면 1970년까지 한국군이 수행한 작전횟수는 도합 36만 회 이상(대대 단위 이상의 작전 651회)이 된다고 한다(청사 편집부 엮음,『70년대 한국일지』, 청사, 1984, 29쪽).

는 100명 이상의 촌민을 집단학살했다는 비난을 받아야 했다.[10] 이 같은 사실은 베트남 주둔 한국군 사령부가 일관되게 부인했는데도 한국군을 국제적 지탄의 대상 위에 올려놓고 말았다. 그로부터 남한은 비동맹권에 철저히 배척당하는 등 국제적인 고립에 직면하지 않으면 안 되었다.

지금까지 말한 것과 같이 한일국교정상화와 한국군의 베트남 파병은 우리 민족에게 한없는 상처를 안겨주었다. 그러나 박정희 정권은 이러한 과정을 통해 막대한 수입을 올리면서 급속하게 살쪄나갔다. 한마디로 이들은 몇 푼의 달러를 손에 넣기 위해 민족의 존엄성을 서슴없이 팔아넘긴 것이다.

이 점은 1962년 12월 김종필 중앙정보부장이 비밀리에 일본을 방문하면서 노골적인 모습을 드러내고 있었다. 이후 김준연 의원의 폭로에 의하면 김종필은 오히라 외상과 밀담을 나눈 끝에 한일회담을 조속히 마무리 짓는다는 조건 아래 경제개발 5개년 계획 자금으로 1억 3,000만 달러를 즉석에서 받아냈고 이와는 별도로 2,000만 달러를 공화당 활동자금으로 얻어냈다고 한다.[11]

박정희 정권의 불법적인 자금횡령은 한일국교정상화와 한국군의 베트남 파병을 계기로 유입되기 시작한 각종 차관으로 강력히 뒷받침되었다. 다음의 사실은 이 점을 여실히 폭로하고 있다.

상업성차관은 정부승인과 지불보증을 필요로 하였기 때문에 차관을 받

---

10 청사 편집부 엮음, 앞의 책, 29쪽.
11 김병오, 『민족분단과 통일문제』, 한울, 1985, 159쪽.

아들이는 한국 측 당사자들은 필요한 정부보증을 획득하기 위하여 일정 비율(대개 10~15%이지만 때로는 대부금의 20%에 달함)을 지불해야만 했다. 물론 이 같은 시스템은 해외에서 들어오는 모든 종류의 차관에도 공통적으로 적용되었다. 상납율이 최소한 10% 정도가 된다고 치더라도 박정희 정권은 1965년에서 1966년까지 1년 동안 2,560만 달러의 자금을 긁어모을 수 있었음을 의미한다(1965년과 1966년 사이에 상업차관은 2억 5,601만 달러).[12]

베트남전쟁 역시 박 정권에 직접적으로 거액의 수익을 안겨주었다. 남한이 베트남전쟁에 전쟁물자를 공급함으로써 얻어낸 수입은 총 17억 달러에 달했는데,[13] 이는 1966년 한 해만 보더라도 전체 달러 수입의 40퍼센트를 차지할 만큼 매우 큰 비중을 차지하는 것이었다. 그러나 이 액수는 베트남전쟁에 직접 참전하지도 않은 일본과 타이완이 벌어들인 돈의 중간 정도에 불과했다.[14] 말할 필요도 없이 이 같은 달러 수익 중 상당 부분은 한국인 업자의 베트남 '특수' 참여를 알선해주는 대가로 박 정권의 호주머니 속으로 비밀리에 흘러들어갔다. 박 정권은 여기에 그치지 않고 미국 정부가 지급한 한국군 사병들의 봉급 중 일부를 가로채는 수법을 자행했다. 이러한 사실은 여러 전직 미 국무성 관리들이 의회에서 베트남전쟁에 참여한 한국군이 미국이 지불한 수준보다 실질적으로 낮은 봉급을 받아왔다고 증언함으로써 밝

---

12   미 하원 국제관계위원회 국제기구소위원회 엮음, 앞의 책, 52쪽.
13   거번 맥코맥, 앞의 글, 182쪽.
14   김종철, 앞의 글, 68쪽.

혀졌다.[15]

　박 정권은 이렇게 하여 손에 넣은 거액의 자금을 바탕으로 중앙정보부를 비롯한 방대한 억압기구를 통해 반대세력을 감시하고 억압하거나 매수함으로써 자신의 통치기반을 결정적으로 강화해나갔다. 요컨대 박 정권은 외부의 지원으로 호랑이 등에 올라탄 것이다.

　그로부터 박 정권은 영구집권을 향한 돌진을 거듭했다. 박 정권은 엄청난 자금력을 동원해 1967년에 실시된 대통령 선거와 국회의원 선거에서 압도적인 승리를 거두는 데 성공했다. 특히 국회의원 선거에서는 공화당이 총의석수의 3분의 2가 넘는 129석을 차지함으로써 개헌 의결에 필요한 정족수를 확보하기에 이르렀다. 이미 충분히 예상된 일이었지만 박 정권은 1967년 선거의 승리를 기반으로 대통령 연임 조항을 명시한 기존의 헌법을 뜯어고침으로써 장기집권의 길을 여는 데 몰두했다.[16]

　이른바 3선 개헌이라고 불린 이 같은 음모는 1969년에 이르러 노골적인 모습을 드러내기에 이르렀고 그에 따라 민주세력의 저항 또한 치열하게 전개되었다. 그러나 박정희 정권은 이 같은 저항을 힘으로 압살하면서 예의 3선 개헌을 기어코 관철시키고 말았으니 박 정권의 음모가 지닌 불법부당함은 국회에서 개헌을 의결할 당시 집권 공화당이 보여준 다음과 같은 모습을 통해서도 여실히 드러나고 있다.

　〔1969년 9월〕 14일 2시께 야당의원들이 환하게 불이 밝혀진 의사당 본

15　미 하원 국제관계위원회 국제기구소위원회 엮음, 앞의 책, 264쪽 참조.
16　김종철, 앞의 글, 68~69쪽.

회의장에서 농성하고 있는 동안, 칠흑 같은 어둠으로 싸인 길 건너편 제3별관에는 개헌을 찬성하는 민주공화당, 정우회 및 무소속 의원들이 삼삼오오 도둑고양이 걸음으로 모여들었다.

......

122명의 의원들은 개헌안에 이어 국민투표 법안까지 일사천리로 통과시켰다. 이때가 새벽 2시 54분. 엄청난 일이 순식간에 끝나자, 이들은 "빨리 나가라"는 당간부의 독촉소리와 함께 계단을 밀려 내려갔다. 입구에서 사진기자의 플래시가 터지자 얼굴을 손으로 가리는가 하면 벽을 향해 몸둘 바를 모르는 몸짓으로 도망치듯 후문을 빠져나갔다.[17]

3. 진격을 서두르는 일본군

미국이 주도한 일본의 재무장 촉진과 한일국교정상화에 따른 한일 양국의 군사적 통합이 동북아시아에서 반혁명적 군사력을 보충하기 위한 것임은 매우 분명한 사실이다.

1963년 2월 일본을 방문한 질 패트릭 국방차관이 NHK TV에서 행한 다음과 같은 발언은 미국의 아시아 전략에서 일본이 차지한 위치를 잘 나타낸다.

미국은 앞으로 아시아에서 한국전쟁, 대만해협분쟁과 같은 국지전이 일어날 수도 있다고 추정하고 있다. 그 경우 재일 미군이 분쟁지(예컨대

---

17 위의 글, 69~70쪽.

베트남)로 이동하여 북태평양군에 '진공상태'가 일어날 수 있는데, 이것을 일본이 메꾸어야 한다.[18]

아울러 군사력을 보충하는 일이 더욱 적극적인 행동을 위한 것임을 일본 자신도 일찍부터 간파하고 있었다. 한 예로 1958년 6월 한일회담의 전권대표로 임명된 일본인 사와다澤田는 자신의 취임인사를 통해 다음과 같은 발언을 했다.

청일전쟁과 러일전쟁은 어쨌든 일본을 위협하는 세력이 한반도에 진출해왔기 때문에 이를 압록강 밖으로 몰아내기 위한 싸움이었다. 우리가 최선을 다해 38선을 압록강 밖으로 몰아내지 않는다면 선조들을 대할 면목이 없어진다. 이것이 일본 외교의 임무다. 한일 양국이 당면한 현안 문제도 중요하지만 38선을 북으로 후퇴시키는 노력 또한 중요하다.[19]

이 같은 견해는 미국의 정책에 동조하던 남한의 집권층 사이에서도 공통적으로 나타나고 있었다. 예컨대 1964년 한일회담의 주역이었던 김종필은 한국이 일본과 밀접한 관계를 갖고자 하는 이유는 한국의 경제적 부흥에 있는 것이 아니라 점점 국력을 키워가고 있는 중국에 대항하기 위한 것이라고 분명히 밝히고 있었다.[20]

미국이 약화된 자국의 힘을 보충하고 제국주의 진영의 공동이익을 추구하기 위해 일본의 재무장을 독촉하고, 나아가 동북아시아에서

---

18 데라오 고로寺尾五郎 외, 「한일회담의 전개과정」, 김성환 외, 앞의 책, 266쪽.
19 위의 글, 259쪽.
20 데이비드 콩드, 앞의 책, 323쪽.

제국주의 첨병의 역할을 떠맡도록 부추긴 일련의 장기적 계획이 한국전쟁을 전후로 이미 그 싹을 틔우기 시작했다는 사실은 새삼 반복할 필요가 없을 것이다. 이 같은 미국의 계획은 남한의 군사력을 높은 수준으로 유지시키고 핵병기로 무장시킴으로써 북한과 중국에 대한 무력시위를 감행하고 베트남에 대한 군사적 개입을 단계적으로 확대해 나갔던 한국전쟁 이후의 진행과정과 맞물려 꾸준히 추진되었다.

1953년 11월 15일 일본을 방문한 당시 미국 부통령 닉슨은 미일협회 환영회 석상에서 "일본에 전쟁 포기의 헌법을 강요한 것은 미국의 오류였다"라고 단언했다. 이는 미국이 일본 군국주의의 망령이 되살아나는 것을 저지하고자 하는 전 세계 민중의 열망을 뒤엎어버리고 군국주의의 재개를 희망한다는 속마음을 솔직히 털어놓은 사건이었다. 비슷한 시기에 1953년 7월 15일부터 교섭이 시작되어 1954년 3월 8일에 조인된 미일상호방위원조협정이 체결됨으로써 일본 재군비의 본격적인 단계를 열었고 방위청이 설치됨과 동시에 자위대가 발족되었다.[21]

이어서 1960년 1월 워싱턴에서 신미일안보조약이 조인되었다. 신안보조약은 구안보조약이 가진 기지대여협정의 성격에서 일본 경제의 부흥을 배경으로 하여 더욱 밀접한 미일군사동맹의 형성을 목표로 한 것이다. 이는 미국의 아시아 전략, 즉 반제국주의 세력을 진압하기 위해 일본의 군사력이 적극적으로 나서는 것을 공식화하고 명문화한 것이다.[22]

21　데라오 고로 외, 앞의 글, 256쪽.
22　사토 다쓰야左藤達也, 「한·미·일 군사동맹의 발자취」, 마루야마 나오키 외, 앞의 책, 250쪽.

일본의 군사력 강화가 목적하는 바는 한일 양국 간의 국교정상화가 추진되던 1965년 2월, 일본 국회에서 사회당 의원이 폭로한 이른바 '삼시三矢작전'을 통해 더욱 분명히 밝혀지게 되었다. 아울러 그 같은 삼시작전의 입안을 감독한 것은 다름 아닌 미 국방차관 질 패트릭이라는 사실도 확인되었다.[23]

삼시(미쓰야, 세 개의 화살)작전은 명칭에서 드러나듯이 일본이라는 활에 한국이라는 화살을 재워 대륙(중소)으로 향한다는 상징적 의미를 지니고 있었다.[24] 요컨대 일본은 지난날 임진왜란과 조선에 대한 식민통치 시기처럼 한반도를 교두보로 하여 대륙을 침공하고자 하는 야심을 되살리고 있었던 것이다. 삼시작전계획의 입안을 총지휘한 육군 중장 요시오 다나카가 의회에서 증언했듯이 단순한 연구 주제가 아니라 실전을 위한 계획이었던 이 작전계획안에는 196×년 7월 19일에 제2의 한국전쟁 발발을 상정하고 있었다. 비어 있는 끝자리는 짐작건대 베트남전쟁의 결말에 따라 결정될 것이었다.[25]

1,419쪽에 달하는 방대한 분량의 이 삼시계획은 제2의 한국전쟁에 대한 대비책을 구체적으로 명시하고 있었다. 즉, 계획안에는 신속한 '징병 및 징용'과 '전국적 전시체제화' 등과 같은 여러 가지 법이 입안되어 있었으며 이 법안들은 하룻밤 사이에 즉각 공표되어 일본 내의 민주주의적인 모든 요소를 일거에 말소하고 일본 전역을 완전한 전시동원체제로 바꿀 것을 계획하고 있었다. 특히 징병법은 일본 육·해·공군의 60퍼센트를 남·서 지방에 배치하는 내용을 담고 있었

23 윌프레드 버쳇, 김남원 옮김, 『북한현대사』, 신학문사, 1988, 15쪽.
24 김병오, 앞의 책, 261쪽.
25 윌프레드 버쳇, 앞의 책, 14쪽 참조.

는데 이 지방은 한반도와 연결되는 관문에 해당하는 것이었다. 이와 함께 몇몇 수정안에는 한일 지상군과 타이완의 국민당 군대의 군사 작전에 대한 작전·병참기지를 제공하는 문제를 다루고 있었다. 동시에 남한군은 일본의 지휘 아래 놓이게 되지만 한국의 특수한 상황 때문에 유엔기 아래 작전을 수행할 것이며 국민당 군대는 미 제5공군의 본부가 주둔해 있는 오키나와의 작전·병참기지로부터 미국의 지휘를 받도록 되어 있었다.[26]

또한 이 계획안은 북한과 중국에 대한 상륙작전과 함께 핵무기의 사용을 규정하고 있었다. 그리고 아마도 전체 계획에 대한 일본 국민의 적극적인 동의를 이끌어내기 위한 방편으로 여겨지지만, 일본이 1905년 러시아로부터 탈취해 제2차 세계대전이 끝날 때까지 차지했던 석유자원이 풍부한 소련의 사할린에 미·일 합동 상륙작전을 전개한다는 상황을 설명하고 있었다.[27]

삼시작전계획에 뒤이어 1965년 10월 29일 의회 심의과정에서 폭로된 '비룡'계획 역시 모종의 군사적 계획에 관한 것이었다. 비룡계획은 표면상 방어계획이라는 묘한 조건을 달고 있었지만 실제적인 내용은 선제공격을 위한 것임에 틀림없었다. 즉, 이 계획은 전쟁이 실제로 일어나기 30일 전의 세부적 군사조치를 규정하고 있다. 이 기간에 일본 '공군자위대'와 일본에 있는 미군 기지는 24시간 연속 경계태세로 바뀐다. 처음 열흘 이내에 군 통신소는 새로운 암호로 바뀐다. 두 번째 단계는 북한과 중국에 대한 선제작전의 토대를 마련하고 있는데

---

26 위의 책, 14~15쪽.
27 위의 책, 15쪽.

이 단계에서 미 제5공군과 일본 공군은 합동작전을 원활히 하기 위해 전 태평양 지역 관할 미 공군의 지휘 아래 놓인다. 베트남에서의 경험을 토대로 펜타곤 컴퓨터가 책정한 처음 한 달 동안 발생한 18~30퍼센트의 항공기 손실은 일본 공군 측이 보충할 것이다. 특징적인 것은 삼시계획과 달리 비룡계획에는 작전목표에서 소련이 제외되어 있었다는 점이다.[28]

위의 두 가지 계획이 단순한 연구 차원의 문제가 아니라 실제적 계획에 해당하는 것이었다는 사실은 실질적인 준비로 그 계획이 뒷받침되고 있었다는 점에 의해 명확해진다. 이 같은 실질적 준비는 두 가지 계획이 폭로되어 세상을 놀라게 한 뒤에도 중단되지 않고 계속되었다.

실질적 준비의 일환으로 1961년 11월 일본 이와테 현岩手縣에서 1만 2,000의 병력과 2,000대의 차량이 참가한 일본 자위대의 군사연습이 전개되었는데 이는 한반도의 38선 돌파를 상정한 산악전 연습이었다. 이어서 1962년 10월 일본 해상자위대는 대한해협 봉쇄작전을 실시했다. 이에 호응해 한미 공동의 해협봉쇄연습도 행해졌다. 이 훈련은 일본에서 한반도로 병력과 군장비를 수송하는 주요 수송로의 안전한 확보를 노린 것이었다.[29]

이후 시간이 흐름에 따라 실질적 준비는 앞서 말한 두 가지 계획에 더욱 가까이 다가갔다. 1967년 5월 북한 해역 앞바다에서 실시된 해군기동훈련은 존슨 대통령이 방문한 이후 미국과 남한 양군에 의해

---

28 같은 곳.
29 사토 다쓰야, 앞의 글, 250쪽.

더욱 빈번하게 실시된 일련의 상륙훈련·산악전투훈련과 마찬가지로 196×년 7월 19일을 위한 예행연습으로 간주될 수 있었다. 해군훈련의 일부는 북한 해안지방의 봉쇄훈련이었는데, 소련 구축함과 충돌이 일어난 것이 바로 이때였다. 암호 속에 세부적으로 드러나 있는 대로 적의 포격과 대잠수함 기동 아래 하늘과 바다를 통한 수송이 모의로 실시되기도 했다. 이러한 훈련들은 가상의 적군과 청군 사이의 전쟁놀이가 아니었다. 이것은 확보해야 할 교두보를 표시한 모래구멍 모형과 최우선 파괴지역으로 구분된 산업·도시 표적물을 목록 속에 열거한 일련의 계획을 위한 본격적인 실전연습이었던 것이다.[30]

이러한 군사적 예행연습과 함께 일본과 남한의 군대를 하나의 작전체계로 통합해내기 위한 작업이 꾸준히 추진되었다.

1960년 군사작전을 통일하기 위한 목적으로 이제까지 30분의 시차가 있던 한국과 일본의 표준시차를 일본과 동일하게 조정했다. 또한 1962년 10월 1일자 『도쿄신문』의 보도에 따르면 일본 방위청은 한일국교정상화에 수반되는 군사적 과제로 다음의 다섯 가지에 관해 검토를 시작했다고 한다.

① 비상시에 있어서 대한해협의 공동봉쇄, ② 군사계급제도를 한국·대만과 일치시킬 것, ③ 한국군 병사의 훈련·양성, ④ 한국군 병기의 수리 및 보급, ⑤ 방위주재관의 서울 파견 및 한일 양국 군인의 상호 교류.[31]

---

30 윌프레드 버쳇, 앞의 책, 16쪽.
31 사토 다쓰야, 앞의 글, 250쪽.

일본군과 한국군을 통합하기 위한 노력은 1960년대 후반에 들어
서서도 끊이지 않고 계속되었다.

1967년 9월부터는 애초 계획한 대로 일본인 방위주재관이 서울에
상주하기 시작했다. 또한 1968년 10월부터 자위대 막료장의 방한을
정기화했고 1971년부터는 한국 국방대학원 연수단과 일본 방위연수
소의 현지 연수를 정기화했으며 1975년부터는 퇴역고급장교 그룹의
상호 교류를 개시했다.[32]

이와 함께 한일 양국 간의 군사통신체제를 확립하는 것을 목표로
다음과 같은 조치가 취해졌다.

- 1967년 한국과 대마도 사이에 수중 청음기 설치.
- 1968년 3월 한국의 레이다와 일본 본토, 오끼나와, 대만의 레이다를
  일체화한 한·일·대만 극초단파 통신망센터를 일본 천엽현 영강산千
  葉縣 嶺岡山에 설치.
- 같은 해 6월 한국 울산의 무룡산과 일본 도근현島根縣 사이에 마이크
  로 통신망 설치.
- 1969년에는 한일 간에 20회선의 텔렉스 교환을 신설.
- 1970년 6월 충남 금산에 한일 위성중계국 설치, 서울–동경 간의 직
  통 전화선 개설.
- 1972년 2월 일본 항공자위대의 뱃지시스템badge system을 한미 항
  공시스템에 연결.[33]

---

32 위의 글, 255쪽.
33 같은 곳.

또한 한일 간에 긴급수송체계를 확립하기 위해 다음과 같은 계획이 실행에 옮겨졌다.

- 1970년 6월 부산 – 하관下關 사이의 페리호 선박을 개항.
- 같은 해 서울 – 부산 간의 고속도로 완성(도중 비상시에 활주로로서 사용가능한 지점 확보).[34]

물론 위에서 열거한 사항들이 반드시 군사적 목적에 국한된 것은 아니겠지만 그러한 군사적 필요가 반영되어 있는 것만은 분명한 사실이다.

4. 6·3항쟁의 대혈투

미국이 주도한 한일국교정상화와 한국군의 베트남 파병이 결코 순탄하게 이루어진 것은 아니었다.

특히 한일국교정상화의 추진은 과거 식민지 시대의 쓰라린 기억을 생생하게 간직하고 있던 한국 민중이 일본의 재침략을 결코 허용하지 않음으로써 연인원 350만이 투쟁에 직접 참가하는 광범위한 저항에 봉착하지 않으면 안 되었다. 마찬가지로 과거 군국주의자들의 횡포에 엄청난 희생을 강요당했던 일본의 민중이 더는 그 같은 군국주의의 부활을 받아들이지 않고자 함으로써 한일국교정상화의 추진

---

[34] 같은 곳.

은 일본 땅에서도 심각한 반대에 부딪혔다. 망국적인 한일국교정상화는 이 같은 한일 양국의 대대적인 저항운동을 폭력으로 짓밟는 가운데 불법적으로 강행되었던 것이다.

1964년 3월 5일 청와대에서 열린 정부와 공화당 연석회의에서는 한일통상회담을 3월 10일에 열고 본회담을 12일부터 병행하며 이어서 한일고위회담을 가져 3월에 타결하고, 4월에 조인하며, 5월에 비준하는 절차를 거치기로 방침을 세웠다.

이 같은 박 정권의 단정적인 결론은 일본의 재침략이라는 문제가 단순한 우려의 대상이 아닌 매우 절박한 사태로 나타나고 있음을 의미하는 것으로 대부분의 시민과 학생들로 하여금 박 정권의 굴욕외교를 반대하는 투쟁이 지체되어서는 안 된다고 생각하게 만들었다.

청와대에서 회의가 있은 뒤 다음 날인 3월 6일, 모든 야당이 단합해 '대일굴욕외교반대 범국민투쟁위원회'를 조직했다. 정치에 참여하지 않던 많은 인사가 이에 가세해 3월 중순부터 전국을 순회하며 성토유세에 들어갔다. 3월 21일 이들 야당이 주최한 서울의 성토집회에서는 4만여 명의 시민들이 몰려들어 투쟁열기를 한껏 고양했다. 본래 친일경력이 뚜렷한 인사들이 주축이 된 야당이 한일회담에 반대하고 나선 것은 그들이 일본의 재진출을 싫어해서라기보다는 일본의 진출로 말미암아 박 정권이 자신의 지반을 강화할 수 있는 거액의 자금을 조달하게 될 것에 대한 우려에서 출발한 것이었다. 이 점은 일본의 제국주의적 침탈을 반대하던 학생들의 입장과는 사뭇 다른 것이었다. 그러나 이들 세력은 이처럼 출발 동기에는 차이가 있었지만 한일회담의 저지라는 당면한 목표가 일치하자 상이한 의도를 지니고 있었음에도 공동투쟁의 대열에 합류할 수 있었다.

그러나 이러한 야당의 움직임을 비웃기라도 하듯이 3월 23일 김종필은 도쿄에서 5월 초순에 한일협정이 조인될 것임을 다시 한 번 강조했다. 이 같은 발언은 이미 지펴오르기 시작한 투쟁의 불길 위에 기름을 붓는 격이 되고 말았다. 다음 날인 3월 24일 전국 주요 도시에서 8만여 명의 학생과 시민이 참여한 대규모 시위투쟁이 전개된 것이다.

이날 서울, 대구, 부산 등 3개 도시의 학생들은 가두로 진출해 대대적인 항의시위에 돌입했다. 서울에서는 한일 '우호'를 강요하는 압력이 어디에서 비롯된 것인지를 알고 있는 듯 500여 명의 고교생이 미국 대사관 앞에서 연좌농성을 벌였다. 국립대학교 학생 3,500여 명은 일본 이케다 수상의 화형식을 가졌다. 국회 앞에서는 1,000여 명이 모여 일본 회사의 간판을 때려 부수고, 한일교섭을 중지할 것을 요구했다. 주위에서 그 광경을 바라보고 있던 사람들의 수는 1만 명이 넘었다.[35]

다음은 이날 시위현장에서 울려 퍼진 구호들이다.

1. 미국은 한일회담에 간섭치 마라!
1. 한일 굴욕 외교 반대!
1. 한일회담 즉각 중지!
1. 제2의 이완용을 소환하라!
1. 나라 파는 한일회담 즉각 중지하라![36]

이날 항의시위는 학생 288명이 체포되는 등 상당한 희생이 뒤따

---

35   데이비드 콩드, 앞의 책, 319쪽.
36   한동혁 엮음, 앞의 책, 115쪽.

랐지만 일본의 재침략을 결코 허용하지 않겠다는 굳은 의지는 조금도 약화되지 않았다.

학생을 위시한 민중의 항거는 계속되었다. 25일에는 약 4만여 명이 반정부 구호를 외치며 시위를 전개했고 그중 일부는 반도호텔 앞으로 달려가 일본 회사 사무소를 철거할 것을 요구했다. 또한 일본 회사와 계약을 맺고 사업을 하던 한국의 회사가 학생들의 습격을 받았고 그 밖의 다른 곳에서는 일본의 광고와 달력들을 불태웠다. 다음 날인 25일에도 서울을 비롯한 11개 도시의 6만 명 이상의 학생과 시민들이 거리로 진출해 경찰과 충돌하면서 국토를 일본에 팔아넘기는 것에 반대했다.[37]

몇 푼의 자금을 얻어내기 위해 굴욕적인 한일회담에 나섰던 박정희 정권은 이렇게 하여 등장 이후 최대의 국민적 저항에 봉착하게 되었다. 위기에 몰린 박정희는 자신이 거주하고 있는 청와대 주위에 전기 철조망으로 바리케이드를 치고 헬멧과 방석모로 무장한 군대로 하여금 경비를 서도록 하고 청와대로 향하는 시내의 주요 교차로에는 군대와 경찰을 파견해 시위대의 진입을 차단하도록 하는 등 당장의 목숨을 부지하기 위해 안달했다.[38] 그러나 이 같은 조치를 취하면서도 박정희 정권은 자신의 존립기반이 급격히 흔들리고 있음을 느끼면서 여러모로 자신감을 잃어가고 있었다. 3월 27일 수만 명의 학생과 시민들은 굴욕외교를 반대하며 거리로 뛰쳐나와 한일교섭의 임무를 띠고 일본에 건너가 있는 악명 높은 전 중앙정보부장 김종필을 소환할

---

37 데이비드 콩드, 앞의 책, 320쪽.
38 위의 책, 319쪽 참조.

것을 요구하고 있었다. 이에 발맞추어 국회는 일본이 어민을 보호한 다는 명목으로 무장 순양함을 한국 근해에 배치함으로써 위협적인 분위기를 조성하고 있는 것과 관련해 한일회담의 즉각적인 중지를 요구하는 결의를 만장일치로 채택했다. 결국 박정희는 이에 굴복해 김종필의 귀국을 명령했다. 박정희로서는 권력을 강화하기 전에 눈앞의 위기로부터 자신의 권력을 지키는 것이 더 시급했던 것이다.[39]

이처럼 박정희 정권이 자신감을 잃고 한일회담에 대해 더는 적극성을 발휘하지 못하게 되자 누구보다도 당혹스러워한 것은 지금까지 모든 것을 주관해왔던 미국이었다. 이미 3월의 투쟁과정에서도 한일회담을 독촉하는 발언을 계속함으로써 민중의 불만을 사고 있던 미국은 박정희가 회담을 유보하기로 결정한 후인 4월 9일 존슨 대통령이 직접 나서서 "미국 정부는 계속해서 회담의 타결을 희망하고 있다"라고 공표하는 등 자국의 목표를 달성하기 위해 박정희 정권에 계속 압력을 넣었다. 이러한 압력은 4월 혁명 기념일을 전후해 더욱 직접적인 개입으로 발전하게 되었다.[40]

3월 28일 이후 박정희의 회담유보 결정에 따라 잠시 수그러들었던 민중의 투쟁은 박정희의 결정이 일시적 유보에 불과하다는 사실이 드러나면서 4월 혁명 기념일을 맞이해 재차 불붙기 시작했다.

4월 19일 학생들은 다시금 국회의사당을 향해 행진하기 시작했는데, 학생들이 들고 있는 플래카드에는 '정부는 여전히 대일 굴욕교섭을 중지하지 않고 있다', '애국적인 학생 김중태(3월의 시위를 지도했던

---

39 위의 책, 321쪽.

40 위의 책, 323쪽 참조.

한 사람)를 석방하라', '고급 레스토랑에 드나드는 사람은 애국자가 아니다', '대일회담을 중지하라', '나라를 팔아먹는 정부를 거부한다' 등의 구호가 적혀 있었다. 한일회담의 반대가 주요 이슈였던 이날 시위에는 경찰과의 충돌로 50여 명의 학생을 포함해 125명이 체포되었다.

이처럼 민중의 항의투쟁이 다시금 격화될 조짐을 보이자 다급해진 버거 주한 미 대사는 박정희를 직접 찾아가 1시간에 걸친 회담을 가졌다. 버거 대사의 사주에 의한 것인지는 밝혀지지 않았지만 버거와 박정희의 회담이 있은 직후 정부는 일체의 시위를 허용하지 않을 것이며 위반자는 엄벌에 처하겠다는 경고를 발표했다. 이러한 경고에 입각해 이틀 후 문교부장관은 각 대학과 전문대학에 시위에 참가했던 학생은 "재판 결과에 관계 없이 퇴학 처분시킬 것이며 학생에 대한 '적절한 지도'에 태만한 대학의 학장은 책임을 문책한다"라는 요지의 지시를 하달했다.[41]

이러한 가운데 박정희는 5월 9일 전면적인 내각 개편을 단행했는데 정일권을 국무총리로 하는 새로운 내각은 한일교섭의 주역인 김종필의 측근들로 채워져 있었다. 이에 대해 일본의 『아사히신문』은 사설을 통해 "새 내각은 한일회담의 타결을 목표로 하여 돌진하는 내각이라고 생각된다"라고 논평했다.[42] 분명 박정희 정권은 민중과의 정면대결을 각오하면서까지도 한일회담을 성사시키겠다는 각오를 단단히 하고 있었다.

박정희 정권의 음모가 다시 노골적으로 드러나자 그에 상응해 민

---

41 위의 책, 324쪽 참조.
42 위의 책, 326쪽.

중의 저항도 더욱 거세지기 시작했다. 또한 시간이 흐름에 따라 그동안 미온적이었던 계층과 인사들까지도 투쟁에 합류하는 모습을 보였다. 5월 13일 중앙정보부는 정부의 공식견해와 일치하지 않는 투서를 발표했다는 이유로 가톨릭계인 『경향신문』의 편집장 등 기자 4명을 체포했다. 문제가 된 투서는 일본인을 상대로 하는 회담보다는 같은 동포인 북한과 가진 회담이 더욱 바람직하다는 내용을 담고 있었다. 5월 25일에는 박 정권의 정책을 지지하지 않는다는 이유로 공수부대가 『동아일보』의 편집진을 구타하는 사건이 발생했다. 비슷한 시기에 학생에 대한 체포영장의 발부를 거부하고 있던 재판관들 역시 공수부대의 협박을 받기에 이르렀다.[43]

6월에 접어들자 당시 남한의 주요 세력들은 한일회담에 대한 찬반 여부에 따라 두 개의 집단으로 뚜렷이 갈라졌다. 학생, 지식인, 언론, 야당, 종교단체와 일반 민중은 정부에 대항해 결집했고 박 정권과 박 정권의 후원을 받는 사업가 집단은 미국의 지원을 받으며 그 맞은편에 섰다. 이 양자 간의 숙명적인 한판이 그 모습을 드러내는 데에는 결코 많은 시간이 필요하지 않았다.

당시 서울대학교 학생 40여 명이 체포된 학생의 석방을 요구하며 단식투쟁에 돌입하고 국회에서는 박정희의 '자발적 사임'을 요구하는 청원과 관련된 찬반투표에 들어가는 등 정부에 대한 공격이 계속되면서 투쟁열기가 계속 달아오르고 있었다. 3월 시위 이후 쌓여온 이 같은 열기는 드디어 억압의 장벽을 부수고 노도와 같이 폭발해 올랐다.

6월 2일, 학생 2,000여 명은 청와대를 향해 돌진했지만 최루탄

---

43 위의 책, 327~328쪽.

과 곤봉으로 맞서는 경찰 500명과 부근에서 경비를 맡고 있던 군인 1,000여 명이 이들의 길을 차단했다. 시위대는 철조망과 바리케이드 등으로 차단된 도로에서 구호를 외쳤고, 구호 중에는 한일관계정상화 회담을 뒤에서 선동하고 있는 미국을 비난하는 것도 있었다. 600명 이상의 학생들이 체포되고 10명이 경찰의 곤봉에 부상을 입었다. 그러나 9개 학교의 학생 대표들이 회합을 갖고 이후의 행동방침을 세우는 등 학생들의 투쟁은 지칠 줄 모르고 계속되었다.

다음 날인 6월 3일, 비가 내리는 가운데 학생과 시민 약 2만 명이 서울 시내로 몰려나와 철조망을 부수고, 최루탄을 발사하는 경찰을 밀어젖히며 국회의사당으로 향했다. 다른 지역에서는 경찰서가 피습되고, 학생들은 네 군데의 교통관제탑을 점거해 독자적으로 교통통제반을 조직했다. 학생들은 군용트럭 10여 대를 탈취해 반정부 구호를 외치며 시내를 활주했다. 연도의 시민들은 행진하는 학생들에게 환호를 보냈으며 그중 수천 명이 합류했다.

서울 이외의 대부분의 대도시에서도 시위투쟁이 전개되었는데 그 핵심적인 요구사항은 박정희의 퇴진이었다. 광주에서는 대학교 2곳과 고등학교 2곳의 학생 1만여 명이 최루탄을 터뜨리는 경찰에 맞서 파출소 2곳과 도청 건물, 경찰이 만든 민주공화당 본부에 돌을 던졌다.

사태는 학생들이 청와대 외곽의 방위선을 돌파하고 안에서 박정희를 경비하고 있던 중무장한 공수부대를 포위함으로써 절정을 향해 치닫는 듯했다.

고립상태에 빠진 박정희는 대책을 세우지 못한 채 갈팡질팡했다. 그는 무엇보다도 자신도 지난날 4월 혁명 당시의 이승만과 같은 운명을 걷게 되지 않을까 하는 불안에 시달렸다. 이러한 상황에서 박정희로 하여금 확신을 갖고 상황에 대처하도록 만들 수 있는 것은 오로지 미국뿐이었다. 학생들이 청와대를 포위하고 있던 그 시각에 중무장한 1,000여 명의 보병부대가 학생들을 향해 최루탄을 난사하는 틈을 이용해 버거 대사와 해밀턴 하우스 주한 미군 사령관이 미군 헬리콥터를 타고 시위대가 진을 치고 있는 상공을 넘어 청와대에 도착했다. 박정희와 그의 매국행위를 비난하는 학생들의 함성은 거대한 헬리콥터의 엔진소리에 지워졌다.[44]

청와대에서 두 미국인과 박정희가 가진 회담은 2시간이 걸렸다. 미국 대사관 대변인에 의하면 이때 하우스 장군은 완전무장한 한국군 2개 사단이 서울에 출동하는 것을 허락했다고 한다. 『뉴욕타임스』는 이 점에 대해 "한미협정에 의거하면 시위진압에 군대를 사용하는 경우 사전에 유엔군 사령관의 허가를 받지 않으면 안 된다"라는 점을 상기시켰다.[45] 이윽고 박정희는 미국으로부터 막강한 군대를 건네받은 뒤 서울 일원에 계엄령을 선포했다. 비상계엄령 선포는 다음과 같은 내용을 포함하고 있었다.

1. 직장을 이탈하지 못한다.
1. 유언비어를 날조하지 못한다.
1. 서울시내의 각급 대학교와 중고등학교 및 국민학교는 1964년 6월 4일부터 별도 지시가 있을 때까지 일제히 휴교한다.
1. 통금시간을 엄수하여야 한다. 통금시간은 하오 9시부터 익일 상오 4시까지로 한다. 이상 포고령을 위반하는 자는 영장 없이 압수, 수

---

44 위의 책, 330쪽.
45 같은 곳.

색, 체포, 구금한다.[46]

아울러 계엄사령부는 다음과 같은 포고령 제1호를 발표했다.

1. 옥내외 집회 및 시위를 금한다.
2. 언론, 출판, 보도는 사전검열을 받아야 한다.
3. 일체의 보복행위를 금한다.[47]

영원히 기록될 만한 일이지만, 미군 사령부는 1964년에 학생을 탄압하기 위한 군대의 출동을 허가하면서도 1961년 5월에는 육군 참모총장의 요청에도 불구하고 5·16군부반란을 진압하는 데 군대가 출동하는 것을 거부했다. 박정희는 이렇게 미국의 도움으로 정권에 오르고 미국의 도움으로 정권을 유지했고 그럼으로써 미국에 봉사한 것이다.

이틀 후인 6월 5일자 『뉴욕타임스』는 6월 3일의 상황에 대해 다음과 같이 전했다.

전투태세를 갖춘 군대가 한밤중에 서울로 출동하여 계엄령에 따라 서울시에 있는 대학, 경기장, 고궁 등을 점령했다. 헬멧과 방독면으로 무장한 군대는 주요 관공서를 경비하고, 아직도 최루탄의 자취가 생생한 서울 시가를 순찰했다. 그들은 바주카포와 총검이 부착된 소총을 소지하

---

46 『동아일보』, 1964년 6월 14일자, 한동혁 엮음, 앞의 책, 116쪽에서 재인용.
47 위의 책, 116쪽.

였고, 주요 도로에는 기관총을 설치하였다. 계엄령의 효력이 최초로 드러난 것은 다음 날 조간신문이었다. 신문의 지면은 까맣게 칠해져 있었다. 국내 신문에 대해서 군당국이 검열을 실시했기 때문에 공식적인 포고나 발표만이 그대로 게재되었을 뿐 다른 기사 중에서는 읽을 만한 뉴스가 거의 없었다. 집회와 시위는 완전 금지되고 학교는 무기한 휴교로 들어갔다. 밤 9시부터 새벽 4시까지의 야간통행금지령도 발표되었다. 어제 밤까지 군대는 모든 시위를 완전히 제압하고 일반인 90명 정도를 체포했다. 여기저기서 대학생들은 다시 시위를 일으키려고 시도했지만 군대와 경찰에게 저지당했다(서울 지역의 미군은 시내에 나오지 않도록 지시를 받았다).[48]

이렇듯 삼엄한 계엄령 아래서도 학생과 시민들의 저항은 밤중까지 계속되었다. 치열한 공방전이 벌어졌던 대도시의 중심가는 화염과 최루탄 연기로 가득 차 있었다. 6월 3일 하루 동안만 200명의 시위대원이 부상을 당하고 1,200여 명이 체포되었다.

영웅적인 항쟁을 벌였던 학생들은 자신들의 거점인 학교가 폐쇄당하자 더는 조직적인 투쟁을 전개하기가 어려웠다. 아울러 시민들도 시위를 이끌던 학생들이 움직일 수 없게 되자 어쩔 수 없이 개별적으로 분산되었다. 6·3항쟁은 이처럼 미국의 사주를 받은 박정희 정권에 의해 폭력적으로 진압되었다.

계엄령 기간 중 박정희 정권은 자신에 반대하는 언론에 재갈을 물리기 위한 「언론윤리위원회법」과 학생활동을 제한하는 「학원보장법」

---

48 데이비드 콩드, 앞의 책, 331쪽.

의 국회 통과를 기도했다. 이 중 「언론윤리위원회법」은 계엄령의 해제를 조건으로 야당이 방관하는 가운데 국회에서 통과되고 말았다.

근 두 달 만인 7월 29일 계엄령이 해제되자 정부와 언론 사이에서는 큰 싸움이 한판 붙었다. 신문·잡지 발행인들은 투쟁위원회를 결성했고, 대통령의 광복절 기념사를 위시해 일체의 정부선전물을 게재하지 않는다는 결의안을 채택했다. 그러자 정부는 정부의 모든 광고 게재를 취소하고, 언론에 대한 정부의 보조나 편의제공을 취소하며, 모든 공무원 가정에서 『경향신문』, 『조선일보』, 『동아일보』 등 야당계 신문의 구독을 중지할 것을 명하고 은행으로 하여금 이들 신문사에 대한 대출을 중단하게 하고 언론에 대한 특혜를 중단하는 등의 보복조치를 취했다. 이처럼 정부의 광범한 보복조치가 결정되자 투쟁위원회와 4개 신문사 편집국장은 각각 성명을 발표하고 전의를 굳게 할 것을 다짐했다. 때맞추어 국제신문인협회도 이 법의 부당성을 지적하는 전문을 발송했다. 정부의 보복조치를 규탄하는 반대운동은 전국적으로 번져 부산의 『국제신보』, 대구의 『영남일보』, 대전의 『중도일보』와 『대전일보』 편집국 기자들이 투쟁을 선언하고 나섰으며, 9월 10일에 각계 대표자들로 구성된 국민대회를 열기로 하면서 정세는 날로 험악해져갔다. 의외의 완강한 저항에 봉착한 박 정권은 결국 언론사의 자율규제를 조건으로 「언론윤리위원회법」의 시행을 전면 보류하지 않을 수 없었다.[49]

이른바 언론파동이 스치고 지나간 지 몇 개월 후인 1964년 12월 3일 일본 도쿄에서는 한일관계정상화를 위한 회담이 재개되었다. 이

---

49 김성환 외, 앞의 책, 370~373쪽 참조.

에 앞서 새로 부임한 브라운 주한 미 대사와 박 정권의 외무부장관 사이에서는 26회에 걸친 회합이 있었다. 미국은 12년간에 걸쳐 한일관계의 긴밀화를 희망해왔지만 1964~1965년 사이 아시아에서 발생한 군사행동으로 예상해볼 때 이 문제는 한시도 늦출 수 없는 시급한 성질의 것이었다.

도쿄에서 열린 한일회담은 몇 개월 동안 비밀스럽게 계속되었다. 회담이 진행되는 동안 수십만의 일본인이 회담에 반대하는 시위를 전개했다. 비슷한 시기인 1965년 1월 1일 남한 전역에는 오전 4시를 기해 경계령에 준하는 '위수령'이 선포되었다. 48시간 내에 서울에서 8,000명, 전국에서 모두 4만 4,600명이 검거되었다. 이러한 조치는 '범죄, 교통위반, 치안방해'를 단속하기 위한 것으로 설명되었지만 예상되는 시위를 사전에 봉쇄하는 것이 그 진정한 목적이었다. 그럼에도 2월 7일 일본의 시이나 외상의 내한을 계기로 야당이 주최하는 성토집회에 약 5만의 청중이 운집하는 등 투쟁의 열기는 좀처럼 사그라들지 않았다.[50]

마침내 비밀스럽게 진행된 한일회담이 최종 타결되고 6월 22일에 도쿄에서 조인식이 열린다고 발표되었다.

이에 따라 한일협정의 조인을 저지하기 위한 마지막 몸부림이 한일 양국에서 치열한 모습으로 나타났다.

일본의 도쿄를 비롯한 각지의 주요 도시에서 협정 체결을 반대하는 대규모 가두시위가 일어났다. 수십만 명의 사람들이 행진하며 협정 반대를 부르짖었다. 전학련 소속 학생 6,000여 명은 도쿄 역에 진

---

50 데이비드 콩드, 앞의 책, 350~354쪽 참조.

을 치고 역 구내를 점거해 열차 운행을 중지시키려고 했지만, 기동대의 가혹한 탄압으로 저지되었다. 더욱이 이러한 방식의 투쟁은 시나가와 역과 오사카 역에서도 이루어졌다. 2주 정도 지나자 항의시위는 점점 규모가 확대되어갔다. 이는 1960년 당시 기시 수상이 미일 안보조약을 심야에 강행해 체결했을 무렵 전국을 뒤흔들어놓았던 시위에 필적할 만한 것이었다.[51]

이러한 반대여론 속에서 1965년 11월 12일 새벽 0시 18분 사회당 등 야당이 불참한 가운데 후나다 중의원 의장이 개회를 선언하고 35초라는 전격작전으로 눈 깜짝할 사이에 협정조인이 비준되었다. 뒤이어 한일정상화조약의 체결이 정식 선언되었다.[52]

한편 국내에서는 그동안 끈질기게 전개되어오던 협정조인 저지 투쟁이 6월 22일에 도쿄에서 한일협정이 조인되는 것을 계기로 다시 한 번 용솟음쳐 올랐다.

6월 21일부터 4일간 서울의 학생 4만여 명이 거리로 물밀듯이 쏟아져나와 경찰과 충돌했다. 전하는 바에 따르면 당시의 슬로건은 '매국정권 타도'로 일반 시민까지 합세해 투쟁의 열기가 대단했다 한다. 바로 그날 박정희는 '비상사태'를 선포하는 것으로 응수했다. 경찰에 체포되어 즉결재판에 회부된 학생도 있었고, 군에 강제징집된 학생도 있었으며, 투쟁의 진원지인 13개 대학과 58개 고등학교에는 휴교령이 내려졌다. 이러한 조치에 분격해 투쟁의 기세는 더욱 높아져갔고 구호에도 '한일회담 강요하는 미국 반대', '한국군의 베트남 파병

---

51 위의 책, 352쪽.

52 위의 책, 353쪽.

강요하는 미국 반대', '미국은 우리의 주인이 아니다' 등 미국을 강력히 규탄하는 내용이 나타났다. 한일협정은 다음 날인 6월 22일 거리에서 투쟁이 계속되고 투쟁을 이끌던 주요 지도자 전원이 단식투쟁에 돌입한 상태에서 조인되었다.[53]

한일협정이 조인되던 이날 『동아일보』는 이렇게 결론지었다.

> 거의 누구도 조인 내용에 만족할 사람이 없는 가운데 우리 자신과 우리 후손의 살림에 비관적인 영향을 미칠 역사적인 전환이 이루어지려고 하고 있다. 야당의 극한적인 반대, 교문 폐쇄와 학생들의 단식, '데모'가 계속되는 가운데 삼엄한 경계를 펴면서 조인이 이루어진다는 것은 민족적인 비극이라 하지 않을 수 없다.[54]

비준을 앞두고 항의가 계속되었다. 7월 1일 77명의 기독교 지도자들이 한일협정 반대성명을 발표했고, 전국의 교회에서 '구국기도회'가 개최되었다. 7월 12일 18개 대학의 교수들이 국회에 한일협정의 비준을 거부할 것을 호소했다. 그러나 7월 14일 국회에서 여야 간에 난투극이 벌어진 끝에 한일협정 비준안이 발의되었다.

학생들이 집단적으로 움직이기 곤란한 여름방학 기간 중이었던 8월 11일 밤 11시 10분, 공화당은 특별위원회에서 비준안을 1분 만에 날치기로 통과시켰다. 야당 의원들은 이에 항의해 의원직 사퇴서를 제출했다. 그러나 국회의장은 이들의 의원직 사퇴서를 반려했고,

---

53 위의 책, 354~356쪽 참조.
54 『동아일보』, 1965년 6월 22일자, 김정원, 앞의 책, 308쪽에서 재인용.

8월 14일 국회는 공화당 110명, 무소속 1명이 참가한 가운데 비준안을 통과시켰다. 계속해서 여당 측에 완전히 장악된 일당 국회는 8월 18일, 정부에 2만 명의 병력을 파견할 권한을 부여하는 파병동의안을 찬성 101표, 반대 1표, 기권 2표로 통과시켰다. 항의는 8월 26일 서울 일원에 위수령이 발동될 때까지 계속되었다. 2개 대학교가 다시 휴교에 들어갔고 정부는 각 대학에 학생운동 지도자와 한일회담 반대 운동에 참가한 교수들을 추방할 것을 강요했다.

이처럼 통일이 아닌 분단의 영속화를, 평화가 아닌 전쟁을, 자립이 아닌 예속을 불러들이게 될 망국적인 한일국교정상화는 그 어떤 국민적 지지도 받지 못한 채 오로지 폭력과 불법에 의존해 강행되었다.

그러나 미국과 그 동맹국은 한일국교정상화가 적어도 2~3년 지연됨에 따라 애초에 세운 군사적 계획에서 심각한 차질에 봉착했다. 이 점은 미국이 공격 대상으로 설정하고 있던 나라들에 전쟁 위협에 대비할 수 있는 더욱 많은 시간적 여유를 가져다주었다는 점에서도 확인된다. 이렇게 하여 6·3항쟁은 미국의 전쟁정책에 상당한 타격을 안겨주었다.

제3장

본격적인 수탈의 개시

1. 미국 주도하의 경제개발

1950년대 말부터 시작된 미국의 경제원조 감소는 미국의 원조로 지탱되고 있던 남한의 경제를 송두리째 흔들어놓았다. 이승만 정권 말기부터 본격화된 이러한 위기는 장면 시대를 거쳐 박정희 정권에 이르러서도 수습되지 않은 채 도리어 악화일로를 걷고 있었다.

곳곳에서 문을 닫는 공장이 속출했고 그로 말미암아 실업문제가 심각하게 대두되었다. 상공부가 조사한 바에 따르면 1964년 1월 말 현재 7,881개의 생산공장 중 휴업 중인 공장이 전체의 36퍼센트인 1,924개에 달했으며 그중에서도 충청북도(57퍼센트)와 경상북도(56퍼센트)의 휴업률이 특히 높았다. 이 같은 사태는 중소기업에도 불어닥쳐 중소기업은행의 발표에 의하면 1963년에는 중소제조업에 종사하는 노동자 1만 9,689명과 중소광산노동자 1만 6,643명이 해고당한 채 거리로 내쫓겼다.[1]

경제적 파탄은 농업에서도 마찬가지였다. 미국의 잉여농산물 원

---

1   『산업경제신문』, 1964년 3월 22일자. 데라오 고로 외, 앞의 글, 263쪽에서 재인용.

조로 야기된 농업생산력의 저하는 1962년에 이르러 극단적인 흉작을 초래하고 말았다. 이 같은 흉작의 원인을 결코 천연재해 탓으로만 돌릴 수는 없었다. 더욱 근본적인 요인은 그 같은 재해를 방지할 수 있는 관개시설의 확충과 농업장비의 구입 자체를 곤란하게 했던 농가경제의 파탄이었다.

식량생산의 저하는 곧바로 민중의 만성적인 기아상태를 초래했다. 다음은 1960년대 초반 당시 남한 민중이 겪어야 했던 참혹한 상황의 일부를 소개한 것이다.

> 한국의 어디에서나 볼 수 있는 현상, 그것은 기아에 허덕이는 군중이다. 식량이 떨어진 시민과 농가, 밥을 굶는 아동, 매일의 신문지상을 메우는 엄청난 수의 이 숫자. 기아의 군중은 분노에 떨고 있다. …… 모든 학교에서 점심을 굶는 아동 수가 50%를 넘고 있다. 길고 긴 하루를 낮에는 학교에서 주는 빵 한 조각으로, 저녁은 물오른 겨릅대 껍질로 때우는 소녀의 얼굴빛은 누렇게 떠 있다. 소녀는 빵 한 조각을 속옷에 밀어 넣고 주위의 눈치를 살피고 있다.[2]

전반적인 경제위기는 당연히 정치적 위기를 불러일으킬 수밖에 없었다. 하루 세 끼니도 해결해주지 못하는 정치라면 어떤 미사여구로 치장하더라도 정당성을 갖지 못하는 것이다. 역사적인 4월 혁명을 계기로 터져 나온 민중의 저항, 그 밑바닥에는 생존을 위한 몸부림이 도사리고 있었음은 어느 누구도 부인할 수 없는 사실이었다. 비록

---

2   『경향신문』, 1964년 5월 19일자, 위의 글, 263쪽에서 재인용.

폭력적인 5·16군사쿠데타에 의해 짓밟혔지만 민중의 몸부림이 어찌 영원히 잠들었다고 할 수 있겠는가. 인간은 굶주림의 위협 앞에서는 어떤 폭력도 무서워하지 않는 법이다. 더욱이 비록 소수기는 하지만 상황의 본질을 꿰뚫고 있던 일부 민중은 당면한 빈곤으로부터 탈피하는 길은 공업화된 북한과의 재결합, 즉 민족의 재통일에 있음을 깨닫고 있었다. 이 같은 판단이야말로 4월 혁명 이후 민중의 생존권투쟁과 평화적 통일을 위한 운동이 급속하게 합류되어나갔던 결정적 요인인 것이다. 따라서 빈곤에 대한 민중의 저항은 강압적인 분단체제의 철폐를 향한 요구로 발전할 수밖에 없었다. 그 같은 요구는 당연히 남한을 자국의 군사기지로 삼고 있는 미국의 이해와 정면으로 배치되는 것이었다.

또한 남한의 경제적 파탄은 미국의 체면과도 직결되는 문제였다. 예나 지금이나 마찬가지지만 분단된 한반도는 전 세계적 범위에 걸쳐 치열하게 전개되었던 사회주의와 자본주의 진영 간의 체제상의 우열경쟁을 위한 시험대 또는 그 축소판이었다. 그런데 어느 모로 보나 1960년대 초까지 한반도의 남북에서 전개되었던 상황은 명백히 남쪽의 열세로 나타나고 있었던 것이다. 이는 남한을 책임지고 있는 미국으로서는 더할 나위 없는 국제적 망신에 해당하는 것이었다.

이처럼 날로 악화되는 위기를 수습하고 실추된 위신을 회복하기 위해 미국은 '경제개발'이라는 무기를 치켜들었다.

일반적으로 힘이 있는 자들은 으레 상대방으로부터 위협을 받게 되면 단순히 자신을 방어하는 데 그치지 않고 적극적으로 반격을 가함으로써 상대편 진영까지 점령해버리고 만다. 마찬가지로 미국은 남한에서 경제개발을 추구하면서 단순히 위기를 수습하는 데 그치지 않고 본격적 수탈이라는 더욱 큰 이익을 목표로 삼고 출발했다.

이미 살펴본 대로 그동안 미국은 원조라는 파괴무기를 동원해 이 땅에 존재하는 민족경제를 뿌리째 뽑아버리고 대량의 실업자만을 양산해냈다. 1960년을 전후한 시기는 이 같은 실업자의 양산이 극에 달했던 시점이라고 볼 수 있다. 이러한 맥락에서 새롭게 추진된 경제개발은 대규모 실업자를 값싼 임금노예로 전환시키는 가운데 본격적인 자본주의적 수탈을 개시하기 위한 것에 불과했다. 결국 경제개발은 남한의 경제가 원조로부터 탈피해 자립성을 획득하는 계기가 되었다는 주장과는 정반대로 제국주의에 의한 본격적인 수탈의 길을 여는 것에 다름 아니었던 것이다.

또한 경제개발은 한국군 유지에 필요한 비용을 남한 민중에게 떠넘기고자 하는 미국의 의도를 반영하고 있었다. 요컨대 미국은 원조 능력이 감소함에 따라 자신의 힘만으로는 한국군을 유지할 수 없게 되자 남한의 민중으로 하여금 한국군 유지비용을 조달하기 위해 더욱 많은 양을 생산하도록 요구한 것이다. 이 같은 생각은 꽤 오래전부터 미국인의 머릿속에 자리 잡고 있었다. 예컨대 1954년 미국의 마퀴트 소장은 한국에 대한 미국의 원조계획이 갖는 궁극적 목적을 설명하는 가운데 다음과 같은 점을 지적했다.

한국의 군사적, 경제적 필요조건을 유지하는 데 보다 많은 부분을 그들이 스스로 짊어질 수 있게 하려면 한국의 경제를 강화시켜야 한다. …… 한국의 방위 지원을 위한 기금의 투입량이 증가할수록 궁극적으로 우리는 그 지역의 우리 군사력을 유지시키는 데 필요한 비용을 지불하는 결과가 될 것이다. …… 또한 한국 경제 내에서 우리 군대를 유지하는 연간 비용이 산출될 수 있을 것이다. ……
경제와 군사는 분리할 수 없다.[3]

이처럼 미국은 남한 민중으로 하여금 민족의 통일과 정치적 자유를 억압하는 군사력을 유지하는 데 아까운 청춘뿐만 아니라 피땀 흘린 노동의 대가까지도 바칠 것을 강요했던 것이다. 이는 이 나라 민중이 군사적으로 독립의 길을 걷게 된 것이 아니라 더욱더 예속화되고 노예화되는 것을 의미하는 것이다. 반면 미국은 아무런 비용도 들이지 않고 한국군을 고용함으로써 동북아시아에서 자국의 정치·군사적 목적을 손쉽게 달성할 수 있었다.

미국은 1945년 9월 이 땅에 발을 들여놓은 순간부터 오늘에 이르기까지 매우 중요하고 핵심적인 사항에 관해서는 남한 당국에 내맡기지 않고 직접 나서서 결정하고 집행하면서 그 진행과정을 감독했다. 하물며 미국의 근본적 이익에 직접 관계되고 모든 방면에 결정적 영향력을 미치게 될 경제개발을 추진함에 있어서는 더 말할 나위가 없다. 미국은 경제개발에 관한 전반적인 계획을 수립하고 그 계획을 추진하는 일에 대해서는 처음부터 최고 결정권자로서의 역할을 수행했으며 이 같은 역할만은 어느 누구에게도 양보하려 들지 않았다.

1962년 제1차 경제개발 5개년 계획이 시작된 이후 남한의 경제개발계획을 전담했던 미국의 현지 기관은 국제개발처AID였다.[4]

국제개발처는 미국의 원조와 차관의 사용을 감독하기 위한 기관으로 광범위한 영역에 걸친 전문가들을 망라한 당시 세계 최대 규모의 기관이었다. 이 기관은 한국군의 베트남 파병을 대가로 지불되는 차관을 비롯해 미국이 한국에 공급하는 모든 형태의 원조와 차관의

---

3   허버트 빅스, 「지역통합전략」, 김성환 외, 앞의 책, 233쪽.
4   이하 AID의 활동에 관해서는 미 하원 국제관계위원회 국제기구소위원회 엮음, 앞의 책, 244~260쪽을 참조한 것임.

사용 방도를 결정할 수 있는 최고 권한을 지니고 있었다.

국제개발처가 남한의 경제개발을 미국의 이익에 얽어매기 위해 우선적으로 힘을 기울였던 것은 박정희 정권을 확실하게 자국의 통제 아래로 끌어들이는 것이었다. 이 같은 목적을 실현하기 위해 가장 손쉽게 동원된 수단은 차관 제공을 미끼로 박 정권을 매수하는 것이었다. 우리는 이미 모든 형태의 원조와 차관이 남한 정권에 대한 매수자금을 포함하고 있으며 역대 정권이 그 같은 자금에 놀아나 미국의 하수인을 자처하면서 민족의 이익을 팔아먹는 일에 앞장서왔다는 사실을 분명하게 알고 있다.

박정희 정권은 5 · 16군사쿠데타로 권력을 가로채면서부터 그 같은 매국적 속성을 유감없이 발휘하고 있었다. 1961년 11월 미국의 공식적인 승인을 받기 위해 워싱턴을 방문한 박정희는 미국의 거대기업가와 은행가들이 참석한 샌프란시스코의 회합에서 다음과 같이 자신의 속마음을 털어놓았다.

우리는 지리적으로 반공주의의 최전선에 있다. 따라서 방위비의 부담이 무척 크다. …… 2,500만 우리 국민은 60만 방위군을 꾸려나가야 한다. …… 그것을 공산주의 진영의 수준보다도 높게 유지시켜야 한다. 따라서 우리는 귀국 또는 그 밖의 자유세계 동맹국으로부터 계속되는 원조나 차관을 요망한다.

여러분에게 매력적인 투자의 기회를 제공할 아주 적절한 시기가 도래했다. 우리는 광산, 공업, 식품가공 등에 대하여 투자가 이루어지는 것을 환영한다. 우리는 법률을 제정하여 여러분의 개인 투자를 완전히 보장할 것이며, 그 이익을 자유롭게 본국으로 가져가는 것을 가능하게 하고, 세금 및 관세의 면제도 생각할 수 있다. 우리나라 기업의 소유권을 최저

25% 이상 보유하는 외국의 투자자에 대해 우리는 국영기업이 그 기업과 경쟁하지 못하도록 정해놓고 있다.[5]

마치 남한을 경매해 높은 가격을 받고 입찰자에게 팔아넘기는 것 같은 어조의 이 연설은 박정희가 미국의 의도를 정확히 간파하고 미국이 원하는 바를 실현하기 위해 모든 것을 아끼지 않겠다는 자세를 가지고 있었음을 적나라하게 드러내주고 있다.

이렇게 볼 때 박정희가 국제개발처의 요구에 순순히 응할 거라는 것은 불을 보듯이 명확한 것이었다. 박정희가 국제개발처에 대해 어느 정도 충성을 바쳤는가 하는 것은 물가상승을 유발시키는 원화의 평가절하 등 정치적으로는 불리한 요구마저도 그대로 시행에 옮겼다는 점을 통해 뚜렷이 확인된다. 이렇게 하여 박 정권을 손에 넣은 국제개발처는 남한 경제 전반을 마음대로 요리할 수 있는 결정적 고지를 점령하게 되었다.

이러한 가운데 국제개발처에 소속된 번스타인 박사는 박정희를 '개인지도'하면서 경제개발을 어떤 방향으로 이끌어나가야 할지를 주입시켰다. 또한 국제개발처에는 필요한 모든 정보와 자료가 정부 차원에서 제공되었으며 각 경제부처의 한국인 관리들이 국제개발처 요원들과 자주 회합을 가짐으로써 필요한 정책지침을 하달받았다.[6]

이처럼 미국의 주도 아래 이루어진 남한의 경제개발은 애초부터 미국의 군사적 전략을 보조하면서 추진되었다. 이미 살펴본 대로 경

---

5   데이비드 콩드, 앞의 책, 166쪽.
6   미 하원 국제관계위원회 국제기구소위원회 엮음, 앞의 책, 252~253쪽 참조.

제개발에 필요한 자금의 상당 부분이 한일국교정상화와 한국군의 베트남 파병 등 미국의 군사적 요구를 수용하는 대가로 얻은 것이었으며, 경제성장 또한 베트남 주둔 미군에게 전쟁물자를 팔아먹는 것으로 크게 뒷받침되었다. 이처럼 1960년대의 남한 경제는 한국전쟁 당시의 일본이 그랬던 것처럼 전쟁을 먹으면서 급속히 자라났다.

이렇게 해서 성장한 남한 경제는 다시금 미국의 정치적·군사적 목적에 훌륭히 봉사했다. 경제가 성장하고 그로부터 혜택을 받는 계층이 확대되고 비록 일시적이나마 빈곤에서 벗어날 수 있다는 희망이 고조되면서 원조자라는 미국의 이미지는 크게 호전되었다. 박 정권 또한 경제개발계획으로 통치자금이 불어나고 국민을 근대화라는 달콤한 꿈으로 몰아넣어 정치적 기반을 더욱 효과적으로 강화해나갈 수 있었다. 이와 함께 경제의 양적 성장은 한국군의 유지에 필요한 비용을 남한 내에서 조달 가능하게 함으로써 미국의 부담을 덜어주었다. 그뿐만 아니라 한국군을 더욱 강화시킬 수 있게 됨으로써 미국은 극동지역에서의 군사적 목표를 추구할 수 있는 강력한 수단을 갖추게 되었다. 동시에 한국군의 강화는 그것을 일차적인 기반으로 삼고 있는 박 정권의 강화로 연결되었으며 그로부터 군사통치는 더욱더 강고한 생명력을 발휘하게 되었다.

그러면 연평균 경제성장률이 7~10퍼센트에 달하고 연간 수출 증대율은 그보다 훨씬 높은 30~40퍼센트에 이르게 됨으로써 일찌감치 '한강의 기적'이 운위되며 경제적 자립과 근대화의 달성을 자신하게 만든 이른바 고도경제성장의 정체는 무엇인가. 그에 대한 해답을 찾아보자.

2. 더욱 교묘해진 제국주의의 수탈

미국의 직접적인 주도 아래 이루어진 이른바 경제개발이 최우선적으로 역점을 둔 것은 '매판자본'의 육성이었다.

미국이 매판자본의 육성에 우선적으로 힘을 기울인 것은 지난날 일본이 한국을 지배하던 때와는 사회·역사적인 조건이 사뭇 달랐기 때문이다. 지난날 일본은 스스로 자본을 축적하는 정도가 매우 낮았기 때문에 한국의 자본주의의 발전을 자국에 대한 경쟁상대로 보면서 이를 극력 저지했다. 다만 일본은 대륙 침략을 위한 병참기지로 만들기 위한 필요성에 의해 제한된 공업화를 자신들이 직접 장악한 가운데 추진했을 뿐이다. 일본이 한국에 역점을 둔 것은 반봉건적인 지주소작제를 바탕으로 한 식량과 공업원료를 수탈하는 데 있었다. 그러나 미국이 남한을 지배하면서부터 여러모로 사정이 달라졌다. 일단 미국은 남한을 식량과 공업원료의 공급지가 아닌 정반대로 남아도는 자신들의 식량과 공업원료를 처리하는 판매시장으로 만들어야 했다.[7] 이와 함께 양차 세계대전을 거치면서 급속히 발전한 독점자본주의가 임금상승 등 여러 가지 곤란을 겪게 되자 미국은 이러한 곤란에서 벗어나 더욱 안전하고 저렴하게 상품을 생산해낼 곳이 필요했는데 남한이 이에 적합한 나라로 떠오른 것이다. 이러한 맥락에서 미국은 남한에서 자신들의 자본주의적 공업화를 추구하게 되었다.

그러나 이 같은 자본주의적 공업화는 과거 일제강점기처럼 제국

---

[7] 특히 미국은 양차 세계대전을 거치면서 농업과 원자재 산업의 생산력이 비약적으로 발전하게 되었다.

주의가 모든 것을 직접 장악하는 형태로 이루어지기에는 많은 어려움이 가로놓여 있었다. 무엇보다도 당시에는 그 같은 노골적인 수탈이 가능하지 않을 만큼 반제국주의 역량이 놀랍게 성장해 있었던 것이다. 비록 남한의 민중이 한국전쟁을 거치면서 조직적인 투쟁역량에서 상당한 손상을 입었다고는 하지만 치열한 투쟁의 한 시기를 거친 경험이 있었기에 언제든지 다시 일어날 수 있는 풍부한 잠재력을 갖추고 있었다. 나아가 민족의 다른 절반인 북한이 공업화에 자립적으로 성공함으로써 그 대비효과로 말미암아 제국주의의 직접적인 수탈을 더욱 곤란하게 만들었다. 이 같은 요인 때문에 미국은 겉으로는 경제적 독립을 보장하는 듯하면서도 실제로는 자신들의 요구를 관철해낼 수 있는 더욱 교묘한 방식이 필요했다. 그 교묘한 방식이 바로 매판자본을 육성해 이를 이용하는 것이었다.

매판자본을 육성함에 있어 사용된 수단은 크게 차관과 정부의 금융지원으로 구성되었다.

차관이란 국가와 국가 사이에 거래되는 일종의 '빚'이라고도 할 수 있다. 그런데 주로 미국과 일본이 제공한 차관은 화폐가 아닌 현물방식으로 제공되었기 때문에 차관은 상품의 외상거래와 사실상 동일한 의미를 갖고 있었다. 특징적인 것은 1960년대 이후 남한에 제공된 차관이 순수한 경제적 의미뿐만 아니라 정치군사적 성격을 강하게 띠고 있다는 점이다. 즉, 이미 밝힌 바와 같이 미국은 차관을 공급하는 대가로 한국군의 베트남 파병을 요구했고 일본은 차관공급을 남한에 대한 새로운 지배의 길을 여는 국교정상화의 미끼로 이용했다. 이렇듯 차관공급은 그 출발점부터 남한을 미국의 용병국가로 삼고 동시에 일본에 새로운 수탈기회를 제공하는 망국의 디딤돌이 되었다.

위와 같은 맥락에서 차관은 남한에 유입된 외국 자본 중에서도

	총액 (1,000달러)	구성(%)		
		공공차관	상업차관	외국인 투자
1962	6,975	90.0	1.7	8.2
1963	45,202	53.7	41.7	4.6
1964	33,204	33.4	57.4	9.2
1965	49,838	22.5	56.0	21.6
1966	177,239	35.4	61.9	2.7
1967	230,213	34.6	59.9	5.5
1968	378,987	29.6	66.5	3.9
1969	515,912	28.7	69.9	1.3
1970	455,604	32.3	62.2	5.5
1971	681,174	47.5	47.1	5.4
1972	799,177	54.0	38.4	7.7
합계	3,373,525	40.2	54.5	5.3

〈표 4〉 외국에서의 차관과 투자

출전: 김낙중 외 『한국경제의 현단계』, 사계절, 1985, 232쪽.

절대적인 비중을 차지하게 되었는데 구체적으로 말해 1959년부터 1975년 사이에 들어온 외국 자본 총액 89억 8,830만 달러 중 약 9할 정도가 차관이었다.

차관은 1960년대 이후 나타난 고도경제성장정책에서도 결정적인 역할을 담당했다. 이는 이 기간에 동원된 투자재원 중에서 차관을 중심으로 한 외국 자본이 약 절반 정도를 차지하고 있었다는 점을 통해 분명하게 드러난다. 경제성장과정에서 외국 자본의 역할은 1·2차 5개년 계획 기간 중에 이들 외국 자본에 의해 이루어진 연평균 경제성장률이 각각 4.1퍼센트, 4.8퍼센트에 이르고 있다는 사실을 통해 다시 한 번 확인된다. 여기서 같은 기간에 이루어진 총경제성장률에서 외국 자본의 성과를 빼고 나면 대략 5퍼센트 정도가 되는데, 이는 본격적인 경제개발이 시작되기 전과 비슷한 수준으로 결국 고도성장의 비밀이란 다름 아닌 외국 자본의 대대적인 유입에 불과하다는 사실이 명확하게 드러난다.[8]

그러면 이제부터 본래의 문제로 되돌아가 이들 차관이 어떤 방법으로 매판자본을 육성해냈는지를 살펴보자. 이와 관련해 먼저 염두에 둘 것은 1945년 이후 미국이 이 땅을 지배하면서 자립적인 기술축적과 원료공급 능력을 철저히 말살시킨 채 오로지 자신들의 요구에 충실할 수 있도록 충분히 길들여진 매판자본만을 남겨놓았다는 점이다. 미국은 바로 이 같은 민족경제의 폐허 위에 자국과 동료 제국주의 국가로부터 기술과 원료를 강제로 실어 날랐던 것이고 차관은 이러한 이식을 가능케 하는 보증수표에 해당했다고 볼 수 있다. 쉽게 말해 차관은 하나의 기업이 세워지기 위해 반드시 필요하면서도 남한 내에서는 조달이 불가능한 요소들을 외상으로 공급해주기 위한 것이었다. 말할 필요도 없이 이렇게 공급되는 기술과 원료는 지난날 미국의 원조에 기생해 성장해온 매판자본에게 건네졌다.

이에 발맞추어 남한 정부는 공장부지를 마련하고 노동자의 고용에 필요한 추가자금을 지원하는 역할을 떠맡았다. 이 같은 자금의 조달은 재정지원과 은행대출에 의해 이루어졌는데, 이는 조세부담의 가

---

8 이내영 엮음, 『한국경제의 관점』, 백산서당, 1987, 181쪽. 연평균 실질성장률은 제1차 5개년 계획이 7.9퍼센트, 제2차 5개년 계획이 9.7퍼센트, 제3차 5개년 계획이 10.2퍼센트다.

중과 물가상승이라는 경로를 통해 최종적으로 그 부담이 일반 민중의 어깨 위로 떠넘겨진 것이었다. 결국 남한 정부는 민중의 재산을 강제로 가로챈 뒤 이를 매판기업의 설립과 확장에 이용한 셈이었다.

위와 같은 방법을 통해 매판기업이 손쉽게 창설되거나 그 규모가 확장되었다. 한 예로 당시 대표적인 매판기업의 하나인 삼성그룹의 주력 업종에 해당하는 제일합섬은 공장을 건설하기 위해 차관 350만 달러, 외화대부 650만 달러, 70~80억 원의 은행융자·사채를 이용했다. 자기자금의 투입은 겨우 17억 원뿐이었다.[9] 이 같은 사실은 남한의 재벌들이 재벌이라는 자리를 차지할 수 있게 된 요인이 기업가의 근검절약과 남다른 기술개발이라는 그들의 주장이 거짓임을 명백히 밝혀준다. 그들이 재벌이 될 수 있었던 것은 전적으로 외래 제국주의의 요구에 충실하고 권력과 손발을 맞출 수 있는 그들의 탁월한 능력에 따른 것이었다.

그러면 미국과 일본 등 제국주의 국가는 차관을 통해 어떤 종류의 공장을 남한에 이전시켰는가.

미국과 일본이 차관을 통해 공급한 공장설비는 대부분 임금상승으로 수지가 안 맞거나 새로운 기술개발로 사양화된 것, 그리고 심각한 공해 발생 때문에 주민들의 강력한 반발을 사고 있는 업종들이었다. 이러한 것들은 만약 그대로 두면 가동을 중지하거나 폐기처분하지 않을 수 없는 것들이었다. 그러나 이제 이 같은 낡고 골치 아픈 업종들을 남한에 떠넘길 수 있게 된 것이다. 사실상 미국과 일본은 고철

---

9   다니우라 다카오谷浦孝雄, 「해방 후 한국 상업자본의 형성과 발전」, 진덕규 외, 『1950년대의 인식』, 한길사, 1981, 326쪽.

덩어리와 다름없는 것들을 정확히 이자까지 붙여 팔아먹을 수 있게 되었으니 그 자체만으로도 엄청난 이득을 보게 되는 셈이었다. 이렇게 하여 남한은 미국과 일본의 낡은 자본을 위한 연명처이자 부패한 자본의 도피처가 되었다.

그러나 미국과 일본은 이처럼 낡고 부패한 업종을 이전시키면서도 핵심적인 기술만은 손에 움켜쥔 채 결코 놓아주지 않았다. 이는 자신들의 독점적 기술로 생산된 제품을 계속해서 팔아먹기 위한 의도에 따른 것이었다. 이로 말미암아 남한에서는 경제가 성장하면 할수록 기술의 해외의존도가 더욱 높아질 수밖에 없었다. 이에 관해서는 기계생산의 자립화를 추구한다고 했던 1970년대조차 국산기계 사용률이 1973년 33.1퍼센트, 1975년 32.9퍼센트, 1978년 28.9퍼센트, 1979년 25퍼센트로 계속 낮아지고 있었다는 점을 통해 분명하게 확인할 수 있다.[10]

차관도입으로 인한 경제의 예속화는 기술문제에 국한되지 않았다. 일단 차관을 도입하면 머지않아 이것을 갚기 위해 달러가 필요하다. 아울러 필요한 기계부품과 원료를 해외에서 구입하는 데에도 역시 달러가 반드시 필요하다. 이처럼 '없어서는 안 되는' 달러를 벌어들이기 위해서는 수출을 하지 않으면 안 되었다. 수출은 민중의 빈곤화와 그에 따른 구매력의 저하로 국내 시장이 극히 협소해짐으로써 더욱 불가피한 것으로 떠올랐다. 이러한 맥락에서 1960년대에 막을 올린 고도성장정책은 곧 수출지상주의를 낳게 되었다. 그러나 이러한 수출조차 또다시 딜레마를 안고 출발할 수밖에 없었다. 즉, 수출을 위한 제

---

10 김병오, 앞의 책, 166쪽.

품 역시 외국의 기계와 원료로 만들 수밖에 없었기 때문에 수출의 증가는 자연히 그에 상응하는 수입의 증가를 유발했다. 밑 빠진 독에 물 붓기였다.

그러나 수출을 통해 달러를 벌어들이지 않으면 경제 전체가 완전히 멈춰버리기 때문에 선택의 여지가 없었다. 결국 수출과 수입의 비중이 동시에 늘어나는 현상이 나타나게 되었는데 실제로는 수출은 헐값에, 수입은 독점가격 아래에서 이루어졌기 때문에 수입이 수출보다 더 큰 폭으로 늘어나게 되었다. 예컨대 1968년에는 수출의 경우 5억 달러를 기록하며 전년에 비해 37.5퍼센트가 증대한 데 비해, 수입은 14억 6,800만 달러로 같은 기간에 47.4퍼센트가 증가했던 것이다.[11] 아울러 국민총생산 중에서 수출입이 차지하는 비중 역시 계속 증가해 1차 5개년 계획이 시작된 해인 1962년에는 수출과 수입 의존도가 각각 5.0퍼센트, 16.6퍼센트였으나 1970년에는 각각 14.3퍼센트, 24퍼센트로, 1980년에는 31.5퍼센트, 41.2퍼센트로 계속 증대하는 추세를 보였다.[12]

이는 남한 경제가 어떤 형태로든지 상품시장의 대부분을 주로 미국과 일본 등 해외시장에 의존하게 되었다는 것을 의미한다.

이처럼 무역의존도가 계속 높아지고 수입과 수출 간의 간격이 확대되면서 또다시 새로운 문제가 발생하게 되었다. 즉, 수입이 수출을 계속 상회하자 단지 수출을 통해 벌어들인 달러만 가지고는 외채 상환은 고사하고 당장 필요한 수입조차 곤란해지게 되었다. 결국 부족한

11   야마모토 다케시山本剛士, 「1·2차 경제개발계획과 고도성장의 문제점」, 김성환 외, 앞의 책, 292쪽.
12   김병오, 앞의 책, 166쪽.

달러를 메우기 위해서는 계속해서 외국 빚을 얻어와야 한다는 결론이 내려졌다. 이러한 과정이 쌓이고 쌓여서 1980년에는 급기야 외채가 500억 달러라는 놀라운 수치를 기록하게 되었다.

위와 같이 미국은 일본을 대동하고서 차관을 무기로 매판자본을 육성하고 이를 통해 국가경제의 가장 기본적인 요소인 자본·기술·시장 모두를 자신의 수중에 끌어들이고 이를 확실하게 장악하게 되었다. 나아가 이 같은 장악은 직합작투자로 더욱 확고한 것이 되었다.

직합작투자로의 전환은 이미 차관공급과정에서 자연스럽고도 필연적인 것으로 포함되어 있었다고 볼 수 있다.

먼저 박정희 정권은 차관공급의 대가로 모든 형태의 외국 자본이 남한에 진출할 수 있는 길을 활짝 열어놓았는데 1962년 6월에 제정·공포된 '비계획사업을 위한 외자도입 촉진방안'에는 '외자도입은 그 형태와 금액 여하에 관계없이 이를 허가한다'라고 규정되어 있었다.[13] 단지 합작투자의 경우 외국 자본이 차지하는 비율이 50퍼센트 이상을 넘지 못하도록 규정하고 있었을 뿐이다.

그리하여 미국과 일본의 자본이 직접 진출하게 되었고 외국 자본과의 합작투자에 의해 최초로 울산정유공장이 건설되었다. 울산정유공장은 1964년 초에 미국의 거대 석유회사인 걸프가 주식의 49퍼센트를 차지하는 조건으로 석유공사가 건설했지만 사실상 경영권이 기술과 시장확보 능력에서 압도적 우위에 있는 걸프사로 넘어가고 말았다. 이후에도 동일한 방식으로 미국의 칼텍스사 등이 진출함으로써 남한의 정유산업은 사실상 미국 독점자본에 완전히 장악되었다. 나아

---

13 이내영 엮음, 앞의 책, 147쪽.

가 이들 자본은 주유소 등 유통시장과 함께 나프타 생산과 같은 기초 석유화학 부문을 잠식해 들어감으로써 남한 경제의 밑바탕이자 생명선이라고도 할 수 있는 석유산업을 완전히 지배하게 되었다. 비슷한 양상이 비료, 섬유, 시멘트 등 중요 산업 분야에서도 빚어지게 됨으로써 명실공히 남한 경제의 골간은 외국 자본의 직접적인 지배 아래 놓이게 되었다. 이처럼 직합작투자에 의한 외국 자본의 유입은 비록 전체 외국 자본 중에서 1할 안팎에 머물 정도로 적은 양이기는 했지만 그 진출 분야가 경제 전반의 운명을 좌우하는 성격을 띠고 있었기 때문에 그것이 지니는 비중은 그 양과 무관하게 절대적이라 할 수 있는 것이었다.

직합작투자에 의한 외국 자본의 진출은 차관기업의 취약성 때문에 더욱 가속화되었다. 차관기업 대부분이 거액의 부채를 안고 출발했을 뿐만 아니라 이전받은 기술이 상당히 낙후된 것들이어서 이후 시장경쟁력에 있어서도 고전을 면하기 어려웠다. 이러한 이유로 차관기업들은 쉽게 부실화되었는데 이들 기업은 결국 그 같은 곤란을 외국 자본을 유치해 해결하고자 시도했다. 즉, 기업주식의 상당 부분을 외국 자본에 매각함으로써 부채문제를 해결함과 동시에 기술과 시장 확보 능력에서 유리한 입장에 있는 이들 외국 자본에게 핵심적인 경영권까지 넘겨줌으로써 경영상의 곤란까지도 함께 타개하고자 한 것이다. 예를 들면 1969년에 설립된 제일모직 경산공장(제일합섬의 모체)은 경영부실을 타개하기 위해 일본의 도레미쓰이물산의 출자를 받아 차관기업에서 합작회사로 옷을 갈아입게 되었다. 합작 당시의 계약 조건을 보면 도레미쓰이물산이 제품의 60퍼센트를 수출할 수 있다고 책임과 권한이 명시되어 있었다.[14]

이 같은 양상은 개별 기업 수준에 그치지 않고 국가적 차원에서도 동일하게 나타났다. 다시 말해 무리한 차관도입과 계속되는 무역수지의 적자, 그에 따른 외채부담의 증가라는 곤란을 타개하기 위해 상환부담이 없으며 달러의 부족과 시장확보의 어려움을 해결해줄 수 있는 외국 자본의 직합작투자를 더욱 적극적으로 유도하게 된 것이다. 그리하여 정부는 1969년 이후부터는 그동안 지켜져왔던 투자상한선마저 철폐하고 외국 자본에 무한대의 투자기회를 제공하는 조치를 취하고 말았다.

위와 같은 여러 가지 요인으로 말미암아 전체 경제에서 외국 자본이 직접 지배하는 분야가 꾸준히 확대되었다. 그 결과 석유, 자동차, 전기, 섬유, 의류, 시멘트, 유리, 알루미늄, 컴퓨터, 플라스틱 등 중심적인 산업의 대부분이 미국과 일본을 중심으로 하는 외국 자본의 직접적인 지배 아래에 놓이게 되었다.

지금까지 우리는 미국이 일본과 함께 차관을 미끼로 매판자본을 육성함과 동시에 자기들의 자본을 직접 진출시킴으로써 어떻게 남한 경제를 장악하게 되었는지를 살펴보았다. 그러면 지금부터 남한 민중에 대한 제국주의의 수탈이 어떤 경로와 방법을 통해 이루어졌는지를 살펴보자.

남한에 대한 미국·일본의 경제적 수탈은 크게 차관대부를 통한 수탈, 불평등무역을 통한 수탈, 직합작투자에 의한 수탈로 나눌 수 있다.

경제개발이 본격적으로 시작되던 1960년대에 제공된 이른바 개발차관은 대체로 이자가 매우 싼 편이었다. 그러나 무역수지 적자가 확대되고 그로 인한 외채누적 현상이 나타남으로써 상황이 급변하고 말

14　다니우라 다카오, 앞의 글, 327쪽.

	중장기원리금상환액(A)			단기 이자 지불액	중장기 신규 도입액 (B)	차관율 A/B (%)	경상 수입 (C)	원리금 상환 부담률(D) (%)
	계	원금	이자					
1962	1	1	–	–	6	16.7		
67	34	23	11	1	218	15.6		
72	409	255	154	7	806	50.7		
73	587	396	191	22	1,000	58.7		
74	601	376	225	99	1,518	39.6		
75	705	394	311	141	1,734	40.7		
76	1,003	626	377	139	1,948	51.5		
77	1,339	823	516	218	2,259	59.3		
78	2,082	1,363	719	310	3,410	61.1		
79	2,601	1,661	940	573	4,585	56.7	19,500	13.3
80	2,948	1,578	1,370	1,285	4,390	67.2	22,600	13.0
81	3,761	2,004	1,757	1,874	6,229	60.4	27,300	13.8
82	4,416	2,121	2,295	1,528	4,662	94.7	28,400	15.5
83	4,657	2,470	2,187	1,196	6,836	68.1	30,200	15.4

(단위: 100만 달러)

〈표 5〉 외채원리금 상환

주: 단기이자를 포함하면 원리금상환부담률은 1979년 16.3%, 1980년 18.7%, 1981년 20.6%, 1982년 20.9%, 1983년 19.4%로 된다.
출전: 재무부, 이대근·정운영 엮음, 『한국자본주의론』, 까치, 1984, 188쪽에서 재인용; 『경제백서』, 1984, 61쪽.

았다. 즉, 시간이 흐름에 따라 이자가 싼 차관형태는 급격히 줄어들고 그 대신 이자부담이 큰 '단기성차관', '금융차관', '변동금리 조건부차관' 등이 그 자리를 차지한 것이다. 결국 값싼 차관이란 값비싼 차관을 팔기 위한 미끼에 불과했던 것이다. 이로 인해 1980년대 이후부터는 매년 국민총생산의 거의 10퍼센트나 되는 경제잉여가 차관에 대한 원리금 상환으로 지출되었다.

다음으로 불평등한 무역을 통한 수탈을 살펴보자. 유감스럽게도 이에 관한 정확한 통계자료는 아직 발견되지 않았지만 여러 가지 수탈방법 중에서 가장 중심적인 형태라고 여겨진다.[15]

본래 미국은 남한에서 이루어진 방법과 약간의 차이는 있지만 대체로 유사한 경제개발을 아시아와 중남미의 여러 나라에서 동시에 추진했다. 이렇게 해서 경제개발을 거친 나라들은 남한과 비슷한 상황으로 인해 미국과 일본 등 주요 선진 자본주의 국가를 대상으로 상품수출을 서두르게 되었는데, 이들 나라의 상품수출은 대부분 노동집약적인 성격을 지니고 있어서 종목에서도 상호 일치하는 경우가 허다했다. 그 결과 제한된 수출시장을 사이에 놓고 이른바 개발도상국들 간에 치열한 경쟁이 벌어졌고 그에 따라 상품가격은 급격한 하락세를 면하기가 어려웠다. 반면 미국 등 제국주의 국가들은 이들 개발도상국들을 자신들의 안정된 상품시장으로 삼으면서 독점적으로 생산되는 자기들의 상품을 이들 나라에 비싼 값에 팔아먹을 수 있었다. 이렇게 하여 제국주의 국가들은 자기들의 상품은 비싸게 팔아먹고 가난한 나라들의 상품은 헐값에 사들이는 방법으로 엄청난 이득을 보게 되었다. 바로 이 점이야말로 미국이 전체 경제활동 인구 중에서 1할 정도만이 생산적 노동에 종사하는데도 그토록 거대한 부를 축적하게 된 결정적 요인이었다.

---

15 국제무역에서 수탈은 각 나라 간의 생산력 발전에 따른 상품가치의 차이 때문에 발생하기도 하지만 여기에 대해 설명하기 위해서는 매우 복잡한 이론적 과정이 필요하므로 여기서는 생략하기로 한다.

이 같은 불평등한 무역관계에서 남한이라고 하여 예외일 수는 없었다. 실제로 경제개발의 막을 올림과 동시에 수출지상주의의 기치를 내건 남한은 수출시장에서 벌어지는 치열한 경쟁, 달러 획득과 재고자금 회수에 대한 강한 압력으로 대부분 '제조원가의 42~59퍼센트에 해당하는' 출혈적인 덤핑수출, 적자수출을 관행처럼 유지해왔다.[16] 이 사실은 만약 남한이 100억 달러어치의 상품을 수출했을 경우 그 상품의 제조원가가 약 200억 달러에 달하며 그에 따라 최소한 100억 달러 이상의 손해를 보게 되었음을 의미한다. 이는 매년 수출한 액수 이상의 경제자원이 해외, 그중에서도 주요 수출국인 미국과 일본 등지로 흘러나가고 있음을 말해주는 것이다. 반면 제국주의 독점자본은 이 같은 방식으로 저렴한 상품을 공급받음으로써 그 나라 노동자의 임금을 낮은 수준에 머물도록 하는 등 이 땅에서 흘러나간 경제잉여만큼의 초과이윤을 확보할 수 있게 되었다.

제국주의 독점자본에 의한 수탈은 수입과정에서도 동일하게 나타났다. 그동안 미국과 일본 등 주요 제국주의 국가들은 남한에 대한 정치·군사적 지배력에 근거한 각종 불평등계약과 기술독점에 입각한 상품공급의 독점적 지위를 이용해 자기네들의 상품을 국제시장 가격보다도 15~30퍼센트, 심지어는 50~200퍼센트 이상이나 비싸게 팔아먹었다.[17] 이와 관련된 몇 가지 예를 들어보자. 남한에 대한 원유공급을 독점하게 된 미국의 걸프사는 1963년 6월 25일 남한 정부와 체결한 원유도입에 관한 기본 협정에 따라 국제시장 가격보다도 평균

16   아키타 히로시秋田弘, 「한국경제의 위기구조」, 김낙중 외, 『한국경제의 현단계』, 사계절, 1985, 156쪽.
17   대동 편집부 엮음, 『민족과 경제』, 대동, 1988, 79쪽.

10~20퍼센트나 비싼 가격으로 원유를 팔아먹게 되었다.[18] 대부분 한 두 개 외국 회사가 독점적으로 공급하던 다른 원자재들도 비슷한 양상을 보여주었다. 그 결과 1972년 7월경 발표된 관계 당국의 자료에 따르면 대부분 수입에 의존하고 있는 주요 원자재 19개 품목의 국내 도매가격이 일본에 비해 평균 49퍼센트나 높은 것으로 나타났다.[19] 이 밖에도 1971년 일본의 회사들이 지하철 차량을 일본 국내 가격보다 2배나 비싸게 남한에 팔았으며, 미국과 캐나다 등은 핵연료를 시세보다 2~3배 비싸게 판매하는[20] 등 그 예는 무수히 많다.

위의 사실을 통해 우리가 알 수 있는 것은 무역수지가 적자냐 흑자냐에 관계없이 남한은 언제나 불평등한 무역을 통해 제국주의에 의한 수탈을 강요받고 있으며, 그 같은 수탈은 무역의존도가 증가함에 따라 지금까지 계속 확대되어왔다는 점이다. 결국 매판자본이란 제국주의 독점자본의 상품을 비싼 값에 구입해주면서 그들에게 우리의 상품을 싼값에 공급해주는 제국주의의 현지 대리인과도 같은 존재인 셈이 된다.

마지막으로 직합작투자에 의한 수탈을 살펴보자.

남한에 직접 진출한 외국 자본들은 극도로 값싼 노동력을 바탕으로 엄청난 폭리를 취했는데, 이는 1950년 5월 미 국무성 한국담당부장 레이너드가 행한 "한국은 투하자본에 대하여 세계에서 가장 높은 연 50%라는 이윤을 가져다주고 있다"라는 발언 하나만으로도

---

18   조갑제, 앞의 책, 300쪽.
19   청사 편집부 엮음, 앞의 책, 107쪽.
20   『중앙경제신문』, 1989년 2월 9일자.

그 정도를 충분히 짐작할 수 있다.[21] 이렇게 하여 대부분의 외국 자본이 진출한 지 5년 만에 투자원금을 회수할 수 있었으며 1962년부터 1984년 사이에 지점 설치와 기술 제공에 따른 수익을 포함해 총 215억 4,527만 달러에 달하는 거액의 이윤을 착복하게 되었다.[22]

이처럼 남한에 진출한 외국 자본들이 엄청난 폭리를 취할 수 있게 된 데에는 독재권력의 폭넓은 지원이 커다란 역할을 해냈다. 예컨대 이들 외국 자본은 처음 5년간은 모든 세금을 완전히 면제받았고 이후에도 3년간 정규세액의 절반을 면제받는 등 파격적인 혜택을 부여받았다. 이와 함께 외국인 기업체에 고용되어 있는 노동자들에게 사실상 노동3권이 전면 부정됨으로써 외국 자본은 극단적인 저임금 착취를 제도적으로 보장받게 되었다. 이 밖에도 외국인 기업은 설립 당시 각종 부대비용을 정부로부터 지원받는 등 온갖 특혜를 누려왔다.

이렇듯 독재권력 덕에 엄청난 폭리를 취할 수 있게 된 외국 자본들은 당연히 독재권력의 유지·강화에 사활적 이해관계를 갖게 되었고 그에 따라 독재권력에 대한 자금지원을 빈번하게 행해왔다. 이러한 자금지원은 특히 선거를 전후해서 집중적으로 이루어졌는데 한 가지 예로 1971년 대통령 선거에 즈음해 남한에 진출해 있는 미국계 기업들이 약 850만 달러의 거금을 박정희에게 제공했다. 850만 달러의 자금 중에는 거대 석유기업인 칼텍스사가 제공한 400만 달러와 걸프사가 제공한 300만 달러가 포함되어 있었다.[23]

---

21   아키타 히로시, 앞의 글, 150쪽.

22   이내영 엮음, 앞의 책, 188쪽.

23   미 하원 국제관계위원회 국제기구소위원회 엮음, 앞의 책, 362~363쪽을 참조할 것. 외국 자본이 박 정권에 자금을 제공한 사례들을 몇 가지 더 들어보자.

일시에 이 같은 거액의 자금을 제공할 수 있는 능력을 지닌 것은 세계적 규모를 자랑하는 이들 외국 자본뿐이라는 사실을 고려한다면 독재권력의 선거자금 조달과정에서 외국 자본의 역할이 결정적인 것이었다고 할 수 있다. 이는 곧 독재권력이 선거에서 승리하는 데 외국 자본이 결정적인 역할을 해냈다는 것을 의미하는 것으로, 이에 관해서는 1975년 5월 16일 미 상원 다국적기업조사소위원회가 마련한 청문회에서 행한 걸프 석유회사 사장 봅 도시의 다음과 같은 증언을 통해서도 확인할 수 있다.

클라크 상원의원: 한국의 민주공화당은 그 선거(1971년 대통령 선거)에서 겨우 51%의 득표로 이겼습니다. 당신들의 정치헌금이 그런 표차를 만들어 공화당을 이기게 한 것으로 보는데, 그런 가능성이 있다고 보지 않습니까.

봅 도시: 통계적으로는 의원의 말씀이 맞다고 인정합니다.[24]

물론 여기서 언급된 걸프사가 박 정권에 제공한 수백만 달러의 자금은 그들이 이 땅에서 착복한 거액의 이윤에 비교한다면 그야말로 새 발의 피에 불과한 것이었다. 걸프사가 1963년 이후 1980년 철수할 때까지 17년 동안 이 땅에서 벌어들인 돈은 투자액의 14배인 4억

일본 최대의 무역회사인 미쓰비시, 미쓰이, 마루베니, 닛쇼이와이는 1971년에서 1973년 사이에 250만 달러를 공화당에, 미국의 걸프사는 1966년에 100만 달러를 공화당에 각각 제공했다고 한다. 미국의 상원의원 프랭크 처치의 조사에 의하면 미국 기업들이 박 정권에 제공한 뇌물은 총 2,500만 달러에서 3,000만 달러에 달한다고 한다(마크 셀던, 「기로에 선 한국과 미국」, 거번 맥코맥 · 마크 셀던, 앞의 책, 34~39쪽 참조).

24　조갑제, 앞의 책, 1988, 291쪽.

267만 5,000달러였는데, 이는 걸프사의 해외투자 사상 일찍이 없었던 노다지에 해당하는 것이다.[25]

이러한 거액의 자금제공이야말로 박 정권이 온갖 특혜를 베풀면서까지 외국 자본을 끌어들이고자 발버둥쳤던 주요 동기 중 하나였다. 요컨대 독재권력에게 외국 자본이란 '권력을 팔 수 있는 가장 큰 고객'이었던 것이다.

이처럼 미국과 일본은 차관을 미끼로 남한의 경제를 '교묘하게' 자신들의 수중으로 끌어들이면서 광범위한 수탈을 자행해왔다. 제국주의가 행한 수탈은 아직 정확한 수치로 계산되지는 않았지만 그 규모가 실로 엄청날 것임은 쉽게 짐작할 수 있는 일이다. 따라서 이 같은 제국주의의 수탈이야말로 이 땅의 민중이 그토록 장시간 혹독한 노동에 시달리면서도 여전히 빈곤의 악순환에서 헤어나지 못하게 만드는 궁극적 요소가 되었던 것이다.

3. 밑지는 장사에 민중만 죽어나고

우리는 앞에서 1960년대 이후 추진된 이른바 고도경제성장정책이 제국주의에 대한 예속화의 심화에 다름 아니며 제국주의가 수탈을 강화하는 것이야말로 민중의 끝없는 빈곤과 소외를 야기하는 궁극적 요인임을 살펴보았다.

그러나 문제는 그리 간단하게 설명될 성질의 것이 아니다. 왜냐하

---

25 위의 책, 300쪽.

면 제국주의의 수탈은 남한 내의 모든 계급과 계층에게 균등하게 가해지는 것이 아니라 극히 불평등한 형태로 이루어지기 때문이다. 즉, 제국주의의 수탈과정에서도 온갖 혜택을 누리며 더욱더 살쪄가고 있는 소수의 특권층이 버티고 있는 반면, 장래에 대한 아무런 희망도 없이 오로지 장시간 노동과 참기 어려운 빈곤만을 강요받는 다수의 민중이 존재하고 있는 것이다.

소수의 특권층이란 말할 필요도 없이 매판재벌과 넓은 의미의 권력집단이다. 이들은 상호 공생관계에 있으면서 동시에 미국과 일본 등 제국주의 국가의 이익을 위해 봉사한다는 점에서도 일치한다. 먼저 남한 경제에서 압도적인 비중을 차지하고 있는 매판자본은 제국주의 독점자본의 상품판매를 위한 안정된 고객의 역할과 함께 값싼 제품을 생산·공급해주는 현지 대리인, 외국 자본의 진출을 위한 동반자 또는 보조자 구실을 해내고 있다. 요컨대 이들 매판자본은 상당수가 외국 자본과 직접 결탁한 상태에서 해외에서 값비싼 부품과 원료를 수입한 뒤 이를 가공해 다시 헐값에 해외에 내다 파는 방식으로 기업을 운영하고 있는 것이다. 그런데 이미 살펴보았듯이 이러한 과정은 그 자체만으로는 명백히 개별 기업 차원에서나 국가적 차원에서나 아무런 이익도 남기지 못한 채 오로지 제국주의의 이익에만 봉사할 따름이다.[26]

따라서 매판자본은 명백히 민중이 피땀 흘린 결과인 경제잉여의 대부분을 제국주의 상전에게 갖다 바치면서도 자신의 몫까지 차지하

---

26 남한에 직접 진출해 있는 외국 자본의 경우는 문제의 성격을 달리하고 있다. 이들은 본사로부터 원료와 중간재를 비싸게 수입해 오고 생산된 제품은 저렴하게 본사에 판매함으로써 표면상의 적자경영에 관계없이 이익을 남겨왔다.

기 위해서는 민중에 대한 수탈을 더욱더 강화할 수밖에 없었다. 물론 이 같은 민중수탈의 강화는 매판자본이 자기 역할을 계속 유지하기 위한 필수적인 조건에 해당하는, 충분한 이윤보장이라는 문제와 관련되어 있기 때문에 제국주의의 이해와도 전적으로 일치하는 것이었다.

이러한 맥락에서 제국주의, 정치권력, 매판자본 3자 간의 공모 아래 민중수탈을 강화하기 위한 온갖 수단이 시종 총동원되었다.

이제부터 이 문제에 대한 구체적인 접근을 시도해보자.

민중수탈을 강화하기 위해 중심적으로 추구된 것은 노동자의 임금 수준을 최대한으로 낮추는 것인데, 사무직과 서비스직을 포함한 노동자계급에 대한 저임금의 강요와 불가분의 연관성을 지닌 것은 농민의 몰락이라고 할 수 있다. 즉, 농민의 몰락 자체가 주로 임금상승 요인을 제거하기 위한 저곡가정책에 따른 것이며 동시에 몰락한 농민이 대거 도시로 진출함으로써 임금상승을 압박하는 대규모 실업자군을 형성하게 된 것이다. 이처럼 농민의 몰락은 저임금의 원인이자 결과라고 할 수 있다.

이미 분명해진 사실이지만 남한에서 농민이 몰락한 원인은 그 어떤 숙명적인 자연법칙 때문이 아니라 전적으로 인위적으로 강제된 것이라고 할 수 있다. 이 같은 인위적인 강제는 지난날 미국의 잉여농산물 원조에 의해 이미 시작되고 있었으며 그것은 1960년대에 들어와서도 끊이지 않고 계속되었다.

이같이 미국의 잉여농산물이 남한에서 저임금구조를 형성하기 위한 수단이었다는 점이야말로 1960년대에 들어와서 미국의 원조가 대부분 감소하거나 중단된 가운데서도 유독 잉여농산물 원조만은 계속되었던 이유에 해당한다. 즉, 잉여농산물의 원조는 투자자본에 대한 초과이윤을 보장하기 위한 지원사격으로서의 의의를 여전히 지니고 있었던 것이다. 그러나 이 같은 잉여농산물의 원조마저도 미공법 480호(PL480)가 중단된 1971년부터는 유상판매로 바뀌었는데, 이는 잉여농산물을 단순히 저임금 창출의 무기로 사용하는 것에 그치지 않고 본격적인 장사를 위한 상품으로 활용하고자 하는 의도에 따른 것이었다. 이렇게 하여 남한은 미국의 잉여농산물을 구입하기 위해 엄청난 자금을 낭비하지 않으면 안 되었다. 이러한 식량도입 비용은 시간이 흐름에 따라 계속 증가하게 되었고 급기야는 1980년에서 1983년에 이르는 기간에 미국의 잉여농산물 구입에 충당된 자금은 무려 6조 3,280억 원에 이르렀다. 이는 매년 총수입액의 10퍼센트 이상을 차지하는 것으로 세계에서 네 번째 가는 미국 농산물 수입국에 해당하는 것이었다.[27]

그러나 이 같은 미국의 농산물 원조와 계속되는 유상판매가 반드시 경제적인 불가피성에 따라 자연스럽게 이루어진 것은 결코 아니었다. 그동안 미국의 거대 식량상인과 그와 연계된 정치세력들은 남한의 자립적인 농업 발전을 봉쇄하고 계속해서 자기네 상품을 팔아먹기 위해 온갖 추악한 행위를 마다하지 않았던 것이다.

원조와 차관, 직합작투자 등 미국이 이 땅에 진출시킨 모든 형태의 수탈수단이 그러했듯이 잉여농산물의 원조와 판매 역시 남한의 예속 정권에 대한 매수행위로 강력히 뒷받침되어왔다. 예컨대 미 하원 윤리위원회의 폭로에 따르면, 박 정권은 하수인인 박동선을 통해 1969년부터 1976년 1월까지 미국 쌀을 도입하는 대가로 920만

27 나상기, 「농업문제의 구조와 대책」, 김낙중 외, 앞의 책, 328쪽.

4,815달러의 뇌물을 제공받았다.[28] 이 같은 매수행위는 미국의 식량
상인을 통해서만 이루어진 것은 아니었다. 그것은 미국 정부의 주도
아래 공공연한 형태로 이루어져왔다. 한 예로 1970년 남한 정부가 더
욱 조건이 좋은 일본으로부터 40만 톤의 쌀을 수입하려고 했을 때 미
국 정부는 미국산 쌀의 수입을 한국군 장비 현대화를 위한 원조 여부
와 연계시킴으로써 남한 정부로 하여금 자국의 쌀을 구입하도록 압
력을 가했다. 결국 박 정권은 미국의 압력에 굴복했고 그 대가로 상당
한 정도의 사례비가 포함되어 있는 2,400만 달러의 개발차관을 제공
받게 되었다.[29] 그런데 미국이 제공한 이 같은 매수자금조차 종종 교
묘한 방법을 통해 남한의 부담으로 떠넘겨지고 있었다. 그것은 식량
을 도입하기 위한 계약과정에서 도입가격을 실제 가격보다 높게 책정
하는 방법으로 이루어졌다. 한때 국제가격보다 33퍼센트나 높은 가
격으로 미국산 쌀이 도입되어 말썽을 일으켰던 사실이 이를 입증해준
다.[30] 결국 33퍼센트에 해당하는 부당이익 중 일부가 남한의 권력집
단에 대한 매수자금으로 쓰인 것이다.

미국의 잉여농산물이 남한의 농업에 미친 영향은 가히 파멸적인
것이라 할 수 있었다. 넘쳐흐르는 미국의 잉여농산물은 전반적인 농
산물가격의 하락을 초래했고 이 때문에 농민들은 수지가 맞지 않는
작물의 재배를 포기해야 했다. 그러면 생산되지 않은 작물의 공급은
미국의 잉여농산물이 재빨리 메웠고 이러한 과정을 통해 농산물의 자
급률은 해마다 떨어지는 현상이 나타났다. 그 결과 1981년에 이르러

---

28 마크 셀던, 앞의 글, 35쪽.
29 미 하원 국제관계위원회 국제기구소위원회 엮음, 앞의 책, 318~319쪽.
30 아키타 히로시, 앞의 글, 154쪽.

	전체	쌀	보리	밀	옥수수	콩	기타
1965	93.9	100.7	106.0	27.0	36.1	100.0	100.0
1970	80.5	93.1	106.3	15.4	18.9	86.1	96.9
1975	73.0	94.1	92.0	5.7	8.3	85.8	100.0
1978	72.6	103.8	119.9	2.1	6.0	59.3	100.0
1980	54.3	88.8	57.6	4.8	5.9	35.1	89.8
1981	43.2	63.0	85.7	4.2	5.8	27.9	87.2

(단위: %)

〈표 6〉 식량자급도의 추이

출전: 농수산부, 변형윤 외, 『한국사회의 재인식』 1, 한울, 1984, 327쪽에서 재인용.

서는 식량의 자급도가 43.2퍼센트에 불과해 밀, 옥수수 등은 거의 전량 미국에서 구입해 와야만 하는 실정에 처하고 말았다.

이러한 식량자급도의 하락은 농민들로 하여금 계속해서 수입이 곤란한 특정 작물, 예컨대 채소 등의 재배에 몰려들도록 했고, 이는 걸핏하면 과잉생산으로 인한 채소값의 폭락현상을 야기하는 요인이 되었다. 이처럼 전반적인 농산물가격의 하락과 재배 작물의 제한성은 농민들에게 계속되는 적자만을 안겨주었으며, 그 결과 필연적으로 농가부채의 누적을 초래했다. 나아가 농가부채는 이를 상환하기 위해 농민의 유일한 재산인 토지를 팔아치우도록 만들었으며 결국에는 토지가 없거나 부족한 소작농을 양산해내게 되었다.

농촌 파탄으로 야기된 가장 심각한 결과는 대규모 이농현상이었다. 즉, 농업생산을 계속하지 못하게 된 농민들이 고향을 등진 채 아무런 장래 보장도 없는 도시를 향해 발길을 옮기기 시작한 것이다. 이 같은 이농현상은 전국 방방곡곡에서 전개되었지만 전통적 농업지역이면서도 공업화 과정에서 철저히 소외된 호남지역에서 특히 두드러

연도별	자작농	자소작	소작	자료
1965	69.5	23.5	7.0	토지경제연구소 조사
1970	66.5	23.8	9.7	1970년 농업센서스
1973	70.2	18.2	7.2	가톨릭농민회 조사
1975	72.2	19.8	8.0	간이 농업센서스
1980	58.4	37.1	4.4	농가경제조사 결과
1982	50.4	47.6	1.8	농가경제조사 결과
1984	44.0	53.2	2.8	농가경제조사 결과

(단위: %)

〈표 7〉 소작농가 비율 추이

출전: 박현채 외, 『해방 40년의 재인식』 II, 돌베개, 1986, 292쪽.

지게 나타났다. 다음의 〈표 8〉은 농촌의 인구감소과정을 나타내고 있는데, 감소의 결정적 요인은 말할 필요도 없이 이농, 즉 도시로의 유출에 따른 것이다.

한편 농촌에서 뿌리가 뽑혀 도시로 몰려든 이들 농민에게 새로운 직장과 거주지가 기다리고 있는 것은 아니었다.

한 자료에 따르면 1962년부터 1977년까지 약 700만에서 750만의 농촌 인구가 도시로 빠져나왔는데 같은 시기에 공업 부문의 고용은 150만 정도밖에 되지 않았다고 한다.[31] 결국 600만 명에 달하는 사람들이 고도성장이라는 미명 아래 본래의 터전에서 쫓겨나 차가운 도시의 거리로 내팽개쳐진 것이다. 마땅한 직업을 갖지 못한 이들 600만의 사람들이 자신의 목숨을 부지하기 위해 할 수 있는 것이라고는 영

---

31 정장연, 「한국경제의 저임금체제론」, 김낙중 외, 앞의 책, 273쪽.

연도	1960	1965	1970	1975
총인구	24,954	28,705	32,241	5,281
농가인구	14,559	15,812	14,422	13,244
농가가구	2,350	2,507	2,483	2,379
농가인구비율	58.3	55.1	44.7	37.5

(단위: 1,000명, 1,000가구, %)

〈표 8〉 농가인구 · 농가가구 추세
출전: 박현채 외, 앞의 책, 90쪽.

세 소기업과 상업·서비스 분야에서 봉건시대의 종처럼 장시간 저임금 상태로 취업해 있거나 막노동과 노점행상을 통해 하루 벌어 하루 먹고사는 것뿐이었다. 그러면서도 대부분 도시빈민에 해당하는 이들은 끊임없이 더욱 안정된 직장을 원한다는 점에서 불완전 취업자, 다시 말해 넓은 의미에 있어서 실업자에 해당한다고 볼 수 있다. 1960년대 이후 추진된 고도성장정책이 이 같은 불완전 취업자로서의 도시빈민을 대량으로 양산해내는 과정에 다름 아니었다는 사실은 도시의 주택문제를 살펴봐도 금방 확인된다.

즉, 사실상 알거지가 되어 도시로 몰려든 농촌 인구는 마땅한 주거지가 없었기 때문에 거의 대부분 도시의 주변 지역에 판잣집을 짓고 살았는데 1970년대 중반의 서울을 예로 들면 서울 인구의 3분의 1에서 5분의 1에 해당하는 최하 100만에서 최고 300만 명이 판자촌 주민이었으니 그 실상이 어떠했는지는 가히 짐작할 수 있을 것이다.[32]

이처럼 농민의 몰락에 따른 실업자 대군의 양산은 즉각적으로 치

---

32 위의 글, 280쪽.

열한 취업경쟁을 야기했고 자연히 임금과 기타 노동조건은 최악의 상태로 몰리게 되었다. 즉, 자본가는 굶어 죽지 않을 만큼의 최소한의 임금과 최악의 노동조건만으로도 취업을 갈구하는 무수히 많은 인간 대열 속에서 자신이 원하는 대상을 손쉽게 고용할 수 있었던 것이다. 이런 상황에서 노동자들은 계속되는 해고 위협 아래 자신의 처지에 대한 불만도 쉽게 드러내지 못하는 가운데 불안에 떨며 극심한 노동에 시달렸다. 1970년대의 어느 여성 노동자의 다음과 같은 짧막한 한마디 말이 이 사실을 생생하게 밝혀준다.

> 우리들은 꼭 도살장에 끌려가는 기분이었다. 그러나 우리들은 해고당하지 않기 위해 서로 치열한 경쟁을 하면서 일을 해야만 했다.[33]

이와 같이 미국의 잉여농산물 도입에 따른 농민의 대거 몰락과 그로 말미암은 대량 이농, 도시빈민의 양산이야말로 노동자계급의 저임금을 유지하기 위한 필수조건이 되어왔다. 그런 의미에서 남한의 농민과 도시빈민, 노동자계급은 하나의 운명의 사슬에 묶여 있는 것이다. 다음에 나오는 가난한 농민의 호소는 이러한 사실을 생생하게 입증해준다.

> 지금 농촌은 돈에 화신이 들린 것 같다. 열대여섯 살 고사리 손들이 돈을 벌겠다고 도시로 도시로 나간다. 식모살이로 공장으로 말이다. 그런데 여기서 또 어처구니없는 일이 발생한다. 제 자식놈들 값싼 노임 받으

---

33   이태호, 『불꽃이여 이 어둠을 밝혀라』, 돌베개, 1984, 78쪽.

라고 제 아비는 농사지어 값싸게 내다 판다. 값싼 농산물로 값싼 노임 뒷받침하면 그렇잖아도 돈이 많은 기업가만 돈을 벌게 되지 않겠는가? 어린 자식은 돈 벌겠다고 도시로 나갔으니 일손은 모자랄 것이고 제 아비 값싼 곡가에 자식놈 값싼 노임이니 죽어라 벌어본들 가난할 수밖에. 이래도 농민은 게을러서 못사는 것일까? 곡가는 다른 물가에 영향이 크니 인상할 수 없고 농촌에서 사용하는 생활필수품은 날만 새면 올라가니 또 한 번 가난해질 수밖에 없지 않겠는가?[34]

그러나 이 같은 대규모 실업자의 존재가 그 자체만 가지고 임금의 저하와 근로조건의 열악화를 초래하는 것은 아니다. 만약 노동자에 대한 부당한 해고가 엄격히 금지되어 있고 파업의 자유가 충분히 보장되어 있는 조건 아래에서라면 실업자의 존재는 자본가에게 별다른 의미를 지니지 못하게 된다. 따라서 자본가가 노동자에 대한 최대한의 수탈을 목적으로 실업자를 이용하기 위해서는 최소한 '취업자와 실업자를 마음대로 갈아치울 수 있는 자유'가 필요한 것이다. 이러한 자유는 바로 권력이 뒷받침해주었다. 박 정권은 이 같은 권력의 임무를 유감없이 발휘했다. 박 정권은 등장하는 순간부터 전적으로 자본가의 편에 서서 자신이 지닌 모든 억압기구를 총동원해 투쟁에 나선 노동자들을 거리로 내쫓고, 노동자의 단결의지에 찬물을 끼얹었으며, 헌신적인 노동운동가를 불순분자로 매도해 체포·구금하는 등의 탄압행위를 서슴지 않았다.

이러한 조건 아래 미국 노동자의 12분의 1에 해당하는 극단적으

---

34 위의 책, 40쪽.

로 낮은 임금, 세계 최장의 노동시간, 세계 최고의 산업재해를 자랑하면서 노동자에 대한 악랄한 수탈이 자행되었는데, 이로 말미암아 우리 노동자들이 겪어야 했던 참혹한 상태에 관해서는 일일이 열거하기가 불가능할 정도다. 그중 한 가지 예를 들면 1970년 11월 13일 자신의 몸을 불살라 노동자에 대한 야만적인 수탈과 억압에 항거했던 전태일 열사의 동료는 당시 노동자의 참상에 관해 다음과 같이 증언했다.

얼굴이 백지장처럼 하얗게 변한 여성 미싱공이 어느 날 미싱대 위에서 피를 왈칵 토하고 쓰러졌다. 이 여공은 폐결핵 중증임에도 불구하고 가슴을 쥐고 일을 하고 있었다. 태일은 급히 돈을 거둬 그녀를 입원시켰다. 공장주는 이 여공을 해고시켰다. 그녀는 치료다운 치료도 받지 못하고 죽었다. 이것을 알게 된 날 우리는 형용하기 어려운 충격을 받고 비탄에 빠졌다. 이 사건이 일어났을 때도 태일은 노동청장에게 노동환경의 개선을 진정하며 뛰어다녔지만 별다른 성과를 얻지 못했다.[35]

수탈방법이 악랄하기 그지없었음에도 노동현장에서의 직접적인 노동력 수탈만으로는 매판자본이 자신의 몫까지 남기기에 결코 충분한 것이 못 되었다. 제국주의 상전에게 갖다 바친 것이 더욱 큰 비중을 차지했던 것이다. 따라서 일단 지급된 노동자의 임금을 포함한 민중의 소득을 재차 강탈하는 과정이 이루어지게 되었다. 이러한 추가적인 수탈은 크게 독점가격에 의한 수탈과 정부의 지원 아래 행해진 금융·조세상의 수탈로 나눌 수 있다.

---

35 위의 책, 16쪽.

정치권력에 의존한 수탈은 특히 자체의 힘만으로는 이윤 획득이 어려운 수출기업에서 집중적으로 나타났다. 그것은 정부가 직접 나서서 갖가지 방법을 총동원해 민중의 재산을 가로채 이를 수출기업에 건네줌으로써 적자수출로 인한 손실을 보충해주고 아울러 이윤까지도 보장해주는 방법이었다.

이를 위해 정부는 기업 설립 시 지원하는 것과 유사한 성격의 다음과 같은 몇 가지 혜택을 제공했다.

첫째, 관세를 포함한 세금감면 혜택이다. 〈표 9〉에서 보이듯이 수출을 위한 자본재 생산설비나 원재료의 수입은 모두 면세로 되어 있다. 또한 수출산업에서 영업세는 면제되고 수출소득에 대한 과세도 5할이 감액된다. 국가의 세금 수입을 줄이지 않는 조건에서 이루어지는 이 같은 혜택은 기업 일반이 누리는 각종 세금상의 혜택과 함께 민중이 부담해야 할 세금의 증대를 의미하는 것에 다름 아니다.[36]

둘째, 수출기업에 대한 융자우대책이다. 이 수단은 남한 자금시장의 실정에 비추어보면 매우 강력한 것이었음이 분명하다. 남한 경제는 성장과정에서 인플레가 만연하고, 자금시장에서 자금 부족이 두드러진 가운데 은행과 사채시장이라는 이중구조가 형성되어 양자 간의 금리 차가 매우 크다. 일반적으로 사채시장의 금리는 높은 편인데 연 40~70퍼센트에 달한다. 이러한 조건 아래 불과 3~12퍼센트밖에 되지 않는 수출우대금융은 사채 이자율과 비교할 때 최고 67퍼센트의 불로소득을 수출기업에 안겨주는 셈이 된다.[37]

---

36 유진경, 「중화학공업화와 정부주도경제의 문제」, 김낙중 외, 앞의 책, 236~237쪽 참조.
37 위의 글, 237쪽 참조.

1. 세제

1) 수출소득세 50% 감면	1961년 1월~1972년 2월
2) 수출품 생산설비 상각비 누진제	1961년 1월~
3) 영업세 면제	1962년 1월~
4) 수출시장개발비 과세 크레디트	1969년 8월~
5) 수출 결손금의 과세 크레디트	1973년 3월~

2. 관세

1) 수출용 원재료의 수입관세 면제	1961년 4월~1975년 6월
2) 수출생산용 자본설비의 수입관세 면제	1964년 3월~
3) 손해에 대한 관세 할인	1965년 7월~
4) 수출용 원재료의 관세환불제	1975년 7월~

3. 융자

1) 수출저리융자	1950년~
2) 환불자금에 의한 수출조성기금 융자	1959년~1964년
3) 수출용 자재수입에 대한 융자	1961년 10월~1972년 1월
4) 미국 군용물자 조달업자에 대한 융자	1962년 9월~
5) 중소기업의 수출산업화기금	1964년 1월~
6) 수출산업조성기금	1964년 7월~1969년 9월
7) 외국화폐 대부	1967년 4월~
8) 농수산품 수출준비기금	1969년 9월~
9) 수출신용 공여	1969년 10월~

4. 기타

1) 철도운임 할인	1958년~
2) 수출보조금	1960년~1965년
3) 특정상품의 특정지역에로의 수출독점권	1960년 4월~
4) KOTRA 융자	1962년~
5) 수출입 링크제	1962년 11월~
6) 전기요금 할인	1965년~1976년
7) 수출실적별 우대조치	1967년 2월~
8) 종합상사 조성조치	1975년 3월~
9) 수출입은행 개설	1976년 6월~

〈표 9〉 수출촉진책

출전: 김낙중 외, 앞의 책, 236쪽.

셋째, 정부 주도의 수출자유지역이나 수출공업단지의 개발이다. 이는 민중의 혈세로 기업의 시설비용 상당 부분을 정부가 부담하면서 동시에 입주업체에 대해 별도의 세금감면 혜택을 주고 일정 기간에 걸쳐 전기와 공업용수 등을 무상으로 제공해줌으로써 결과적으로 기업의 소득을 높여주는 방법이다.

이 밖에도 수출기업에 대한 정부의 지원방법에는 직접적인 수출보조금을 제공해주는 등 매우 다양한 방법이 있다. 〈표 9〉는 수출기업에 대한 정부의 지원이 얼마나 폭넓게 전개되었는지를 잘 설명해주고 있다.

말할 필요도 없이 지금까지 열거한 갖가지 방법들은 물가상승, 세금부담의 증가, 사채이자의 가중 같은 형태를 통해 최종적으로 그 부담이 민중에게 전가되어 결과적으로 민중의 고혈로 매판자본을 살찌우는 것에 다름 아닌 것이다. 이 같은 사실은 민중이 겪어야 하는 과중한 세금부담의 실상 하나만 봐도 쉽게 증명이 되는데 〈표 10〉에 나타나듯이 우리나라의 세금구조는 그 부담자가 민중일 수밖에 없는 간접세 중심으로 되어 있고 직접세마저도 기업이 아닌 가계가 중심이다. 아울러 이 같은 민중의 세금부담은 간접세 비중의 일관된 증가, 부가가치세, 방위세, 교육세 등 신종 세금이 계속 등장하면서 꾸준히 확대되어왔고, 그 결과 1980년 중반을 넘어서서는 1인당 세금부담이 40만 원 선을 넘어서기에 이르렀다.[38]

정부의 지원에 의한 수탈과 더불어 민중에 대한 매판자본의 추가

---

[38] 물론 이 같은 수치는 소득의 차이에 따른 세금부담액의 차이가 반영된 것은 아니다. 그럼에도 간접세가 압도적 비중을 차지하고 있는 세금제도를 고려한다면 이 같은 수치는 민중이 걸머진 실제상의 세금부담액과 큰 차이가 없다고 볼 수 있다.

구분 / 연도	정부세입 중 조세구성비	조세 구성		직접세 구성	
		간접세	직접세	법인	가계
1970	75.8	64.1	35.9	31.4	69.8
1971	78.8	62.1	37.9	34.1	69.8
1972	78.0	66.0	34.0	33.3	69.7
1973	81.9	67.7	32.3	25.0	75.0
1974	83.5	67.8	32.2	35.3	64.7
1975	85.2	72.1	27.9	34.9	65.1

〈표 10〉 조세구성표

출전: 한국은행, 『경제농계연보』, 1976, 290~291쪽.

적인 수탈은 국내 시장에서 자기들의 제품을 독점가격으로 판매하는 것을 통해 이루어졌다. 이미 밝혔듯이 남한의 매판자본들은 해외 수출시장에서는 치열한 경쟁에 휘말려 적자수출을 면하지 못했다. 이런 점에서 세계시장에서 독점적 지위를 누리고 있는 제국주의 독점자본과는 전혀 성질을 달리하고 있었다. 그러나 이 같은 매판자본도 국내 시장에서는 완전히 모습이 돌변하게 된다. 즉, 세계적으로도 매우 높은 수준의 독점적 성격을 발휘하는 것이다. 이러한 맥락에서 국내적으로는 매판자본과 독점기업이 사실상 일치하고 있다고 볼 수 있으며, 독점의 정도를 수치로 나타내면 1979년의 경우 종업원 수 500인 이상의 대기업이 총사업체 수의 약 2퍼센트밖에 안 되는데도 전체 종업원 수와 부가가치액에서 차지하는 비중은 각각 43.5퍼센트와 54.4퍼센트로 매우 높은 수준을 유지하고 있다.[39] 그 결과 1977년 이

---

39   이경의, 「한국경제의 독점·종속화와 중소기업」, 변형윤 외, 『한국사회의 재인식』 1,

후 3개의 대기업이 전체 시장의 50퍼센트 이상을 차지하는, 즉 독점가격 형성이 가능한 품목이 무려 90퍼센트 수준에 육박하게 되었다.[40]

한마디로 우리나라 시장은 거의 완벽하게 독과점화되어 있다고 볼 수 있다. 이 같은 국내 시장의 독점을 바탕으로 매판자본은 해외시장에서 입은 손실을 보충하고 나아가 높은 수준의 폭리를 취하게 되었는데, 그 결과 수출 상품과 국내 상품 간에는 엄청난 가격 차이가 형성되었다. 이제는 일반적인 상식처럼 알고 있는 것이기는 하지만 대부분 수출용 제품보다 질이 떨어지는데도 같은 종류의 상품이 국내에서는 수출가격보다 몇 배나 비싸게 팔리는 것이 보통이다. 예를 들면 수출가격은 10만 원대에 불과한 컬러 TV가 국내에서는 30만 원대에 판매되고 있다. 이렇듯 남한의 매판자본은 해외에서는 맥을 못 추면서 헐값으로 물건을 파는 데 반해 국내에서는 큰소리치며 턱없이 비싸게 팔아먹고 있다. 바로 여기서 그들의 매국적 본질이 다시 한 번 드러나고 있는 것이다.

이처럼 독점가격을 무기로 민중에게 부담을 떠넘기는 것 역시 종종 정부의 강력한 지원에 힘입어 뒷받침되었는데, 한 예로 비료문제를 들 수 있다.

1961년 비료의 국내 공급을 위해 최초로 충주비료공장이 가동되기 시작한 후, 박 정권은 비료를 주요 수출품목으로 삼기 위해 나주, 영남, 진해에 한비 비료공장을 세웠으며 계속해서 1973년 충주공장과 1977년 남해화학이 건설되었다. 이렇게 해서 1968년부터 비료의

한울, 1985, 246쪽.

40 전철환·박경, 「경제개발과 정부주도경제의 전개」, 박현채 외, 앞의 책, 52쪽.

수출이 시작되었으나 1973년 이후 기름값 파동에 따른 원료가격의 급상승과 국제시장의 경쟁격화로 말미암아 수출시장에 먹구름이 드리우기 시작했다. 이 때문에 수출량이 감소하고 재고가 계속 쌓여갔으며 1977년에 건설된 남해화학은 사실상 완전히 과잉시설화되어 건설 자체가 불필요했던 것으로 되어버렸다. 그런데 여기서 매우 심각한 문제가 발생했다. 즉, 지금까지 말한 비료공장은 대부분 미국 자본과의 합작으로 설립되었는데 합작계약 당시 미국 자본에 대해 매년 납입자본의 20퍼센트에 해당하는 이윤을 정부가 의무적으로 보장해준다는 조건이 있었던 것이다. 결국 정부는 약속된 이윤을 보장하기 위해 수출되지 않은 재고 비료를 정부 예산으로 구매해주지 않으면 안 되었다. 그리고 정부는 여기에 들어간 자금을 메우기 위한 방편으로 농협을 통해 비싼 가격으로 농민에게 비료를 강제로 판매하는 정책을 추진해나갔다. 이렇게 농민이 강제로 구입한 비료의 가격은 1973년 평균 30퍼센트, 1974년 65퍼센트, 1975년 79.2퍼센트, 1979년 20퍼센트, 1980년 50퍼센트 등 매년 급격한 인상과정을 거치게 되었고, 그 결과 1982년 당시 우리의 가난한 농민은 국제시가보다 2배나 비싼 비료를 사서 쓰지 않으면 안 되었다.[41] 내외 비료자본의 출혈수출과 경영부실로 인한 손실을 보충하기 위해 이처럼 농민이 희생당하고 있는 것이다.

이처럼 정치권력과 공모한 가운데 온갖 수단과 방법을 모두 동원해 민중수탈을 자행한 결과, 남한의 매판재벌은 제국주의에 의한 엄청난 수탈의 와중에도 상당한 폭리를 취하게 되었다. 이 같은 폭리는

41   이우재, 「한국농업의 현상과 구조」, 변형윤 외, 앞의 책, 346~348쪽 참조.

소득계층별 가구수 비율	1965	1970	1976	1980
하위 40%	19.3	19.6	16.8	16.1
중위 40%	38.9	38.8	37.9	38.5
상위 20%	41.8	41.6	45.3	45.4
지니계수	0.34	0.33	0.39	0.39

〈표 11〉 전 가구의 계층별 소득분배
출전: 한국개발연구원, 『현단계』, 한울, 1987, 376쪽에서 재인용.

노동자, 농민, 도시빈민 등 기층민중은 말할 것도 없고 비교적 생활조
건이 양호한 도시중산층과 중소기업에 대해서까지 무차별적인 수탈
을 통해 이루어졌기 때문에 필연적으로 소수 특권층과 다수 민중 사
이에 심각한 빈부격차를 야기하고 말았다.

박정희 정권은 1980년대 이후에는 이 같은 빈부격차도 자연히
해소될 것이라고 강변했다. 그러나 1980년대 이후의 현실은 그 같
은 주장이 한낱 기만적인 사탕발림에 불과한 것이었음이 여실히 드
러났다. 예컨대 1980년 현재 소득수준에 따른 상위 20퍼센트의 가
구가 전체 소득의 45.4퍼센트를 차지한 반면 하위 40퍼센트는 불과
16.1퍼센트에 그치고 있다. 이는 양자 간에 약 6배의 소득격차가 존
재하는 것을 의미하는 것이다.

이 같은 빈부격차는 1980년 현재 전국 총 796만 가구 중 41.1퍼센
트인 329만 가구가 여전히 자기 집을 갖고 있지 못한 반면 소수의 특
권층은 대궐같이 호화스러운 저택에 살면서도 그것도 모자라 부동산
투기의 일환으로 집을 몇 채씩 사두고 있다는 사실을 통해 그 실상을
쉽게 짐작할 수 있을 것이다. 더욱 심각한 문제는 이 같은 빈부격차가
시간이 흐름에 따라 해소되는 것이 아니라 더욱 확대되어왔고 또한

소득계층＼연도	1965	1970	1978
하위 40%	19.3	19.6	15.5
상위 20%	41.8	41.6	46.7

(단위: %)

〈표 12〉 소득점유율의 변화

출전: 경제기획원, 박현채 외, 『한국경제의 전개과정』, 돌베개, 1983, 281쪽에서 재인용.

지금 이 순간에도 확대되고 있다는 사실일 것이다.

4. 과거의 지위를 되찾는 일본

우리는 앞에서 미국이 자국의 전략적 필요에 따라 남한에 대한 일본의 진출을 적극 부추겼으며 또한 당시 박정희 정권은 오로지 권력을 유지하기 위한 비용을 조달할 목적으로 이 같은 일본의 진출을 앞장서서 맞아들였음을 살펴보았다. 그러면 이제부터는 이 같은 과정이 지난 40여 년간에 걸친 조선에 대한 일본의 식민지 수탈이 부활한 것에 다름 아니라는 점을 좀 더 구체적으로 살펴보자.

애당초 일본은 한일국교정상화를 추진하면서 식민지 종주국이라는 옛 지위를 회복하고자 하는 꿈에 부풀었다. 이는 당시 일본의 지도적 인사들이 행한 다음과 같은 발언을 통해 여지없이 증명된다.

궁극적으로 일본 외교는 미국과의 밀접한 협력관계에 그 강조점을 두어야 한다. 이를 위해서는 한국 및 대만과의 관계를 유지하는 것이 필요하다. 만약 할 수만 있다면 일본, 한국, 대만을 합방시켰으면 좋을 텐데! (자민당 부총재 오노 반보쿠大野伴睦, 1958년)[42]

이토오 히로부미가 했듯이 일본은 한국을 파고 들어가야 한다.

(일본 수상 이케다 하야토池田勇人, 1962년)[43]

대만을 관리하고, 한국을 합병하며, 만주의 5개 종족들 사이의 협력을 꿈꾸는 것, 만약 이것이 일본 제국주의라면 그것은 영예로운 것이다.

(일본 외무부장관 시이나 이찌나부로椎名悅三郎, 1962년)[44]

미묘하게도 그 옛날 조선을 합병하던 당시의 이완용, 송병준 등과 마찬가지로 남한에서는 일본의 제국주의적 침탈을 위한 앞잡이를 자처하는 인물들이 권력의 중심부에 자리를 잡고 있었다. 예컨대 대통령인 박정희는 제2차 세계대전 중 일본 제국의 군대에서 오카모토 미노루 중위라는 직함을 갖고 근무했던 명백한 친일분자였다. 그는 만주국 일본 육군사관학교에서 자기 반의 대표로 뽑혀 졸업선서를 하게 되었는데 그 선서에서 박정희는 "대동아공영권의 수립을 위한 성스러운 전쟁에서 그리고 왕도낙토王道樂土를 방어하기 위해 사꾸라 꽃처럼 몸을 던질 것"을 맹세했다.[45] 박정희 일파가 이완용의 충실한 후예라는 사실은 또 다른 공범자인 김종필이 스스로 한 말을 통해서도 명백히 드러난다. 1963년 일본과 비밀협상을 추진하던 김종필은 국민적 반발에 직면하자 "제2의 이완용이 되더라도 기어이 한일회담을 끝낼 생각"이라고 공언했다. 결과적으로 그는 자신의 말대로 제2의 이

---

42 거번 맥코맥, 앞의 글, 181쪽.

43 같은 곳.

44 같은 곳.

45 위의 글, 180쪽.

완용이 되었다.[46]

일본이 남한을 자신의 수탈 대상으로 만들어나가는 과정은 미국 못지않게 교묘하고 또한 악랄한 것이었다.

일본은 1965년 체결된 한일기본조약 중 '청구권·경제협력협정'에 따라서 청구권 자금의 명목으로 무상공여 3억 달러, 유상재정차관 2억 달러를 10년에 걸쳐 제공하는 것 외에 양해사항으로 민간상업차관 3억 달러를 제공하기로 했다. 이 같은 자금의 제공은 박 정권을 일본을 위한 확실한 협력자 또는 안내자로 매수하기 위한 목적과 함께 경제적 침략을 용이하게 하기 위한 또 다른 포석이 깔려 있었다.

일본이 남한 정부에 제공한 차관은 대부분 현물차관이었는데 그중에는 어업협력을 빙자한 다 썩어가는 중고선박 등이 포함되어 있었다. 이처럼 일본은 차관마저도 불량차관을 제공했던 것이다. 이 같은 불량차관의 문제는 플랜트차관의 경우 더욱 심각하게 나타났다. 즉, 일본은 설비를 갱신한다거나 어떤 부문을 폐지한다거나 하는 결과로 생긴 노후설비를 차관이라는 이름을 빌려 건네주었던 것이다. 이 같은 행위는 유상차관의 경우 사실상 고철덩어리와 다름없는 것들을 새 제품인 것처럼 속여 파는 악덕상인의 행위에 해당하는 것이었다. 설상가상으로 박 정권은 차관 그 자체에만 눈이 어두운 나머지 시장수요에 대해 전혀 고려하지 않은 채 이 같은 낡은 설비를 무더기로 들여옴으로써 결과적으로 종목이 같은 기업을 난립하게 만들고 말았다. 이에 따른 결과는 불을 보듯이 명확한 것이었다. 일본의 차관으로 설립된 기업들은 정부가 베푸는 온갖 특혜에도 불구하고 첫 순

---

46 한동혁 엮음, 앞의 책, 113쪽.

간부터 가동불능 상태에 들어가는 경우가 허다했고 불과 3, 4년 후인 1971년에 이르러서는 85퍼센트가 완전히 도산하고 말았다.[47] 이 같은 사실은 한 가지 분명한 진실, 즉 박 정권은 자신이 그토록 목청껏 외쳐댔던 경제개발 혹은 근대화와는 전혀 관계없이 오로지 '떡고물'에만 관심을 두고 차관을 들여왔다는 점을 명백히 입증해주는 것이었다.

차관기업의 일체 도산이라는 심각한 사태에 직면한 박 정권은 마땅한 해결책을 찾지 못한 채 전전긍긍했다. 이러한 가운데 박 정권이 선택한 최종 해결책은 외국인 직접투자를 더욱 적극적으로 유치하는 것이었다. 즉, 박 정권은 외국 자본이 가지고 들어온 달러로 차관을 상환함과 동시에 외국 자본으로 하여금 시장개척과 기술개발 등 경영 전반을 책임지게 함으로써 기업의 부실문제를 해결하고자 한 것이다. 이렇게 하여 박 정권 아래의 남한 경제는 부채를 못 갚은 대가로 땅 팔고 집 파는 꼴이 되고 말았다.

박 정권이 외국인의 직접투자를 유치하기 위해 기울인 노력은 차라리 안달에 가까운 것이었다. 1969년 8월 남한 정부는 제3차 한일 각료회의에서 일본에 직접투자를 확대시켜줄 것을 구걸함과 동시에 1970년에는 이 같은 직접투자를 유혹하기 위한 방편으로 관세 면제 등 온갖 특혜를 보장하는 「수출자유지역 설치법」을 제정해 시행에 옮겼다. 이 같은 상황 전개는 일본이 노리고 있었던 바로 그것이었다. 드디어 때가 왔다고 판단한 일본은 기민하게 움직이기 시작했다. 이미 제3차 한일각료회담이 개최되기 전인 1969년 2월, 일본의 독점재

---

47 일한관계연구회, 「60년대 한일경제관계의 구조」, 김성환 외, 앞의 책, 312~313쪽 참조.

벌들은 남한 진출의 통로를 마련하기 위한 목적 아래 한일 양국의 정계와 재계 인사를 망라한 '한일협력위원회'를 결성했다. 이 위원회를 추진했던 인물들은 기시 수상과 국책연구회 야쓰기, 중의원 의원 다나카 등 일본을 이끌고 있던 거물급 인사들이었다. 한일협력위원회는 정치·경제·문화 등 각 분과별 회의를 개최해 무역관계, 포항제철소, 보세가공무역, 합작사업, 마산자유무역항 등에 관해 심의하고 계획을 작성해나갔는데 형식상으로는 상호 협의에 따른다고 했지만 실질적인 결정권은 칼자루를 쥐고 있는 일본에 있었음이 분명했다.

이렇게 해서 일본은 한일경제협력위원회를 통해 자신의 요구를 관철시켜나갔고 그 같은 일본의 요구가 무엇이었는지는 1970년 4월 서울에서 개최된 제2차 총회에 제출된 야쓰기 상임위원의 '한일장기경제협력시안'(소위 '야쓰기 시안')을 통해 노골적인 형태로 드러나게 되었다. 야쓰기 시안의 주요 내용은 다음과 같다.

1. 1970년에 10년간을 목표로 '한일협력경제권'을 만들어 '아시아적 EEC'를 발전시킨다.
2. '한일협력경제권'의 구체적 내용은, 포항 이남의 한국 남해안공업지대와 도토리鳥取, 야마구찌山口, 북큐슈北九州 등 일본의 관서경제권을 결합시킨다는 것이다.
3. 일본은 토지이용, 공해 등의 문제로 일본 국내에서 한계에 다다른 철강, 알루미늄, 석유, 석유화학, 조선, 전자, 플라스틱 등의 공업을 한국으로 옮겨 가기를 희망한다.
4. 일본 경제계는 단순한 상업이윤 획득의 단계에서 '합작 형태에 의한 장기협력'으로 전환할 것을 고려하고 있다. 이를 위하여 ① '한일합작 및 가공무역진흥공사'를 설립한다. ② 한국 정부는 합작회사에 대하

여 '노동쟁의를 금지한다'는 등의 조치를 취해주기를 기대한다.

5. 일본 측은 노동력의 부족 현상 때문에 노동집약적 산업을 한국으로 옮길 것을 고려한다. '한일합작 및 가공무역진흥공사'는 일본 측에서 100% 민간출자로 원재료, 플랜트를 제공하며 한국 측은 정부출자 70%, 민간출자 30%로 위탁가공을 책임진다.

6. 한국은 보세지역 및 자유무역지역을 대폭 확대하고, 일본 기업의 제조가공을 담당하기 위하여 더 한층 탄력적인 조치를 강구해줄 것을 희망한다.[48]

야쓰기 시안은 일본의 자본이 남한 진출에 눈독을 들이는 이유가 무엇인지를 뚜렷하게 밝혀주고 있다. 이는 제조업의 시간당 임금을 비교해보면 남한이 일본의 7분의 1 또는 8분의 1이라는 사실과 남한에서는 임금이나 근로조건, 공해에 관한 이의제기가 금지되어 있거나 엄격하게 규제되고 있다는 사실, 또한 공장개발을 위한 부지비용이 도쿄 교외가 평방피트당 28달러인 데 비해 서울에서는 약 70센트밖에 들지 않았다는 사실을 고려한다면 쉽게 알 수 있는 문제다. 즉, 일본은 자기들 땅에서는 생산이 곤란하거나 수지가 맞지 않는 산업을 값싼 노동력이 널려 있고 공해배출이 자유로운 남한으로 옮겨 계속해서 높은 수준의 이윤을 착복하겠다는 의도를 가지고 있었던 것이다. 이 같은 일본의 의도에 비추어본다면 남한은 단지 일본 자본의 이윤 착복을 위해 싼 토지, 물, 노동력만을 제공하는 셈이 된다.

위와 같은 야쓰기 시안은 일본의 의도가 좀 더 구체화된 것으로서

---

48 위의 글, 316~317쪽.

아예 일본에 인접해 있는 국토의 일부를 떼어줄 것과 최대한의 이윤을 착복하기 위한 남한 정부의 확고한 보장을 요구하고 있는 것이다. 이처럼 야쓰기 시안이란 일본이 다시금 이 땅을 집어삼키겠다는 터무니없는 야욕이 노골적으로 표현된 것이며 그렇기 때문에 격렬한 민족적 분노를 불러일으킬 수밖에 없었다. 당시 보수 언론조차도 이러한 민족적 분노를 반영해 다음과 같이 야쓰기 시안을 비판하고 나섰다.

> 이러한 분업관계는 일본 산업에 대한 우리나라 산업의 하청계열화를 초래하며, 그것은 그대로 일본의 한국 산업 지배로 귀착된다는 것을 부정할 수 없다.
> 그뿐만 아니라 이러한 분업관계는 우리나라의 경제를 8·15 이전, 즉 일본 제국주의 통치하의 식민지 경제로 되돌아가게 하는 중대문제라는 것을 경계해야만 한다.[49]

그러나 이 같은 민족적 분노에도 불구하고 야쓰기 시안으로 대변된 일본의 야욕은 이미 일본 자본을 끌어들이기 위해 안달하고 있던 박 정권의 충실한 안내 덕분에 사실상 원안 그대로 실현되었다. 참으로 분통 터지는 일이다.[50]

이렇게 하여 일본 자본이 이 땅에 대량으로 밀려오기 시작했는데, 1965년부터 1976년까지 모두 694개의 일본인 합작회사가 설립되었으며 직접투자 총액은 6억 3,400만 달러에 달했다. 이는 같은 기간

---

49 『조선일보』, 1970년 4월 25일자, 위의 글, 317쪽에서 재인용.
50 이 점은 곧이어 다루게 될 '마산 수출자유지역'의 창설과 석유화학, 알루미늄, 조선 등 사양·공해산업의 유치 등을 통해 더욱 명백히 드러난다.

외국인 직접투자의 66퍼센트를 차지하는 것으로 직접투자의 주역이 바로 일본임을 말해주는 것이다.[51]

이미 야쓰기 시안에서 계획한 대로 대부분 공해산업, 노동집약적 산업에 해당하는 일본 자본은 이 땅에 공장을 차려놓고 악랄한 수탈을 자행하기 시작했다. 그들은 값싼 공장 설립비와 극단적인 저임금, 남한 정부가 제공하는 온갖 혜택을 바탕 삼아 엄청난 폭리를 취했으나 정작 이 땅에 남겨놓은 것이라고는 극심한 공해와 가혹한 수탈로 야기된 민중의 참담한 빈곤뿐이었다.

일본 자본이 어느 정도 악랄하게 이 나라 민중을 수탈했는가 하는 것은 그들의 경제 관할구와 다름없는 마산 수출자유지역의 실상만 봐도 금방 알 수 있다.

마산 수출자유지역은 1970년에 공표된 「수출자유지역법」에 따라 설치되었는데 보세가공무역[52]에 종사하는 일본 자본이 전체의 90퍼센트 이상을 차지함으로써 명실공히 이 지역은 일본의 경제적 조차지가 되고 말았다. 마산 수출자유지역에 진출해 있는 일본 기업체들 역시 대부분 기술수준도 낮고 규모도 작은 탓에 본국 시장에서 경쟁에 밀려 자리를 옮긴 것들이었다. 따라서 이들 일본 기업체는 오로지 저렴한 노동력과 공해방지시설의 절감 등에 의존해 이윤을 늘리려고 했기 때문에 노동자에 대한 수탈 정도가 유난히 지독했다. 아울러 이 같

51 거번 맥코맥, 「한국경제: GNP 대 민중」, 거번 맥코맥·마크 셀던, 앞의 책, 102쪽 참조.
52 보세가공무역이란 가공무역 또는 임가공제의 한 형태로 국내의 유휴시설, 풍부하고 저렴한 노동력과 외국에서 수입한 기술자본을 결합시켜 외국에서 수입한 반제품, 원재료 등을 가공하거나 제조한 후 그 제품을 수출해 가공노임으로 외화를 획득하려고 하는 무역 형태. 이 경우 외국에서 수입한 원재료 등의 관세는 면제된다.

은 일본 자본의 노동력 수탈의 강화는 1970년에 남한 정부가 발표한 「외국인 투자기업의 노동조합 및 노동쟁의조정에 관한 특례법」에 의해 노동3권이 사실상 완전히 부정됨에 따라 아무런 법적 제약 없이 무제한적으로 이루어질 수 있었다.

이와 관련된 몇 가지 예를 들어보면 마산에 진출한 일본계 '한국암곡'에서는 취업규칙과 인사고과표를 만들어 지각, 외출, 불량품을 내는 것, 잔업을 하지 않은 것 등의 경우에는 5점을 감점하고 잔업을 2회 이상 하지 않을 경우에는 20점을 감점해 승급을 못 하도록 했다. 또 일본 기업주들은 저임금을 노려 보통 3개월에서 6개월 동안 일본식 수습기간을 두고 20~30퍼센트씩 낮은 임금으로 고용해 그 기간 내에 해고하는 방식으로 노동자를 수탈하는 횡포를 자행했다.[53]

또한 T. K. 생의『한국에서의 통신』에서는 마산 수출자유지역에서 우리 노동자가 겪는 참상에 관해 다음과 같이 묘사했다.

마산 수출자유지역은 한마디로 생지옥이다. 5만 여성 노동자가 휴일도 없이 하루 10~12시간 노동으로 월평균 1만 3,000원을 받고 있다.[54]

실제로 마산에서 케미컬슈즈를 제조하는 '한국월성'에서는 약품을 함부로 사용함으로써 피부병과 두통이 유발되고 임금은 1974년 10월 현재 일당 기본급 333원＋교통비 40원＋식비 60원이며 격주휴일제로 잔업이 매우 많았다고 한다. 또 마산의 석면제조회사인 '유니

---

53 아오야마 시게키青山茂樹,「다국적기업과 노동문제」, 김낙중 외, 앞의 책, 300쪽.
54 위의 글, 300쪽.

온 아스베스트'에서는 심한 분진과 소음, 고온의 작업환경 속에서 주야 2교대제가 실시되고 주간 10시간, 야간 12시간 동안 작업이 행해지고 있었다. 근로기준법에서는 잔업규정을 1일 2시간, 주 3회 6시간을 잔업의 한계로 정하고 있는데 유니온 아스베스트사는 6시간의 규정 작업시간 외에 5시간이나 더 많은 작업을 시켰던 것이다.[55]

지금까지 언급한 내용은 이 땅에 기어들어온 일본 자본의 흉측한 모습과 함께 탐욕스러운 그들의 아가리 앞으로 이 나라 노동자를 결박해 먹이로 던져준 박 정권의 매국적 행위를 동시에 드러내주는 것이라 할 수 있다. 물론 이 같은 박정희 정권의 행위는 오로지 일본 자본이 준 뇌물에 따른 것이었다.[56]

일본은 1965년부터 1976년 사이에 17억 달러에 달하는 각종 유·무상 차관을 남한에 제공했는데 이 같은 차관은 이미 앞에서 언급한 직접투자를 위한 포석 외에도 남한을 자국의 상품시장으로 변화시키고자 하는 '끈 달린 차관'이었다.

1965년 한일조약 체결 시에 일본이 제공하기로 약속한 민간상업 차관 3억 달러 중 공장설비를 위한 차관은 1억 8,000만 달러로 상당히 큰 비중을 차지하고 있었다. 이 같은 설비차관의 비중은 계속 급증해 1967년 이후부터는 일본이 제공하는 차관의 대부분을 차지하게 되었다.

그런데 차관을 통해 제공된 공장설비는 물론이고 이러한 설비로 제품을 생산하는 데 필요한 공업원료(원자재)는 일본에서만 독점적으

---

55 위의 글, 300~301쪽.
56 앞에서 예로 든 일본의 대형 상사들이 박 정권에 250만 달러의 뇌물을 제공한 것은 그 한 예다(아키타 히로시, 앞의 글 참조).

로 생산되는 것들이었다. 따라서 차관을 통해 설립된 기업이 자체 기술축적이 없는 상태에서 생산을 유지해나가기 위해서는 갱신에 필요한 설비와 원자재를 계속해서 일본으로부터 수입해 와야만 한다는 결론이 나온다. 결국 차관기업은 차관을 제공해준 나라에 대해 지속적으로 상품고객의 구실을 하게 되는 셈이다.

이렇게 해서 일본은 차관을 통해 자신의 고객 역할을 하게 될 차관기업을 잇따라 만들어냈는데 1969년 4월에 완성된 것만도 총 47건이었고 여기에 소요된 차관은 2억 108만 9,000달러에 달했다.

다음은 1969년 현재 일본의 차관으로 설립된 기업의 일부인데, 괄호 안의 것은 기업체의 명칭과 국내 시장 점유율을 가리킨다.

시멘트(쌍용, 49.1%), 요소비료(한국비료, 49.4%), 용성인비(풍농, 68.5%), 아크릴(한일, 84.4%), 아세테이트(선경, 100%), 폴리프로필렌(고려, 55.3%), 냉각박판(연합철강, 57.1%), 조선(대한, 65.0%), 기어(동양기계, 80%), 베어링(한국베어링, 80%), 판유리(한국유리, 100%).[57]

이 밖에도 동양합섬, 삼양사, 한일합섬, 대한플라스틱, 경남모직, 동양나일론, 신진자동차, 대한조선 등 당시 남한 경제의 골간을 형성하던 상당수의 대기업이 일본의 차관으로 설립된 것들이었다.

이 같은 차관기업의 설립이 일본의 상품판매에 얼마나 크게 기여했는가 하는 것은 1971~1972년 사이 남한 총수입의 40.3퍼센트가

---

57 일한관계연구회, 앞의 글, 307쪽.

일본 상품으로 메워져 있었고 수입된 일본 상품 중에서도 원자재가 50퍼센트, 기계설비 등 자본재가 35퍼센트 이상을 차지했다는 사실을 통해 쉽게 알 수 있다.[58]

물론 일본은 자신만이 독점적으로 생산하고 있는 이들 제품을 수출할 때에는 턱없이 높은 가격을 책정했다. 그럼에도 남한의 기업들은 자체 생산은 물론이고 수입 대상을 바꾸는 것이 불가능했기 때문에 어쩔 수 없이 일본으로부터 수입해 오지 않으면 안 되었다. 이에 반해 일본은 수출에 대한 압력에 시달리고 있는 남한의 제품을 헐값에 사들일 수 있었다. 이 같은 요인으로 말미암아 남한은 일본과의 무역에서 엄청난 적자를 강요받아야 했는데 1966년부터 1984년에 이르는 18년 동안의 대일무역적자액은 무려 267억 달러로 전체 무역적자액의 75.4퍼센트에 달했다. 반면 일본의 경우 전체 수출액과 수입액에서 남한과의 무역이 차지하는 비중이 각각 4.7퍼센트, 2.47퍼센트에 불과한데도 남한과의 무역을 통해 얻은 흑자액은 전체 무역흑자 총액의 87.4퍼센트에 이르고 있었다. 결국 남한은 일본이 무역흑자를 내는 데 결정적으로 기여하고 있는 셈이었다.[59]

이처럼 일본은 교묘하게 남한을 자국의 상품시장으로 만들어냄으로써 거대한 이익을 얻을 수 있었는데 여기에 만족하지 않고 남한의 대외무역에도 직접 개입해 이를 지배해나갔다.

1972년 현재 23개의 일본 종합상사 지점이 설치되어 남한의 수출입 업무를 담당했는데 1972년 당시 이들 일본 종합상사는 남한 수출

---

58 위의 글, 321쪽.
59 김병오, 앞의 책, 252쪽.

의 45.5퍼센트를 전담하고 있었다. 결국 남한의 경제가 생명선으로 삼고 있는 수출시장의 절반 정도가 일본 종합상사의 손아귀에 완전히 지배되고 있는 셈이었다.[60]

다음은 일본의 미쓰비시 상사를 통해 수출을 행하고 있는 국내 기업의 예를 든 것이다.

동해물산, 대한카아본, 성하상사, 동창실업, 이천물산, 미원, 태평양, 한국마방, 삼도물산, 동양나일론, 정도산업, 조선견직, 두산산업, 동서화학, 경홍, 동일방직, 일신산업, 성창, 태창산업, 동명, 반도상사, 풍한산업, 경방, CYC, 일신산업, 삼성전자, 금성전자, 태화 등.[61]

수입에서도 사정은 마찬가지였다. 1973년의 경우 외국 상사가 거둔 수입액은 총 10억 1,800만 달러로 남한 총수입액의 24퍼센트를 차지했는데 거래액 상위 10개사 중에서 9위까지가 일본 상사이며 1위에서 5위에 해당하는 일본 상사만으로도 외국 상사의 국내 판매 실적 중 71퍼센트를 차지하고 있었다.[62]

이렇게 하여 한일국교정상화를 계기로 본격적으로 이 땅에 밀려들어온 일본 자본은 요소요소를 장악해 들어가면서 궁극적으로 이 나라 민중에 대한 무자비한 수탈을 계속할 수 있게 되었다.

---

60 일한관계연구회, 앞의 글, 336~337쪽 참조.
61 위의 글, 337쪽.
62 위의 글, 337~338쪽 참조.

제4장

저항과 반격

1. 북한의 방위투쟁

5·16군사쿠데타 이후 한반도를 둘러싼 전반적인 정세는 그동안 경제
건설에 주력해왔던 북한에 새롭고도 긴박한 과제를 안겨주었다.

1960년 일본 군사력의 대외적 진출을 천명한 미일신안보조약이
체결되고 남한에 군사정부가 들어서자 북한은 한반도에서 새로운 전
쟁이 발생할지도 모른다는 두려움에 사로잡히게 되었다. 이 같은 위
협에 대한 대응조치로 북한은 1961년에 소련·중국과 각각 상호방위
조약을 맺었다.[1]

격화되는 군사적 위협에 대한 경계는 1961년 9월 조선노동당 제
4차 당대회에서 김일성이 행한 보고 연설을 통해 더욱 분명하게 드러
났다.

최근에 미국 침략자들은 조선에서 긴장 상태를 더욱 격화시키고 있으
며 새로운 전쟁 소동을 일으키고 있습니다. 그들은 미국 본토로부터 특

---

1   김정원, 앞의 책, 343쪽 참조.

별히 훈련된 새 부대들을 남조선에 끌어들이고 있으며 군사기지들과 시설들을 대대적으로 확충하고 더욱 많은 청장년들을 괴뢰 군대에 강제로 징모하면서 침략태세를 강화하고 있습니다.

미 제국주의자들은 또한 중국의 영토 대만을 강점하고 중화인민공화국을 반대하는 적대행위를 계속하고 있으며 남부 월남, 라오스에 대한 침략과 간섭을 감행하고 있습니다.

특히 미국은 아시아에서 전쟁의 근원으로 되는 일본 군국주의를 재생시키며 극동 침략의 '돌격대'로 내세우려 하고 있습니다. 미 제국주의자들은 일본 반동 지배계층들과 일·미 군사조약을 체결하였으며 침략적인 '동북아시아 동맹'을 조작하려고 책동하고 있습니다. 미제의 적극적인 지원 밑에 일본 군대는 증강되고 있으며 신형 무기들로 장비되고 있습니다. 미제의 비호하에 또다시 아시아의 정복을 망상하고 있는 일본 제국주의자들은 오늘 자기 군대의 '해외 출병'을 공공연히 주장하면서 재침략의 길에 나서고 있습니다.[2]

그러면서 김일성은 다음과 같이 강조했다.

우리 당과 우리 인민은 앞으로도 전 세계 평화애호인민들과 함께 미 제국주의자들의 전쟁도발정책을 반대하며 극동과 세계 평화를 수호하기 위한 강력한 투쟁을 전개할 것입니다. 우리는 항상 긴장된 태세를 견지하며 우리의 국방력을 백방으로 강화함으로써 적들의 어떠한 불의의 공격이라도 결정적으로 분쇄하고 우리의 사회주의 전취물을 튼튼히 보위

2   돌베개 편집부 엮음, 『북한 '조선로동당' 대회 주요문헌집』, 돌베개, 1988, 260쪽.

할 것이며 사회주의 진영의 동방 초소를 수호할 것입니다.[3]

이 같은 북한의 입장은 1962년 12월에 개최된 당 중앙위원회 전원회의에서 더욱 구체적인 형태로 나타났다. 회의에서는 '제국주의 침략 앞에서 타협할 때 침략자들은 더욱 교만해지고 횡포해져 점점 평화를 위협한다. 그러므로 국민경제발전에서 일부 제약을 받는다 해도 국방력을 강화해야만 한다'라는 논리로 '국방에서의 자위'라는 원칙을 구현한 4대 군사노선이 채택되었다.[4]

4대 군사노선이란 '전 인민의 무장화', '전 지역의 요새화', '전 군의 간부화', '전 장비의 현대화'를 말하는 것으로 구체적인 내용에 관해서는 1966년 10월에 개최된 조선노동당 대표자회에서 행한 김일성의 보고 연설에 비교적 잘 나타나 있다.

인민군대를 간부화하고 현대화하는 것은 우리의 군대를 불패의 무력으로 강화하는 중요한 담보로 됩니다. 우리는 인민군 대열을 정치사상적으로, 군사기술적으로 단련하여 일단 유사시에는 전사로부터 장령에 이르기까지 모두가 다 한 등급 이상의 높은 직무를 담당 수행할 수 있도록 하여야 하겠습니다. 이것은 인민군 자체의 전투력을 비상히 높일 뿐 아니라 수많은 군사 간부들을 길러냄으로써 필요할 때에는 우리의 무력을 급속히 확대할 수 있게 합니다.

혁명 군대의 정치사상적 우월성이 현대적 군사기술과 결합할 때에는 참

---

3 위의 책, 262쪽.

4 조진경, 「북한현대사 개관」, 서울지역 교지편집인연합회 엮음, 『백두에서 한라까지』, 돌베개, 1988, 225쪽.

말로 위대한 힘을 발휘할 수 있는 것입니다. 오늘 세계에서 군사과학과 군사기술은 비약적으로 발전하고 있으며 현대전에는 최신 무기와 군사기재들이 동원됩니다. 우리의 원수들은 더욱더 새로운 무기로 장비하고 있습니다. 우리는 현대전의 요구에 맞게 발톱까지 무장한 원수들의 침략에 대비하여 우리 인민군대를 현대적 무기와 전투 기술 기재들로 튼튼히 무장시켜야 하겠습니다.

……

전 인민의 무장화와 전국의 요새화는 적들의 어떠한 침공도 막아낼 수 있는 군사전략상 가장 위력한 방위체계입니다. 이것은 국방에서 우리 당의 군중노선을 관철하며 자위의 원칙을 철저히 실현하기 위한 것입니다. 우리는 전체 인민을 무장시키고 전국을 요새화함으로써 적들의 일상적인 파괴활동을 걸음마다 분쇄할 수 있으며 온갖 형태의 무력 침공을 우리 자신의 힘으로 격파할 수 있습니다.

이러한 방위체계는 우리의 사회주의 제도하에서 인민의 정치사상 통일과 나라의 튼튼한 경제토대에 기초해서만 수립할 수 있습니다.

우리는 인민군대와 함께 노동자, 농민을 비롯한 전체 인민을 무장시키며 전방과 후방을 막론하고 나라의 모든 지역에 반석 같은 방위시설들을 축성하여야 하겠습니다. 노농적위대의 대열을 튼튼히 꾸리고 전투정치 훈련을 강화하며 모든 간부들과 당원들이 군사지식을 습득하고 군사훈련에 참가하며 전쟁 경험을 연구하도록 하여야 합니다. 공장의 노농적위대원과 노동자들은 자기의 공장을 지키고 농촌의 노농적위대원들과 농민들은 자기의 농촌을 지키며 전체 인민이 한 손에 무기를 들고 다른 손에 낫과 망치를 들고 우리의 사회주의 조국을 믿음직하게 보위하면서 사회주의를 계속 훌륭히 건설하여 나아가야 할 것입니다. 그리하여 원수들이 우리나라의 어느 곳에 침입하여도 그들을 철저히 소

탕할 수 있도록 우리의 온 강토를 난공불락의 요새로 전변시켜야 하겠습니다.[5]

4대 군사노선은 기존의 '인민전쟁' 개념을 현대전에 맞게 더욱 새롭게 발전시킨 것으로 한마디로 전후방 없이 총력전을 펼치는 것을 말한다.

북한의 총군사노선이라고 할 수 있는 4대 군사노선은 남한 당국이 즉각 남침을 위한 계획의 증거로 제시했는데 이 같은 남한 측의 주장은 검토할 여지가 상당히 많다고 할 수 있다. 4대 군사노선이 공격을 위한 것인가 아니면 방위를 위한 것인가 하는 것은 북한의 공식적인 주장을 떠나서도 '전 지역의 요새화'의 실제 양상을 살펴봄으로써 판단이 가능할 것이다. 즉, 북한은 '전 지역의 요새화'라는 방침에 입각해 대부분의 군사시설을 지하로 집어넣거나 콘크리트 엄호물로 보호함으로써 군사시설을 '요새화'하고 있는데, 이는 신속한 기습공격을 위해서는 매우 부적합한 것이다. 북한의 '요새화'는 저명한 군사분석가 키건의 지적대로 자신의 영토 내에서 장기 방어전을 치르기에 알맞은 것이라 할 수 있다.[6]

이처럼 북한은 4대 군사노선을 채택할 때 대폭적인 군사력의 증강을 도모하지는 않았다. 4대 군사노선이 채택된 이듬해인 1963년 국방비가 전체 국가예산에서 차지하는 비율이 전년도의 2.6퍼센트에서 도리어 1.9퍼센트로 줄어들었으며 그 후 1964년과 1965년에는

---

5   돌베개 편집부 엮음, 앞의 책, 456~457쪽.
6   『말』, 1987년 5월호, 51쪽.

5.8퍼센트와 8.0퍼센트로 비교적 소폭으로 상승했던 것이다. 이 같은 현상은 북한이 여전히 경제건설에 최우선적인 역점을 두면서 국방문제는 중소와의 동맹을 통해 기존의 역량을 더욱 효과적으로 편성하는 것에 주로 의존하고자 했음을 보여준다.

그러나 1965년을 넘어서면서 상황은 더욱 악화되고 말았다. 당시 동아시아의 군사정세는 베트남에서 전면적인 전쟁이 발발하는 등 매우 급박하게 돌아가고 있었다. 이러한 가운데 그동안 북한을 떠받쳐왔던 사회주의 나라 간의 동맹체제에 심각한 균열이 나타나기 시작했다.

일찍이 흐루쇼프가 이끄는 소련은 이른바 평화공존이라는 명분 아래 미국과 타협적인 정책을 추구함으로써 결과적으로 미국의 공격력이 아시아 방면에 집중하는 것을 허용하고 말았다.[7] 이러한 상황 아래 북한은 중국과의 동맹에 크게 의존할 수밖에 없었다. 그러나 이 같은 중국과의 관계 역시 점점 믿을 수 없는 것이 되어가고 있었다. 베트남전쟁이 전면화되고 있던 1965년 중국의 실력자 린뱌오는 '인민전쟁 승리 만세'라는 제목이 붙은 책자를 발표했는데 이는 사실상 중국의 대외정책을 반영하고 있었다. 즉, 린뱌오는 자신의 글에서 각 나라가 자체의 힘으로 혁명을 할 것을 강조하면서 중국은 이에 관여하지 않겠다는 의사를 비친 것이었다. 결국 중국은 자신을 표적으로 해서 전개되고 있는 베트남과 한반도의 분쟁에서 발을 빼고 경제건설 등 자국의 이익에 충실하겠다는 의도를 드러낸 것이다. 이 같은 중국의 입장은 1966년 5월 저우언라이가 성명을 통해 중국은 미국과의

---

7   이러한 사실은 1962년 10월에 발생한 쿠바 위기 당시 소련이 미국의 협박에 굴복함으로써 극적으로 표현되었다.

분쟁을 일부러 유발하지는 않을 것이라고 못 박음으로써 더욱 분명해졌다. 북한은 중국의 그 같은 움직임 속에서 중국이 더는 믿을 만한 대상이 아님을 간파하게 되었다.[8]

미국에 의한 군사적 위협은 계속 높아지는 데 반해 등을 대고 의지할 곳은 연거푸 무너지는 긴박한 상황에서 북한은 1966년 10월, 앞서 말한 노동당 대표자회를 긴급 소집해 대책을 강구했다.

회의에서는 자체의 힘으로 국방문제를 해결하기 위해서는 경제건설과 국방건설을 병진시키는 것이 필요하다는 방침이 새롭게 강조되었다. 김일성은 다음과 같이 말했다.

오늘 우리의 혁명투쟁과 건설사업에서 가장 주요한 것은 조성된 정세의 요구에 맞게 사회주의 건설의 전반적 사업을 개편하며 특히 원수들의 침략 책동에 대비하여 국방력을 더욱 강화할 수 있도록 경제건설과 국방건설을 병진시키는 것입니다. 이것은 정세의 변화와 관련하여 벌써 몇 해 전부터 집행하여온 우리 당의 기본적인 전략적 방침입니다. 우리는 앞으로도 당의 이 방침을 확고히 견지하여야 하며 그에 입각하여 모든 사업을 전개하여야 할 것입니다.

······ 중략 ······

전쟁이 일어나면 다 파괴될 것이라 하여 국방건설에만 치우치고 경제건설을 제대로 진행하지 않는 것도 잘못이며 평화적 기분에 사로잡혀 경제건설에만 치우치고 국방력을 충분히 강화하지 않는 것도 잘못입니다.[9]

---

8   김정원, 앞의 책, 351쪽 참조.

연도	경제	사회·문화	국방	정부지출	합계
1961	73.3	21.1	2.6	3.0	100
1962	72.8	22.3	2.6	2.3	100
1963	74.0	21.3	1.9	2.8	100
1964	69.5	20.4	5.8	4.3	100
1965	68.7	19.1	8.0	4.3	100
1966	68.1	17.2	10.0	4.7	100
1967	50.6	17.5	30.4	1.5	100
1968	48.9	17.2	32.4	1.5	100
1969	47.8	19.7	31	1.5	100
1970	50	17	31.5	1.5	100
1971	51.5	17	30	1.5	100

(단위: %)

〈표 13〉 북한의 예산지출 내역
출전: 김일성, 『김일성선집』, 519쪽; 『조선중앙연감』, 1963, 184~185쪽,
김정원, 『분단한국사』, 동녘, 1985, 350쪽에서 재인용.

이 같은 방침에 따라 1966년까지 완만하게 증가하던 국방비는 다음 해인 1967년부터는 급속히 팽창하게 되었다. 〈표 13〉은 1961년부터 1971년에 걸친 북한 국가예산의 지출 내역이다.

그러나 미국이 주도하는 군사적 위협으로부터 북한이 무사하기 위해서는 단지 자신의 방위능력을 강화하는 것만으로는 충분치 않았다. 이것은 동일한 이유로 야기되고 있던 베트남전쟁의 향방에 따라 심각한 영향을 받을 수밖에 없었다.

---

9   돌베개 편집부 엮음, 앞의 책, 449쪽.

북한이 이 점을 모를 리 없었다. 오히려 북한은 그 누구보다도 베트남의 운명이 자신의 운명과 직결된다는 것을 잘 알고 있었다. 베트남 민중의 끈질기고도 효과적인 저항은 미국의 발목을 붙잡고 늘어짐으로써 북한에는 좀 더 많은 여유를 안겨줄 것이다. 반면 베트남에서 저항선이 붕괴된다면 미국은 그 여세를 몰아 자신과 동맹국의 군사력을 북한을 향해 집중할 것이 분명했다. 그렇게 되면 북한의 국방은 적어도 단독의 힘으로는 감당해내기 힘들어질 것이다. 그렇기 때문에 북한은 베트남 민중을 가리켜 "그들은 우리를 위해 싸우고 있다"[10]라고 말한 것이다.

이러한 맥락에서 북한은 베트남을 지원하는 문제에 대해 일반적인 의미의 사회주의 진영 상호 간의 단결이라는 원칙을 넘어서는 일종의 사활적 이해를 가지고 있었던 것이다.

이러한 이유로 북한은 베트남에 대한 지원에 관해 매우 적극적인 입장을 취했는데 이는 상당한 양의 물자를 베트남에 공급하는 것으로 나타났다. 베트남전쟁이 한창 진행되던 1960년 후반 북한의 모든 공장에서는 일정한 생산부서가 처음부터 베트남을 위해 따로 할당되었다. 공장의 한 부서 전체나 한 부서의 한 과 전체 혹은 개별 기구가 베트남을 위해 작업하고 있었다. 수만 톤의 화학비료, 트랙터, 압연철, 농업발전용 소형 터빈, 디젤엔진 등이 전부 베트남 민중에게 전달되었다.[11]

여기에 그치지 않고 수십만의 북한 청년들이 베트남이 요구하기

---

10   윌프레드 버쳇, 앞의 책, 204~205쪽 참조.
11   위의 책, 204쪽.

만 하면 당장이라도 베트남 전장으로 달려갈 채비를 갖추고 있었다. 이들은 베트남의 기후, 정글, 음식 등에 빨리 적응할 수 있도록 일급 군사훈련을 받은 정치적으로 의식수준이 매우 높은 전사들이었다. 또한 이들 청년은 달러를 손에 넣고자 하는 집권자의 욕심 때문에 강제로 베트남에 투입된 남한의 젊은이들과는 달리, 베트남전쟁에 직접 참가함으로써 한국전쟁 당시 미군에 진 피의 빚을 갚고 궁극적으로 자신의 조국을 수호하고자 하는 특유의 열정으로 움직이고 있었다.[12] 그러나 이러한 북한 청년들의 열망은 베트남이 단독으로 전쟁을 수행하기를 희망함에 따라 현실화되지는 못했다.

베트남에 대한 북한의 지원은 한반도 내에서 특수한 작전 형태로 나타나기도 했다. 1967년을 넘어서면서 베트남 민중의 완강한 저항에 부딪혀 난관에 봉착한 미국은 자신의 모든 역량을 베트남에 우선적으로 집중하고자 했고 그 일환으로 한국군의 추가파병을 기도했다. 이 같은 미국의 의도는 구체적으로 1967년 가을 박정희 정권을 움직여 1만 1,000명에 달하는 한국군 전투부대를 베트남에 동원하고자 하는 것으로 나타났다.

베트남 전선의 사수를 곧 자신의 방위로 간주하고 있던 북한은 이 같은 한국군의 추가파병을 최대한 저지하고자 했다. 이러한 맥락에서 북한은 남한의 후방을 교란시키고 이를 통해 박정희 정권에 위협을 가함으로써 궁극적으로 한국군의 발목을 묶어두기 위한 목적 아래 남한 지역에 적극적으로 게릴라부대를 파견했다. 이 같은 북한의 노력은 당시 살얼음판을 걷는 것과 같은 긴장상태에서 미국에 군사적 공

---

12 위의 책, 206쪽.

격의 빌미를 제공해줄 수 있다는 의미에서 일종의 목숨을 건 모험에 해당하는 것이었다.

이러한 가운데 매우 주목할 만한 사건이 발생했다. 일단의 북한 게릴라부대가 1968년 1월 21일 대통령이 거주하고 있는 청와대를 기습한 것이다. 청와대에서 1킬로미터 떨어진 지점까지 접근했던 이들 게릴라부대는 결국 한국군의 공격을 받아 붕괴했지만 이 사건으로 박 정권이 받은 충격은 상당히 큰 것이었다.[13] 청와대 기습사건 직후 남한 정부는 북한에 대해 무력공격을 감행함으로써 응수하고자 했고 박정희는 포터 주한 미 대사를 만나 한국군은 이틀 만에 평양에 도착할 수 있을 것이라며 자신감을 표명했다. 그러나 이미 베트남에서 고전을 면치 못하고 있던 미국은 한반도에서 새로운 전선이 형성되면 승산이 희박할 것이라고 판단하고, 이 같은 남한 정부의 제안에 반대의사를 표명했다. 결국 박정희가 1967년부터 꿈꿔온 북한에 대한 무력공격은 수포로 돌아갔다. 그러나 이 과정에서 박정희는 미국의 소심함에 대해 상당한 반발을 나타냈고, 그 결과 한국군의 베트남 추가파병은 중도에 하차하고 말았다. 결국 북한의 입장에서는 한국군의 베트남 파병을 저지한다는 당초의 목표를 달성하게 되었다.[14]

동맹국의 군사력을 베트남에 우선적으로 투입하고자 하는 계획이 차질을 빚기 시작하자마자 미국은 더욱 큰 수모를 겪어야 하는 사건에 봉착하게 되었다.

----

13 이 사건은 뒤이어 전개된 남베트남 민족해방전선의 '구정 대공세'에 대한 측면 지원인 것으로 알려졌다. 김낙년, 「동북아정세의 변화와 남북대화」, 박현채 외, 앞의 책, 137쪽 참조.
14 미 하원 국제관계위원회 국제기구소위원회 엮음, 앞의 책, 89~90쪽 참조.

북한 게릴라부대가 청와대를 기습공격한 지 이틀 후인 1월 23일 최신 전기장치를 갖추고 북한 연안에서 정보수집 활동을 하던 미군 첩보함 푸에블로호가 북한 영해를 침범했다는 이유로 북한에 나포되었다. 사건 발생 직후 미국은 신속한 대응태세를 보여주었다. 350대의 미 군용기가 한국 정부의 승인 없이 남한으로 날아왔고, 미국의 엔터프라이즈 항공모함이 북한 해안에 근접해 배치되었다. 이와 함께 1만 4,000명의 공군과 해군의 예비병력이 출동태세를 갖추었다.[15] 그러나 앞서 청와대 기습사건에서 보여주었던 것과 마찬가지로 미국은 더는 움직일 수 없었다. 도리어 미국은 푸에블로호 승무원을 송환하기 위해 푸에블로호의 북한 영해 침범 사실을 인정하고 이를 사과하는 서한을 북한에 보내지 않으면 안 되었다. 이렇게 하여 미국은 외교 사상 처음으로 자신이 가장 싫어하는 북한을 향해 머리를 숙여야 했고 반면 북한의 입장에서는 일정 정도의 승리를 거두게 되었다.[16]

유사한 사건이 다음 해 4월에 또다시 발생했다. 미 해군 비행기 EC-121기가 북한 영공을 침범했다는 이유로 북한에 격추당한 것이다. 사건이 발생하자 국무장관 키신저는 강력한 응징을 요구하면서 구체적으로 두세 개 정도의 북한 비행장을 요절낼 것을 주장했다. 대통령 닉슨도 처음에는 이 제안에 마음이 끌렸으나 레어드 외교 담당 수석비서관 등의 의견에 따라 보복공격은 포기하고 말았다.[17]

이 같은 일련의 사태로 북한은 자신들이 추구해온 강력한 방위태세 구축과 베트남에 대한 다방면의 지원이 미국이 주도하는 무력공격

15 위의 책, 91쪽.
16 한홍구, 「새로 쓴 북한통사」, 『월간중앙』, 1988년 10월호, 659쪽.
17 맬콤 콜드웰, 「개입의 근원」, 거번 맥코맥·마크 셀던, 앞의 책, 166쪽.

의 위협을 좌절시켰음을 입증해낼 수 있는 계기를 마련하게 되었다. 그 결과 북한은 "방위체계를 확립한 인민들은 적들의 보복에는 보복으로, 전면전쟁에는 전면전쟁이라는 단호한 입장을 취해 미 제국주의자로 하여금 무릎을 꿇게 했다"라는 자신감 넘치는 주장을 할 수 있게 되었다.[18]

그러나 이 같은 자신감에도 불구하고 북한은 불가피하게 엄청난 희생과 손실을 감수하지 않으면 안 되었다.

여전히 세계 최강을 자랑하는 미국, 최상급의 경제력을 바탕으로 군국주의를 추구하고 있는 일본, 미국의 지원 아래 최신 장비로 무장한 60만 대군을 거느리고 있는 남한 등의 연합적인 위협 속에서 인구 2,000만이 채 안 되는 북한이 단독의 힘으로 자신을 방위하겠다는 각오 아래 급속한 군사력의 확대를 추진했다는 것은 분명 엄청난 고통을 수반하는 것이었다. 무엇보다도 과도한 군사비의 지출은 경제 전반에 심각한 장애요소로 등장했다. 그동안 놀라운 속도를 자랑하던 경제성장은 둔화되기 시작했고 산업 부문 간의 불균형이 심화되어갔다. 결국 북한은 어쩔 수 없이 1961년부터 시작된 야심에 찬 1차 7개년 계획을 3년 연장해 1970년까지의 10개년 계획으로 변경했다.

이와 함께 한국군의 베트남 추가파병을 저지하기 위해 추진된 남한에 대한 대대적인 게릴라부대의 파견은 박정희 정권으로 하여금 자신의 억압적인 체제를 유지·강화할 수 있는 효과적인 구실을 주고 말았다. 박 정권은 계속되는 북한 게릴라의 침투를 북한이 남침을 준비하고 있다는 실제적 증거로 삼았고 이를 바탕으로 향토예비군을 창

---

18 한홍구, 앞의 글, 659쪽.

연도	예산총액	방위예산	비율
1953	496.0	75.4	15.2%
1954	729.0	58.4	8.0%
1955	988.0	61.3	6.2%
1956	956.0	56.4	5.9%
1957	1,022.4	54.2	5.3%
1958	1,183.0	56.8	4.8%
1959	1,649.6	61.0	3.7%
1960	1,967.9	61.0	3.1%
1961	2,338.0	60.8	2.6%
1962	2,728.8	71.0	2.6%
1963	3,028.2	57.3	1.9%
1964	3,418.2	198.3	5.8%
1965	3,476.1	278.1	8.0%
1966	3,571.4	357.1	10.0%
1967	3,948.2	1,200.2	30.4%
1968	4,812.9	1,559.4	32.4%
1969	5,048.6	1,565.1	31.0%
1970	6,186.6	1,917.9	31.0%
1971	7,277.3	2,183.2	30.0%
1972	7,344.0	1,256.1	17.0%
1973	8,543.5	1,281.2	15.0%
1974	9,801.2	1,568.2	16.0%

〈표 14〉 북한의 방위예산

출전: 번즈 엮음, 『남북조건과 4대국』, 50쪽, 코리아평론사ユリア平論社, 1977,
김병오, 『민족분단과 통일문제』, 한울, 1985, 213쪽에서 재인용.

설하는 등 민중에 대한 강력한 통제력을 구축해나갔다. 이 모든 것은 실질적으로 박 정권의 통치기반을 강화해주었다.

이처럼 1960년 후반의 양상은 북한의 경제적 압박과 남한의 반공 체제의 강화라는 점에서 한국전쟁 당시와 유사한 모습을 보여주었 다. 그러나 한국전쟁 당시와는 달리 1960년대 후반의 북한은 미국의 군사적 위협을 사전에 저지할 수 있었고 그럼으로써 피해를 훨씬 극 소화할 수 있게 되었다. 이 점은 분명 북한으로서는 놀라운 발전인 반 면 미국으로서는 대단한 후퇴에 해당하는 것이었다.

2. 쫓겨가는 미국

베트남전쟁에 전면 개입함으로써 날로 약화되는 자국의 지위를 무력 으로 회복하고자 꿈꾸었던 미국은 더욱 심각한 파탄에 직면했다.

미국은 자국의 운명이 걸린 이 한판 승부에 모든 것을 쏟아부었다. 미국은 베트남전쟁을 통해 하나의 민족에 대항하는 일에 전에는 어떤 제국주의 국가도 사용한 예가 없는 대규모 군대(남베트남 정부군과 아시 아 동맹국의 군대를 합치면 무려 120만)를 지휘했다. 또한 미국은 베트남에 서 제2차 세계대전 당시 사용한 총량의 3배 이상에 해당하는 680만 톤(1966년에서 1971년까지)의 포와 폭탄을 투하했고 최신예 전투폭격기 와 헬리콥터, 레이저광선, 유도폭탄, 세균무기 등 초현대식 무기를 동 원함으로써 생태계를 바꿀 정도의 무참한 파괴를 자행했다.[19]

그러나 역사상 최고의 경제력을 자랑하던 미국은 아시아의 낙후 된 농업국가인 베트남과 벌인 대결에서 쓰라린 패배를 맛보지 않으면 안 되었다.

헤아릴 수 없이 많은 인명이 희생되는 가운데서도 베트남 민중은 외래 침략세력에 대한 저항을 결코 포기하지 않았다. 베트남 민중의 놀라운 단결력과 투쟁의지는 미국의 발목을 움켜쥐었고 결국 미국을 깊고 깊은 수렁으로 빠뜨리고 말았다. 이 와중에 독점자본의 흉포한 야욕의 희생물이 된 미군 병사의 전사자 수가 계속 증가했으며(1968년 당시 미군 병력 53만 6,100명 중 최고 1만 4,589명), 그에 따라 탈영병이 급증하고 마약 복용이 유행병처럼 번졌으며 규율이 완전히 무너져 갔다. 이와 함께 미국 내에서는 전쟁에 대한 염증과 그로 말미암은 반전운동이 요원의 불길처럼 번지면서 전쟁정책을 추구하던 집권세력을 심각한 정치적 위기로 내몰고 있었다.[20]

문제는 여기에 그치지 않았다. 미국은 값비싼 무기를 대량 사용한 이 전쟁에서 베트남 게릴라 1명을 죽이는 데 5만 2,000달러가 들었다는 추정이 나올 정도로 엄청난 비용이 소모되는 것을 감수하지 않으면 안 되었다. 전쟁이 확대되면서 비용은 급격히 증가했고 그 결과 미국이 베트남전쟁에 쏟아부은 전비는 약 1,400억 달러에 이르게 되었는데, 이는 미국 역사상 제2차 세계대전에 투입된 전비 다음으로 많은 액수였다. 이같이 막대한 전비를 소모한 결과 국제경쟁력이 약화되면서 달러위기가 가속화하고 재정마저 파탄에 이르자 미국 경제의 뿌리가 송두리째 흔들리기 시작했다.[21] 그 결과 미국은 자신의 압도적인 경제력의 우위를 바탕으로 세계시장의 제패를 보장하기 위

19 사카이 아키오坂井昭夫, 허강인 옮김, 『독점자본주의와 군사노선』, 세계, 1986, 43~44쪽.
20 같은 곳.
21 같은 곳.

해 만들어놓은 이른바 IMF·GATT 체제를 더는 유지할 수 없게 되었다. 세계 곳곳에서 가치가 떨어진 달러를 미국의 금과 교환하기 위한 시도가 쇄도했고 미국 상품의 경쟁력이 약화된 것을 틈타 미국 시장에 대한 수출이 강화되었다. 이제 미국은 자국 시장을 보호하고 금이 유출되는 것을 방지하기 위한 조치를 취하지 않으면 안 되었다. 결국 1971년 8월 15일 닉슨 대통령은 달러가 금으로 교환되는 것을 정지하고 모든 수입 상품에 대해 10퍼센트 관세를 일률적으로 적용하는 것을 골자로 하는 새로운 경제정책을 발표하기에 이르렀다. 이는 명백히 미국의 세계 지배를 보장하는 장치였던 IMF·GATT 체제의 실질적인 붕괴를 의미하는 것이었다. 이것은 무모한 군사적 모험에 대한 응분의 대가였다.

그리하여 베트남전쟁에서 실패를 맛본 미국은 심각한 정치·경제적 위기에 직면함과 동시에 도덕적 위신마저 실추되는 결정타를 얻어맞게 되었고 휘청거리며 내리막길을 걷지 않으면 안 되었다. 즉, 1949년 국민당의 패배와 '중화인민공화국'의 등장 이후 일관되게 추구해왔던 중공 봉쇄정책이 진공의 교두보로 설정되었던 한반도와 인도차이나에서 잇따라 패배하면서 결국 그 막을 내려야만 하는 시점에 도달하게 된 것이다. 이제 미국이 선택할 수 있는 길은 무모한 군사적 모험을 포기하고, 아시아를 겨냥했던 자신의 무력을 퇴각시키며, 지구상에서 그 존재를 허용하지 않고자 했던 적대세력을 승인하는 것밖에 없었다. 드디어 1969년 7월 29일 미국 대통령 닉슨은 괌에서 다음과 같은 내용의 '닉슨독트린'을 발표하지 않으면 안 되었다.

1. 미국은 금후 월남전쟁과 같은 군사적 개입을 하지 않을 것을 견지한다.

1. 미국은 아시아 국가들과의 조약(상호방위조약)상의 약속은 수호하

지만 강대국(예를 들면 소련)이 핵 위협을 가하는 것과 같은 경우를 제외하고는, 내란과 외부에서의 직접 침략에 대해서는 각국이 스스로 이에 대처할 것을 기대한다.

1. 미국은 태평양 국가로서 계속 이 지역에서 중요한 역할을 담당한다. 그러나 아시아의 문제 지역에서 직접 군사적 혹은 정치적으로 깊이 개입해왔던 이제까지의 방침을 지양하여 자조의 의사가 있는 아시아 각국에 대해서는 자주적 행동을 측면에서 지지·지원하는 역할을 하게 될 것이다.

1. 아시아 국가들의 원조는 경제원조를 중심으로 하고, 이에 대해서도 가능한 여러 국가에 걸쳐서 원조하여 미국이 특정한 국가와의 사이에 경제적·정치적 관계를 심화시키지 않도록 노력한다.

1. 아시아 국가들이 직접 상호안전보장을 위한 군사기구를 설치할 것이라고 판단하지 않지만, 5~10년 후에는 실현할 수 있기를 기대한다.[22]

닉슨독트린은 베트남부터 적용되기 시작했다. 닉슨 취임 당시 (1969년 1월) 53만 6,000명이었던 주월미군은 1970년 11월 4차 철수가 이루어진 후에 38만 명으로 줄었고, 1971년 5월 말까지 8만 4,000명으로, 1972년에는 5만 명으로 각각 축소되었다.

필리핀에서도 미군의 철수가 진행되었다. 미국은 필리핀에 주둔하던 2만 6,900명 중 1971년 7월까지 1만 4,000명을 감축했다. 일본에 주둔하던 4만 1,000명의 병력은 1972년까지 2,000명으로 줄어들었고, 타이완 주둔군도 철수를 시작해 1970년 8월 현재 9,000명만을

---

22 사토 다쓰야, 앞의 글, 256~257쪽.

잔류시켰으며, 태국에 주둔하고 있던 4만 5,000명의 병력도 1972년
에는 해·공군 요원 1만 명만 남게 되었다.[23]

이와 동시에 1971년 7월 키신저가 비밀리에 중국을 방문했고 뒤
이어 1972년 2월에는 닉슨이 미국 대통령으로서는 처음으로 중국을
공식 방문하고 상하이 공동성명을 채택함으로써 중국에 대한 적대정
책을 포기하고 양국 간의 화해를 공식 선언하게 되었다.

이러한 맥락에서 주한 미군이 철수하기 시작했는데 1969년 6만
3,000명이었던 병력이 1971년 6월까지 4만 3,000명 선으로 축소되
기에 이르렀다. 이와 함께 1953년 이후 41억 달러의 경제원조를 제
공해온 미국은 1970년을 마지막으로 이러한 경제원조도 중지한다고
통고해왔다. 물론 이 같은 경제원조의 중단조치는 베트남전쟁을 거치
면서 미국 경제가 휘청거리게 되고 그에 따라 더는 원조를 할 수 없는
상황에 기인하는 것이었다.

주한 미군의 철수가 현실화된다는 것은 미국이 남한을 지배하는
데 가장 중요한 지렛대에 균열이 생기기 시작했음을 의미하는 것으로
그 영향은 실로 엄청난 것이었다.

이미 살펴본 대로 남한의 지배층이 누리던 특권적 이익은 남한을
미국의 군사기지와 식민지 수탈을 위한 황금시장으로 내주고 그에 기
생함으로써 얻은 것이었다. 그런데 미국을 위시한 제국주의 독점자본
의 남한 진출은 주한 미군의 주둔을 필수조건으로 삼아왔다고 볼 수
있다. 즉, 주한 미군의 존재는 이들 자본이 위기에 직면하게 될 때 미
국의 자동적인 개입을 천명하는 것으로 제국주의 이익의 가장 확실한

23　리영희, 『전환시대의 논리』, 창작과비평사, 1979, 363~364쪽.

파수꾼에 해당하는 것이었다. 따라서 주한 미군의 철수는 해외로부터 자본이 유입되는 것을 불투명하게 만들 뿐 아니라 기존의 자본마저도 철수를 고려하게 만드는 요인이 되고 말 것이다. 이는 제국주의 독점 자본의 입장에서는 세계 최상의 수익을 보장하는 황금시장이 상실되었음을 의미하며 남한의 지배층으로서는 자신을 먹여주고 키워주던 탯줄이 끊겨나가는 위기가 도래했음을 말해주는 것이었다. 1975년 베트남에서의 최종적인 패배로 아시아에서 미국의 지위에 먹구름이 드리우기 시작하자 미국은 남한에 대한 직접투자를 급격히 감소시키기 시작했고 차관 역시 빠른 시일 내에 회수 가능한 고리의 단기성 차관으로 대체해갔다. 미국과 남한 지배층에 위기가 도래한 것이다.[24]

바로 이 같은 이유로 미국이 주한 미군의 철수를 발표하고 일부가 철수를 개시하자 남한의 지배집단들은 온갖 호들갑을 떨며 주한 미군의 철수를 반대하고 나섰다. 이 과정에서 그동안 반독재투쟁이니 노동자 권익옹호니 하는 갖가지 가면을 쓴 채 민족의 이익을 팔아먹어 왔던 집단들의 본성까지도 여지없이 들통 나게 되었다. 그러면 기상천외한 근거들을 제시해가면서 주한 미군 철수 불가론을 펼쳤던 이들의 주장을 몇 가지 들어보자.

한미상호방위조약 제4조의 규정에 의해, …… (주한 미군의) 일방적인 철수나 감축은 방위조약정신에 비추어 있을 수 없다. (최규하 외무부장관)[25]

24 이대근, 「차관경제의 전개」, 이대근·정운영 엮음, 『한국자본주의론』, 까치, 1984, 174쪽 참조.
25 청사 편집부 엮음, 앞의 책, 19쪽.

한국의 안전을 도외시하고, 미국 정부가 국내 사정을 이유로 일부 병력을 철수시키는 것은 한국뿐 아니라 자유 우방국에 대한 배신행위이다. (1970. 7. 8 긴급각료회담에서)[26]

로저스가 예산문제로 감군한다지만 주한 미군의 연간 비용 10억 달러는 극소액이다. (공화당 국회의원 박준규)[27]

······ 그러면 휴전선의 전신인 38선을 만들어 우리에게 동족상잔의 비극을 던져준 미국은 당연히 휴전선이 없어지는 날까지 의리와 운명을 같이해야 할 의무가 있고 빚이 있다. (신민당 국회의원 정일형)[28]

이 밖에 어용적인 한국노총도 미군 감축에 반대한다는 성명을 발표하는 등 이 같은 소동은 1970년 한 해 동안 내내 계속되었다.

이러한 가운데서도 박 정권이 가장 강조했던 주한 미군 철수를 반대한 이유는 한반도의 세력균형 파괴, 즉 "주한 미군의 철수는 즉각적으로 북의 남침공격을 유발시킨다"라는 논리였다. 그러나 이 같은 박 정권의 주장을 비웃기라도 하듯 1970년 9월 13일에 공표된 미 상원 외교위원회 사이밍턴 소위원회의 「미국의 대한안보조약 및 공약에 대한 청문록」에는 다음과 같은 기록이 남아 있다.

한반도 주변의 중·소 정세가 긴박하지 않으며 북한의 도발 가능성도 없

---

26 위의 책, 22쪽.
27 리영희, 앞의 책, 175쪽.
28 위의 책, 174쪽.

고 오히려 남한이 분쟁을 일으킬 가능성이 있다.[29]

3. 북한의 외교적 반격

베트남에서의 결정적 실패와 그로 인한 미국의 후퇴 선언은 또 다른 전선을 형성하고 있던 한반도에 중대한 정세변화를 초래했다. 그것은 한마디로 말해 그동안 한반도를 짓누르고 있던 전쟁 위협에 대한 부담이 일시적이나마 상당히 완화되고 있음을 의미하는 것이었다.

이 같은 정세변화에 따라 북한으로서는 그동안 경제건설의 크나큰 장애로 작용한 과중한 방위부담과 상당한 정치적 손실을 불러일으킨 남한에 대한 게릴라 파견의 고통에서 어느 정도 헤어날 수 있는 여력이 마련되었다. 이에 대한 북한의 반응은 즉각적인 것이었다. 1970년 전체 예산 중에서 31퍼센트나 차지하던 방위비가 1972년부터는 그 절반 정도인 15퍼센트 내외로 급속히 줄어들게 되었고 그에 따라 더욱 많은 자원을 경제건설에 투입하게 되었다. 또한 남한 정권으로 하여금 반공정책을 강화하기 위해 빌미를 안겨준 게릴라 공격도

---

29 청사 편집부 엮음, 앞의 책, 28쪽. 1970년 초반 미국 의회는 당시 미국인들 사이에서 광범위하게 고조되고 있던 반전 분위기를 반영하면서 행정부에 대한 비판적 활동을 전개하고 있었다. 이러한 맥락에서 의회는 그동안 군부와 행정부가 추진하던 많은 군사적 음모를 폭로했으며 계속해서 군부의 새로운 야심에 제동을 걸었다. 1970년대 중반 남한에 대한 군사원조의 심의과정에서 그 액수를 크게 삭감시킨 것도 그 일환이라고 할 수 있다. 1970년대 후반 세상을 떠들썩하게 했던 이른바 '박동선 사건'도 박 정권이 미국 의회의 이 같은 비판적 분위기를 무마할 목적으로 의원들을 직접 매수하는 과정에서 발생한 것이다.

1972년부터는 사실상 완전히 중단되었다.[30]

그러나 북한은 단지 전쟁공포로부터 잠시 벗어나 안도의 숨을 내쉬는 것에 머물지 않았다. 북한에 더욱 중요한 것은 쫓겨가는 미국에 보다 강력한 정치적·도덕적 타격을 가함으로써 미국으로 하여금 더는 남한 땅에 발붙이지 못하게 하고 그리하여 남북통일을 신속히 앞당기는 것이었다. 또한 이 같은 계획은 장차 미국의 역할을 분담하게 될 일본이 충분히 그 힘을 강화하기 전에 추진되어야 했다.

미국에 연속적으로 타격을 가하기 위한 북한의 정책 속에는 베트남전쟁에서 얻은 교훈이 강력하게 반영되어 있었다. 베트남전쟁이 안겨준 교훈이란, 승리의 궁극적 힘은 정치적인 것이라는 사실이었다. 실상 10년간에 걸친 베트남전쟁에서 미국이 개별 전투에서 패배한 적은 거의 없었다. 그럼에도 미국이 최종적으로 패배하게 된 것은 베트남 민중의 끈질긴 저항이 일차적 요인이기는 하지만 그에 못지않게 무차별한 양민학살로 인해 도덕적으로 위신이 실추되고, 국가적 고립과 미국 내 반전운동으로 야기된 집권세력의 정치적 위기 때문에 더는 무력을 사용할 수 없는 상태로 접어들었기 때문이다. 즉, 베트남전쟁을 통해 전 세계에 걸친 평화애호세력의 단결만이 제국주의 침략전쟁을 격퇴시킬 수 있는 조건을 마련해준다는 사실이 분명하게 확인된 것이다. 이 점은 곧 강대한 무력을 자랑하는 제국주의를 패배시키는 궁극적 힘이 무엇인가에 관한 문제였다.

북한은 이 같은 교훈을 신속하게 자기 것으로 받아들였다. 1970년 11월에 개최된 조선노동당 제5차 대회에서 김일성은 이 문제에 관해

30　김병오, 앞의 책, 212쪽 참조.

다음과 같이 언급했다.

오늘 미 제국주의의 침략과 전쟁정책을 반대하는 인민들의 투쟁은 막을 수 없는 시대의 추세로 되었습니다. 아시아, 아프리카, 라틴 아메리카 인민들의 반제 민족해방투쟁의 불길이 세차게 타오르고 자본주의 나라들에서 노동운동이 강화되고 있으며 더욱 많은 평화애호인민들이 미제를 우두머리로 하는 제국주의의 침략과 전쟁정책을 반대하는 투쟁에 떨쳐나서고 있습니다. 인민들의 반전운동은 미국 안에서도 대중적인 것으로 되었습니다. 미 제국주의는 세계의 이르는 곳마다에서 얻어맞고 있으며 안팎으로 곤경에 빠지고 있습니다. 미제의 침략과 전쟁정책을 저지 파탄시키기 위해서는 아시아와 구라파, 아프리카와 라틴 아메리카, 그리고 큰 나라와 작은 나라 할 것 없이 세계의 이르는 곳마다에서 반미투쟁을 더욱 적극적으로 더욱 광범히 벌려야 합니다. 무엇보다도 미제의 범죄적인 월남 침략을 반대하는 반전운동을 전 세계적인 범위에서 힘있게 벌리며 모든 반제 역량이 인도지나 인민들을 비롯한 모든 싸우는 나라 인민들을 더욱 적극적으로 지원하여야 할 것입니다. 이와 함께 세계의 모든 평화애호국가들과 진보적 인민들은 분열된 나라들에서의 미제의 침략 책동을 반대하여 더욱 견결히 투쟁하여야 합니다. 오직 미제가 발붙이고 있는 세계의 모든 곳에서 반제반미투쟁의 혁명적 불길을 세차게 일으키며 모든 반제 역량이 인민들의 혁명투쟁을 힘있게 지지 성원하여야만 미제의 침략과 전쟁정책을 성과적으로 파탄시킬 수 있으며 세계 평화와 안전을 유지 공고화할 수 있습니다.[31]

---

31 돌베개 편집부 엮음, 앞의 책, 325쪽.

이러한 맥락에서 북한은 모든 형태의 전쟁 위협에 반대하고 항구적 평화를 정착시키기 위한 정책을 더욱 강조하며 나아가 이를 바탕으로 국제적 범위에 걸쳐 반침략주의 공동전선을 펴기 위한 노력에 박차를 가했다.

국제적인 연대를 위한 북한의 노력은 크게 두 가지 방향에서 나타났다.

하나는 비동맹권에 대한 진출을 강화하는 것이었다. 이 시기에 비동맹운동은 반미투쟁의 기치를 더욱 높이 들고 있었을 뿐만 아니라 명칭 그대로 모든 강대국의 패권주의를 배격하고 엄격한 자주노선을 추구하고 있었다. 특히 비동맹운동은 1970년 9월 8일 잠비아에서 개최된 제3차 정상회의에서 주한 미군의 철수를 결의하는 등 전적으로 북한의 입장을 지지하고 있었다.[32]

이러한 이유로 북한은 이들 비동맹 진영과 연대하기에는 여러모로 좋은 조건을 갖추고 있었다. 비동맹권에 대한 북한의 진출은 확실히 성공적이었다고 볼 수 있다. 우선 북한은 남한을 따돌리고 1975년 비동맹권 단독가입에 성공함과 동시에 이들 국가와의 외교관계 수립을 확대함으로써 지금까지 미국에 의해 강요된 국제적 고립으로부터 효과적으로 탈출할 수 있었다. 여기에 그치지 않고 북한은 비동맹권의 지지를 바탕으로 미국에 대한 타격을 강화해나갈 수 있었는데 이는 유엔을 통해 집중적으로 그 성과가 드러나게 되었다. 즉, 1975년 제30차 유엔총회에서 유엔사령부의 해체와 유엔의 깃발 아래 남한에 주둔하고 있는 모든 외국군의 철수를 요구하는 북한 지지국의 결의안

32　노중선 엮음, 앞의 책, 464쪽.

이 통과되는 새로운 상황이 발생한 것이다. 비록 이 결의안과 정반대되는 결의안이 동시에 가결되는 미묘한 양상을 빚기는 했지만 이 사건이 의미하는 바는 매우 컸다. 다시 말해 이전에는 미국이 자신의 한반도정책을 옹호하기 위해 유엔을 독점적으로 이용해왔지만 이제는 그것이 불가능해진 것이다. 더욱이 당시 유엔 주재 미국 대사인 모이니핸이 유엔총회에서 어떤 결의안이 통과되든 주한 미군은 철수하지 않을 것임을 밝힘으로써 미국이 스스로 유엔의 권위를 부정하게 되었다. 즉, 미국은 지난날 남한에서 단독정부를 수립하고, 한국전쟁에 개입하고, 주한 미군을 계속 주둔시키기 위해 자신이 내세웠던 법적 근거를 스스로 부정해버릴 수밖에 없었던 것이다.[33]

국제적 연대를 위해 북한이 추구했던 또 다른 하나는 미국과 일본 등 제국주의 나라의 '인민'에 대한 교류를 증진시키는 것이었다.

북한이 이 같은 정책과 관련해 우선적으로 주목했던 것은 미국 내에서 나타나고 있는 새로운 분위기였다. 그것은 베트남전쟁을 통해 폭로된 미국의 제국주의 정책이 갖는 야만성과 부도덕성에 대한 '근로인민'의 광범위한 자각을 바탕으로 자유와 독립을 억압하는 정부의 대외정책에 대항하는 강력한 거부의 움직임이었다. 이 같은 현상에 관해 전 국무성 한국관계 책임자였던 도널드 레너드는 다음과 같이 언급했다.

미국 역사상 외국과의 가장 길고 가장 쓰디썼던 베트남전쟁은 많은 미

---

33 거번 맥코맥, 「한국과 일본: 관계정상화 10년」, 거번 맥코맥·마크 셀던, 앞의 책, 172쪽 참조.

국인들로 하여금 미국의 외교정책, 특히 국가안보와 결부된 외교정책의 방향을 결정하는 기준들에 대해 의문을 품게 하였다. 그들에게는 미국이 지구상에서 가장 억압적이고 잔인하며 부패한 정부와 소위 '자유세계'라는 명목하에 동맹을 맺는다는 것은 미국이 안보 면에서는 물론 미국의 전통과 가치라는 입장에서 볼 때 근본적으로 잘못된 것이었다. 그와 같은 정부들은 반공국가이기는 하지만 그 내용을 도외시할 수 있을 만큼 충분히 정당하지 못한 국가들이었다. 키신저 때 이와 같은 관심이 활발하여졌다.[34]

비록 이 같은 분위기는 미국의 근로대중이 '그동안 누려왔던 기득권이 손상되고 있다'라고 느끼면서 다시 역전되기 시작했지만 적어도 1970년대 전 기간을 거치는 동안 미국 정부의 정책에 심각한 영향을 안겨주었다. 이 같은 분위기는 여론의 요구에 더욱 순응할 수밖에 없었던 의회로 하여금 침략적이고 억압적인 정부의 대외정책에 대해 상당한 제한을 가하도록 해 남한의 군사력 강화를 위한 미국의 원조를 삭감시키고자 하는 노력이 이루어졌다. 또한 근로대중의 비판적 분위기는 카터 집권 시의 미국 행정부로 하여금 다분히 기만적인 것이기는 했지만 독재권력에 대한 노골적인 지지를 철회하는 이른바 '인권외교'를 표방하도록 만들었고 이 같은 인권외교의 여파에 따라 박 정권과 카터 정권 사이에 미묘한 갈등이 나타나기도 했다. 그러나 더욱 중요한 것은 위와 같은 장애요소로 말미암아 미국이 제국주의적 이익을 위해 외국에 대한 직접적인 군사개입을 시도하는 것이 매우 어려

---

34 위의 글, 42쪽.

워졌다는 점일 것이다. 이 점은 1979년 당시 이란과 니카라과에서 혁명이 발생했음에도 강력한 대응을 하지 못한 채 이들 나라에서 쫓겨나옴으로써 분명하게 확인되었다.

아시아에 대한 무력공격의 좌절이 미친 영향은 이처럼 엄청난 것이었다.

북한은 이 같은 미국 내의 사정을 간파하면서 미국의 근로대중이 남한 정부에 대한 미국 정부의 지원을 더욱 강력히 비판하고 북한에 대해서도 진지하고 우호적인 입장을 지닐 수 있도록 만들기 위해 이른바 '인민외교'에 박차를 가해나갔다.

이러한 맥락에서 북한은 1970년대에 접어들어 미국의 언론인과 학자, 의원들을 초청하는 등의 정책을 구사했다. 이를 통해 그동안 미국 정부에 의해 철저히 왜곡되었던 북한의 참모습이 미국인의 눈을 통해 직접 확인되었고 또한 이는 북한의 평화정책을 미국 내에 전파시키는 통로로 활용되었다. 예컨대 북한을 방문한 『뉴욕타임스』 기자인 솔즈베리와의 회견에서 김일성은 "우리는 미국 정부의 반동정책에는 반대하지만 미국 인민들은 반대하지 않는다. 우리는 미국에 우리의 좋은 친구들이 많아질 것을 원하고 있다"라는 입장을 피력하기도 했다. 이 같은 인민외교를 바탕으로 북한이 미국 정부와의 직접교섭을 제의하기도 했는데 그중 가장 중요한 것은 미국과 북한 간에 맺어진 휴전협정을 평화협정으로 대체하는 것에 관한 사안이었다.[35]

이 같은 과정은 일본에 대해서도 동일하게 적용되었다. 북한은 1970년대에 접어들면서 일본과 무역, 자유왕래, 문화교류, 기자회

---

35 김낙년, 앞의 글, 146~147쪽 참조.

견과 같은 민간 차원의 교류를 가속화했다. 그 결과 북한은 1971년 10월에 '일조 우호촉진 의원연맹'의 출범을 성공시켰으며, 「일조무역 확대합의서」를 체결함으로써 일본과의 무역에 새로운 전기를 마련하게 되었다. 이렇게 하여 북한은 미국에 비해 일본 내의 진보세력과 연합전선을 구축하는 데 더욱 큰 성공을 거둘 수 있었다.[36]

그러나 이 같은 '인민외교'의 강화에도 불구하고 북한은 미국과 일본 정부에 대한 경계와 비판을 조금도 게을리 하지 않았다. 도리어 인민외교는 계속되는 이들 제국주의 국가들이 가하는 위협에 대한 더욱 적극적인 대응책의 일환이라고 볼 수 있었다. 1970년대의 정책적 지침을 총괄하고 있는 조선노동당 제5차 대회에서도 이 점을 분명히 밝히고 있었다.

미국의 현 통치자들은 아시아에 대한 침략정책을 가리기 위하여 그 무슨 정책 변경에 대하여 많이 떠들어대고 있습니다. 그러나 미 제국주의가 아시아에서 실시하고 있는 침략정책에 달라진 것이란 아무것도 없으며 또 결코 달라질 수도 없습니다. 달라진 것이 있다면 그것은 다만 그 침략성과 교활성이 더욱 강화되고 있는 것뿐입니다. 미 제국주의자들은 자기의 무력을 직접 동원하여 침략을 강화하는 한편 악명 높은 '새 아시아 정책'에 따라 일본 군국주의를 비롯한 아시아의 추종 국가들과 괴뢰들을 동원하여 주로 '아시아인들끼리 싸우게 하는' 방법으로 아시아에 대한 자기들의 침략적 야망을 손쉽게 실현하려는 더욱 흉악한 목적을

---

36 위의 글, 146쪽.

추구하고 있습니다.[37]

이 같은 맥락에서 북한은 일본 군국주의의 부활에 대한 경계를 강조했다.

일본은 아시아에서 또다시 새로운 침략과 전쟁의 온상으로 되고 있으며 아시아 인민들은 이에 대하여 경각심을 높이지 않을 수 없습니다. 일본 군국주의의 해외침략에서 우리나라는 그 첫 번째 공격 대상으로 되고 있습니다. 일본 군국주의자들은 이미 남조선에 기어들기 시작하였으며 미제의 조종 밑에 조선을 침략하기 위한 극히 모험적인 전쟁계획을 짜 놓고 조선 전선에 자기들의 침략 무력을 투입할 데 대한 모략을 공공연히 꾸미고 있으며 조선민주주의인민공화국을 작전지역으로까지 선포하였습니다.[38]

37   돌베개 편집부 엮음, 앞의 책, 326쪽.
38   위의 책, 328쪽.

제5부

그래도
역사는 전진한다

미국이 추진한 일련의 반혁명 전쟁음모는 아시아 민중
의 강력한 저항에 봉착함으로써 결정적인 파탄을 맞이하
고 말았다. 이 같은 실패는 정치·군사·경제 등 모든 영
역에 걸쳐 미국의 지위를 현저히 후퇴하게 만들었다. 이
에 발맞추어 남한에서는 경제위기가 심화되고 민주주의
와 생존을 위한 민중의 투쟁이 급속히 고양되는 등 전반
적인 정세는 새로운 국면을 향해 치닫고 있었다. 이러한
가운데 미국은 약화된 자신의 힘을 보충하고 과거의 영화
를 되찾기 위해 남한에 대한 군사기지화와 민중수탈정책
을 더욱 강화해나갔다. 이 같은 광란적인 몸부림은 급기
야 유신독재라는 암흑시대를 등장시키고 말았다. 그러나
우리 민중은 이처럼 줄기차게 계속되는 시련 앞에서도 결
코 굴복하지 않았으며 도리어 그 같은 시련을 통해 더욱
단련되어갔다. 그리하여 유신독재의 암흑시대는 우리 역
사 속에서 민족민주운동이 본격적으로 자기 모습을 갖추
어나갔던 희망과 전진의 시대이기도 했다.

제1장

위기 속의 몸부림

1. 민주주의와 생존을 위한 투쟁

4월 혁명과 6·3항쟁 등을 통해 거대하게 분출해 올랐던 민중의 저항운동은 미국과 군사독재 정권의 야만적 탄압으로 인해 일시적으로 그 전진을 멈추기는 했으나 결코 영원히 잠든 것은 아니었다.

　도리어 우리 민중은 미국이 야기한 수탈경제 아래 새로운 투쟁의 조건을 마련하고 다지면서 역사적 대변혁을 향한 발걸음을 더욱 재촉해나갔다. 급속한 공업화의 추진은 전반적인 투쟁의 중심을 도시로 옮겨놓으면서 노동대중을 비롯한 더욱 조직화된 투쟁대열을 양산해냈다. 또한 가진 것 없이 오로지 자신의 노동력만을 팔면서 온갖 비인간적인 학대와 견딜 수 없는 빈곤만을 강요받는 가운데 민중의 투쟁은 죽음을 불사한 참으로 처절한 양상을 띠기에 이르렀다. 이 같은 양상은 비단 노동대중에 국한된 것이 아니라 마땅한 일자리 하나 구하지 못하고 날품팔이와 행상으로 겨우겨우 목숨을 유지하던 도시의 빈민들이나 그 밖의 계층 사이에서도 정도의 차이는 있을지언정 매일반이었다.

　이러한 맥락에서 마침내 그동안 인간이기를 그만두도록 강요받아왔던 민중 사이에서 이후 계속되는 투쟁의 횃불이 될 만한 중대한 사건들이 터져나오기 시작했다. 그중 가장 대표적이라고 할 만한 것이 1970년 11월에 발생한 전태일 분신사건이었다.

1970년 11월 13일, 분신은 서울을 가로로 꿰뚫고 흐르는 청계천 부근의 어떤 피복공장에서 이루어졌다. 나이 어린 재단사 한 사람이 온몸에 석유를 뒤집어쓰고 성냥을 그어 몸에 불을 붙인 것이었다. 전태일이라는 당시 22세의 이 청년은 화염에 휩싸인 채 골목에서 도로를 향해 뛰쳐나가면서 "근로기준법을 준수하라!", "노동자들을 혹사하지 말라!"라고 외쳤다. 때마침 그 자리에 있던 또 한 사람의 노동자가 활활 타오르고 있는 그 불길 속에 책 한 권을 집어던졌다. 그것이 바로 한 사람의 생명을 앗아간 분신과 함께 행해진 '근로기준법'의 화형식이었다.

그러면 전태일이 온몸을 불사르면서까지 고발하고자 했던 당시 노동자들의 참상은 과연 어떤 것이었는가. 전태일이 몸담았던 평화시장은 주로 17세 이하의 여성 노동자 1만여 명을 고용해 피복을 생산하는 소규모 영세업체들이 운집한 곳이었다. 이곳의 노동자들은 하루 평균 16시간 이상을 1인당 한 평도 안 되는 면적에 재봉틀, 작업대 등 부대시설까지 설치된 움직이기조차 어려운 작업조건 속에서 혹사당하고 있었다. 또한 채광, 통풍시설도 없이 악취가 풍기는 장소에서 기업주의 강요로 잠 안 오는 각성제까지 먹으며 일하다 보니 모두 폐결핵, 위장병 등의 질병에 걸려 있었다. 반면 임금은 최저생계비의 5분의 1도 안 되었다.

전태일은 이 같은 처참한 상태를 조금이나마 개선해보기 위해 할 수 있는 모든 노력을 다 기울였다. 그러나 그에게 돌아온 것은 오직 차가운 멸시와 위협뿐이었다. 그리하여 그는 마지막 남은 자신의 몸을 던짐으로써 그토록 부당한 현실에 대해 통렬하게 항의했던 것이다.

노동자들이 처한 생존의 위협을 죽음으로써 사회에 알린, 참으로 어둠을 가르는 한 줄기 불빛이었던 이 장엄한 투쟁은 특히 젊은 노동자들에게 비장한 각오를 안겨주었으며 모든 양심세력에게는 노동현실에 대해 적극적인 관심을 갖도록 유도했다. 그에 따라 곳곳에서 노동자들의 저항이 전례 없이 격렬하게 전개되었다. 단적으로 전태일의 분신 직후인 1971년에는 노동쟁의가 전년도에 비해 10배가 넘는 1,656건을 기록했다. 이와 함께 한국노총 아래에서 전개되는 무기력한 노동운동에 대한 비판이 활발하게 일어났고 노동문제라면 사실보도조차 기피하던 신문·방송 등 보도기관도 매일같이 노동문제에 관한 보도, 특집기사, 논설을 실었다. 마치 여태껏 존재하지 않았던 노동문제가 전태일이 죽음으로써 갑자기 폭발적으로 생겨나기라도 한 것 같았다. 가장 강렬한 반응을 보인 집단은 학생들이었다. 추모식과 집회, 시위가 연이어 개최되었고, 휴교령 속에서 철야농성, 투신자살 기도, 분신자살 기도, 조사단 파견, 단식농성, 시국선언문 채택 등이 겨울방학 직전까지 계속되었다. 11월 25일에는 기독교인들이 신구교 합동으로 전태일 추모예배를 가졌는데, 이날 추도사는 "우리 기독교인들은 여기에 전태일의 죽음을 애도하기 위해 모인 것이 아니라 한국 기독교의 나태와 안일과 위선을 애도하기 위해 모였다"라는 내용이었다.

　　한마디로 전태일의 죽음은 이 땅의 민중으로 하여금 더는 수탈의 노예이기를 그만두고 인간으로서의 정당한 권리를 되찾기 위해 분연히 투쟁에 나설 것을 촉구한 역사적 선언이었다.

　　압제와 수탈에 결사적으로 맞서 자신들의 생존을 지키기 위한 투쟁은 도시빈민들 사이에서도 터져나왔다.

　　익히 알다시피 우리의 수많은 농민은 도저히 견디다 못해 도시로 몰려들었으나 마땅한 직장은 고사하고 찬 이슬을 피할 집 한 채 없이 도시의 변두리 판자촌에 내동이쳐졌다. 그런데 이들이 움막을 짓고 목숨을 부지하던 그곳마저도 돈벌이에 눈이 먼 정부 당국에 다시 강탈당하고 말았다. 그 결과 14만 5,000여 명의 빈민들이 현재의 성남시에 해당하는 경기도 광주군에서 새로운 정착지를 마련하게 되었는데 그곳마저도 땅값이 높아 심각한 곤란이 제기되고 있었다. 결국 이들 빈민은 생존의 벼랑에 몰린 나머지 정부 당국의 야만적 처사에 대한 사무진 증오가 폭발해 격렬한 투쟁이 일어나고 말았다.

1971년 8월 10일 오전 10시경 경기도 광주군 중부면 광주대단지 주민 5만여 명이 탄리 성남출장소 뒷산에 모여 당시 양택식 서울시장을 면담하기 위해 빗속에서 기다리고 있었다.

주민들은 7월 7일 '광주단지 토지불하가격 시정대책위원회'를 조직했고, 7월 14일 서울시가 애초의 약속을 어기고 분양지 유상불하통지서를 발부하자 이 위원회를 중심으로 여러 차례 서울시에 진정을 하는 한편 산발적인 시위를 벌이기도 했지만, 서울시에서는 아무런 반응이 없었다. 이에 주민들은 대책위원회를 '투쟁위원회'로 바꾼 다음 8월 10일을 '최후 결전의 날'로 택한 것이다. 사건 당일 이른 아침부터 '모이자, 뭉치자, 궐기하자, 시정대열에'라는 제목의 전단이 집집마다 뿌려졌다. '배가 고파 못 살겠다', '토지불하가격을 인하해달라', '일자리를 달라'는 내용이 적힌 피켓과 플래카드 3만여 개가 준비되었다. 주민들의 강경한 움직임에 당황한 서울시는 양 시장과의 직접면담을 10일 오전 11시에 주선해주겠다고 제의했다. 주민들은 양 시장과의 면담에서도 납득할 만한 대책이 세워지지 않는다면 실력행사에 들어가는 수밖에 없다고 마음을 굳히고 있었다.

약속시간이 지난 오전 11시 40분까지 양 시장이 나타나지 않자 주민들의 감정은 폭발했다. 격분한 주민들은 성남출장소와 관용차, 경찰차 등을 불태워버렸다. 오후 1시 45분경 서울시경과 경기도경 소속 기동경찰 700여 명이 나타나 최루탄을 발사하는 등 진압에 나서자 주민들은 투석으로 이에 맞섰다. 일부는 광주경찰서 성남지서를 때려 부수고, 일부는 차량통행을 금지시켰다. 이 사건은 오후 5시경 서울시장이 주민들의 요구조건을 무조건 수락하겠다는 소식이 들리자 6시간 만에 끝났다. 이 사건으로 주민과 경찰 100여 명이 부상을 당했고, 주민 가운데 23명이 구속되었다.

그로부터 약 한 달 뒤인 9월 15일 오전 11시 서울 도심지 한복판에서는 또 하나의 노동자투쟁이 폭발했다. '한진상사 파월기술자 미지불임금 청산투쟁위원회' 회원 300여 명은 KAL 빌딩 앞에 집결해 체불노임 149억 원을 지불하라고 요구하면서 빌딩 안으로 진입해 방화하는 등 격렬한 시위를 벌였다. 이들은 곧이어 출동한 경찰과 치열한 공방전을 벌이다가 오후 2시 40분경 대부분이 경찰에 연행됨으로써 약 5시간 만에 해산되었다.

이날의 농성은 4시간 40분 만에 그쳤지만 기술자들은 이미 오래전부터 자신들의 미지불임금을 청산하기 위해 1969년 11월 투쟁위원회를 결성해 3년 동안 12건의 임금소송 제기 등 다각적인 수단과 방안을 강구했으나 아무런 실효를 거두지 못했다. 이날의 농성을 마지막으로 투쟁위원회는 막을 내렸는데 투위 위원장 강대봉(42세)을 비롯해 66명이 구속되고 이 중 63명이 기소되어 법정투쟁으로 이어졌다. 이 사건이 터지자 노동청은 자기 소관이 아니라고 발뺌하고 국회에서는 대재벌의 횡포라는 비판과 함께 특별소위원회까지 구성하는 등의 움직임이 있었다. 그러나 이들의 요구는 10월 14일 서울민사지법이 내린 "각종 수당 등 1,197만 7,000원을 지급하라"라는 원고승

소 판결로 겨우 요구액의 10퍼센트를 받는 데 그치고 말았다.

위의 세 가지 사례는 물론 당시 전개되었던 일련의 생존권투쟁 중에서 극히 일부를 차지하는 것이기는 했지만 그간의 온갖 좌절을 극복하고 새롭게 투쟁해나가고자 하는 이 나라 민중의 당당한 결의가 유감없이 번뜩이고 있었다. 예컨대 한 보고서는 이에 관해 다음과 같이 표현하고 있다.

이제 민중은 과거의 체념과 좌절을 딛고 새로운 민중과 역사를 창조하기 시작하였다. 민중은 지금까지 강요된 반인간적 사회질서에 항의하고 인간적 질서를 요구하기에 이르렀다. …… 이제 민중이 정확히 방향을 제시받고 지도될 때 역사는 민중의 것이 될 것이다.[1]

압제에 대한 항거는 비단 기층민중에게만 국한된 것이 아니었다. 그것은 각계각층 모든 민주세력에게 공통적인 것이었다.

당국은 1969년에 각 대학에 군사교육을 정규과목으로 채택하게 한 후 1971년 1학기부터는 종래 2시간이던 교련교육을 3시간으로 늘리고 여기에 집체교육까지 부과해 재학 중 71시간의 군사교육을 받도록 조치했다. 그리고 예비역 교관으로는 교육의 효과를 거둘 수 없다고 하여 교관을 전원 현역으로 교체했다. 이처럼 시대의 조류에 역행하는 당국의 강압적 조치는 학생들의 격렬한 반발을 불러일으키게 되었다. 다음은 학생들이 발표한 「교련철폐투쟁선언」의 일부다.

---

1   이해찬, 「70년대 지식인·학생의 민주화운동」, 박현채 외, 『해방 40년의 재인식』 II, 돌베개, 1986, 190쪽.

…… 냉전체제의 해체를 그 기초로 하여 전후 세계질서의 재편성 과정에 들어서고 있는 오늘날의 세계 대세에 역행하면서 시대착오적인 냉전체제로의 복귀를 획책하는 것이며 …… 민족안보를 위한 것이 아니라 정권안보를 위한 병영국가적 통치질서의 중요한 일환이다. …… 국내적 제 모순을 대외적 긴장격화로 상쇄하려는 의도에서 취한 위기 조작을 통한 독재권력의 상투적 정권안보책……[2]

이처럼 학생들은 지금까지 유지되어왔던 중공 봉쇄정책이 파탄되고 그에 따라 반공체제가 밑바탕부터 흔들리고 있는 것에 발맞추어 행해진 압제권력의 학원병영화정책을 단호히 거부하고 나섰다. 그것은 그동안 무시무시한 힘을 발휘해온 반공정책에 대한 정면도전이었다.

학생들의 교련반대투쟁은 1학기 초 교련 수강거부로 시작되었으며 1971년 4월 2일에는 연세대에서 1,000여 명의 학생들이 교련강화 반대 성토대회를 열고 "학원사찰 중지하고 언론의 자유를 보장하며 대학을 정치권력에 예속시키지 말고 학생군사훈련을 위한 현역교관을 즉각 학원에서 철수시키라"라고 주장하면서 전국의 대학생과 언론인에게 보내는 호소문을 채택하고 가두로 진출해 경찰과 충돌했다.

2학기에 접어들면서 학생들의 교련반대투쟁은 한층 격렬해졌고 교련철폐와 현역교관 철수를 부르짖는 시위가 전 대학가를 휩쓸다시피 했다. 이에 대한 박 정권의 대응도 무지막지한 것이었다. 10월 5일 새벽 수도경비사령부 소속 군인 약 30여 명이 고려대에 난입해서는 학생 5명을 불법으로 연행해 구타한 사건이 일어났고, 10월 12일에

---

2   위의 글, 198쪽.

는 국방부·문교부 두 장관 명의로 "교련거부 학생은 전원 징집하겠다"라는 내용의 담화문이 발표되었다.

그러나 당국의 이러한 태도는 학생들을 더욱 자극할 뿐이었다. 학생들은 교련철폐 시위에 더해 '무장군인 난입사건 규탄' 시위를 전개하기 시작했다.

10월 8일 서울대 총학생회는 급기야 '중앙정보부 폐지, 군의 정치적 중립'을 요구하는 성명을 발표했으며, 10월 11~14일에는 전국의 각 대학생 5만여 명이 가두시위를 단행하면서 '고대 난입군인 처단'을 요구했다.

이에 대해 박 정권은 10월 15일 서울 전역에 위수령을 발동하고 학원질서를 확립하기 위한 특별명령을 발표했다. 서울 시내 8개 대학에 위수군인이 진주해 1,889명의 학생들을 연행하고 이 중 119명을 구속했다. 문교부는 시위 주동 학생들을 제적하도록 각 대학에 강요해 23개 대학 117명을 제적했으며 이들을 즉각 입영 조치했다. 각 대학의 서클 74개를 해체하고 서울대 법대의 『자유의 종』 등 14종의 간행물을 폐간 조치했다. 실로 엄청난 탄압이었다.

압제에 대한 항거는 그동안 권력의 횡포에 침묵만을 지켜오던 다양한 세력들 사이에서도 들불처럼 번져나갔다.

먼저 언론의 경우를 살펴보자. 1970년 6월 중순부터 언론인들이 무더기로 연행되어 폭행당하는 사태가 빈발하고, 급기야 8월 15일에는 수경사 소속 군인들이 조선일보 기자를 집단 폭행하고 구속되는 사건이 일어났지만 언론은 단 한마디의 항변도 하지 못했다. 또한 1971년 5월 김지하의 담시 「오적」을 문제 삼아 관계자를 반공법으로 구속하고 장준하가 펴내던 월간지 『사상계』 자체를 폐간시켜도, 전태일의 분신자살사건으로 학생·종교계 등이 들끓어도 그저 침묵만을 지킬 만큼 언론인들은 한결같이 소심증에 걸려 있었다.

이러한 상황 아래 곳곳에서 언론 화형식이 거행되는 등 언론에 대한 비판이 빗발쳤다. 그에 따라 그동안 권력과 언론사 업주로부터 탄압을 받아오던 젊은 기자들이 움직이기 시작했다. 1971년 4월 15일 동아일보 기자 30여 명은 「언론자유수호선언」을 발표하고 "자유언론의 일선 담당자인 우리는 오늘의 언론 위기가 한계상황에 이르렀음을 통감하고 민주주의의 기준인 언론 자유가 어떤 압력이나 사술詐術로써도 훼손되어서는 안 된다고 엄숙히 선언한다"라고 주장했다.

동아일보 기자들의 「선언」이 발표되자 전국 각 언론기관의 기자들도 앞다투어 이에 가세했다. 4월 16일 한국일보, 4월 17일 조선일보·중앙일보·동양방송, 4월 19일 경향신문·신아일보·문화방송, 4월 20일 합동통신 등 14개 신문·방송·통신사 기자들이 언론자유수호를 선언했다. 한국편집인회의도 일선 기자들의 이러한 움직임에 대한 정당성을 확인해주었으며, 급기야 5월 15일에는 '한국기자협회'가 「언론자유수호 행동강령」을 발표했다. 4개 항의 이 행동강령은 ① 책임성 있는 취재·보도, ② 관계기관의 불법부당한 연행의 일체 거부, ③ 기사삭제에 대한 타당성 확인, ④ 정보기관원의 언론기관 상주·출입의 배제 등을 결의함으로써 그동안 언론이 권력에 의해 어떻게 탄압받아왔는지를 아울러 폭로했다.

이 같은 양상은 권력의 시녀 역할에서 크게 벗어나지 못했던 사법부에서도 유사하게 나타났다. 법원에서는 1971년 6월 29일 신민당사 농성사건으로 구속된 학생 10명에 대해 무죄를 선고했으며, 1971년 7월 6일에는 월간지 『다리』 필화사건 관련자 3명에 대해서도 무죄판결을 내린 것이다. 그러나 박 정권은 이들을 그냥 놓아두지 않았다. 1971년 7월 검찰은 법원의 잇따른 무죄판결에 대한 보복으로 판사

2명을 구속해 뇌물수수 혐의로 영장을 신청했다.

이에 젊은 판사들이 즉각 반발하고 나섰다. 그동안 정치권력에 의해 음성적으로 사법권이 침해당해오면서 누적된 불만이 폭발한 것이다. 그리하여 7월 28일과 30일에는 서울 형사·민사지방법원 판사 전원이 사표를 제출하고 사법권 침해사례 7개 항을 공개했다. 이를 통해 예컨대 반공법·국가보안법 위반사건의 경우(대개는 정치적 보복의 수단으로 악용된 경우다) 영장 발부부터 선고에 이르는 전 과정에서 검찰로부터 공공연한 압력을 받아왔음이 폭로되었다.

이러한 사법권 수호운동은 곧바로 전국으로 확산되었다. 전국 415명의 판사들 중 153명이 사표를 제출하고 사법부의 독립과 외부의 압력 배제를 결의했다.

이러한 사태의 진전에 고무되어 그동안 조용히 입을 다물고만 있던 교수들도 분기해 나섰다. 1971년 8월 18일 서울대 문리대 교수들은 "현재 학원의 동요는 학원 내의 제반 현실이 근본적인 결함을 내포하고 있다는 데 주원인이 있음을 부인할 수 없다"라고 전제하고 "이러한 결함을 제거하고 불건전한 학원의 질서를 정상화하는 것이 교수들에게 주어진 본연의 사명의 하나임을 통감한다"라고 천명했다.

8월 23일에는 서울대 교수 600여 명이 참석해 서울대 교수협의회 임시긴급총회를 개최하고 "지난날 수차 밝힌 우리들의 뜻에 대한 당국의 무성의와 무관심한 태도에 실망을 느끼며 이제 일종의 막다른 골목에 들어섰다"라고 선언했다. 그와 함께 교수들은 ① 서울대 운영의 문교부로부터의 독립, ② 총학장 임명제의 철폐와 민주적 선임제 채택, ③ 교수회의의 권한 강화 등을 요구했다.

서울대에서 시작된 대학 자주화선언 운동은 곧바로 전국적으로 번져나가 경북대·부산대·제주대 등 전국 국공립 대학으로 확산되었고, 사립대학 교수들도 '사학의 자주화선언'을 속속 발표했다.

이렇듯 각계각층에서 압제와 수탈에 맞선 투쟁이 요원의 불길처럼 번져가는 가운데 각종 민주단체들이 속속 결성됨으로써 투쟁의 대열을 한층 강화해나갔다. 1971년 4월 8일에는 학계, 언론계, 법조계, 종교계, 문학계 등 각계를 망라한 저명인사들이 모임을 갖고 4·27대통령 선거와 국회의원 선거에서의 공명을 다짐하는 「민주수호선언」을 채택하고 '민주수호국민협의회'(약칭 민수협)를 결성하기로 합의했다. 민수협은 4월 19일 서울 대성빌딩에서 결성되었다. 민수협은 대통령 선거에 참관인단을 파견하고 5·25국회의원선거 거부운동을 주도했으며, 「학원 정상화를 위한 개정안」을 제시하는 등 1971년 11월까지 활발하게 움직였다.

4월 21일에는 '민주수호청년협의회'(약칭 민수청)가 결성되었다. 그리고 민수청의 발족을 전후해 '민주수호전국학생총연맹'과 '민주수호기독청년협의회'가 창립되었다. 이 단체들은 민수협·민수청과 함께 유신시대 공개적 조직운동의 원류가 되었다.

도처에서 터져나오는 민중항거의 소용돌이 속에서 독재와 민주진영 간의 한판 승부라고 할 수 있는 대통령 선거와 국회의원 선거가 1971년 4월 27일과 5월 25일에 실시되었다.

당시 야당인 신민당 후보로 나선 김대중은 미국의 전쟁정책의 파탄과 민중운동의 고양이라는 새로운 정세에 조응해 더욱 전진적인 공약을 제시했다. 김대중 후보가 공약한 사항은 ① 예비군 폐지, ② 노사공동위원회 결성, ③ 비정치적 남북 교류, ④ 미·일·중·소 4대국의 한반도 안전보장 등이었는데, 비록 부족한 점은 많았지만 한결같이 극단적인 민중수탈과 전쟁대결정책에 대한 획기적인 비판을 포함하고 있었다. 양대 선거는 범민주세력의 공명선거 쟁취를 위한 투쟁과 독재권력의 대규모 부정선거 음모가 맞닥뜨린 가운데 치러졌다. 선거유세과정에서 나타난 전반적인 분위기는 야당 후보에 대한 압도적 지지였다. 김대중 후보의 유세장은 문자 그대로 인산인해를 이루었고 그의 인기는 가히 폭발적이었다.

투표와 개표만 공정하게 진행된다면 그의 당선은 확실한 듯이 보였다. 그러나 결과는 일반인의 기대를 무참히 짓밟는 형태로 드러났다. 개표의 최종 결과는 박정희가 약 630만 표, 김대중이 540만 표를 얻은 것으로 나타났다. 누가 보더라도 원천적 부정선거임에 틀림없었다.[3] 5월 초에 대학가에서는 부정선거를 규탄하는 시위가 속출했고 문인 선거참관인단은 4·27선거를 '조용한 쿠데타'로 규정했다. 여하튼 박정희는 거액의 자금과 온갖 술수를 동원함으로써 가까스로 당선되기는 했지만 실질적으로는 패배한 것이었다. 뒤이어 5월 25일에 실시된 제8대 국회의원 선거의 결과는 공화당이 113석, 신민당이 89석을 각각 차지했다. 일단 신민당은 의석수에 있어서 급속한 신장세를 가져온 것이었다.

어느 모로 보나 박정희 정권은 민중으로부터 철저히 배척당하고 있었다. 그러한 가운데 각계각층 민중은 압제자에 대한 공세를 더욱 더 강화해나갔다. 이제 독재권력이 취할 수 있는 마지막 길은 한층 더 강력한 폭력을 휘두르는 것뿐이었다.

---

3 이 책의 제4부 제3장에서 살펴보았듯이 1971년 대통령 선거과정에서 박정희에게 거액의 자금을 대줌으로써 그에게 부당한 승리를 안겨준 것은 걸프사와 같은 외국 자본들이었다.

2. 기만적인 통일 놀음

1970년대 초 미국은 중국과 국교를 정상화하고 나아가 중국을 반소진영에 끌어들이고자 획책하는 과정에서 한 가지 장애에 부딪혔다. 그것은 미국과 중국이 한반도에서는 여전히 대결상태를 유지하고 있고 더욱이 미국이 남한에서 이 같은 전쟁대결정책을 한층 강화하고자 기도하고 있었기 때문에 야기되는 문제였다. 결국 미국은 박 정권으로 하여금 남북대화라는 사기극을 연출하도록 사주함으로써 이 같은 대결정책을 일시적이나마 은폐하는 방법을 생각해냈다. 박 정권이 기만적인 남북대화에 나서도록 미국이 사주했다는 사실은 미 상원 사이밍턴 소위원회에서 포터 주한 미 대사의 증언을 통해 밝혀졌다. 또한 사이밍턴 소위원회의 의사록은 미국이 1971년 초에 미국 본토와 한국을 연결하는 대규모 공수기동훈련을 실시할 계획을 가지고 있음을 폭로함으로써 미국과 박 정권의 남북대화에 대한 노력이 한반도의 긴장완화와는 전혀 무관한 한낱 사기극에 불과하다는 사실을 강력히 입증해주었다.[4]

　　남한의 박정희 정권이 남북협상에 임하는 자세와 의도는 더욱더 기만적이고 교활한 것이라 할 수 있었다. 이미 살펴본 대로 당시 박정희 정권은 그의 대부 격인 미국과 마찬가지로 안팎으로 심각한 궁지에 몰려 있었다. 박 정권은 이 같은 위기를 폭압적인 파쇼체제를 강화하는 것으로 해결하고자 했고 이를 위해 남북 간의 통일협상을 교묘히 활용하려고 기도했다. 1970년 2월 19일 박 정권은 모종의 계획

4　청사 편집부 엮음, 『70년대 한국일지』, 청사, 1984, 28쪽 참조.

을 실현하기 위해 통일에 관한 국민 여론조사 결과를 발표했는데 이에 의하면 응답자의 90.6퍼센트가 통일을 갈망하고 있었고 전체의 39.5퍼센트는 10년 내에 통일이 가능하다고 보고 있었다. 이 조사 결과는 그 신빙성 여부를 떠나 당시 남한 민중이 통일을 얼마나 갈망하고 있으며 또한 통일을 이룰 수 있다는 것에 대해 얼마나 확신하고 있었는지를 보여주었다고 하겠다. 박 정권은 바로 이 점을 이용해 국민으로 하여금 통일을 위해 모든 것을 희생하도록 강요한 것이다. 물론 이러한 국민의 희생에는 제반 민주적 권리가 포함되어 있었다. 박정희 정권의 이 같은 의도는 전 중앙정보부장이었던 김형욱의 증언을 통해서도 명백히 밝혀지고 있었다.

나는 박정희가 적십자회담을 통해서 북한과 비밀접촉을 시작할 때부터 이것이 국내에서 그의 독재체제를 강화하기 위한 계략일 뿐 진심으로 분단된 민족을 통합하려는 것이 아니라는 것을 간파했다.[5]

극히 당연한 이야기지만 박 정권의 불순한 의도 아래 추진된 남북협상은 통일을 위한 최소한의 조건인 민족화해를 위한 노력마저 저버린 채 북에 대한 적대감을 더욱 고취함으로써 결과적으로 민족의 분열을 더욱 심화시키는 방향으로 나아가고 있었다. 예컨대 당시 국무총리였던 김종필은 1971년 8월 7일에 다음과 같은 발언을 했다.

5   김형욱·박사월 지음, 『김형욱 회고록』 2, 115쪽, 한동혁 엮음, 『지배와 항거』, 힘, 1988, 131쪽에서 재인용.

북한 지역은 미수복 지역이기 때문에, 평화적인 방법으로 동 지역을 수복하기 위해서는 어떻게든 북한과 대화하지 않으면 안 된다. 북한 측과 대화를 한다는 것이 북한 괴뢰집단의 지위를 인정하는 것은 아니다. 지금까지의 소극적인 반공자세에서 탈피하여 적극적인 승공자세를 취하는 것이 통일의 길을 여는 결과를 가져오게 될 것이다.[6]

통일을 위한 협상과 분단체제의 유지·강화라는 상호 모순된 목표를 추진함으로써 야기되는 고민을 적나라하게 드러낸 이 발언은 박 정권의 진심이 반공체제를 강화하는 데 있음을 명확히 밝혀주고 있다.

이처럼 박 정권은 남북협상을 한편으로는 민족분열을 더욱 조장하기 위해, 다른 한편으로는 국가비상사태를 선언하고 유신체제로 돌입하는 등 파쇼체제를 강화하기 위해 추진해왔던 것이다.

그러면 지금부터 상반된 의도 아래 전개된 남북협상의 과정이 어떤 것이었는지를 살펴보자.

1970년 6월 22일 북한은 다음과 같은 요지의 통일방안을 제시했다.

1. 외국 군대를 철수시키고 어떠한 외세의 간섭도 없이 자주적으로 민주주의 원칙에서 남북통일을 실현하기 위해 필요한 그 어떤 조치라도 취하자.

2. 자유로운 남북총선거가 실시될 수 없다면 과도적 대책으로 남북연방제를 실시하자.[7]

---

6   청사 편집부 엮음, 앞의 책, 67쪽.
7   노중선 엮음, 『민족과 통일』, 사계절, 1985, 462쪽. 당시 북한의 통일정책과 관련해서는 이 책의 제5부 제3장에서 더욱 자세히 다루어진다.

그러나 남한 당국은 이 같은 북한의 제안에 대해 아무런 반응도 보이지 않은 채 도리어 미군 병력의 일부 철수에 대해 완강한 반대의 사만을 연발하면서 같은 해 8월 15일 이른바 8·15선언이라는, 알맹이라고는 전혀 없는 기만적인 선언을 발표했다. 8·15선언의 요지는 다음과 같다.

1. 북한은 무장공비 남파 등의 모든 전쟁도발행위를 즉각 중지하고 소위 '무력에 의한 적화통일이나 폭력혁명에 의한 대한민국의 전복을 기도해온 종전의 태도를 완전히 포기하겠다'는 점을 명백하게 내외에 선언하고 이를 행동으로 실증해야 한다.

2. 이러한 우리의 요구를 북한이 수락, 실천하고 있다는 것이 우리에게 확인될 경우에는 인도적 견지에서 통일기반 조성에 기여할 수 있으며 남북한에 가로놓인 인위적 장벽을 단계적으로 제거해나갈 수 있는 획기적이고 보다 현실적인 방안을 제시할 용의가 있음을 밝히는 바이다.

3. 북한이 한국의 민주·통일·독립과 평화를 위한 유엔의 노력을 인정하고 유엔의 권위와 기능을 수락한다면 유엔에서의 한국문제 토의에 북한이 참석하는 것도 반대하지 않을 것이다.

4. 북한에 대하여 '더 이상 북한 동포의 민생을 희생시키면서 전쟁준비에 광분하는 죄악을 범하지 말고 보다 선의의 경쟁, 말하자면 민주주의와 공산독재의 그 어느 체제가 국민을 더 잘살게 할 수 있으며 더 잘살 수 있는 여건을 가진 사회인가를 입증하는 개발과 건설과 창조의 경쟁에 나설 용의는 없는가' 하는 것을 묻고 싶은 것이다.[8]

---

8   위의 책, 463쪽.

간단히 말해 박 정권이 내세운 8·15선언은 북한이 침략자임을 인정하고 사죄할 것, 북한은 유엔의 권위를 인정할 것, 결과에 있어 북한은 남한의 체제가 우월함을 인정하고 굴복할 것 등의 내용인 것이다. 이는 지금까지 미국과 남한 당국이 분단상태를 합리화하고 진정한 의미에서 자주적인 평화통일을 거부하기 위해 내세워왔던 몇 가지 근거들을 말만 바꾸어 반복한 것에 지나지 않는다.

예상대로 북한은 『로동신문』의 사설을 통해 '8·15선언은 통일문제를 해결하기 위한 아무런 실질적 방안도 되지 못하며, 통일은 한반도의 분단에 책임이 있는 미국이 남한에서 물러갈 때 비로소 가능하다'라며 남한 당국의 처사를 비난했다.[9]

8·15선언이 의도하고 있는 것이 무엇이었는지는 이후 계속되는 박정희의 행적을 통해 더욱 분명하게 드러나게 되었다. 1970년 8월 28일 박정희는 국제학술회의에 참석한 학자들의 예방을 받은 자리에서 다음과 같이 언급했다.

우리는 자체 실력의 배양으로 북한과의 실력 격차가 가속적으로 커가고 있어 앞으로 4, 5년 후면 북한은 감히 무력침공의 야욕을 갖지 못하게 될 것이며 그때까지는 미군 감축이 온당치 못하다는 것이 우리의 기본 입장이다.[10]

물론 박정희가 말하는 실력이란 경제력뿐만 아니라 군사력까지

---

9 같은 곳.
10 위의 책, 464쪽.

포함하는 것이었다. 이는 같은 해 10월 1일 박정희가 국군의 날 치사에서 행한 다음과 같은 발언을 통해 분명하게 드러난다.

> 통일을 위해 끝까지 평화적인 노력을 기울여야 하나, 북괴의 무모한 야욕이 성공될 수 없다는 것을 표시하기 위해 힘을 배양하는 데 게을리 해서는 안 된다. 폭력에는 폭력으로, 무력에는 무력으로 대응할 만반의 태세가 갖추어져야 한다.[11]

이처럼 박정희 정권은 말로는 통일을 떠들어대면서도 통일의 가장 결정적 장애물인 한반도의 긴장과 대결을 해소하기 위한 어떤 노력도 기울이지 않았고 도리어 그것을 강화하는 방향으로 치닫고 있었다.[12] 그러면서도 박 정권은 '인도적 견지'라는 명분 아래 남북적십자회담을 제의했는데 이 같은 제안을 하게 된 박 정권의 의도는 명백했다. 박 정권은 정치군사적 문제와는 직접적인 관련이 없으면서도 남한 민중의 관심을 집중시키고 기분을 마음껏 들뜨게 하기에 적합한 방안으로 적십자회담을 선택한 것이다.

이처럼 애초부터 적십자회담은 박 정권이 독재적 음모를 가리기 위한 술책의 일환으로 추진된 것인 만큼 최소한의 인도적 의의를 발휘하는 것 자체가 불가능한 것이었다.

1971년 8월 12일 당시 대한적십자사 총재 최두선이 남북 이산가족의 재회를 위해 쌍방 간의 적십자회담을 북측에 제의했고 이틀 후

---

11 위의 책, 465쪽.
12 이 책 제5부 제2장을 참조할 것.

북한적십자사가 이에 응함으로써 회담이 성립되었다. 뒤이어 9월 20일 남북적십자 제1차 예비회담에서는 상설회담 연락사무소 설치와 양측 직통 왕복전화 가설 등에 합의함으로써 회담은 순조롭게 발전하는 듯했고 그 자체만으로도 이 나라 민중의 얼었던 가슴을 뜨겁게 달아오르게 하기에 충분했다.

그러나 회담은 얼마 가지 않아 난관에 봉착하고 말았다. 북한적십자사 측은 가족, 친척, 친우 등 민족의 분단으로 희생된 모든 사람은 어떤 제약조건도 없이 자유롭게 왕래할 수 있도록 보장되어야 한다고 주장했다. 이에 반해 남한 측은 정부의 '알선'을 받은 이산가족에 한해 상호 접촉을 허용해야 한다고 내세웠다. 박 정권에 필요했던 것은 남북으로 끊어진 혈육의 무조건적인 재결합이나 민중의 자유로운 선택과 행동이 아니라 자신의 집권 시나리오에 적합한 극히 제한된 행동뿐이었다.[13] 물론 박 정권이 이처럼 최소한의 인도적 교류마저 제한하고자 했던 것은 그 같은 교류가 확대될 경우 필연적으로 나타나게 될 정치군사적 문제에 대한 해결을 요구할 것을 두려워한 데 있었다. 이는 앞서서 김종필 국무총리가 '통일논의가 지나치면 역효과'가 난다고 경고한 것에서도 분명하게 드러난다.[14]

남북적십자회담이 일찌감치 미궁에 빠져들고 그에 따라 민중은 다시금 실망과 좌절을 느끼게 되었다. 애초에 의도했던 결과가 쉽게 손에 잡히지 않게 되자 박 정권은 더욱 새로운 건수를 올리기 위해 골몰했다.

13 노중선 엮음, 앞의 책, 476~477쪽 참조.
14 위의 책, 473쪽.

1972년 5월 초(5월 2~5일) 박정희의 밀명을 받은 이후락 중앙정보부장은 비밀리에 평양을 방문해 북한 당국과 모종의 협의를 했다. 이에 상응해 북한의 박성철 제2부수상도 5월 말(5월 29일~6월 1일)경에 서울을 방문했다. 이처럼 박 정권이 북한과의 교섭을 비밀리에 추진한 것은 처음부터 민중을 이 문제로부터 배제하고자 하는 의도가 역력했다. 적십자회담에서 드러난 것처럼 박 정권은 민중이 통일에 대한 열망을 분출하고 그에 대한 발언권을 행사하는 것에 대해 지독하리만큼 의혹의 눈초리로 보고 있었다. 어쩌면 속마음은 분단체제의 확대·강화에 있었던 박 정권이 통일에 대해 자신 없어 하고 매우 조심스러워하는 것은 당연한 일이었을지도 모른다.

남북 고위층의 비밀스러운 접촉의 결과, 남한 정부가 북한의 공식 명칭(조선민주주의인민공화국)의 사용에 반대한다는 입장을 표명한 지 4일 뒤인 7월 4일에 다음과 같은 내용의 남북공동성명이 서울과 평양에서 동시에 발표되었다.

1. 쌍방은 다음과 같은 조국통일 원칙들에 합의를 보았다.

첫째, 통일은 외세에 의존하거나 외세의 간섭을 받음이 없이 자주적으로 해결하여야 한다.

둘째, 통일은 서로 상대방을 반대하는 무력행사에 의거하지 않고 평화적 방법으로 실현해야 한다.

셋째, 사상과 이념, 제도의 차이를 초월하여 우선 하나의 민족적 대단결을 도모하여야 한다.

2. 쌍방은 남북 사이의 긴장상태를 완화하고 신뢰의 분위기를 조성하기 위하여 서로 상대방을 중상, 비방하지 않으며 크고 작은 것을 막론하고 무장도발을 하지 않으며 불의의 군사적 충돌사건을 방지하기 위

한 적극적인 조치를 취하기로 합의하였다.

3. 쌍방은 끊어졌던 민족적 연계를 회복하여 서로의 이해를 증진시키고 자주적 평화통일을 촉진시키기 위하여 남북 사이에 다방면적인 제반 교류를 실시하기로 합의하였다.

4. 쌍방은 지금 온 민족의 거대한 기대 속에 진행되고 있는 남북적십자 회담이 하루빨리 성사되도록 적극 협조하는 데 합의하였다.

5. 쌍방은 돌발적 군사사고를 방지하고 남북 사이에 제기되는 문제들을 직접 신속 정확히 처리하기 위하여 서울과 평양 사이에 상설 직통전화를 놓기로 합의하였다.

6. 쌍방은 이러한 합의사항을 추진시킴과 동시에 남북 사이의 제반 문제를 개선, 해결하며 또 합의된 조국통일 원칙에 기초하여 나라의 통일문제를 해결할 목적으로 이후락 부장과 김영주 부장을 공동위원장으로 하는 남북조절위원회를 구성, 운영하기로 합의하였다.

7. 쌍방은 이상의 합의사항이 조국통일을 일일 천추로 갈망하는 온 겨레의 한결같은 염원에 부합된다고 확신하면서 이 합의사항을 성실히 이행할 것을 온 민족 앞에 엄숙히 약속한다.[15]

어떤 의도 아래 누가 만들었든 이 선언은 1948년 남북연석회의 이후 실로 24년 만에 남북이 합의한 것으로 그 의의가 매우 컸다. 또한 7·4남북공동성명은 지난날 모스크바 3상 결정과정에서 그랬던 것처럼 불순한 의도를 갖고 접근한 박 정권의 기대와는 정반대의 모습으로 나타났다. 무엇보다도 첫 번째 항으로 제시된 조국통일의 3대 원

---

15   위의 책, 484쪽.

칙은 지금까지 미국과 남한 정부가 추구해왔던 외세 의존적이며 군사적·이념적 대결을 절대시했던 기존의 노선을 전면적으로 거부하고 조국통일을 위한 올바른 원칙을 제시하고 있었다. 따라서 남북의 민중이 흥분과 열광으로 공동성명을 맞이한 것은 한편으로 볼 때 매우 정당한 것이었다.

결과가 이렇게 되자 박 정권은 민중의 관심이 통일문제에 집중되고 그에 따라 장기집권을 위한 흑막을 칠 수 있게 된 점에 대해서는 흡족해 하면서도 공동성명에서 천명하고 있는 조국통일의 3대 원칙이 민중 사이에서 광범위한 공감을 얻고 있는 것에 대해서는 몹시 당혹스러워했다.

그리하여 박 정권은 '공동성명이 북한과의 공존을 뜻하는 것은 아니다', '북한은 불가침조약을 체결할 수 있는 대상이 될 수 없다', '유엔은 외세가 아니다'라는 정부의 입장을 밝혔다. 계속해서 남한의 집권층들은 다음과 같이 자신이 서명한 공동성명의 대의를 근본적으로 부정하는 발언을 일삼았다.

오늘부터 우리는 대화 없는 남북대결에서 대화 있는 남북대결의 시대로 옮겨가고 있다.[16]

지금이야말로 총력안보태세의 내실을 거두어야 할 시점에 있으며 모두가 총을 들고 일어나서 싸우는 국민총력의 조직화가 필요한 시기이다.[17]

---

16 한동혁 엮음, 앞의 책, 131쪽.
17 같은 곳.

공동성명은 조약이 아닐 뿐 아니라 조약의 성격도 띠지 않는다. 이 몇 장의 성명에 우리의 운명을 점칠 수 없으며 또 믿을 수 없다. 국민은 남북공동성명에 대한 기대를 가지지 말라.[18]

이는 박정희 정권이 7·4남북공동성명에 대해 어떤 진실성도 갖지 않고 임하고 있음을 노골적인 형태로 드러내는 것이라 아니할 수 없었다. 이 같은 박 정권의 불성실한 자세는 1973년 6월 23일 남북 교차승인과 유엔 동시가입을 골자로 하는 '평화통일 외교정책'(6·23선언)을 공표함으로써 더욱 심각한 양상을 띠기에 이르렀다.

박 정권이 내세운 이른바 6·23선언이란 당시 야당인 민주통일당의 주장대로 두 개의 한국을 인정함으로써 분단을 영구화하기 위한 음모에 다름 아니었던 것이다.[19]

이렇듯이 박 정권의 통일 놀음이 자신의 장기집권 야욕을 은폐하기 위한 한낱 교활한 사기극에 불과하다는 사실이 분명해지자 북한은 박 정권이 전 신민당 대통령 후보인 김대중을 납치하는 만행을 저지른 직후인 1973년 8월 2일, 김대중 납치사건의 책임자인 중앙정보부장 이후락이 남북조절위원회 공동위원장으로 자리 잡고 있는 조건 아래에서는 대화를 계속할 수 없다고 선언함으로써 그토록 민중의 가슴을 부풀게 했던 남북대화는 다시금 미궁에 빠져들고 말았다.

---

18 같은 곳.
19 노중선 엮음, 앞의 책, 507쪽.
미국은 6·23선언을 실행에 옮길 목적으로 제28차 유엔총회(1973년)에서 남북한 유엔 동시가입안을 제출했으나 부결당하고 말았다. 또한 제30차 유엔총회(1975년)에서는 남한만의 단독가입안이 제출되었으나 그 역시 의제 채택에서조차 제외되고 말았다. 이 같은 현상은 유엔이 이제는 미국의 거수기가 아님을 반영해주는 것이었다.

3. 휘몰아치는 반동의 회오리

허물어져가는 반공체제를 수습하고 위기에 처한 수탈경제를 재생하며 솟아오르는 민중의 항거를 짓밟기 위해 미국과 박정희 정권은 가능한 모든 수단과 방법을 총동원했다.

박정희 정권은 민중의 손발을 빈틈없이 묶기 위해 마지막 남은 한 줌의 자유마저 깡그리 없애버리고 오로지 무력에 의한 강권통치에 광분했다. 1971년 10월 15일 박 정권은 학생들의 교련철폐투쟁 등 민주화투쟁의 열풍이 휘몰아치자 위수령을 발동하고 군대를 투입해 사태진압을 획책했다. 뒤이어 12월 6일 박 정권은 국가비상사태를 선포함으로써 남한 전역을 극심한 공포상태로 몰아넣었으며 12월 27일에는 민중에 대한 억압을 뒷받침할 속셈으로 「국가보위에 관한 특별조치법」을 전격 통과시켰다. 이 법은 대통령에게 엄청난 비상대권을 부여하는 것으로 대통령은 ① 경제규제를 명령하고, ② 국가 동원령을 선포하고, ③ 옥외집회와 시위를 규제하고, ④ 언론·출판에 대한 특별조치를 취하고, ⑤ 노동자들의 단체행동권을 규제하고, ⑥ 군사상의 목적을 위해 세출액을 조정할 수 있다는 내용으로 구성되어 있었다. 한마디로 이 법은 권력이 자유에 대한 억압과 수탈의 강화와 군사력 증대를 위해 필요한 어떤 조치라도 발동할 수 있는 근거를 마련해놓고 있어 가히 악법 중의 악법이라고 할 수 있었다.[20]

박 정권의 살인적 폭압은 다음 해인 1972년 가을에 접어들어 더욱 노골적인 형태를 띠고 나타났다.

---

20   이해찬, 앞의 글, 202쪽.

1972년 10월 17일 오후 7시, 박정희는 이른바 '대통령 특별선언'이라는 것을 발표해 국회해산, 정당·정치활동의 중지 등 현행 헌법의 일부 기능을 정지시키고 전국 일원에 비상계엄령을 선포하는 폭거를 단행했다. 이는 군부대를 동원해 모든 반대파의 정치활동을 완전히 봉쇄한 또 하나의 군사쿠데타임이 분명했다. 단지 5·16군사쿠데타와 차이점이 있다면 이번 쿠데타는 현 집권세력이 자행했다는 점뿐이었다.

계속해서 비상계엄 상태 아래 포고 제1호가 떨어졌다. 그 내용은 다음과 같았다.

1972년 10월 17일 19시를 기하여 하기 사항을 포고함.
1. 모든 정치활동 목적의 실내외 집회 및 시위를 일체 금한다.
2. 언론, 출판, 보도 및 방송은 사전 검열을 받아야 한다.
3. 각 대학은 당분간 휴교 조치한다.
4. 정당한 이유 없는 직장이탈이나 태업행위를 금한다.
5. 유언비어의 날조 및 유포를 금한다.
6. 야간 통행금지는 종전대로 시행한다.
…… 이 포고를 위반한 자는 영장 없이 수색 구속한다.[21]

어느 모로 보나 이 같은 폭거는 11년 전 쿠데타 발생 당시의 상황을 그대로 답습하는 것이었다.

비상계엄이 유지되는 상태에서 박정희는 헌법을 제멋대로 뜯어고

---

[21] 한동혁 엮음, 앞의 책, 132쪽.

쳤다. 소위 유신헌법이라고 불린 신헌법에 의하면 직접선거로 선출되는 통일주체국민회의가 대통령을 선출하고 국회의원의 3분의 1을 대통령이 임명하도록 되어 있었다. 이는 그동안 형식적이나마 유지되어 왔던 국민의 기본적인 투표권마저 완전히 박탈하는 것과 다를 바 없었다. 또한 신헌법은 대통령의 임기를 6년으로 하되 긴급조치권과 국회해산권을 행사할 수 있도록 했다. 이 중에서 특히 긴급조치권은 단순한 행정명령 하나만으로도 국민의 권리에 대해 어떤 제한도 가할 수 있는 것으로 사실상 헌법의 존립 근거 자체를 부정하는 것이었다. 요컨대 유신헌법은 그 내용상 헌법이기를 스스로 포기하고 있었던 것이다. 이 밖에도 신헌법은 법관임명권을 대통령이 장악하도록 함으로써 사법부가 단순한 권력의 시녀가 되도록 제도화해버렸다.

이렇게 하여 유신시대가 본격적인 막을 올리게 되었다. 그로부터 압제권력은 폭력적 통치수단인 군사력을 계속 증강하고 민중을 한없는 공포 분위기 속으로 내몰기 위해 악랄한 반공 사기극을 연출해내는 데 혈안이 되어 날뛰었다.

압제에 항거하는 대중적 시위가 예상되던 1974년 2월경 당국은 황해도에서 남한의 선박에 대해 '북한 해군의 이유 없는 공격'이 발생했다고 발표했다. 예상대로 2월 21일 서울에서는 200만 시민이 강제 동원된 가운데 반공궐기대회가 개최되었다. 그러나 북한이 도발했다는 주장이 제기된 해상충돌사건은 전 한국군 참모총장의 지적에 따르면 남한 정부가 고의적으로 조작한 것이었다.[22]

22　월터 이지·거번 맥코맥, 「한국 사회: 끝없는 악몽」, 거번 맥코맥·마크 셀던, 장을병 외 옮김, 『남북한 비교연구』, 일월서각, 1988, 90~91쪽 참조.

이 같은 박 정권의 날조행위는 그해 4월에 들어서서도 계속되었다. 4월 3일 오후 중앙정보부장은 특별방송을 통해 "공산주의자의 배후 조종을 받은 '전국민주학생총연맹'이 …… 화염병과 각목으로 시민폭동을 유발했으며 정부를 전복하고 노농정권을 수립하려는 국가변란을 기도하였다"라고 발표했다. 이 사건과 관련해 1,224명의 학생과 지식인들이 연행되어 사건을 조작하기 위한 혹심한 고문을 받아야 했다. 이 중에는 이른바 '인민혁명당' 재건 관련 혐의를 받은 21명이 포함되어 있었다. 그러나 당시 사건에 연루된 학생들이 수사과정에서 고문에 못 이겨 허위로 자백한 것이라고 폭로하면서 자신들은 유신반대시위를 의도했을 뿐, 반정부 지하조직을 결성해 용공적인 활동을 한 일이 없다고 진술했다. 그들의 주장에 의하면 '민청학련'이란 공동성명을 작성할 때 붙인 이름일 뿐이었다. 또한 인혁당 재건 혐의로 기소된 사람들은 자신들이 왜 법정에 끌려나오게 되었는지조차 모르고 있었다.[23] 당시 서울에 와 있던 국제사면위원회 옵서버는 인혁당 재건사건을 둘러싼 증거와 정황들을 면밀히 조사한 후에 다음과 같이 썼다.

이상과 같은 사실들은 이 사건이 한국 정부 당국에 의해 조작되었다는 본인의 심증을 굳어지게 합니다. ……
1964년의 인혁당사건은 남북문제에 대한 한국 국민들의 감정을 고조시키기 위하여 조작되었습니다. 우리는 1974년의 사건에 있어서도 같은 의도를 발견하였습니다. 나아가 1974년 사건의 경우는 자유화를 열망하는 대학, 교회 등에 대한 편견을 불러일으키기 위한 것이기까지 하였

---

23 이해찬, 앞의 글, 208~209쪽 참조.

습니다.[24]

박정희 정권의 반공 소동은 미국이 베트남에서 완전히 패배하고 철수한 1975년 4월경에 이르자 한층 노골적인 모습을 취했다. 그해 4월 29일 박정희는 40분간의 라디오 방송을 통해 "북괴가 남침하느니 안 하느니에 대해 이러쿵저러쿵할 때가 아니다"라고 말하면서 그해 안에 분명히 남침할 것이라는 점을 강조했다. 또한 박정희는 "모든 국민은 군인입니다. 본인도 650만 서울 시민과 함께 죽음을 무릅쓰고 서울을 사수하기 위해 싸울 결의가 되어 있습니다"라고 큰소리쳤다. 박정희의 위협 섞인 방송이 있은 지 얼마 후인 5월 10일 140만에서 200만 명의 시민이 서울의 반공대회에 동원되었고 5월 13일에는 이 같은 분위기를 이용해 사상 유례없이 악독한 긴급조치 9호가 발표되었다. 이어서 김종필 국무총리는 6월 11일 북한은 전쟁준비를 완료했으며 남침할 구실만을 찾고 있다는 말을 반복하여 강조했다.[25]

그러나 공교롭게도 박정희 정권이 절대적으로 받들고 있는 미국의 군부와 국무성 고위 관리들은 이유야 어쨌든 당시 북한의 동향에 관해 전혀 다른 평가를 내리고 있었다. 예컨대 1975년 5월 13일 키신저는 "본인은 북한 측이 어떠한 군사적 행동도 계획하고 있지 않다고 생각합니다"라고 말했으며 같은 날 주한 미 대사와 미 8군 사령관도 "군사적 상황은 평온하며, 수개월 동안 어떠한 변화도 일어난 바 없고 북한 측의 군사행동에 관한 어떠한 징후도 포착되지 않았다"라고 언

---

24 월터 이지·거번 맥코맥, 앞의 글, 91쪽.
25 위의 글, 91~92쪽.

급했다. 또한 6월에 이르러 하비브 국무성 차관보는 "북한 측이 어떤 공격을 계획하고 있다는 것은 상상할 수도 없다"라고 했으며 7월 6일 슐레진저 국방장관은 "한국 측에 대한 북한 측의 공격 가능성은 아주 거리가 멀다"라고 했다.[26] 물론 이 같은 사실은 남한 민중에게는 전혀 알려지지 않았다.

그러면 여기서 유신체제의 태동과 강화과정에서 미국이 어떤 역할을 수행했는지를 살펴보자.

이 문제 역시 겉으로 드러나는 현상만을 놓고 볼 때 5·16군사쿠데타 이후의 상황만큼이나 대단히 복잡하고 또한 상호 모순되기까지 한다. 1972년 유신체제가 출범할 당시 미국 정부는 어떤 공식적 지지도 보내지 않았으며 앞서 말했듯이 1975년 박 정권이 북의 남침 위협을 대대적으로 선전하고 나섰을 때 미국의 고위 관리들은 이를 정면으로 반박하고 나섰다. 더욱이 1976년에 등장한 카터 정권은 여러 차례에 걸쳐 박 정권의 인권탄압행위에 대해 불만을 표시했으며 그 때문에 한미 양국 정부 간에는 심각한 갈등이 노정되기까지 하는 듯이 보였다. 이러한 일련의 움직임은 미국 정부를 유신독재에 대한 반대자로 비치게 만들었고, 그 결과 심지어는 남한 내 수많은 민주인사들 사이에서는 박 정권을 제거하기 위해 미국의 외교적 지원을 기대하는 양상까지 보이게 되었다.

그러나 문제의 진정한 본질은 보이는 곳이 아니라 보이지 않는 곳에 있기 마련이고 미국 정부의 요사스러운 말잔치가 아닌 그들의 실제 행동을 통해 밝혀질 수밖에 없는 것이다.

---

26 같은 곳.

먼저 5·16군사쿠데타 당시와 마찬가지로 미국의 실제 행위를 추적하는 데 필요한 가장 중요한 단서는 유신체제의 등장이 전적으로 군사력에 입각한 군사쿠데타의 성격을 가지고 있다는 점이다. 익히 알다시피 남한의 군사력은 형식적인 헌법 조항과는 하등의 관계없이 전적으로 미국이 장악하고 있다. 그리고 이러한 미국의 군사력 장악은 다양한 수단으로 뒷받침되면서 극히 완벽한 형태를 취하고 있었기 때문에 남한에서 일어나는 모든 군사쿠데타는 미국의 승인 혹은 사주없이는 그 성공이 절대 불가능하다는 사실 역시 이미 밝혀진 대로다. 그런데 유신체제의 태동은 위수령, 국가비상사태, 비상계엄 등 군부대가 직접 동원된 가운데 이루어지게 되었다. 이 사실 자체만으로도 미국이 유신체제의 공범자임을 결코 부인할 수 없게 만드는 요소가 되기에 충분하다. 우리는 어느 순간에도 미국이 한국군에 대한 작전권 행사를 포기했다거나 혹은 박 정권의 위력에 눌리게 되었다는 이야기를 들어본 적이 없다. 물론 그 같은 작전권에는 군부대의 시위진압을 위한 출동이 당연히 포함된다.

사태의 진실은 미국이 군사지원을 중심으로 유신체제를 실질적으로 떠받쳐주는 역할을 했을 뿐만 아니라 그 같은 유신체제를 통해 자신이 추구하는 제국주의적 수탈과 새로운 전쟁준비 임무를 보다 효과적으로 달성해냈다는 사실을 통해 더욱 분명해진다.[27]

요컨대 미국은 유신체제를 유지시켜준 주된 당사자이자 그로부터 최대의 이익을 얻어내는 이해 당사자였던 것이다.

이에 관해서는 한때 주한 미 대사관 참사관을 역임했던 그레고리

---

27   이에 관해서는 바로 뒤에 나오는 제5부 제2장에서 자세히 다루어진다.

헨더슨이 1975년 봄에 열린 미 의회 외교관계평의회에서 행한 다음과 같은 평가보고를 참고할 수 있을 것이다.

① 현재의 미국의 대한정책은 '군사원조' 일색이라고 해도 과언이 아니다. 한국의 민간기업이나 민간인에게도 원조를 하고 있으나, 그것은 새 발의 피다. 이러한 원조방식은 당연히 한국의 내정을 어떤 특수한 방향으로 나가게 하고 있는데, 미 국무성은 거기에 대하여 아무런 조치를 취하지 않고 있다.

② 미 국무성은 한국의 병기나 군사체제가 현실적으로 한국민의 자유와 권리를 압박하는 수단으로 사용되고 있다는 사실을 알고 있으면서도 굳이 군사원조를 계속하고 있다. 더욱이 자유를 위하여 싸우는 대학·지식인 등에게는 한 푼의 원조도 하지 않았다. 요컨대 미국 정부가 제공하는 원조는 군부에 한정되어 있으며, 경제원조도 일단 한국 정부에 건네지면 혜택을 입는 것은 정부에 밀착된 기업뿐이다. 따라서 미국의 대한원조는 공사 간에 한국의 정국을 불안하게 함으로써 미국의 대한정책의 목표를 흔들리게 하고 있다.

③ 미국의 한국 개입에는 두 가지 목표가 있다. 하나는 현 한국 정부에 대한 지지를 강화하여 한국 군부의 정책결정에 대한 미국의 지배권을 부동적인 것으로 하고자 하는 것으로 생각된다. 그러나 이것은 이미 전술한 바와 같이 한반도의 평화와 긴장완화에 역행하는 정책이다. 다른 하나는, 예컨대 국민에게 부당한 탄압과 박해를 가하면서라도 정권 이데올로기로서의 반공정책을 계속하여 추진하고 있는 현 군부정권을 될 수 있는 대로 연장시킨다는 것이다. 그러나 이 정책은 온건한 중립주의자들을 침묵시킬 수 있을지는 모르나 궁극적으로는 좌익 과격파의 반발을 사게 될 것이다. 더욱이 공산 측은 이 틈을 이

용하여 온건파에게 반미 감정을 심으려 들 것이다.

④ 미국의 정책은 북한에 대해서도 많은 영향을 미치고 있다. 북한은 자국의 병력을 열세로 보고 있으며, 외국으로부터의 원조가 한국에 비해 극히 적다는 것을 알고 있다. 따라서 북한은 자체적인 자원을 동원하여 고도의 군비를 유지해나갈 것이다. 그러한 상승작용의 결과 한국 국민의 요망은 군부의 억압하에 사라지고, 화해의 정신은 한마디도 나올 수 없을 정도로 소멸해버릴 것이다. 또한 미국의 대한군사원조는 미·소·중·일 대국 간의 데탕트 실현에 역행하는 것이다. 왜냐하면 미국이 한국에 대한 군사원조를 그치지 않는 한 중국과 소련도 북한에 대한 군사원조를 그치지 않을 것이기 때문이다. 결국 미국의 한국에 대한 군사원조정책이 북한 측을 자극하게 되고, 이어 동아시아 지역의 긴장을 한층 고조시킬 것이다. 따라서 미국의 방침은 장차 한국을 군비축소의 방향으로 유도해야 하며, 공산 측에 대해서도 축소의 의향을 분명히 보여야 할 것이다. 자고리아 교수도 미국이 그러한 의사를 가진다면 문제 해결의 방법이 어느 정도 있다고 말하고 있다.

⑤ 요컨대 외부로부터의 지원을 포함한 남북한의 군비확장경쟁이 화해의 길을 막아버리는 최대의 장애가 될 것인데, 군비지향형이라 할 수 있는 미국의 대한정책이 이러한 장애를 더욱 크게 만들고 있는 것이다.

⑥ 미국 의회에서는 이러한 국무성의 방침이 장기적으로 미국의 국가이익에 역행하는 것이 아닌가 하는 소리가 높다. 그리고 이 문제는 미국의 국민 사이에 커다란 논의를 불러일으킬 것이다.[28]

위와 같은 그레고리 헨더슨의 보고 내용은 미국이 유신정권을 조작하고 정권을 유지하기 위해 계속 노력했던 주된 동기가 한반도에서 전쟁대결정책을 고수하기 위한 조건을 확보하는 데 있음을 강력히 시사해주고 있다. 무릇 압제자들이 추구하는 전쟁정책은 자국민을 동원하기 위해 가장 혹독한 억압체제를 요구하게 된다. 통상적으로 전시상태라고 할 때 그것은 모든 기본권이 말살되는 상황을 의미하는 것도 이러한 맥락에서다. 더욱이 미국은 과거의 전쟁정책이 파탄에 몰리고 그에 따라 국제적인 긴장완화가 시대의 불가피한 조류로 등장했을 뿐만 아니라 민중으로부터 강력한 도전이 제기되고 있는 상황에서 그 같은 전쟁정책을 추구했기 때문에 그 어느 때보다도 가혹한 폭압체제를 필요로 했다고 볼 수 있다. 물론 미국의 이 같은 전쟁정책의 고수야말로 박 정권으로서는 종신집권의 발판을 마련할 수 있는 더할 나위 없는 호기였다. 다시 말해 미국이 전쟁을 위해 빼든 칼은 박 정권에 있어서는 곧 종신집권을 위한 칼이었던 것이다. 양자는 현실적으로 정확히 일치하고 있었다. 다만 그 칼의 손잡이만은 여전히 미국이 쥐고 있을 뿐이었다.

그러면 1975년 당시 미국의 고위 관리들이 북의 남침 위협 사실을 부인함으로써 그들의 전쟁대결정책과 명백히 모순된 행동을 취한 이유는 무엇인가. 이러한 미국의 행동은 분명 모든 시기에 걸쳐 상대방의 군사적 위협을 내세워 자신의 무력정책을 밀고 나갔던 점에 비추어본다면 극히 예외적인 경우라고 할 수 있다. 그럼에도 이 점은 당시 미국이 처한 사정을 살펴보면 금방 알 수 있을 것이다. 이미 밝혀진 것이기는 하지만 당시 미국은 실제적인 군사력으로 보나 국민들의 반

---

28   김병오, 앞의 책, 240~241쪽.

전 감정으로 보나 해외에 대한 추가파병이 극히 곤란한 상태에 놓여 있었다. 요컨대 미국은 박 정권의 주장을 액면 그대로 인정할 수 있는 처지가 못 되었던 것이다. 만약 암묵적이라도 박 정권의 주장을 인정해준다면 미국은 남한을 포기한다는 인상을 심어주거나 상황이 악화되는 것을 무릅쓰고 추가파병을 고려해야 하는 진퇴양난의 상황에 빠져들 수밖에 없게 된다. 한마디로 미국이 자신의 속셈을 표면에 드러내기 위해서는 시간이 좀 더 필요했던 것이다.

박 정권의 인권탄압에 대한 카터 행정부의 비난 역시 비슷한 맥락에서 설명할 수 있을 것이다. 카터 행정부는 그동안 세계 각국의 독재권력에 대한 지원으로 미국의 위신이 크게 실추되어 있는 상태에서 자국이야말로 유신독재를 떠받쳐주고 있는 주된 당사자라는 사실을 은폐하기 위해 몹시도 고심했다. 이러한 맥락에서 카터 행정부는 소위 인권정책이라는 것을 내세우면서 남한의 억압적 상황의 궁극적 요인이 박정희 개인의 욕심에서만 기인하는 것처럼 선전함으로써 책임을 모면해보려는 얄팍한 술수를 부렸던 것이다. 박정희가 미국 정부에 불만을 가졌다면 이렇듯 자신을 속죄양으로 삼으려 드는 그들의 야비함에 대한 불쾌감이었을 것이다. 그러나 어느 것 하나 문제의 진실을 덮어버릴 수는 없는 것이었다.

제2장

암흑의 시대

1. 포기되지 않는 전쟁야욕

베트남에서 참패를 겪은 미국은 불가피하게 주한 미군을 포함한 해외 병력의 일부를 철수시켰다. 이는 미국의 경제력이 이미 방대한 무력을 유지하기에는 너무 약화되어 있었고 미국 국민의 감정 역시 제국주의적인 전쟁정책에 대해 강력한 거부를 나타내고 있는 데 따른 것이었다. 그러나 이 같은 부분적 철수 움직임이 곧 미국의 전쟁정책 포기를 의미하는 것은 결코 아니었다. 도리어 실제 상황은 정반대의 방향으로 흘러가고 있었다.

본래 제국주의는 위기에 몰릴수록 더욱 광폭해지고 한층 더 군사적 충동에 사로잡히기 마련이다. 베트남전쟁에서 참패한 이후 미국의 모습은 바로 이 점을 여실히 보여주었다. 미국의 지배집단들은 미국 국민의 전쟁혐오증에는 아랑곳없이 무모한 전쟁정책이 가져다주는 참담한 결과에 대해 조금도 이해하려고 하지 않았다. 오히려 그들은 그 같은 실패를 안겨준 것은 무모한 전쟁정책이 아니라 베트남, 나아가 동아시아 전선 전반에서 보여주었던 자신들의 '소극성' 때문이었다고 판단했다. 즉, 그들은 실제적인 전쟁지역을 주로 북위 17도선 이남의 남베트남에 국한시킨 점과 함께 핵무기의 사용을 실행에 옮기

지 못한 점이야말로 미국을 패배로 몰고 간 궁극적 요인이라고 단정 지은 것이다.[1]

이러한 맥락에서 미국은 아시아에서 전쟁에 패배한 후 조용히 물러나 자중하기보다는 도리어 전과는 비교할 수 없을 만큼 무모하기 짝이 없는 새로운 군사적 모험을 향해 깊이 몰두했다. 대체로 이러한 미국의 새로운 전쟁계획은 1970년대 초반의 준비·연구기간을 거쳐 1970년대 후반과 1980년대로 접어들면서 본격적으로 그 모습을 드러냈다고 볼 수 있는데, 그 기본 골격은 다음과 같은 네 가지 요소로 구성되었다.

첫째, 적어도 제2차 세계대전 후 미국이 세계 제패의 꿈을 이루기 위해 궁극적인 적으로 삼았던 것은 의심할 여지 없이 소련이었다. 1949년 이후 약 20년간 일관되게 추구해왔던 이른바 '중공 봉쇄전략'은 먼저 중국 대륙을 점령한 뒤 이를 발판으로 소련을 공격한다고 하는 일종의 '단계적 포위전략'이라고 볼 수 있다. 그러나 베트남전쟁에서의 실패에 따라 중국을 공식 승인하고 국교까지 체결한 상태에서 이 같은 전략은 새롭게 수정되지 않으면 안 되었다. 결국 미국이 채택한 전략은 중국을 반소련진영으로 적극 끌어들이는 가운데 소련을 직접적인 공격목표로 삼음으로써 일시에 적의 심장부를 박살내는 것으로 집약되었다.[2]

---

1   『말』, 1988년 9월호, 36쪽.
2   이 점은 1980년 레이건 정권이 등장하면서 소련에 대한 무제한의 군비경쟁을 선포함과 동시에 핵심적 과제의 하나로 이른바 '별들의 전쟁' 계획을 본격화한 것을 통해 확인된다. 별들의 전쟁(전략방위계획)은 미소 간에 유지되고 있는 핵균형을 깨뜨림으로써 선제 핵공격을 성공하게 만드는 데 그 목적이 있었다. 즉, 미소 간에는 상대방의 핵보복 공격에 의해 선제 핵공격 자체가 억지되는 균형상태가 유지되어오고 있었는데 미국은 소련

322

둘째, 미국은 이 같은 전략목표를 수행하기 위해 자국이 보유한 핵병기를 유감없이 써먹기로 작정했다. 이렇게 하여 선택된 핵병기들 중에는 소형 전술 핵무기는 물론이고 그 위력을 평가하기조차 힘든 이른바 전략 핵무기 등 모든 종류의 핵병기가 총망라되어 있었다.

셋째, 미국은 지금까지 보여주었던 특정 지역에 한정된 전쟁방식을 포기하고 전 세계적인 범위에 걸쳐 동시에 정면대결을 추구하는 것을 전략으로 삼았다.[3]

넷째, 이를 위해 미국은 동맹국의 군사력 강화를 적극 부추김과 동시에 이를 자국의 전략체계 속으로 더욱 깊이 끌어들이기 위해 사력을 다했다.[4]

위와 같은 미국의 새로운 군사전략은 한마디로 인류가 생각해낼 수 있는 최고 수준의 전쟁 형태이자 동시에 인류 전체를 대상으로 하는 야만성의 극치에 해당하는 것이었다. 이로써 미국은 죽어가는 제국주의의 최후의 발악이 얼마만큼 광폭하기 짝이 없는 것인지를 만천하에 드러내게 되었다. 요컨대 미국은 스스로 제국주의의 지위를 포기할 바에는 전 세계 인류가 다 함께 죽어버리는 것이 차라리 속이 편하다는 속마음을 노골적으로 드러내 보인 셈이다. 이 점은 미국으로서는 지구상의 작은 한 점으로밖에 생각되지 않는 이 땅 한반도에도 예외 없이 적용되었다. 예컨대 1975년 6월 미 국방장관 슐레진저,

---

의 핵보복 공격을 우주공간에서 저지함으로써 궁극적으로 선제공격을 성공시키고자 한 것이다.

3 동시다발보복전략이란 이 같은 전략이 구체화된 것이다.

4 앞으로 살펴볼 한국군 증강과 거듭되는 일본의 재무장은 이 같은 맥락에서 추진되었다고 볼 수 있다.

1976년 5월 28일 그 후임자인 럼스펠드의 입을 통해 "한국에서의 핵무기 사용도 배제하지 않을 것"임이 거듭 천명되었을 때 이에 비판적이었던 미국인 리처드 포크는 그 말에 관해 "한국 민중들의 기본적인 안위라는 관점에서 볼 때 현재의 인위적인 현상유지가 흔들릴 경우 외국 정부가 핵을 사용해 초토화시키겠다고 위협하는 것보다 더 모순적인 것은 없다"라고 지적했다.[5] 즉, 포크의 지적에 따르면 미국은 한반도에서 자국의 지위가 흔들리게 되면 차라리 핵을 동원해서라도 한반도를 완전히 쓸모없는 땅으로 만들어버리고 말겠다는 입장이라는 것이다. 물론 그렇게 되면 한반도는 미국으로서도 쓸모없는 땅이 되고 말 것이다.

그러면 이렇듯 단말마적인 미국의 군사정책은 우리가 사는 한반도에서는 어떤 모습으로 펼쳐졌는가. 이와 관련해 무엇보다도 중요한 점은 베트남이라는 진격로를 상실함에 따라 동아시아에서 대륙과 유일하게 맞닿아 있는 한반도는 미국의 전략구도 속에서 한층 그 지위가 격상되어 급기야는 미국의 전쟁정책을 떠받쳐주는 둘도 없는 생명선이 되었다는 사실이다. 그로부터 한반도는 과거에 비해 더욱더 미국의 군사적 욕구를 위한 제물로 전락하면서 끊임없는 전쟁 위협과 긴장 속에 시달리지 않으면 안 되었다.

이러한 맥락에서 미국은 남한을 전면적으로 핵기지화하고 전쟁의 총알받이로 내몰 수 있는 한국군 지상병력을 대폭 증강하고 여기에 덧붙여 일본군을 더욱 적극적으로 끌어들임으로써 자신이 주도하는

---

5   양영자·거번 맥코맥, 「한국에 있어서 미국이란 무엇인가」, 거번 맥코맥·마크 셀던, 앞의 책, 172쪽.

한·미·일 삼각동맹체제를 구체적으로 구축해나갔다. 이 같은 미국의 구상은 그 역사적 뿌리가 꽤 깊은 것이지만 아시아에서 미군 철수가 개시됨과 동시에 새로운 의미를 띠면서 더욱 높은 단계를 향해 달음질치기 시작했다고 볼 수 있다. 지금부터 여기에 대해 하나하나 살펴보자.

미국은 이미 오래전인 1958년부터 핵병기를 이 땅에 반입시켜왔다. 그러던 중 주한 미군의 부분적 철수가 불가피해지자 이를 대체하기 위한 목적으로 핵무기 추가배치를 서둘렀다. 이 사실은 '미 상원 외교위원회 사이밍턴 분과위원회'가 1970년 2월 14일부터 3일간에 걸쳐 개최한 비밀청문회에서 밝혀지게 되었다. 청문회에서 밝혀진 사항은 미국의 시사잡지 『유에스 뉴스 앤드 월드 리포트』를 통해 세상에 공개되었는데, 이에 따르면 미국은 다음과 같은 다섯 종류의 핵무기를 남한에 배치하고 있었다.

① F4팬텀용 제미니형 공대공 미사일
② 나이키·허큘리스 지대공 미사일
③ 사정거리 21마일의 어네스트 존 원자포
④ 사정거리 10마일의 서전트 원자포
⑤ 핵지뢰[6]

또한 당시 신문보도에 의하면 1971년 6월경 오키나와에 비치된

---

6   청사 편집부 엮음, 앞의 책, 13쪽.

전술 핵무기 수백 기 중 일부를 남한으로 이전했다고 한다.[7] 또한 남한에 대한 미국의 핵무기 추가배치 움직임은 핵전력을 중점적으로 담당하고 있는 주한 미 공군의 급속한 강화를 통해서도 여실히 입증된다. 예컨대 1970년 12월 21일 주한 미군 사령부는 일본 미사와 三澤 기지에 있는 미 공군 제475전술전투비행단 F-4 팬텀기부대가 1971년 6월까지 이동하고, 역시 일본의 또 다른 공군기지의 EC-121 와닝스터 정찰기부대가 1971년 2월 말까지 광주 기지로 이동한다고 발표했다.

이 같은 주한 미 공군을 강화하기 위한 조치로 다음 해 3월 4일 마이클리스 주한 미군 사령관은 "한국 상공에서의 군수를 지원하기 위한 비행장 10개를 건설할 계획"임을 밝혔다.[8]

이 같은 핵무기 배치는 소련에 대한 미국의 핵공격 전략이 구체화되고 남한이 그에 적합한 발사기지로 재확인된 것과 함께 비약적으로 확대되기에 이르렀다. 그 결과 미국의 브루킹스 연구소의 지적대로 1979년 현재 남한 땅에는 최소한 650기에서 1,000기의 핵병기가 배치되었다.[9]

이처럼 엄청난 수의 핵병기가 배치되어 있다는 사실은 몇 가지 점에서 중요한 의미를 띠는 것이었다. 먼저 이같이 엄청난 수의 핵병기를 배치하는 것은 주한 미군이 그들 자신의 주장처럼 남한을 북한의 '침략'으로부터 보호하기 위해 존재하는 것이 아님을 명확히 드러내

---

7   위의 책, 59쪽.
8   위의 책, 38쪽.
9   아키타 히로시, 「한국경제의 위기구조」, 김낙중 외, 『한국경제의 현단계』, 사계절, 1985, 146~147쪽.

주었다. 북한의 공격을 격퇴하기 위한 것이라면 결코 그만큼 많은 수의 핵무기가 필요하지는 않기 때문이다. 이와 함께 남한에 배치된 핵무기는 한결같이 중단거리의 실전용으로, 이는 미국의 실질적인 전쟁 음모를 밝혀줄 뿐만 아니라 미국이 남한을 핵기지화하는 의도가 어디에 있는지도 아울러 밝혀준다. 즉, 미국은 자기 영토 밖에서 핵공격을 가함으로써 핵기지에 대한 상대방의 보복공격으로부터 야기되는 피해를 남한에 떠넘기겠다는 것이다.[10]

또한 사정거리가 극히 짧은 각종 전술 핵무기의 배치는 북한이 미국의 공격대상에 포함되어 있음을 강력히 시사한다.[11] 그런데 이들 핵무기는 배치하는 순간부터 그것을 사용하는 데 이르기까지 전적으로 미국의 단독의사에 따라 이루어지는 것으로 남한에서 미국의 지위가 어떤 것인지를 여실히 보여준다. 한마디로 미국은 남한을 자유자재로 핵전쟁의 제물로 삼을 수 있을 만큼 남한에서 절대적인 지위를 차지하고 있는 것이다.[12]

이처럼 미국은 지상병력의 감축을 핵전력으로 보충하고 나아가 그것을 비약적으로 확대함으로써 전체적인 주한 미군의 전력은 도리

---

10 리영희, 「한반도는 초강대국들의 핵볼모가 되려는가」, 고은 외, 『민중』 1, 청사, 1984, 160쪽 참조.
11 이와 관련해서는 앞에서 예를 든 어네스트 존 미사일(사정거리 21마일), 서전트 원 자포(사정거리 10마일) 등을 염두에 두는 것이 좋을 것이다. 이와는 별도로 1983년 2월에 밝혀진 미국 국방장관 와인버거의 「83년 국방보고서」는 "소련이 중동 산유지역에 개입할 경우, 미국은 소련의 군사력을 분산시키고 석유자원지대를 그 수중에 확보하기 위한 전략으로 동북아의 동맹국 군사력과 함께 북한을 공격하고 북한에 대한 핵공격을 감행한다"라고 밝히고 있다(위의 글, 173~174쪽).
12 리영희, 「핵무기 신앙에서의 해방」, 리영희·임재경 엮음, 『반핵』, 창작과비평사, 1988, 276쪽 참조.

어 이전과는 비교할 수 없을 만큼 대폭 강화되었다.

　미국의 전력 강화를 위한 노력은 여기서 그치지 않았다. 1971년 6월 21일에 공개된 「72 회계년도 국방예산에 관한 미 하원 세출위원회 비밀청문록」에 의하면 부분적으로 감축된 주한 미군부대의 전투병력은 카투사(미 사단에 배치된 한국군 병력)로 상당수 보충될 계획임이 밝혀졌다. 이들 카투사병은 비록 몸은 한국인이지만 미군과 동일한 지위와 역할을 갖기 때문에 주한 미군이 부분적으로 철수한다 해도 결과적으로 실질적인 병력에는 큰 차이가 없는 셈이었다.[13] 그러나 이보다 더욱 중요한 사실은 한국군이 전력을 대폭 증강함과 동시에 이를 더욱 확고하게 미군의 수중으로 장악하기 위한 일련의 노력이었다.

　앞에서 말한 미 하원 청문록이 밝힌 사실에 따르면 웨스트 모어랜드 미 육군 참모총장은 비밀증언을 통해 "남한에 잔류한 미군부대는 군사고문단, 심리전 요원, 건설공병단, 대공미사일부대 등 주로 특수부대에 해당한다"라는 사실을 지적했다고 한다.[14] 이 사실은 주한 미군의 임무가 핵전쟁과 심리전 등 이른바 현대전을 수행하기 위한 전문부대라는 사실과 함께 한국군을 감독하고 지휘하기 위한 것이라는 점을 말해주고 있는 것이다. 이러한 맥락에서 한국군을 더욱 직접적인 형태로 미군의 휘하에 편입시키기 위한 노력이 일찌감치 시도되었다. 그 일환으로 1971년 7월 주한 미 제1군단과 한국군 일부를 통합한 한미합동 제1군단이 창설되었다. 말할 필요도 없이 그 지휘권은 주한 미군 사령관이 장악하고 있었다.[15] 이처럼 부분적으로 시도되던

13　청사 편집부 엮음, 앞의 책, 60쪽.
14　같은 곳.
15　위의 책, 62쪽.

주한 미군의 한국군에 대한 직접적인 장악은 1978년 한미연합사령부가 발족된 이후 전면화되기에 이르렀다.

한미연합사령부의 발족은 1975년 가을 유엔에서 유엔사령부의 해체와 유엔의 깃발 아래 한국에 주둔하고 있는 모든 외국군의 철수를 요구하는 결의안이 통과되는 등 국제적 여론이 유엔의 간판을 내걸고 주한 미군이 주둔하는 것을 더는 허용하지 않고 있다는 사정에 따른 것이기도 하지만 더욱 중요한 동기는 앞서 말한 한국군의 직접적인 장악에 있었다. 이렇게 해서 창설된 한미연합사령부는 그 성격상 전쟁수행본부로서 거의 모든 한국군과 주한 미 공군, 방공·병참부대를 포함해 65만 명의 병력을 작전통제 아래 두게 되었다.[16] 특히 이 중에서도 주한 미군의 주축인 미 8군 보병 제2사단과 13개의 한국군 사단은 한미연합사의 핵심인 한미야전사를 구성하며, 여기서 제외된 특전사, 훈련부대, 제2군은 야전사의 지휘를 받지 않고, 수도경비사는 한국 대통령의 직접적인 작전통제권 아래에 있다고 한다. 여기서 특전사와 수도경비사 등은 남한의 정권 수호를 일차적 업무로 하는 것으로 알려져 있다. 그렇지만 한미야전사에서 제외된 이들 부대 역시 상급기관인 한미연합사의 지휘권 아래 놓여 있다.[17]

어느 모로 보나 주한 미군과 한국군을 하나의 부대로 통합하고 있는 한미연합사는 전적으로 미군의 지배 아래에 있다고 볼 수 있다. 우선 한미연합사의 최고 지휘권자인 연합사령관은 주한 미군 사령관이 겸임하고 있을 뿐만 아니라 한미연합사령부를 어떤 목적을 위해 이용

---

16 『말』, 1987년 5월호, 51쪽.
17 조진경, 「한국사회와 통일운동」, 서울지역 교지편집인연합회 엮음, 『백두에서 한라까지』, 돌베개, 1988, 128쪽.

할 것인지를 결정할 수 있는 참모장과 작전·군수·기획 담당 참모들도 모두 미군 장성이 장악하고 있었다. 더욱이 한미연합사령관(한미연합사령관은 주한 미군 사령관이 갖는 7개 직책 중 하나임)은 오직 미국의 합동참모본부에 보고하고 그 지시를 받을 뿐 한국 정부에 대해서는 아무런 보고조차 할 필요가 없도록 되어 있다. 이처럼 한미연합사령부가 전적으로 미군의 지배 아래 있다는 사실은 그 창설을 명문화하고 있는 '한미연합사협정'이 말과는 달리 한미 양국 합참의장 간에 체결된 것으로 일반적인 주권국가 간에 맺어진 것과는 판이하게 다르다는 사실을 통해서도 더욱 강력히 뒷받침되고 있다. 즉, 미국은 한미연합사 창설과정부터 결코 남한을 주권국가로 인정조차 하지 않았던 것이다.[18]

이렇게 하여 한국군은 독립부대의 형식마저도 상실한 채 완전한 미군의 예하부대로 전락하고 말았다.

한국군을 미군의 완전한 부속물로 만들어나가는 과정과 함께 한국군 장비의 현대화를 통한 전력 강화가 꾸준히 추진되었다.

한국군의 현대화 계획은 미국 측의 주도로 1971년에 입안되어 1975년에 다시 수정되었다. 이 계획에 따르면 남한 정부가 30억 달러를, 미국 정부가 1980년까지 40억 달러를 투입하기로 되어 있었는데 미국은 1976년 중반경 이미 그것의 절반인 거의 20억 달러를 투입했다. 1975년 미 의회는 박 정권의 가혹한 탄압을 누그러뜨리기 위한 압력의 일부로 지급률을 다소 축소하기도 했다. 그러나 1976년에는 분위기가 일변해 4억 9,000만 달러의 대한원조가 승인되었고 또 남한이 8억 3,800만 달러에 달하는 무기를 1976/1977 회계년도 동

---

18 『말』, 1987년 3월호, 46~47쪽 참조.

안 현금 또는 외상으로 구매하기도 했다.[19]

이 같은 미국의 군사원조는 자국의 군사적 목표를 추구하기 위한 일환으로 추진된 것이기는 하지만 그 가운데에는 미국의 군수산업의 시장개척이라는 욕망이 강하게 작용하고 있었다. 즉, 미국은 자기들이 만들어낸 군사장비로 한국군을 무장시킴으로써 이후에도 한국군이 장비를 개선하고 보충하기 위해서는 불가피하게 미국으로부터 그 같은 장비를 계속 구입해 와야 하는 상태에 놓이게 된 것이다. 그리하여 이미 1977~1980년 동안에만도 남한은 미국에서 주요 병기 19억 7,800만 달러(1975년 실질가격)어치를 수입하게 되었는데 이는 같은 기간 남한의 국제종합수지 적자액인 19억 5,000만 달러보다도 많은 액수였다.

더욱이 미국의 군수독점자본들은 자국의 시장독점력과 남한에서의 미국의 지위를 등에 업고 이들 병기를 턱없이 비싼 가격에 판매함으로써 우리 민중에게 가혹한 수탈을 자행했다. 예컨대 1981년에 도입된 36대의 전투기 값은 총액 9억 달러로 1대당 단가는 2,500만 달러였는데 당시 미 국방성이 1981년도 예산에서 요구한 미 공군용 F-16 전투기 96대의 가격은 13억 4,400만 달러, 즉 단가 1,400만 달러였다. 결국 남한은 미군보다 1.8배나 비싼 가격에 전투기를 구입한 셈이다. 독재정권이 국방력을 강화한다는 명목으로 방위세까지 신설하는 등 세금 징수를 강화한 결과는 이처럼 미국 독점자본의 이익만을 충족시켜주는 것으로 나타나고 말았다. 이러한 과정에서 독재권력이 부당이익을 보장해준 대가로 상당한 액수의 뇌물을 제공받았다는

---

19 양영자·거번 맥코맥, 앞의 글, 173쪽.

제공받았다는 것은 쉽게 짐작할 수 있는 일이다.[20]

이 같은 상황은 소위 자주국방이라는 미명 아래 군사장비의 신속한 현지조달을 목표로 추진된 '방위산업' 건설과정에서도 동일하게 나타났다.

방위산업의 건설은 1971년경 미국 콜트사의 기술지배 아래 M16 소총과 탄약의 생산을 시작으로 본격화되었는데, 다른 모든 기업과 마찬가지로 미국과 일본의 자본이 지배하는 가운데 추진되었다. 즉, 창원 기계공업단지를 거점으로 하는 방위산업, 그중에서도 각종 포와 전차 등 고성능 장비를 생산하는 업체의 경우 대부분이 미·일 자본과 합작투자 또는 그들로부터 반제품과 부품을 수입해 온 뒤 이를 가공·조립하는 형태를 취하고 있었다. 당연히 이 과정에서도 독점가격에 의한 판매를 통해 미국과 일본의 독점자본들이 거액의 폭리를 취했을 뿐만 아니라 합작투자의 경우 안보를 빌미로 정권 차원에서 일체의 노동3권을 원천 봉쇄하는 가운데 역시 엄청난 수탈을 자행하게 되었다. 이 같은 수탈은 제국주의 전쟁정책이 궁극적으로 누구의 이익을 위한 것인지를 미리부터 보여주는 것이라고 할 수 있다.

이러한 미·일 군수자본의 수탈은 어떤 형태의 병기 구매도 그 자금이 민중의 세금으로 충당된다는 점에서 더욱더 분명한 것이었다. 이렇게 하여 이제 우리 민중은 한낱 미국의 고용군대에 불과한 한국군의 유지 비용을 부담하는 데 그치지 않고 외래 군사자본의 가혹한 수탈 대상까지 되어야 하는 상태에 놓이게 되었다.

한국군의 현대화는 남한의 군사비를 급속히 팽창시켰고 그 결과

---

20 아키타 히로시, 앞의 글, 146쪽 참조.

연도		77	78	79	80	81	82	83	84	85	86
IISS	남한	1.8	2.6	3.2	3.46	4.4	3.97	4.4	4.5	4.4	4.85
	북한	1.0	1.0	1.2	1.3	1.9	1.7	1.9	2.03	4.2	4.27
SIPRI	남한	2.9	3.6	3.4	3.7	3.84	4.0	4.17	4.47	4.47	4.96
	북한	1.17	1.3	1.4	1.53	1.67	1.93	1.97	2.19	2.19	2.24

(단위: 10억 달러)

〈표 15〉 남북한 군사비 지출 추이

출전: IISS(영국 전략문제연구소) 1977/78/1986~87, SIPRI(스톡홀름 평화문제연구소) 1987, 170쪽;
『말』, 1988년 9월호, 22쪽에서 재인용.

1975년부터는 한국군의 전력만으로도 북한을 압도하기 시작했다.
〈표 15〉는 세계적인 권위를 자랑하는 영국 전략문제연구소IISS와 스
웨덴의 스톡홀름 평화문제연구소SIPRI의 자료를 통해 본 남북한 군사
비 지출의 추이다.[21]

이 같은 거액의 군사비 지출은 1979년 지미 카터 미국 대통령의
방한 때 GNP의 6퍼센트 선을 지키도록 쐐기를 박음으로써 이후에도
줄곧 계속되었고 그 규모 또한 GNP의 성장과 함께 꾸준히 팽창해나
갔다.[22]

---

21 이 표에 제시된 전략문제연구소의 자료는 1985년경부터 북한 군사비의 증가를 2배
이상으로 추정하고 있으나 같은 자료에서조차 그 근거에 대한 별다른 설명이 없으며 미
행정부나 국무성·국방성의 관계자들도 의회증언에서 북한의 군사비가 급증했다는 구
체적인 자료 제시나 언급이 없는 점으로 보아 대단히 불확실하다(『말』, 1988년 9월호,
23쪽).
22 이 사실은 1984년 8월 당시 경제기획원 문희갑 예산실장이 "방위비 지출은 1979년
한미 양국 수뇌 간의 합의사항이 엄연히 살아 있는 한 GNP 6% 선을 기본적으로 지켜야
한다는 입장이다"라는 설명을 함으로써 확인되었다(『조선일보』, 1984년 8월 7일자, 김병
오, 앞의 책, 239쪽에서 재인용).

남한의 군사력 증강을 위한 미국과 독재정권의 노력은 단지 한 국군의 전력을 현대화하는 데 그치지 않았다. 1971년 4월 2일 당시 정래혁 국방장관은 300만에 달하는 향토예비군에게 연내에 기관총과 박격포 등을 지급하고 예비군의 임무를 유사시 전선에 투입할 수 있는 '실질적 전력'으로 육성하기로 했다고 발표했다.[23] 이에 앞서 1970년 7월 28일에 발표된 내용에 따라 여학생들에게까지 군사교련을 확대하는 등 고등학교 이상의 모든 학생이 군사교육 대상이 되었다. 이후 1975년에는 학도호국단이 부활됨으로써 학원의 병영화는 새로운 단계에 접어들게 되었다. 또한 1975년 8월 25일에는 민방위기본법이 발효되어 만 35세로 향토예비군을 마친 남자 또는 예비군 훈련을 면제받은 사람들이 민방위대에 다시금 속박되었다. 이 민방위대는 17세부터 55세가 된 사람까지 방공소방 훈련 등을 실시하고 반공이념과 정권의 선전을 주입하는 조직이 되었다. 이 훈련에 참가하는 것을 거부한다든지 출석 성적이 불량한 사람은 처벌을 당했다. 이로써 남한의 모든 청장년과 학생이 각종 군사조직에 편입되었고 남한 전역은 명실공히 하나의 거대한 병영으로 둔갑하기에 이르렀다.

한반도에서의 미국의 무력수단의 강화는 비단 핵전력의 집중적 강화와 한국군의 현대화에 국한된 것은 아니었다. 그것은 '유사시'에 직접 한반도에 진격하기로 예정되어 있는 일본군의 강화로 또다시 보충되고 있었다.

일본의 군사적 역할 증대는 닉슨독트린이 발표된 직후인 1969년 11월 닉슨·사토佐藤 회담에서 이미 확인되고 있었다. 이러한 맥락에

---

23 청사 편집부 엮음, 앞의 책, 51쪽.

서 일본은 1976년 「방위계획 대강」을 발표한 이래 방위비를 GNP의 1퍼센트 이상으로 끌어올리는 등 군사력 강화에 박차를 가했다. 일본의 거듭되는 군사력 강화가 단순한 방위 수준을 넘어 미국의 새로운 전쟁정책 수행의 일환으로 이루어졌다는 사실은 '삼시작전'의 부활 과정을 통해 입증되고 있다. 1975년 8월 미국과 일본의 국방장관 회담 개최 직후 '미일안보협력위원회'가 발족되었는데 그 하부에는 '미일방위협력소위'가 설치되었다. 그런데 문제의 이 방위협력소위는 삼시작전의 '작전조정조'와는 명칭만을 달리한 것에 불과한 것으로 삼시계획이 껍데기만 바꾸어 그 실현을 향해 다시 치닫고 있음을 의미하는 것이었다. 또한 이러한 일련의 계획이 직접적으로 한반도 진격을 노리고 있다는 사실은 1976년의 일본 「방위계획대강」에서 나타난 중점적인 강화 대상이 한반도와 인접한 대마도·규슈 등 일본 서남부 지역의 군사력이라는 점에 의해 강력히 뒷받침되고 있다.[24]

이러한 가운데 남한과 일본의 군사력을 일체화하기 위한 모종의 움직임이 활발히 전개되었다. 1975년 5월에는 전 방위청장관인 사카다坂田, 니하라三原 등이 중심이 되어 한일의원 안전보장협의회를 결성하고, 정부 차원에 앞서 의원 차원에서의 한일 군사제휴가 시작되었다. 또한 1979년 7월에는 야마시다山下 일본 방위청장관이 내한해 한국 국방부장관과 공식회담을 갖고, 연습함대의 상호 방문 등 군사교류를 한층 확대할 것을 약속했다. 이 밖에도 1979년 10월에는 다케다竹田 일본 통합막료장이 내한해 한국군 수뇌와 회담했다.[25]

---

24 사토 다쓰야, 앞의 글, 256~259쪽 참조.
25 위의 글, 260쪽.

이렇듯 군사력 증강을 위한 일련의 노력이 기울여지는 가운데 1976년부터는 미국의 새로운 군사전략에 입각한 팀 스피리트 한미합동군사훈련이 대대적으로 실시되기 시작했다.

팀 스피리트 훈련은 통상적인 수법대로 '단기간에 북한의 침략을 저지한다'라는 단서가 붙기는 했지만 훈련 자체의 내용은 즉각적인 북진을 궁극적인 목표로 삼고 있었다.[26] 이는 훈련내용 중에 '핵 선제 타격', '신속한 공수', '적진에 대한 상륙', '화학전', '적설 한랭지 훈련' 등이 포함되어 있는 것을 통해서도 입증된다. 여기서 상륙훈련을 위한 주된 장소로 설정된 것은 포항 일대인데 이 지역은 남한에서 북한의 동해안과 가장 유사한 구조를 지닌 곳이다. 또한 적설 한랭지 훈련은 북한의 지형과 기후를 염두에 둔 것임을 쉽게 알 수 있다.[27]

한편 팀 스피리트 훈련은 베트남전쟁에서 실패한 요인에 대한 미국 나름의 분석에 입각해 광범위한 핵의 사용을 전제로 한 대규모 핵전쟁 훈련이라고 볼 수 있는데, 이 점은 1978년도에 실시된 팀 스피리트 훈련과정에서 분명한 모습을 띠었다. 당시 미 공군 핵공격기의 주력인 미 본토의 F111과 괌에 주둔한 B52 전략폭격기가 훈련과정에 본격적으로 참여하기 시작한 것이다. 특히 이와 관련해 세계를 놀라게 한 것은 악마의 병기라는 이름을 가진 중성자폭탄용의 랜스 미사일(사정거리 120킬로미터)이 군사분계선에 배치되어 실전 사격훈련을 벌인 점이다. 당시 랜스 미사일을 일반 기자단에게 공개한 미군 장교는 공격목표가 '최대의 보급기지인 개성'이라고 설명함으로써 훈련의

---

26 위의 글, 259쪽 참조.
27 『한겨레신문』, 1989년 2월 10일자 참조.

궁극적인 목적이 명확히 드러나게 했다.[28]

미국의 주도 아래 새로운 전쟁계획은 1980년 레이건 정권이 등장하면서 더욱 가속화되어갔다. 이 시기부터 미국은 소련에 대한 핵공격을 성공시키기 위한 '별들의 전쟁'을 공식적으로 추진하기 시작했고 계속해서 군사정권의 통치 아래에 놓이게 된 남한에서는 팀 스피리트 훈련이 그 규모와 양상에 있어 한층 호전성을 더해갔다. 일본의 거듭되는 무력 증강과 해외진출 기도가 노골화되기 시작한 것도 바로 이때부터다. 이러한 가운데 1987년에 실시된 팀 스피리트 훈련에는 정규 병력뿐만 아니라 경찰, 향토예비군, 민방위대원 등 준군사력에 해당하는 부분도 대거 참여하게 되었는데, 이는 1970년대 이후 가속화하기 시작한 민중의 군사적 조직화가 궁극적으로 무엇을 노리고 있었는지를 강력히 시사해주는 것이었다.[29]

그리하여 한반도를 둘러싼 군사적 위협은 다시금 격화되기 시작했다. 이러한 사실은 북한을 통해서도 분명하게 감지되고 있었다. 1980년 10월 12일 북한의 오극렬 대장은 제6차 인민회의 석상에서 다음과 같은 경고조의 발언을 했다.

미 제국주의자들은 우리의 조국을 침입하기 위한 새로운 전쟁의 준비를 미친 듯이 가속화하고 있다. 일본의 반동분자들 또한 일본 서부의 전략적 중요성을 운운하면서 서부 일본에 전개된 자위대를 강화시켜왔으며 미 제국주의자들의 사주에 의하여 작전 태세를 개편하였다. …… 우리

---

28   『말』, 1988년 9월호, 36쪽 참조.
29   『한겨레신문』, 1989년 2월 10일자 참조.

는 남조선으로부터의 미 제국주의자들의 철수를 위한 투쟁을 견지해나
갈 것이다. 우리는 또한 미 제국주의자들과 그들의 꼭두각시에 의한 새
로운 전쟁도발계획을 봉쇄, 좌절시킬 것이며, 조국의 독립적이고 평화
적인 통일이라는 과업을 틀림없이 성취할 것이다.[30]

2. 파탄의 길을 걷는 남한 경제

베트남전쟁에서의 실패를 계기로 미국 경제가 심각한 위기에 봉착하
게 되었음은 이미 살펴본 대로다. 이 같은 위기는 1973년 산유국의
대폭적인 유가인상조치로 다시 한 번 증폭되기에 이르렀다. 유가인상
이 이스라엘을 지원하고 있는 제국주의 진영에 대한 공격의 일환으로
아랍국가들이 취했던 것이었음을 고려한다면, 미국을 위시한 제국주
의 국가들은 그들이 제압하고자 했던 민족해방운동 세력에게 연이어
얻어맞은 셈이었다. 이러한 과정을 통해 제국주의 경제는 1974년 마
이너스 성장이라는 참담한 모습을 보여준 끝에 결국 장기적인 침체의
늪에 빠져들고 말았다.

한편 미국의 전쟁정책에 편승하면서 급속한 성장을 자랑했던 남
한 경제는 몇 걸음 못 가 휘청거리기 시작했다. 국제수지 적자와 실
업자 증대에서 벗어나고자 몸부림치던 미국은 1971년 10월 15일 한
미섬유협정의 체결을 강요함으로써 미국에 대한 섬유수출을 제한했
다.[31] 그 결과 남한은 협정 체결 이후 5년간에 걸쳐 약 8억 4,000만 달

---

30 김준엽 · 스칼라피노 엮음, 『북한의 오늘과 내일』, 법문사, 1985, 344쪽.

러에 달하는 수출 손실을 감수하지 않으면 안 되었다.[32] 종전을 향해 치닫고 있던 베트남전쟁 역시 전쟁물자 공급에 크게 의존하고 있던 남한의 수출시장에 먹구름을 드리우는 요소가 되었다. 또한 1971년 한 해 동안 200개 이상의 차관기업이 일제히 파산하는 등 차관에 의존한 남한 경제는 밑바탕부터 금이 가고 있었다.[33] 이와 함께 급격한 유가인상 역시 원유의 전부를 해외에 의존하던 남한 경제에 심대한 타격을 안겨주었다.

이러한 가운데 미국과 일본은 1960년대 초 '경제개발'을 추진했을 때와 마찬가지로 남한 경제가 겪고 있는 심각한 위기를 빌미로 남한을 더욱 완벽하게 집어삼키고자 혈안이 되어 있었다. 즉, 미국과 일본은 자신들이 겪고 있는 위기를 남한 민중에 대한 수탈을 더욱 강화함으로써 조금이나마 완화해보고자 시도한 것이다. 더욱이 혼자의 힘만으로는 당면한 위기에서 벗어날 수 없었던 남한의 매판자본이 여기에 가세하자 남한 경제는 더욱더 미국과 일본에 의존하는 방향으로 나아갔다.

31　한미 섬유협정의 골자는 1971년 10월 1일부터 시작해 5년 동안 미국에 대한 섬유수출의 연평균 증가율을 7.5퍼센트 이내로 제한하는 것이었다. 그런데 이 같은 보호무역조치는 본래 값싼 해외제품의 유입으로 계속 도산하고 있던 미국 내 중소 섬유업체와 실업의 위기에 처해 있던 노동자들의 요구로 제기된 것이었다. 이에 반해 독점자본과 은행자본들은 종속국의 경제를 위기에 몰아넣음으로써 궁극적으로 자기들의 제품 판매시장의 확보와 대부자금의 회수를 곤란하게 만들게 될 지나친 보호무역주의에 대해서는 극히 반대하는 입장에 서 있었다. 이들이 중심적으로 추구하는 것은 자국의 보호무역주의 강화보다는 종속국의 수입개방이라고 볼 수 있다.

32　김병오, 앞의 책, 163쪽.

33　미 하원 국제관계위원회 국제기구소위원회 엮음, 한미관계연구회 옮김, 『프레이저 보고서』, 실천문학사, 1986, 350쪽.

미국과 일본의 남한 민중에 대한 수탈의 강화는 다음과 같은 몇 가지 항목으로 볼 수 있다.

첫째, 지금까지 무상으로 제공한 원조를 유상판매로 전환시키는 것이었다. 이러한 맥락에서 식량과 군사장비도 다른 상품과 동일하게 취급되면서 판매되기에 이르렀다.[34]

둘째, 직접투자를 적극적으로 확대하는 것이었다. 이는 이윤의 일부만 착복하는 차관 제공의 수준을 넘어 이윤의 전부를 가로채는 직접적인 수탈로 나아가는 것을 의미했다.

셋째, 계속해서 차관을 제공하되 이를 재고상품의 판매와 더욱 밀접하게 연관시키는 것이었다. 이러한 맥락에서 중화학공업화의 추진은 대부분 사양산업이 되었거나 심각한 불황에 봉착해 판매에 곤란을 겪고 있는 설비·원자재 등에 대해 판매시장을 형성시켜준 것이라고 할 수 있다.

넷째, 본격적인 고금리 신용대부를 통한 충분한 이자획득을 노리는 것이었다.

남한 민중에 대한 수탈을 강화하고자 하는 미국과 일본의 야욕은 남한 경제가 뚜렷한 위기의 징후를 드러내기 시작한 1969년에 이미 시작되었다. 일본은 이른바 야쓰기 시안이라는 것을 들고 나와 남한의 일정한 지역을 자국 자본의 자유로운 활동 지역으로 내줄 것을 요구했고, 이 같은 요구는 1971년 마산 수출자유지역의 설치로 박 정권이 그대로 수용했다는 사실은 이미 살펴본 대로다.

또한 1969년 10월 미국은 '제1회 한미 민간회의'를 이용해 우리

---

34   이 점에 관해서는 이미 다룬 바가 있기 때문에 여기서는 생략하기로 한다.

노동자를 마음대로 착취할 수 있도록 보장하는 법률적 장치를 요구했고 이 같은 미국의 요구는 다음 해인 1970년 1월 1일 박 정권이 「외국인투자기업의 노동조합 및 노동쟁의조정에 관한 임시특례법」(이하 임시특례법)을 제정함으로써 그대로 실행에 옮겨졌다.[35]

임시특례법 제4조에 의해 노동조합의 설립은 기존의 '신고제'에서 당국의 '허가제'로 바뀌게 되었다. 그 결과 외국인 투자기업체의 노조 설립은 극히 제한되었고, 전체 기업의 9할 이상이 일본계 기업인 '마산 수출자유지역'에서는 공단 설치 이래 10년이 지나서야 비로소 노동조합의 설립이 허가되었을 정도다. 또한 동법 제5조에 따라 쟁의는 '외국인 투자기업체 노동조정위원회'의 조정을 거쳐야 하고 조정이 성립되지 못한 경우에는(신고 후 20일 경과) 중앙노동위원회의 중재를 받도록 되어 있다. 이는 쟁의권에 대한 사실상의 전면 부정이었다.[36]

「임시특례법」과 동시에 공포된 「수출자유지역 설치법」에서는 제8조에 독자적으로 "자유지역 내의 입주 기업체에 종사하는 노동자의 쟁의 및 쟁의조정에 관해서는 노동쟁의조정법 가운데 공익사업에 관한 규정을 적용"하도록 함으로써 노동3권의 행사를 정지시키고 있었다.[37] 그리하여 우리 노동자들은 탐욕스러운 외국 자본의 횡포 앞에 무방비 상태로 내맡겨지게 되었다.

위와 같은 조치들을 발판으로 1970년대에 접어들면서 직접투자 형태의 외국 자본들이 이 땅에 물밀듯이 밀려들어와 우리 민중의 피땀을 사정없이 쥐어짜내기 시작했다. 1976년까지 들어온 직접투자의

35 정장연, 「한국경제의 저임금체제론」, 김낙중 외, 앞의 책, 282쪽 참조.
36 위의 글, 283쪽.
37 같은 곳.

총액은 9억 5,370만 달러로 이는 그때까지 도입된 차관 총액 110억 3,000만 달러에 비해 비교적 적은 양에 해당함에도 남한 경제에서 차지하는 비중은 매우 막중한 것이었다. 이들 외국인 직접투자는 대부분 중추적인 산업 분야에 집중되었을 뿐만 아니라 특히 남한 경제를 이끌어가는 수출입 분야를 결정적으로 장악해 들어갔다. 예컨대 1978년 당시 남한에 진출해 있던 일본인 기업들은 남한 총수출량의 52.7퍼센트와 총수입량의 64.2퍼센트를 담당하고 있었다.[38]

이와 같이 외국인 직접투자가 증대되는 가운데 미국은 남한에서 차관기업을 확대하는 것을 포함해 남한 경제 전반에 대한 지배를 확고히 하기 위한 노력을 적극적으로 해나갔다. 이를 위해 우선적으로 손을 댄 것은 파산일로를 걷고 있는 기존의 차관기업들을 구출하는 것이었다.

1972년 8월 2일 오후 11시 40분 박 정권은 세칭 8·3조치라고 불리는 「경제안정과 성장에 관한 긴급명령 제15호」를 기습적으로 발표했는데, 이 조치는 발표된 지 20분 뒤인 8월 3일부터 1981년 7월 20일까지 9년에 걸쳐 집행되었으며 그 주요 골자는 다음과 같다.

① 기업은 사채의 상환을 중단하고 사채규모를 정부에 신고해야 하며, ② 기업은 사채를 월리 1.35%, 3년 거치 5년 분할상환의 조건으로 사용하고, ③ 금융기관은 2,000억 원의 특별금융채권을 발행하여 기업의 단기고리대출금의 30%를 장기저리대출금으로 바꾸어 자금을 방출하며,

---

38 거번 맥코맥, 「한국의 경제: GNP 대 민중」, 거번 맥코맥·마크 셀던, 앞의 책, 103쪽.

④ 정부는 기업의 투자촉진을 위해 법인세와 소득세를 감면하고 교부세의 법정교부율을 폐지한다.[39]

재정 긴급명령이 발동된 후 신고기간 안에 접수된 기업의 사채규모는 예상했던 2,000억 원을 훨씬 웃돌아 3,500억 원에 이르렀다. 그만큼 기업이 특별혜택을 받은 셈이다. 또한 기업은 1,460억 원의 일반대출과 520억 원의 특별대출을 받았고 350억 원 이상의 산업합리화 자금을 공급받았다.[40]

이렇게 하여 파산 직전에 놓여 있던 차관기업들이 가까스로 구출되기는 했지만 이들 기업에 사채를 빌려주었던 소자산가들은 순식간에 자기 재산을 강탈당했고 은행대출의 증가에 따른 물가상승의 압박은 고스란히 민중의 어깨 위로 떠넘겨지게 되었다. 결국 차관으로 도입된 설비의 부실성과 수출시장의 축소로 말미암은 매판자본의 위기는 이처럼 민중의 희생을 바탕으로 한 폭력적 방식으로 해결되었던 것이다.

이 같은 8·3조치가 미국의 압력에 의한 것임은 미국 의회에서 발간한 『한미관계 조사 보고서』(일명 프레이저 보고서)의 다음과 같은 지적을 통해서도 입증되고 있다.

1972년 8월의 비상경제개혁이라는 대통령 포고는 미국의 영향력의 정도를 반영한 것이었다. 그 조치들은 미국이 한국의 장기적 경제성장을

---

39   한상진, 「유신체제의 정치경제적 성격」, 박현채 외, 앞의 책, 169쪽.
40   같은 곳.

위해 필요하다고 생각하여 권장한 행동들과 부합되는 것이며 그것은 이전의 경제정책들로부터 중요한 변경을 의미하는 것이었다.[41]

이렇듯 폭력적 방식을 통해 차관기업을 구출한 것을 바탕으로 외국인 직접투자와 차관도입에 의존한 '중화학공업화' 정책이 강력히 추진되었다.

중화학공업화 역시 정부에 의한 특혜금융 지원에 힘입어 이루어졌는데 이 같은 특혜금융의 비중은 전체 소요자금의 80퍼센트에 달할 만큼 막대한 것이었다. 중화학공업화 과정에서 이루어진 금융지원이 특혜적 성격을 지니고 있다는 것은 당시 극심한 통화발행의 증대와 유가상승으로 인한 높은 물가상승(1970년대 연평균 도매물가 상승률은 18.8퍼센트)에 비해 대출금리가 형편없이 낮은 수준에 머물러 있다는 사실을 통해 집중적으로 드러난다. 결국 〈표 16〉에 나타난 것과 같은 빈번한 마이너스 금리는 그에 상응하는 불로소득을 기업에 안겨준 셈이 되었다.

그런데 1970년대 중반에 접어들면서 본격화된 중화학공업화는 애초부터 근본적인 문제점을 안고 출발했다.

먼저 중화학공업은 일반적으로 자립경제의 기초로서의 의미를 지니고 있으나 남한에서 이루어진 중화학공업화는 이와 전혀 무관하게 이루어졌다. 즉, 모든 공업의 기초라고 할 수 있는 기계·부품·소재 등은 제쳐놓은 채 값싼 숙련노동에 의존하는 최종 조립단계에만 치중한 것이다. 그 결과 부품·소재 등은 계속해서 수입에 의존했고 이에

---

41 미 하원 국제관계위원회 국제기구소위원회 엮음, 앞의 책, 287쪽.

	1970	1971	1972	1973	1974	1975	1976
도매물가지수(A)	9.1	8.6	14.0	6.9	42.1	26.5	12.1
일반대출금리(B)	24.0	22.0	15.5	15.5	15.5	15.5	18.0
수출금융금리(C)	6.0	6.0	6.0	7.0	9.0	7.0	8.0
실질대출금리 I*	14.9	13.4	1.5	8.6	-26.6	-11.0	5.9
실질대출금리 II**	-3.1	-2.6	-8.0	0.1	-33.1	-19.5	-4.1

	1977	1978	1979	1980	1981	1982
도매물가지수(A)	9.0	11.7	18.8	38.9	20.4	4.7
일반대출금리(B)	16.0	19.0	19.0	20.0	17.0	10.0
수출금융금리(C)	8.0	9.0	9.0	12.0	12.0	10.0
실질대출금리 I*	7.0	7.3	0.2	-18.9	-3.4	5.3
실질대출금리 II**	-1.0	-2.7	-9.8	-26.9	-8.4	5.3

(단위: %)

* 실질대출금리 I=B-A   ** 실질대출금리 II=C-A

〈표 16〉 은행금리와 물가상승률
출전: 한국은행.

따라 전체 수입액은 계속 증대했다. 그 결과 1973년부터는 국제수지 적자가 급작스레 3배로 늘어나게 되었다.

다음으로 중화학공업화는 애초부터 경제성과 무관하게 추진되었다. 무엇보다도 당시 설립된 철강·비료·조선 등은 세계적으로 사양산업의 길을 걷고 있는 것들이었다. 그만큼 장래 시장수요는 극히 저조할 수밖에 없었다. 결국 중화학공업화는 판로가 막히고 있는 제국주의 독점자본의 설비·부품·공업원료에 판매시장을 제공해줌으로써 그들 독점자본이 안고 있는 곤란을 떠맡는 꼴이 되고 말았다.

문제는 여기서 그치지 않았다. 설비판매를 노린 외국 자본의 박

정권에 대한 뇌물공세, 박 정권의 정치자금 획득을 겨냥한 차관도입 욕망, 기업을 담보로 금융특혜를 기대하는 국내 매판자본의 요구 등이 뒤엉키면서 중화학공업화는 시장수요를 전혀 고려하지 않은 가운데 과잉·중복투자가 행해지게 되었다. 결과는 분명했다. 1972년 당시 전체 제조업 중에서 35.6퍼센트를 차지하던 중화학공업은 1978년에는 55.2퍼센트로 그 비중이 크게 높아졌지만 대부분 수출시장 확보의 어려움으로 극심한 조업난에 시달렸다. 1979년 12월 당시의 가동률을 살펴보면 기계류는 60.1퍼센트, 비철금속 69.6퍼센트, 전기기계 69.4퍼센트, 운송장비 35.3퍼센트였으며, 창원 기계공단 같은 경우 평균 가동률이 50퍼센트 미만으로 떨어지고 있었다.[42]

이러한 와중에도 남한 경제의 생명줄이라고 할 수 있는 달러 획득을 위한 수출 확대가 필사적으로 추진되었다. 이 같은 수출 확대를 통한 달러 획득은 남한에 거액의 자금을 대부해주었던 제국주의 은행자본 등 국제 채권자 집단에게도 밀접한 이해관계가 있는 것이었다. 단적으로 1976년 초 미국의 21개 은행들이 남한에 빌려준 자금 총액은 약 200억 달러에 이르고 있었다.[43] 이러한 자금에 대한 원리금을 회수하기 위해서는 남한의 수출 증가가 필수적이었던 것이다. 그리하여 국제 채권자들을 대변하던 국제통화기금IMF은 남한에서의 수출 증가를 독려하기 위해 직접 발 벗고 나섰다. 이 같은 IMF의 개입을 적극 주선해준 것은 다름 아닌 미국 정부였다.

---

42   한상진, 앞의 글, 180쪽.

43   양영자·거번 맥코맥, 앞의 글, 174쪽.

미국 정부는 한국의 경제문제, 안정화문제에 대한 IMF의 참여가 증대되는 것이 대단히 중요하며, 그것은 또한 최근에 채택된 바 있는 국제적 경제원조계획에 국제기구의 개입도를 증대시킨다는 미국의 정책에 부합되는 것이었다. 미 정부관리들은 한국의 경제상황에 대해 IMF 측과 협의하였고 앞으로의 재정원조가 도착하기 이전에 한국 정부가 준비해야 할 계획의 대강을 논의하였다.[44]

미국 정부는 한국 정부의 경제정책 수립에 있어서 효과적인 역할을 하였다. 미국은 한국의 경제력 강화를 위한 정책들을 개발하기 위하여 IMF와 협의한다는 조건하에 PL480과 개발차관의 추가지원을 고려 중이었다. 미국은 이러한 정책들이 정치적으로는 인기가 없을지라도 그것을 채택하는 대가로 '한국 정부 지원'의 책임을 인정하였다. 그뿐만 아니라 미국 정부는 IMF와 한국 정부 간의 경제에 대한 철학의 차이로 인해 미국이 생각하기에 한국의 경제적 번영을 위해 필요하다고 생각하는 양자 사이의 관계가 단절될 위험에 처하게 될 시에는 양자 간의 중재자역을 상정하였다.[45]

물론 이 같은 미국 정부의 압력이 없었다 하더라도 계속적인 달러 도입의 필요성을 느끼고 있던 남한 정부로서는 돈줄을 쥐고 있는 IMF의 통제를 거부하기가 매우 힘든 입장에 있었다.

이렇게 하여 IMF는 남한 정부로 하여금 수출증대를 위한 갖가지

---

44 미 하원 국제관계위원회 국제기구소위원회 엮음, 앞의 책, 284쪽.

45 위의 책, 287쪽.

정책을 시행하도록 압력을 가했는데 이 같은 정책들은 대부분 수출가격의 인하를 통해 국제적인 보호관세 장벽을 돌파해내기 위한 것이었다. 즉, 21퍼센트의 환율인상(1974년 12월), 수출금리인하(1975년 4월) 종합무역상사제도의 도입에 의한 집중적인 금융지원(1975년 5월), 관세감면대상의 확대조정(1976년) 등이 그에 해당하는 것으로 이 같은 조치들은 한결같이 수출가격의 인하에도 불구하고 기업들이 안정된 이윤을 보장받도록 하기 위한 것이었다.[46]

말할 필요도 없이 위의 조치들로 인한 부담은 최종적으로 민중에게로 떠넘겨지는 것들이었다. 환율인상은 수입품가격의 인상에 따른 물가상승을 가져올 수밖에 없었고 각종 금융지원의 강화는 물가상승과 조세부담의 가중을 초래했다. 조세부담 증가의 경우만 보더라도 그 밖의 여러 요인이 결합된 결과겠지만 1975년 당시 GNP에 대한 조세 비율은 1963년의 8.9퍼센트에 비해 2배 가까이 늘어난 16.4퍼센트 수준에 도달했던 것이다.[47]

이 같은 금융·세제상의 지원과 함께 수출가격의 인하를 뒷받침하고 기업의 이윤을 증대시키기 위해 노동자에 대한 수탈이 한층 강화되었는데 다음의 사실은 이를 잘 설명해준다.

1970년의 실질임금지수를 100.0으로 할 때 1975년의 그것은 130.5이고 1980년의 그것은 210.1인 데 비하여, 노동생산성은 1970년의 지수를 100.0으로 할 때 1975년의 그것은 155.3이고 1980년의 그것은

---

46 위의 책, 281, 296쪽. 전철환·박경, 「경제개발과 정부주도경제의 전개」, 박현채 외, 앞의 책, 48쪽 참조.
47 거번 맥코맥, 앞의 글, 108쪽.

254.7로서 실질임금의 상승률이 노동생산성의 상승률을 밑돌고 있다. 노동생산성이 향상되는 만큼 실질임금이 개선되지 못한다면 결국 기업 이윤은 생산성 향상률 이상으로 증가되는 것이며 임금소득 분배율은 상대적으로 저하되는 결과를 가져오게 된다.[48]

결국 이 시기에 노동자에 대한 '착취율'은 계속 증대되었던 것이다.

그러나 이 같은 민중수탈의 강화에도 불구하고 중화학공업화의 파탄과 전반적인 수출시장의 둔화로 인한 달러 부족은 여전히 심각한 문제로 대두되고 있었다. 이러한 달러 부족에 따른 문제를 어느 정도 해결해줌으로써 남한 경제를 그나마 유지하게 해준 것은 건설 수출을 중심으로 하는 직접적인 노동력 수출이었다.

건설 수출의 90퍼센트 이상이 중동 지역에 집중되었는데 이로부터 벌어들인 달러 총액은 1977년 40억 달러, 1978년 80억 달러로 1977년 당시 수출총액이 100억 달러였던 점에 비추어본다면 대단한 액수라고 볼 수 있다. 한 고위 관리의 말처럼 노동자 자신이야말로 '가장 잘 팔리는 상품'이었던 것이다.[49] 그러나 이러한 노동력의 직접적인 수출은 조국과 가족의 품을 떠나 이역만리에서 피땀을 흘려야 하는 당사자에게는 더없는 고통일 수밖에 없었다. 이는 지난날 일제 강점기 때 자기 땅에서 더는 생존을 유지할 수 없게 된 민중이 고국을 등진 채 해외로 발길을 옮겨야 했던 쓰라린 경험이 되풀이되고 있음

---

48 김백산, 「70년대 노동자계층의 상황과 성장」, 고은 외, 앞의 책, 45~46쪽.
49 나이젤 디즈니, 「한국과 중동」, 거번 맥코맥·마크 셀던, 앞의 책, 209쪽. 1976년 10월경 건설부 해외협력국장 박문영은 "우리 근로자들은 가장 잘 팔리는 상품입니다. 튼튼하고 일 잘하며 불평이 없습니다"라고 말했다.

을 보여주는 셈이었다. 결국 남한 경제는 '한강의 기적'이라는 표현에 걸맞지 않게 다수의 민중에게 자기 땅에서 일할 수 있는 기회마저 제대로 베풀지 못했던 것이다.

노동력의 직접적인 수출은 인간 자체를 수출 상품으로 만드는 것으로까지 발전하게 되었다. 많은 여성이 윤락용으로 일본에 수출되었으며 1976년 후반 이후부터는 매년 5,000명의 아기들이 상품으로 수출되었다는 점이 이를 잘 말해준다. 이처럼 여성과 아기들조차 하나의 수출 상품으로 간주되었다는 사실은 1973년 4월 문교부장관 민관식이 어느 한국인 고등학교에서 "일본에 있는 수많은 한국인 기생과 나이트클럽 호스티스들은 칭찬할 만한 애국심의 소유자들이며 ……조국을 위해 자신들을 팔고 있다"라고 떠벌린 말 속에서 단적으로 드러난다.[50]

이처럼 엄청난 도덕적 타락을 수반하면서까지 강압적으로 유지되고 있던 남한 경제는 결국 오래 버틸 수가 없었다. 1979년 2차 석유파동은 이듬해인 1980년 마이너스 5.2퍼센트 성장이라는 최악의 상태를 경험할 만큼 남한 경제에 결정타를 안겨주고 말았다. 이 같은 타격은 자체 요인으로 급격히 휘청거리고 있는 상태에서 최후의 한방을 먹은 것과도 같은 것이었다. 그러나 더욱 중요한 도전은 다름 아닌 민중으로부터 나올 수밖에 없었다. 그동안 끊임없이 강조되어왔던 통치자들의 장밋빛 약속과는 달리 나날이 강화되어가는 수탈과 빈부격차의 심화는 억눌릴 대로 억눌려왔던 민중의 분노를 끝내 폭발시켰다.

---

50 거번 맥코맥, 앞의 글, 110쪽.

3. 수용소로 돌변한 남한

살인적인 유신폭압 아래서도 민주주의와 생존을 수호하기 위한 민중의 항거는 지칠 줄 모르고 계속되었다. 극단적인 억압통치 아래서 으레 그렇듯이 민중의 불만과 저항의지는 투쟁을 통해 표출되는 것 이상으로, 보이지 않는 침묵상태 속에서 더욱 광범위하고 강렬하게 쌓여만 갔다. 이 모든 것에 대해 박 정권은 오로지 강권과 폭압으로 대처하려고 발버둥쳤고 그러는 가운데 권력의 야만성이 여실히 드러났다. 당연히 민중의 불만은 한층 고조되었다.

어느 모로 보나 유신독재는 이성을 상실해가고 있었다.

1973년 8월 8일 탄압을 피해 일본에서 망명투쟁을 전개하고 있던 전 신민당 대통령 후보 김대중이 중앙정보부 요원에 의해 강제로 납치되어 귀국당하는 사건이 발생했다. 훗날 밝혀진 바에 따르면 박 정권은 납치 도중 김대중을 현해탄에서 수장하려 기도했다고 한다. 이 사건은 즉각 각계로부터 거센 반발과 저항을 불러일으켰다.

그해 10월 2일 서울대 문리대 학생회는 교내 4·19기념탑 앞에서 비상총회를 열고 자유민주주의 체제의 확립을 요구하는 선언문을 낭독한 후 2시간여 동안 구호를 외치며 시위를 전개했다. 이들은 ① 정보·파쇼통치 즉각 중지, 자유민주체제 확립, ② 대일 경제예속관계 즉각 중지, 국민생존권 보장, ③ 중앙정보부 즉각 해체, ④ 김대중 씨 사건 진상규명 등 4개 항을 주장했다. 이로써 유신 이후 최초의 공개적 시위가 발생했으며 이는 곧 유신폭압체제의 장벽에 대한 민주세력의 끈질긴 공격이 개시되었음을 의미하는 것이었다.

10·2문리대시위를 기폭제로 11월에 들어서면서부터는 전국의 각 대학이 일제히 유신철폐시위에 궐기해 나섰고 재야인사들도 「시국선

언문」을 발표하는 등 새롭게 투쟁의 결의를 다져나갔다. 이에 고무되어 각 신문사의 기자들도 「언론자유선언」을 계속해서 발표했고 심지어는 일부 고등학생들까지 투쟁대열에 합류하는 등 반독재투쟁은 나날이 그 기세를 드높여갔다.

적극적인 투쟁을 통해 자신감을 회복한 학생들은 더욱 조직적이고 대규모적인 저항을 통해 유신체제를 완전히 허물어뜨리기 위한 준비작업에 박차를 가했다.

1973년 2학기의 투쟁을 마무리한 각 대학의 학생들은 조금도 긴장을 늦추지 않은 채 겨울방학을 이용해 전국적인 연대투쟁을 준비하기 위해 혼신의 노력을 기울였다. 그 결과 1974년 3월 봄학기가 시작되면서 학생들의 활동은 전례 없이 활발해졌다. 3월 21일 경북대생들은 「반독재 민주구국선언」을 발표하고 시위를 벌였으며, 3월 28일 서강대, 4월 1일에는 연세대에서 시위가 벌어졌다. 4월 3일 이화여대생 4,000여 명은 대강당에서 '전국민주청년학생총연맹' 명의의 「민중·민족·민주선언」을 발표하고 시위를 기도했으나 좌절되고 말았다. 결국 학생들이 최종 목표로 삼았던 전국 대학의 연합시위는 사전 정보누설로 안타깝게도 좌절되고 말았으며 다만 서울대, 연세대, 성균관대, 이화여대 등 몇몇 대학만이 소규모 시위를 전개하고 위의 유인물을 배포하는 데 그쳤다.

전국민주청년학생총연맹 명의의 「민중·민족·민주선언」은 그 결의사항으로 ① 부패, 특권, 족벌의 치부를 위한 경제정책을 시정하고 부정부패, 특권의 원흉을 처단할 것, ② 서민들의 세금을 대폭 감면하고 근로대중의 최저생활을 보장할 것, ③ 노동악법을 철폐하고 노동운동의 자유를 보장할 것, ④ 유신체제를 폐지하고 구속된 애국인사를 석방해 참된 민주주의 체제를 확립할 것, ⑤ 모든 정보·폭압정치의 원천인 중앙정보부를 해체할 것, ⑥ 반민족적 대외의존경제를 청산하고 자립경제체제를 확립할 것 등 당면한 민주 회복과 민중생존권 보장에 관련된 6개 항을 채택·주장했다. 이들은 이를 관철하기 위해 최후의 일인, 최후의 일각까지 투쟁할 것을 선언하고 "서울 시내 전 대학생, 시민은 오후 2시 시청 앞 광장, 청계천 4~5가에 집결할 것"을 행동강령으로 제시했으나 좌절되었던 것이다.

이 같은 학생들의 노력은 당국에 의해 이른바 '민청학련' 사건이 날조됨으로써 심각한 타격을 받았다. 정부 당국의 탄압은 민청학련 사건으로 연행된 1,224명의 학생·지식인 중 253명을 구속해 비상군법회의에 송치하고 다시 그중에서 이철, 김지하 등 7명에게 사형을 언도하고 정문화 등 7명에게는 무기징역을 선고하는 등 가히 상상을 뛰어넘는 광란적인 것이었다.

또한 당국은 대량검거와 동시에 긴급조치 4호를 발동해 학생들의 반독재투쟁에 재갈을 물리기 위해 날뛰었는데 그 내용은 다음과 같다.

민청학련과 관계되는 제 단체를 조직하거나 이에 가입, 고무, 찬양하는 일체의 행위, 정당한 이유 없이 출석, 수업 또는 시험을 거부, 학교관계자 지도·감독하의 정상적 수업과 연구활동을 제외한 학내외 집회, 시위, 성토, 농성, 기타 일체의 개별적 집단행위를 금하고 이 조치를 비방한 자는 5년 이상의 유기징역에서 최고 사형까지 처한다.[51]

이 밖에도 긴급조치 4호는 긴급조치를 위반한 학교는 폐교 처분이

---

51 이해찬, 앞의 글, 208쪽.

가능하고 위반자는 비상군법회의에 회부해 치안유지를 위해 지방장관이 요청하면 병력을 출동시킬 수 있도록 되어 있었다. 이는 명백히 학생들의 손발을 빈틈없이 묶겠다는 위협이었다.[52]

그러나 박 정권의 이 같은 폭압조치조차 민주진영을 잠재우지는 못했다. 도리어 그 같은 야만적 탄압은 더욱 광범위한 분노를 야기하면서 반독재투쟁을 한층 적극화시키는 결과만을 초래하고 말았다.

민청학련 사건으로 구속된 학생과 지식인들이 감옥과 법정에서 치열하게 투쟁을 펼치고 있는 데 발맞추어 각계에서는 이들의 석방을 쟁취하기 위한 투쟁이 거세게 번져나갔다. 특히 각 종교단체들은 미사와 기도회를 통해 정부 당국의 만행을 규탄함과 동시에 구속자 석방을 요구하는 대대적인 시위를 감행하는 등 열정적으로 투쟁해나갔다.

학생들 또한 2학기에 접어들면서 살인적인 긴급조치 4호의 발동에도 불구하고 의연히 유신철폐투쟁에 나섰다. 10월 중순을 넘어서면서부터는 연일 6~7건의 시위가 발생했으며 11월에 접어들면서는 포드 미 대통령의 방한에 항의하는 성명을 발표함으로써 독재권력을 떠받쳐주는 미국의 정체를 폭로하고 공격하는 등 학생들의 투쟁이 좀처럼 지칠 줄 모르고 계속되었다. 당시 이 같은 학생들의 시위투쟁은 긴급조치 4호에서 시위 주동 학생에 대해서는 최고 사형까지 처할 수 있도록 규정되어 있었던 점에 비추어본다면 가히 죽음을 각오한 비장함이 극에 달한 것이라 아니할 수 없다.

대학생들의 용기에 가득 찬 투쟁에 고무되어 고등학생들도 분연히 반독재투쟁에 궐기해 나섬으로써 압제정권은 더욱더 궁지에 몰리

---

52 청사 편집부 엮음, 앞의 책, 184쪽.

게 되었다. 1974년 10월 21일 오전 광주일고 학생 500여 명이 '구속학생 석방'을 주장하며 가두시위를 전개한 것을 시발로 11월 15일 다시 광주일고 200여 학생들의 유신철폐를 요구하는 가두시위가 전개되었고, 계속해서 11월 18일에는 조선대 부속고등학교 학생과 경기고등학교 학생들의 시위가, 11월 23일에는 서울 동성고등학교 학생 1,500여 명과 경기고등학교 학생 40여 명의 가두시위가 맹렬하게 전개되었다.

이처럼 학생들의 유신철폐투쟁이 지칠 줄 모르고 계속되자 양심적인 재야인사와 종교인 또는 단체들도 이에 가세해 투쟁대열을 한층 폭넓게 했을 뿐만 아니라 그 기세 또한 더욱 높아져갔다. 이러한 가운데 11월 27일에는 야당·종교계·재야·학자·문인·언론계 등 각계 대표 71명이 참석한 가운데 '민주회복국민회의'를 발족함으로써 범민주진영의 연대투쟁을 위한 기구를 창설해내는 데 성공했다.

반유신투쟁의 불길은 곳곳으로 번져나갔고 급기야는 민중의 알 권리를 무참히 짓밟는 데 앞장섰던 관제언론까지도 투쟁의 불길 속에 휩싸이도록 만들었다. 당시 공안당국은 10월 19일 각 신문사의 편집국장과 방송국장들을 소집해 이른바 '협조요청'을 시달함으로써 민주단체의 투쟁상황과 베트남 사태의 진상 등을 보도하지 못하도록 조치했다. 이러한 당국의 부당한 조치에 불만을 품은 각 언론사의 일선 기자들은 이미 지난봄에 압력을 뚫고 결성한 언론노조를 바탕으로 언론자유 쟁취를 위한 투쟁에 과감히 나섰다. 10월 24일 동아일보사의 '자유언론실천대회'를 시발로 불붙기 시작한 일선 기자들의 투쟁은 순식간에 다른 언론사로 파급되어나갔고 파업투쟁의 결과 마침내 11월 13일 동아일보에는 가톨릭 신자들의 '민권회복기도회' 기사가 사진과 함께 사회면에 실리기 시작했다. 그리하여 학생이나 재야지식인, 종교단체의 주장과 시위현장이 더욱 생생히 보도되고 개헌문제에 대한 사설도 실리게 되었다.

이처럼 온갖 방해공작에도 불구하고 신문의 내용이 날로 쇄신되어가자 유신정권은 12월 말부터 사상 초유의 탄압책인 이른바 광고 해약 압력을 가했다. 1974년 12월 23일부터 시작되어 이후 7개월간 계속된 동아일보, 동아방송에 대한 광고해약 사태는 박 정권의 비열하면서도 단말마적인 발악 그 자체였으며 한국의 기업들이 권력과 완전한 공범자임을 폭로해준 일대 사건이었다. 그러나 이 사건은 권력의 기대와는 달리 도리어 민중의 위대함을 여실히 보여주었다. 즉, 12월 28일 기자협회는 권력의 야만적 조치에 대한 항의성명을 즉각 발표하고 ① 동아일보에 대한 정부의 박해 중지, ② 구독운동 전개, ③ 광고해약회사 상품 불매, ④ 동아일보 철회광고를 게재한 신문 불매 등의 행동강령을 제시함으로써 범시민적 저항운동을 유도해냈다. 또한 각 민주단체와 일반 시민들은 격려광고를 통해 동아일보 기자들의 투쟁을 북돋아주었으며 동시에 박 정권의 야비한 처사를 비난했다.

이렇듯 도처에서 반독재투쟁이 휘몰아치자 궁지에 몰린 박 정권은 모든 수단과 방법을 총동원해 야수적인 탄압에 열을 올렸다.

박 정권은 동아일보사 경영진에 압력을 넣어 이부영을 비롯한 자유언론 기자들을 무더기로 해고했을 뿐만 아니라 이른바 인혁당 재건 사건 관련 피고인 8명 사형에 대한 대법원 확정 판결을 내림과 동시에 다음 날인 4월 8일 새벽 이들 모두를 전격 처형하는 소름 끼치는 만행을 저질렀다.[53] 이어서 유신정권은 4대 전시입법인 사회안전법,

---

53　이해찬, 앞의 글, 214쪽.

민방위법, 방위세법, 학원관계법 등의 악법을 제정해 군사적 파쇼체제를 공고히 다져나갔다.

이와 함께 압제정권은 1975년 신학기에 들어서서도 치열하게 불붙기 시작한 학생들의 반독재투쟁에 대해 가공할 폭력을 휘둘러댔다. 그들은 4월 8일 고려대 시위 직후 긴급조치 7호를 발동해 고려대에 휴업령을 선포하고 군대를 진주시켰다.

이러한 가운데 4월 11일 서울대학교 농과대학 교정에서 한 사람의 목숨이 민주화의 제단에 바쳐졌다. 이날 유신헌법 철폐와 박 정권 퇴진 등의 구호 아래 성토대회가 진행되던 중 축산과 4학년 김상진 군이 양심선언을 읽은 후 할복자살을 결행해 장렬한 최후를 맞이한 것이다. 그는 자신의 양심선언문을 통해 민주주의란 투쟁의 결과임을 거듭 강조하면서 압제의 무리들에게는 날카로운 비수로, 동지들에게는 불퇴진의 결의로 삶의 마지막 태도를 천명했다.

김상진의 죽음을 계기로 민주진영 전체가 다시 들끓기 시작했다. 이에 몹시 다급해진 박 정권은 5월 13일 기어코 악명 높은 긴급조치 9호를 발동시키는 폭거를 단행하고 말았다.

긴급조치 9호는 ① 유언비어의 날조·유포, 사실의 왜곡·전파행위를 금지하고, ② 집회·시위 또는 신문·방송, 기타 통신에 의해 헌법을 부정하거나 또는 폐지를 청원·선포하는 행위를 금지하고, ③ 수업, 연구 또는 사전에 허가받은 것을 제외한 일체의 집회·시위 또는 정치 관여 행위를 금지하고, ④ 이러한 조치에 대한 비방 등을 금지하고, ⑤ 이러한 금지를 위반한 내용을 방송·보도, 기타의 방법으로 전파하거나 그 내용의 표현물을 제작·소지하는 행위를 금지하고, ⑥ 주무장관에게 이 조치의 위반 당사자와 위반 당시의 소속 학교·단체·사업체 등에 제재·휴교·폐간·면허취소 등의 조치를 취할 수 있는 권한을 주고, ⑦ 이런 명령이나 조치는 사법적 심사의 대상이 되지 않으며 위반자는 영장 없이 체포할 수 있도록 규정되어 있었다. 한마디로 긴급조치 9호는 시위 주동뿐만 아니라 유신체제를 비판하고 박 정권을 이롭지 않게 하는 모든 행위는 가차 없는 탄압의 대상이 될 수밖에 없도록 만들고 있었다. 요컨대 긴급조치 9호에 위배되지 않기 위해서는 말하지도 듣지도 말고 오로지 바보처럼 행동하는 길밖에 없었다.

그럼에도 일부 학생들은 투쟁을 통해 이 같은 폭압을 뚫고 나오려 시도했다. 5월 22일 서울대에서는 1,000여 명의 학생들이 김상진 열사를 추도하는 행사를 거행한 뒤 대규모 시위를 감행했다. 이는 긴급조치 9호에 정면으로 도전하고 나선 최초의 공개적 시위였는데 압제 정권은 이 사건의 책임을 물어 치안본부장과 서울대 총장을 전격 해임하고 관련 학생 31명을 구속했으며 다수의 단순 참여자에 대해서도 제명 등 가혹한 징계조치를 취했다. 긴급조치 9호가 문자 그대로 적용된 유신정권의 악랄한 폭거였다.

5·22사건으로 충격을 받은 학생들은 표면에 나서서 공개적 시위를 벌이려는 엄두를 내지 못하게 되었다. 이렇듯 긴급조치 9호라는 무지막지한 폭력은 학생들의 투쟁력조차 질식시키고 만 것처럼 보였다.

이렇게 하여 학생과 재야인사들의 투쟁은 권력 측의 극단적인 폭력 아래 상당 기간 표면화되지 못한 채 다만 새로운 힘의 원천을 찾기 위해 내부정비에 고심하게 되었다.

4. 민중의 항거와 유신독재의 붕괴

전대미문의 긴급조치 9호는 민주진영의 반독재투쟁을 일시적으로 주춤하게 만들었지만 그러한 폭압 아래 목숨을 건 항거를 계속해나간 사람들이 있었다.

그들은 이 땅에서 가장 소외되고 학대받던 노동자로서 이들 노동자의 압제에 대한 증오심은 이미 죽음을 두려워하지 않을 만큼 깊고도 강렬한 수준에 도달해 있었다.

노동자들은 비록 충분히 조직화되어 있지 못해 빈번하고 대규모적인 투쟁을 벌이지는 못했지만 매 순간 어떤 폭력 앞에서도 굴하지 않고 처절한 싸움을 벌여나감으로써 권력이 설치해놓은 장벽을 앞장서서 돌파해냈고 그리하여 전체 민주진영으로 하여금 새롭게 투쟁해나갈 수 있도록 거듭 활력을 불어넣어주었다. 이 같은 노동자들의 투쟁 중에서 긴급조치 9호 이후 가장 처절한 양상을 보여주었던 사건 중 하나는 1977년 9월에 있었던 청계 노동자들의 '노동교실 사수' 투쟁이었다.

청계천 일대의 노동자들은 그들의 선배인 전태일의 뜻을 받들어 1973년 5월에 노동교실을 설립하고 인근 노동자들의 배움터를 운영했는데, 이를 못마땅하게 여긴 당국이 노동교실을 강압적으로 폐쇄하려고 책동했다. 이에 청계천 일대의 노동자 중에서 180여 명이 노동교실을 지키기 위해 결사적으로 투쟁에 나서게 되었다. 다음은 1977년 9월 9일 이들 노동자가 벌인 투쟁의 일부를 소개한 것이다.

1시간 반 정도 노동교실 밖에서 대기하고 있던 경찰은 이날 오후 2시경 옆 건물의 옥상으로 올라가 노동교실로 뛰어내렸다. 그들은 경찰봉과 수갑을 손에 들고 어깨에는 최루탄을 메고 있었다. 그들은 3층의 바리케이드를 무너뜨리고 4층으로 뛰어올라갔다. 그들은 또한 3층에 있던 여성 노동자 5명에게 주먹을 퍼부었다. 신순애는 파출소장이 휘두른 각목에 팔을 얻어맞고 쓰러졌다. 임경숙은 허리를 채여 고꾸라졌다. 남성 노동자 민종덕은 3층 창에 매달려 "경찰관은 물러가라! 물러가지 않으면 뛰어내려 죽어버리겠다"고 외쳤다. 그럼에도 불구하고 경관들이 여성 노동자들을 계속 구타하자 그는 "정말 물러가지 않겠는가! 나는 노동자들을 위해 죽는다!"고 외치며 3층 건물 밖으로 몸을 던져 시멘트 바닥으로 곤두박질쳤다. 그는 엉덩이뼈가 부러져 일어나지 못했다. 노동자들이 목소리를 높여 통곡했다.

4층에서는 바리케이드를 밀치고 들어오는 경찰을 향해 남성 노동자 한 사람이 창에 달라붙어 부서진 유리조각을 주워 배를 가르고 "모두 뛰어내려 죽어버리자"고 외쳤다. 또 한 명의 남성 노동자는 유리조각으로 팔목을 그었다. 두 사람의 몸에서 흐르는 피가 바닥 위로 뚝뚝 떨어졌다. 경찰관들은 노동자들의 자기 희생적인 저항에도 불구하고 4층 사무실의 문을 발로 걷어차고 들어가서 노동자들을 강제 연행했다. 사무실에 있던 여성 노동자들이 "우리들은 모두 불에 타 죽겠다"고 울먹이는 목소리로 소리치며 신문지에 석유를 끼얹고 성냥불을 붙였다. 불길은 삽시간에 재단대를 태우고 벽으로 옮겨붙었다. 경찰은 사무실 안이 연기로 가득 차자 "이것들이 우리들까지 죽이려고 한다"고 욕설을 퍼부으며 일단 물러났다. 경찰은 소방차를 불러 불길을 잡았다. 사무실에는 물이 흥건히 고였다. 남성 노동자의 몸에서 흘러나온 피가 재단대를 붉게 물들였다.[54]

결국 노동자들의 농성투쟁은 경찰의 간악한 술수와 무차별 폭력

54 이태호, 『불꽃이여 이 어둠을 밝혀라』, 돌베개, 1984, 101쪽.

으로 무참히 짓밟히고 말았고 그중 53명이 경찰서에 연행되어 혹독한 고문에 시달렸다.

그러나 청계 노동자들의 죽음을 각오한 투쟁은 그동안 긴급조치 9호의 위력에 눌려 침체상태에 빠져 있던 각계 민주세력에게 새로운 활력을 불어넣어주었다.

10월 7일 서울대에서는 학생 1,500여 명이 '민주회복'과 '학원자유'를 외치며 시위를 감행했고 10월 25일에는 연세대 학생 2,000여 명이 유신철폐, 총학생회 부활, 노동자 인권보장 등을 외치면서 4시간 동안 유혈시위를 전개한 끝에 신촌 로터리까지 진출하는 최대의 개가를 올렸다. 이 밖에도 10월 31일에는 이화여대생 2,500여 명이, 11월 11일에는 서울대생 3,000여 명이 각각 유신철폐를 외치며 대규모 시위를 감행했다. 이와 함께 12월 2일 교단에서 강제로 쫓겨난 해직교수들은 '해직교수협의회'를 결성했고 12월 29일에는 20여 개의 각 부문 민주단체 대표 32명이 모여 '한국인권운동협의회'를 발족하는 등 반유신투쟁의 대열을 새롭게 강화해나갔다.

해가 바뀌어 1978년에 접어들자 상황은 더욱 급박해지기 시작했다. 이번에도 투쟁의 도화선 역할을 해낸 것은 역시 노동자·농민들이었다. 특히 동일방직 노동자들의 투쟁은 하나의 획을 긋는 커다란 사건이었다.

인천에 있는 동일방직은 전체 1,300명의 노동자 중 1,000명 이상이 여성 노동자인 공장으로 1972년 한국 최초로 여성 지부장인 주길자 씨를 배출한 이후 양심적인 종교인으로 구성된 '도시산업선교회' 등의 헌신적 지원에 힘입어 꾸준히 노조활동을 전개해왔다. 이에 당국과 업주는 노조를 파괴하기 위해 집요한 탄압을 가해왔다. 그러던 중 1977년 7월 23일 사법부의 협력을 얻어낸 회사 측은 자신들에게

순종하는 대의원 24명만으로 회의장의 문을 자물쇠로 걸어 잠근 채 회사의 앞잡이 고두영을 지부장으로 선출하는 등 악랄한 수법으로 민주노조를 붕괴하고자 했다.

이 소식을 접한 수백 명의 여성 노동자들은 즉각 농성에 돌입함으로써 회사 측의 처사에 강력히 항의하고 나섰다. 다음 날인 7월 25일 오후 6시 반 농성 중인 노동자들을 강제 진압하기 위해 폭력 경찰이 투입되었다. 그 순간 놀라운 일이 벌어졌다. 20세 안팎의 여성 노동자들이 일제히 작업복을 벗어던졌다. "아무리 무지막지한 경찰이라도 알몸으로 버티는 우리들에게 손을 대지는 못할 것이다. 모두 옷을 벗자." 누군가의 말에 따라 노조 사무실에서 농성하던 70여 명이 순식간에 행동을 취했다. 그러나 경찰은 알몸으로 저항하는 여성 노동자들을 덮쳐 곤봉과 주먹을 휘둘러대기 시작했다. 곳곳에서 찢어지는 듯한 비명소리가 빗발쳤고 피를 흘리며 쓰러지는 노동자들이 속출했다. 한마디로 당시의 현장은 생지옥 그 자체였다.

이렇듯 야수적인 탄압을 겪고 난 동일방직 여성 노동자들은 당국의 탄압 아래 굴복하기는 고사하고 도리어 더욱 투쟁의지를 다져나가면서 민주노조의 재건과 사수를 위한 피나는 노력을 기울였다. 당국과 사업주 측이 노조를 파괴할 기회를 호시탐탐 노리고 있는 가운데 드디어 운명의 1978년 2월 21일이 다가왔다. 이날은 노동자들이 노조 대의원 선거를 실시하기로 예정되어 있던 날이었다.

이총각 지부장 중심의 노조 집행부는 조합 사무실에서 밤을 새워 투표함 40여 개를 만들고 21일 아침 6시부터 시작될 투표를 기다리고 있었다. 이미 이때 회사와 어용노총, 경찰에 의한 더러운 음모가 시시각각 추진되고 있었다. 새벽 5시 반경에 출근한 여성 노동자들이 투표장에 들어서려는 찰나 인간으로서는 상상도 할 수 없는 끔찍한

일이 터지기 시작했다.

박성기 등 회사 측에 매수된 남성 노동자 4명이 분뇨가 가득 담긴 양동이 3개를 들고 투표장 근처에 나타났다. 그들은 고무장갑을 낀 손으로 투표장 부근에 있던 여성 노동자들에게 달려들며 "이 쌍년들아, 똥이나 먹어라! 이것이 뭣인 줄 아냐? 이게 바로 개가 먹는 똥이다. 개 같은 년들"이라고 소리지르며 분뇨를 뿌렸다. 그들은 이미 폭도로 돌변해 있었다. 여성 노동자들은 비명을 내지르면서 뒤로 물러섰다. 분뇨를 얼굴에 들이부어도 반항하는 여성 노동자들에게는 이 폭도들이 두 명씩 달라붙어 여성들의 입을 억지로 벌리고는 분뇨를 집어넣었다. 어떤 자는 여성 노동자의 윗셔츠의 단추를 쥐어뜯고 가슴 속에 분뇨를 처넣었다.

그들의 행동에 참다 못한 오청자라는 여성 노동자가 "너희들이 인간이냐"고 대들었다. 폭도들은 그녀의 머리 위로 분뇨가 든 양동이를 뒤집어 씌워버렸다. 그녀는 "세상에 이럴 수가 있어!"라고 울부짖으며 주저앉았다. 폭도들은 "건방진 년, 입 닥쳐!"라고 말하고는 돌을 주워 그녀의 얼굴을 때렸다. 그녀의 일그러진 얼굴에서 인분과 피가 흘러내렸다.[55]

이렇듯 천인공노할 행위가 벌어지던 당시 중앙정보부 요원과 경찰관들은 회사의 사무실에서 공장장, 총무과장과 빈번히 접촉하면서 사태의 진행상황을 상부에 보고하고 있었다. 이러한 와중에도 400여 명의 여성 노동자들은 민주노조를 사수하기 위해 사무실 부근에서 다시 농성을 시작했다. 결국 동일방직 노조는 어용적인 섬유노조에 의

---

55 위의 책, 135쪽.

해 사고지부로 판정되었고 똥물 세례를 받은 노동자들은 무더기로 해고된 채 거리로 내팽개쳐졌다.

그러나 해고 노동자들은 여기에 굴하지 않고 각종 기도회와 연합 예배시위, 회사 안에서의 농성, 유인물 살포 등을 통해 당국과 회사의 만행을 규탄하는 투쟁을 끈질기게 벌여나갔다. 이러한 동일방직 노동자들의 투쟁에 대해 모든 민주세력은 한결같이 적극적으로 지지하고 나섰으며 나아가 그들의 투쟁에 동참함으로써 전반적인 투쟁의 열기가 한층 고조되었다. 마침내 정부 당국은 산업선교회를 용공집단으로 매도하기 시작했고 이러한 투쟁은 종교계 전체를 분기시키는 데까지 이르고 있었다.

이러한 가운데 '함평 고구마' 사건이 터짐으로써 투쟁의 열기는 한층 고양되었다.

이 사건은 1976년 11월부터 시작되었는데 발생 동기는 농협 측의 기만적 술책으로 농민이 생산한 대량의 고구마가 완전히 헐값에 팔릴 지경에 놓이게 된 데서 비롯되었다. 분노한 농민들은 농성과 시위를 거듭한 끝에 1978년 4월 24일 광주 북동 천주교회에서 8일간의 단식 농성을 벌이기까지 했다. 그리하여 마침내 농민들이 승리하게 되었으며 이 과정에서 다수의 민주인사가 투쟁에 동참함과 동시에 정부의 탄압정책을 널리 폭로하는 선전활동을 펼쳤다.

동일방직의 여성 노동자들과 함평 농민들의 처절한 투쟁을 계기로 전체 민주세력의 투쟁이 거세게 불붙기 시작하면서 학생들의 유신철폐투쟁 또한 새로운 양상을 보여주게 되었다. 1978년 5월 8일 1,500여 명의 서울대생이 유신헌법 철폐와 민주헌법 부활을 요구하며 치열한 교내시위를 벌인 것을 시작으로 6월 12일에는 서울대생 5,000여 명이 「학원민주선언」을 발표하고 구체적으로 박 정권의 퇴진을 요구하면서 대규모 시위를 감행했다. 이날 교내시위에서 제시된 행동지침에 따라 서울 시내 학생들은 6월 26일 광화문과 종로 1가, 신문로 등을 누비면서 밤 10시까지 격렬한 시위를 전개했다. 이렇듯 학생들은 노동자들의 결사적 투쟁에 고무되면서 그동안 긴급조치 9호로 일시 위축되었던 투쟁력을 급속히 회복해나갔을 뿐만 아니라 더욱 과감한 행동을 펼치게 되었다.

이러한 흐름 속에서 재야인사들도 유신체제에 대한 비판을 강화해나갔고 해직기자와 해직교수들 역시 활발히 움직였다. 또한 민청학련 사건으로 옥고를 치르고 나온 청년 학생들은 5월 12일 민주청년인권협의회를 결성했으며 7월 5일에는 각계 인사 400여 명이 한데 뭉쳐 '민주주의국민연합'을 결성함으로써 공동투쟁을 적극 모색하는 등 전반적인 투쟁의 대열이 재차 강화되기 시작했다.

1978년 하반기에 접어들면서는 곳곳에서 대규모 시위가 빈번하게 발생하는 등 각계 민주세력의 반독재투쟁은 더욱 기세를 높여나갔다. 이러한 가운데 12월 12일에 강행된 제10대 국회의원 선거에서는 야당인 신민당이 득표율에서 공화당을 1.1퍼센트 앞지르는 승리를 거두게 되었다. 이렇듯 민중은 완전한 자신감을 갖고 반독재투쟁에 임한 반면 압제정권은 정치적으로도 파산을 면치 못하고 있었을 뿐만 아니라 위기를 수습할 만한 수단마저도 갈수록 바닥이 나고 있었다. 어느 모로 보나 유신독재는 종말을 향해 치닫고 있음이 분명했다.

1979년에 들어서자 민주세력은 더욱 강력한 반독재투쟁을 전개하기 위한 준비작업에 박차를 가했다. 3월 1일 재야 민주화운동 세력은 민주주의국민연합을 계승·발전시킨 '민주주의와 민족통일을 위한 국민연합'을 결성했고 이 밖에도 민청협, 동아투위, 양심범가족협의회 등도 제각기 저항의 고삐를 단단히 조여나갔다. 이러한 가운데 6월

29일 카터 미 대통령의 방한이 이루어지게 되자 이들 민주세력은 한 결같이 들고일어나 독재권력을 감싸주는 미국의 부당한 처사를 맹렬하게 규탄하는 투쟁을 전개했다. 지방에서는 산발적이기는 하지만 카터의 사진을 찢고 성조기를 불태우는 사건이 일어났다.

사태가 긴박하게 돌아가고 있던 즈음 유신독재에 최후의 일격을 가하는 사건들이 터져나왔다.

5월 5일 농민들의 감자 피해보상 문제를 해결하는 데 앞장섰던 안동교구 가톨릭 농민회원 오원춘 씨가 수사당국에 의해 비밀리에 납치되고 그에 관해 7월 5일과 25일 두 차례에 걸쳐 오원춘 씨의 양심선언이 발표되면서 유신정권과 가톨릭세력이 정면으로 맞서 대결하는 심각한 정치문제가 발생했다. 그리하여 8월 6일 안동 목성동 성당에서 가톨릭 신부와 신도 900여 명이 기도회를 마친 후 가두시위에 돌입해 '유신헌법 철폐', '종교탄압 중단' 등의 구호를 외치며 안동 시내를 누볐다.

이어서 8월 9일에는 YH 무역 노동자 170여 명이 마포 신민당사 4층 강당에서 회사 운영의 정상화와 근로자 생존권의 보장을 요구하며 농성을 시작했다. YH 무역은 1966년에 설립되어 가발 수출에 종사하면서 급속하게 성장했으나 수출의 둔화와 업주들의 대규모 사기 횡령 등의 사건이 겹쳐 1970년대 후반에 들어서면서부터는 심각한 경영난에 빠져들게 되었다. 이와 함께 민주노조의 활동이 눈부시게 전개되자 회사 측은 노조를 파괴할 목적으로 1979년 3월 30일 정부기관과 짜고 기만적인 공장폐쇄를 시도했다. 이에 노조는 4월 9일 대의원대회를 소집하고 회사 정상화 방안을 채택한 뒤 이를 각 기관에 발송하는 등 직장을 지키기 위해 사력을 다했다. 그러나 노조 파괴에만 눈이 먼 회사 측과 정부 당국이 노동자의 요구에 대해 아무런 성의도 보이지 않자 결국 노동자들은 장기농성에 돌입함으로써 치열한 투쟁의 막을 올리게 되었다. 이 과정에서 경찰이 폭력적인 농성진압 책동을 자행하는 등 노동자들이 숱한 시련을 겪게 되었으나 이에 굴하지 않고 끈질긴 투쟁을 계속해나갔으며 급기야는 산업선교회의 알선에 힘입어 신민당사 농성을 감행하기에 이른 것이다.

YH 여성 노동자의 신민당사 농성이 갖는 의의는 매우 컸다. 우선 이 사건은 노동자들의 농성을 받아들인 신민당이 그동안 독재권력의 들러리 역할에서 벗어나 김영삼 총재를 중심으로 반유신투쟁에 적극 동참하게 되었음을 행동으로 입증해주는 계기가 되었다. 이와 함께 이 사건을 통해 각계 민주세력들이 농성에 직간접적으로 참여함으로써 명실공히 노동자에서 보수야당에 이르는 범민주세력의 공동투쟁이 실현되기에 이르렀다. 이처럼 권력의 언저리에 기생하고 있던 야당조차 투쟁에 동참하고 모든 민주세력의 공동투쟁이 구체적으로 실행되었다는 것은 우리 역사에서 누차 확인되듯이 대규모 민중항쟁의 도래를 예고해주는 것이었다. 요컨대 YH 여성 노동자들의 투쟁이 다가오는 민중항쟁의 직접적인 도화선 역할을 해낸 것이다.

농성투쟁에 대한 유신정권의 대응은 말 그대로 최후의 발악 그 자체였다. 농성이 시작된 지 이틀 후인 8월 11일 경찰 1,000여 명이 신민당사에 난입해 이들 YH 여성 노동자 172명을 강제 해산시켰으며, 이 과정에서 노동자 김경숙 양이 추락해 사망했고 그 자리에 있던 대부분의 노동자는 물론이고 언론사 기자들과 야당의원들까지 무차별적인 폭행을 당하고 말았다. 유신독재는 이미 자제력을 완전히 상실해가고 있었던 것이다.

유신독재의 야만적 폭거를 규탄하는 투쟁이 도처에서 물결치고 있었다. 피해자의 하나인 야당의원들도 18일간 항의농성에 돌입했으며 NCC 등 종교계, 현직 기자들, 산업선교회, 자유실천문인협의회, 해직교수협의회, 민청협 등 모든 민주화운동 세력은 YH 사건을 계기로 반유신투쟁에 무서운 기세로 돌진해나갔다. 이러한 가운데 박 정권은 사태 수습 능력을 완전히 상실한 채 김영삼 총재를 제명함으로써 상황을 한층 악화되게 만들고 말았다.

독재권력의 횡포에 대한 증오심이 끝내 참을 수 없는 지경에 이르고 각계 민주세력이 한결같이 투쟁의 깃발을 높이 치켜들고 있던 시점에 학생들은 대규모 시위투쟁을 통해 거족적 항쟁을 촉발하는 역할을 해냈다.

9월 4일 대구에서 경북대·영남대·계명대 3개 대학이 연합시위를 단행해 가두시위를 벌였다. 이어서 서울에서도 서울대·연세대·이화여대 등지에서 대규모 시위가 밤늦도록 벌어졌다.

드디어 유신독재를 허물어뜨리기 위한 범민중적인 항쟁이 불길처럼 솟아올랐다. 10월 16일 부산에서 유신철폐를 요구하는 대학생과 시민의 대규모 시위가 발생했다. 16일 오전 10시경 부산대생들의 교내시위에서 시작된 이날의 시위는 삽시간에 5,000여 명으로 그 세가 늘어나면서 가두로 진출하기 시작했고, 오후 8시경에는 부산시청 앞에 집결한 부산대·동아대 학생 3,000여 명이 중심가를 휩쓸면서 시위를 진행해 경찰과 격렬하게 충돌했다. 경찰이 무차별하게 최루탄을 발사하고 시위 학생들을 난폭하게 구타하자 이에 분개한 시민들도 시위에 적극 참여하기 시작했다. 그리고 이때부터 시위는 전혀 새로운 양상으로 접어들었다. 원한에 사무친 부산 민중은 독재권력의 말초신경에 해당하는 파출소와 신문사 등에 돌을 던지고 경찰차를 불태워 없애버리는 등 격렬한 투쟁을 전개해나갔으며 이 같은 투쟁은 자정이 넘도록 지칠 줄 모르고 계속되었다.

이튿날인 17일 오후 4시경 다시 시청 앞 남포동과 광복동에 모여든 학생들은 대열을 정비한 후 '유신철폐', '독재정권 퇴진', '김 총재 제명 규탄', '학원탄압 중지' 등을 외치면서 시위를 벌이기 시작했다. 7시 25분경 충무파출소를 파괴한 시위 학생들과 일부 시민은 '야당탄압 중지' 등을 외치면서 시위를 계속했고, 밤 9시에는 KBS 부산방송국과 서구청, 부산세무서, 서대신 3동 사무소를 파괴하는 등 계엄령이 내려진 18일 새벽 1시가 넘도록 격렬하게 싸움을 이끌어나갔다. 이틀간의 시위로 경찰 차량 6대가 전소되고, 12대가 파손되었으며, 21개 파출소가 파손·방화되고, 학생·시민 1,058명이 연행되어 이들 중 66명이 군사재판에 회부되었다.

10월 18일 자정을 기해 유신정권은 부산 지역에 비상계엄령을 선포하고 각 대학을 휴교 조치했다. 그러나 부산 시민 2,000여 명은 계엄령 아래에서도 시위를 감행했다. 독재권력에 대한 증오심은 이미 총칼로도 억누를 수 없을 만큼 극도로 고조되어 있었던 것이다.

부산에서 일어난 항쟁의 불길은 순식간에 인근 마산으로 옮겨붙었다. 18일 마산대생과 경남대생들을 선두로 마산 시민들이 대규모 시위를 감행해 경찰과 충돌했고 날이 어두워지자 시민들이 파출소와 방송국을 타격하는 등 시위 양상은 한층 과감해져갔다.

정부 당국은 19일 마산·창원·진해에 통금을 2시간 연장하는 조치를 단행했다. 그럼에도 수천 명의 마산 시민과 학생들은 밤 8시경부터 시내 중심가에서 다시 시위를 전개했다. 이틀간의 시위로 505명이 연행되고 59명이 군사재판에 회부되었다.

심각한 궁지에 몰린 압제권력은 20일 마산·창원 일원에 위수령을 선포하고 군대를 진주시켰으며 부마항쟁의 확산을 막기 위해 경북대에 임시 휴교령을 내렸다. 그러나 이러한 폭압조치에도 아랑곳하지 않고 24일 대구 계명대생 2,000여 명은 '유신철폐'를 요구하며 대대적인 시위에 돌입했다.

이제 항쟁이 전국적으로 확산되는 것은 단순한 시간문제였다. 유신정권은 대량학살을 각오하지 않고는 사태를 수습할 수 있는 능력을 완전히 상실하고 있었다.

그러던 중 10월 26일 유신정권의 괴수였던 박정희가 신임했던 부하 김재규의 총에 맞아 처참한 종말을 고하는 사건이 발생했다. 이로써 유신체제의 껍데기는 일단 붕괴되었다.

거세게 솟아오르는 민중항쟁의 불길을 일시적으로 잠재우는 역할을 했던 10·26사건의 진상은 아직도 여전히 흑막에 가려 있다. 다만 몇 가지 단편적인 사실들이 사건의 배후에 미국이 존재했음을 암시해 줄 뿐이다.

박정희에 대한 암살극이 있기 하루 전날인 1979년 10월 25일, 몇 개월 전까지 주한 미군 사령관이었던 존 베시 육군참모차장은 아시아협회 주최의 만찬회에 초청되어 강연했다. '한·미―발전하는 파트너십'이라는 제목의 그 연설은 약 20분 정도 계속되었다. 그 연설은 새로운 내용이 있었던 것은 아니었지만 후반부의 베시 참모차장의 의미심장한 발언은 참석자들을 놀라게 했다.

미국의 대한관계가 예상할 수 없는 방향으로 발전하고 있다는 것은 의심의 여지가 없지만, 가령 특별한 사건이 일어난다고 해도 현재의 대한 협력관계를 냉전의 유산으로만 파악해서는 안 되고, 모두에게 장래의 커다란 기대를 불러일으키는 것으로서 생각해야 한다.[56]

주목해야 할 것은 베시가 "가령 특별한 사건이 일어난다고 해도"

라고 말했다는 점이다. 이에 관해 그날 밤 이 만찬회에 초대되었던 퇴역군인인 재미한국인 실업가는 "지금 생각하면 베시 장군은 박 대통령의 신변에 무언가가 일어날 것을 미리 알고 있었던 것이 아닐까 하는 생각이 든다"라고 회고했다. 또한 10·26사건 당시 기묘하게도 주한 미 대사관은 평소와 달리 늦은 시각까지 계속 불이 켜져 있었다는 사실도 모종의 심각한 사태가 발생하고 있음을 암시했다. 박정희 암살 사실이 공식적으로 밝혀진 것은 그 후의 일이었다. 또한 백악관과 국방·국무성의 내부정보에 정평이 나 있는 홍콩의『파 이스턴 이코노믹 리뷰』의 워싱턴 지국장 바버 기자는 사건 직후 바로 "미국 당국자는 박 암살에 놀라움도, 당혹감도 보이고 있지 않았다"라고 썼다. 이러한 분위기는 워싱턴 주재 외국 특파원들로 하여금 한결같이 미국이 '박 암살'을 미리 알고 있었던 것은 아닐까 하는 의심을 품도록 만들었다.[57] 이 밖에도 암살 당사자인 김재규 자신이 "나의 배후에는 미국이 있다"라고 실토한 것으로 알려지기도 했다.[58] 더욱 당혹감을 느끼게 만든 것은 11월 5일자『뉴욕타임스』가 민주공화당의 창설에 참가했던 한국인 저널리스트 모 씨의 "죽인 것은 한국인이지만, 지시한 것은 미국이다"라는 말을 게재했다는 사실이다.[59]

만약 미국이 박정희를 암살하도록 사주한 것이 사실이라면 이는 지난날 4월 혁명의 소용돌이 속에서 이승만을 일찌감치 끌어내림으로써 상황을 호전시키려 했던 바로 그 수법이 다시 한 번 이용된 것이

---

56 고도 다카오五島隆夫,『제5공화국 그 군부인맥』, 지양사, 1987, 21쪽.
57 위의 책, 21~22쪽.
58 한동혁 엮음, 앞의 책, 159쪽.
59 고도 다카오, 앞의 책, 22쪽.

라고 볼 수 있다. 그러나 20년 전과는 여러모로 상황이 변해 있었다. 1979년 당시 정세는 박정희 한 개인의 제거만으로는 결코 치유할 수 없을 만큼 사회 전반의 모순이 극도로 악화되어 있었다. 그에 따라 민중의 투쟁열기는 잠시도 수그러들지 않은 채 도리어 통치력이 혼란에 빠져 있는 것을 기화로 더욱 맹렬한 기세로 치솟아오르게 되었다. 반면 남한의 지배집단은 불만에 가득 찬 민중을 무마할 만한 마땅한 수단을 갖고 있지 못했을 뿐만 아니라 촌각을 다투는 군사적 야망에 쫓겨 더욱더 강력한 억압통치를 요구하고 있었다. 이 모든 요인이 복합적으로 작용해 10·26사건 이후 압제자와 민중은 더욱 대규모적이고 치열한 대결을 향해 치닫게 되었다.

제3장

새로운 도약을 향하여

1. 사회주의 건설의 성과들

1960년대 중반 이후 대폭적으로 늘어난 국방비의 지출로 북한은
1960년부터 시작한 7개년 경제계획에 상당한 차질을 빚게 되었고 그
결과 7개년 계획을 3년간 연장해서 수행하지 않으면 안 되었다. 또한
과도한 국방비 지출은 1950년대 후반 22퍼센트 안팎을 오르내리던
연간 경제성장률을 8~9퍼센트 정도로 끌어내리고 말았다.

그럼에도 1970년 제5차 당대회에서 내려진 7개년 계획에 대한 평
가는 극히 고무적인 것이었다.

공업 부문에서 7개년 계획이 성과적으로 수행되어 올해에 공업 총생산
액은 1956년에 비하여 11.6배로 높아지게 되며 그 가운데서 생산수단
생산은 13.3배, 소비재 생산은 9.3배로 늘어나게 됩니다.
이것은 1957~1970년대에 이르는 공업화의 전 기간에 걸쳐 공업 생산
이 해마다 19.1%의 높은 속도로 장성하였다는 것을 말하여줍니다.
오늘 우리 공업은 해방 전 1944년 한 해 동안에 생산하던 공업 생산물
을 단 12일 동안에 생산하고 있습니다.[1]

그러나 이러한 고무적인 평가에도 불구하고 북한의 경제성장이 크게 저하되었다는 사실 자체가 결코 부정될 수는 없었다. 그런데 북한의 경제성장률이 크게 둔화되었던 바로 그 시기에 남한에서는 외국 자본의 대규모 유입에 따른 급속한 경제성장이 이루어지고 있었다. 그 결과 1960년대 초반까지는 북한의 일방적 독주로 나타났던 남북한 경쟁은—1954년에서 1962년까지 북한의 연평균 경제성장률이 22퍼센트였던 데 반해 남한의 경우는 4.7퍼센트—이제 새로운 국면을 맞이하게 되었다. 이러한 가운데 남북한 당국은 자신의 경제적 우위를 뒷받침할 목적으로 각종 수치를 다투어 발표했다. 예컨대 북한은 1974년 자국의 1인당 국민소득이 1,000달러인 데 반해 남한은 세계 최하인 50달러라고 주장했다. 이에 남한은 1976년 국민총생산의 남북한 비율이 3.6:1로 남한이 3배 이상 앞서고 있다고 발표했다(북한의 인구가 남한의 인구에 비해 약 45퍼센트 정도이므로 1인당 국민소득으로 환산하면 그 차는 훨씬 줄어들 것이다). 이러한 논쟁에서 벗어나 좀 더 공정한 입장에 서 있던 한 외국인 학자(브라이덴슈타인)는 1970년 당시의 각종 수치를 가지고 연구한 결과 북한의 1인당 국민소득은 375달러이며 남한의 국민소득은 252달러라는 결론에 도달했다. 그러나 북한의 경우 남한 경제에서 약 40퍼센트 정도를 차지하는 제3차 산업을 국민소득에 포함시키지 않고 있고 남한의 환율이 지나치게 과대평가되었기 때문에 이 점을 고려한다면 1인당 국민소득은 남한이 북한에 비해 3분의 1 이하로 줄게 된다.[2]

---

1   돌베개 편집부 엮음, 『북한 '조선로동당' 대회 주요 문헌집』, 돌베개, 1988, 273~274쪽.
2   아이단 포스터 카터, 「북한의 발전과 자력갱생: 비판적 평가」, 거번 맥코맥·마크 셀

그런데 이 같은 수치상의 논쟁과 무관하게 남한 측에서 북한의 우위를 확실하게 인정했던 분야는 공업생산량일 것이다. 한 예로 1972년 7월 12일 『경향신문』에 발표된 한 자료에 따르면 북한이 공업 생산에서 여전히 남한보다 1.5배나 앞서고 있는 것으로 나타났다.[3] 이와 관련해 앞에서 언급한 브라이덴슈타인은 1970년 1인당 "북한의 에너지 생산은 적어도 남한의 2.8배이며, 강철 생산은 4배, 선철은 100배 이상, 시멘트는 1.5배, 화학비료는 2.5배, 쌀 생산은 1.2배, 직물은 2.5배"라는 사실을 지적했다. 그러나 자동차, 시계, 라디오, TV 등과 같은 소비재에서는 남한이 거의 확실하게 우세한 것으로 평가되었다.[4]

그러나 이 같은 수치상의 비교는 더욱 구조적인 문제에 접근하게 되면 사실상 무의미한 것이 된다. 우리에게 더욱 중요한 것은 이 같은 수치가 아니라 전반적인 경제발전에서 민족적 자립의 토대가 어느 정도 확립되었으며 민중의 삶이 얼마만큼 개선되었는가 하는 문제다.

경제적 자립의 토대와 관련해 특히 주목해야 할 분야는 모든 공업의 기초가 되는 기계공업과 식량생산을 중심으로 하는 농업의 발전 형태다. 이 점에 관해서는 북한이 남한에 비해 확실히 유리한 입장에 있다는 것을 충분히 인정해야 할 것이다. 1967년 북한의 공업에서 기계공업이 차지하는 비율은 34.1퍼센트에 달했으며 기계의 자급률 또한 98.1퍼센트라는 높은 수준에 이르고 있었다. 이는 북한에서 필요로 하는 거의 모든 기계를 자체적으로 생산할 수 있다는 것을 의미

던, 앞의 책, 140쪽.

3 김정원, 앞의 책, 388쪽.

4 아이단 포스터 카터, 앞의 글, 139~140쪽.

한다.[5] 식량 역시 완전한 자급자족 수준에 도달했으며 농업생산성도 1974년 당시 1정보당 5.9톤의 쌀을 산출할 만큼 증가했는데 이는 일본의 1정보당 5.8톤을 능가하는 것이었다.[6]

그러면 지금부터 이 글의 가장 중요한 주제라고 할 수 있는 북한 민중의 실질적인 삶의 상태에 관해 살펴보자. 특히 이 점과 관련해서는 남한 사회에서 일반적으로 통용되고 있는 '척도'에 입각해 판단한다면 그 실상이 정확히 밝혀질 수 없기 때문에 상당한 주의가 요구된다고 볼 수 있다.

북한의 경제상황을 눈여겨볼 때 우선 떠오르는 것은 '노동력 부족' 현상이라고 할 수 있다. 이 점은 이전에 남한 당국에 의해 북한이 지니고 있는 부정적 현상의 하나로 지적되기도 했다. 그러나 민중의 입장에서 볼 때는 노동력 부족이란 곧 실업문제의 완전한 해결에 다름 아니다. 결국 북한이 '오랫동안 노동력 부족에 시달려왔다'는 비난은 비록 전쟁기간 중에 발생한 인명손실 같은 요인을 감안하더라도 그 자체로 공업화에 대한 찬사임을 부정할 수 없을 것이다.[7]

이와 함께 북한 경제에서 나타나고 있는 특징 중 하나는 세금의 완전한 폐지와 빈번한 물가하락이다. 예컨대 1972년 2월에는 가장 최근에 제조된 상품의 가격을 기성제품에 비해 평균 30퍼센트에서 최고 50퍼센트까지 낮추는 조치가 취해졌다.[8]

이렇게 하여 북한 민중은 남한 민중과는 달리 실업과 과중한 조세

5   엘렌 브룬·재퀴스 허쉬, 김해성 옮김, 『사회주의 북한』, 지평, 165쪽.
6   아이단 포스터 카터, 앞의 글, 137쪽.
7   위의 글, 137쪽.
8   엘렌 브룬·재퀴스 허쉬, 앞의 책, 179쪽.

부담, 물가상승이라는 3중의 고통으로부터 해방될 수 있었다.

북한의 경제체제를 평가할 때 반드시 포함해야 할 대상 중 하나는 실질적인 소득수준과 소득격차의 정도다.

1969년 12월 프랑스의 『르몽드』 통신원이 계산한 바에 의하면 북한의 경우 당시 결혼한 부부는 자신들의 봉급으로 한 달에 약 150원(약 60달러)을 벌었다. 이는 자본주의 사회에서 발생하는 통상적인 임금수준과 비교하면 형편없이 낮은 수준임에 틀림없다. 그런데 북한 노동자의 경우 의료와 교육이 무료이며 식량은 저렴한 가격에 공급되고 있고 숙소와 난방비, 전기요금, 교통비로 한 달에 드는 비용은 약 '3원'이다.[9]

이에 관한 북한 당국의 주장을 그대로 소개하면 다음과 같다.

우리나라에 먹는 문제는 사실상 공산주의나 다름이 없습니다. 국가에서 노동자 사무원들에게 쌀을 1킬로그램에 8전씩 받고 공급하므로 그들이 하루만 나가 벌어도 한 달 먹을 수 있는 쌀을 살 수 있습니다.[10]

이러한 점들을 고려해 공식적으로 이루어진 계산에 따르면 북한에서 한 사람이 생활하는 데 드는 비용은 한 달에 약 20원(약 8달러)꼴이다.[11] 요컨대 의식주와 의료, 교육 등 기본적인 생활문제는 국가 차원에서 해결되고 있는 셈이다. 반면 사치품과 같은 고급 소비재는 어

---

9   위의 책, 177~178쪽.
10   양호민, 「3대혁명의 원류와 전개」, 양호민 외, 『북한사회의 재인식』 1, 한울, 1987, 184쪽.
11   엘렌 브룬·재퀴스 허쉬, 앞의 책, 178쪽.

떤 종류든 대단히 비싸다. 그중에는 몇 달치 월급을 지불해야만 구입 가능한 것들도 있다. 남한 당국이 이 점을 특히 부각시키면서 북한 민중의 생활수준을 평가하려고 했던 것은 특히 주목할 만하다.

소득격차문제를 살펴보면 북한에서도 소득수준이 약 4배 가까이 차이가 날 만큼 소득불균형이 존재하고 있다. 그러나 남한과는 달리 이 같은 소득의 차이는 사회적 지위의 고하나 재산의 유무에 따른 것이 아니라 각자가 맡고 있는 노동의 강도나 기술수준의 차이에서 비롯되는 것이다. 예를 들어 공장 노동자가 공장 책임자보다 봉급을 더 많이 받는 경우가 빈번하다.[12]

그러면 여기서 삶의 질을 규정짓는 중요한 요소의 하나인 의료와 교육 실태에 관해 좀 더 자세히 살펴보자.

북한의 무료의료제도는 전쟁기간 중에 시작되었으며 1954년에 완전히 실행되었다. 이것은 세계에서 가장 부유한 몇몇 국가들마저도 아직까지 '하지 못하고 있는' 대단한 것으로 평가되었다. 주민 1만 명당 의사의 수는 17명으로(스웨덴 12명, 소련 25명) 모든 성인은 병이 있든 없든 한 해에 두 번씩 건강진단을 받는다. 또한 이른바 '구역담당 의사제도'에 입각해 주민은 500~700명씩 구역 단위로 분할되고 한명의 의사가 그 구역의 건강관리에 책임을 진다. 이 책임에는 전반적인 건강의 조건들을 연구하면서 거주지를 매일 방문하는 일과 위생을 개선하고 건강상태를 증진시키기 위해 인민대중을 교육하는 것이 포함되어 있다. 그러므로 북한 주민은 각자가 자신의 의사를 가지고 있는 셈이다. 탁아소와 유치원에 다니는 어린이들은 매일 건강진단을

---

12 위의 책, 179쪽.

받는다. 모든 학교와 작업장과 협동조합은 그들 자신의 진료소나 병원을 갖추고 있다(1971년에 모든 협동농장에서 자신들의 진료소를 입원환자용 설비를 갖춘 소규모 병원으로 전환하려는 운동이 있었다).[13]

북한의 교육은 '혁명과 건설'의 유일한 원동력인 인민대중의 창의적 능력을 높이는 결정적 수단이라는 점에서 각별한 관심이 기울여지고 있었다. 국가적 차원의 제도교육은 1975년 11년의 보통 의무교육 (유치원 1년, 인민학교 4년, 중학교 3년, 각종 고등학교 3년)이 전면 실시됨으로써 해당 연령에 속하는 모든 인민에게 무료교육의 혜택이 부여되는 수준에 도달하게 되었다. 이 밖에도 150개에 달하는 대학이 더욱 전문적인 교육을 위해 곳곳에 설치되었다. 이렇게 하여 총인구의 절반 정도가 학생 신분으로 각 단계의 교육과정에 몸담게 되었으며 이를 뒷받침하기 위해 학생 25명당 1명꼴에 해당하는 20만의 초·중등 교사가 배치되었다. 북한의 교육제도에서 특히 눈에 띄는 것은 유아교육을 위한 각종 시설의 방대함이라고 할 수 있다. 1975년의 경우 약 6만 개의 보육원과 유치원이 설치·운영되고 있었는데 이곳에는 약 350만 명의 유아들이 소속되어 있었다. 이 같은 조치는 북한 여성의 85퍼센트 이상이 직장생활을 하고 있다는 점을 고려해볼 때 불가피한 것으로 보인다. 여하튼 이 점에 관한 한 북한은 덴마크의 한 방문자가 지적한 대로 세계에서 가장 훌륭한 시설을 자랑하게 되었다.[14]

북한에서의 의식주와 의료·교육에 관계된 문제들은 그들의 공식적인 주장처럼 1960년대 말을 전후해 기본적인 수준에서는 해결되었

13　위의 책, 177쪽.
14　아이단 포스터 카터, 앞의 글, 139쪽 참조.

다고 할 수 있다. 또한 이 같은 혜택이 특정 계층에 국한되지 않고 모든 인민에게 균등하게 주어졌다는 점은 충분히 인정할 만하다. 그러나 높은 수준의 소비생활은 여전히 제한되어 있었고 이는 앞으로 해결해야 할 미래의 과제로 남게 되었다.

2. 3대 혁명의 진로

북한의 1970년대는 여러 가지 의미에서 새로운 출발을 기약하는 한 시기였다. 즉, 전쟁 이후 사회주의적 개조에 입각한 경제건설이 일단 매듭지어지면서 새로운 고양을 위한 새로운 형태의 운동이 개시되었던 것이다.

이 같은 변화는 1972년에 기존의 헌법을 폐기하고 「사회주의 헌법」을 새롭게 채택함으로써 국가적 차원에서 공식화되었다.

북한은 1948년에 제정된 기존의 헌법이 "반제반봉건 민주주의 혁명의 성과를 공고히 하며 과도기 첫 시기의 과업을 수행하던 때의 현실을 반영한 것으로 사회주의 혁명이 승리하고 사회주의의 완전한 승리를 향하여 전진하고 있는 새로운 현실에는 맞지 않게 되었다"라고 판단하고 1972년 12월에 개최된 최고인민회의 제1차 회의를 통해 사회주의 신헌법을 채택했던 것이다.

새 헌법에서 특히 중요한 의미를 지니고 있는 사항들을 몇 가지 살펴보자. 우선 제1조에서는 "조선민주주의인민공화국은 전체 조선인민의 이익을 대표하는 자주적인 사회주의 국가이다"라고 규정함으로써 북한이 명실공히 사회주의 체제임을 분명히 했다. 계속해서 제2조는 "조선민주주의인민공화국은 노동계급이 영도하는 노농동맹에 기초한 전체 인민의 정치사상적 통일과 사회주의적 생산관계와 자립적 민족경제의 토대에 의거한다"라고 밝힘으로써 북한의 경제가 지향하는 궁극적 목표를 명시하고 있다. 또한 제4조는 "조선민주주의인민공화국은 맑스-레닌주의를 우리나라 현실에 창조적으로 적용한 조선로동당의 주체사상을 자기 활동의 지도 지침으로 삼는다"라고 함으로써 주체사상이 노동당뿐만 아니라 전체 인민의 지도적 사상임을 천명했다. 이와 함께 제6조는 "조선민주주의인민공화국의 주권은 노동자, 농민, 병사, 근로 인텔리에게 있다"라고 밝힘으로써 어떤 계급·계층이 주권을 소유하고 있는지를 구체적으로 명시했다. 이 밖에도 제18조는 "조선민주주의인민공화국에서 생산수단은 국가 및 협동단체의 소유이다"라고 규정함으로써 구헌법과는 달리 생산수단의 개인소유를 인정하지 않음을 명확히 했다.[15]

결국 사회주의 헌법은 북한이 모든 측면에서 사회주의의 본 궤도에 올랐음을 확인시켜주고 있다 하겠다. 다시 말해 그들의 표현을 빌리면 새로 작성된 사회주의 헌법은 "북한에서의 사회주의 혁명과 사회주의 건설의 성과들을 정확히 반영하고 이를 법적으로 정착시키기 위한 것"이었다.[16]

그러나 사회주의 헌법을 채택했다고 해서 그것이 곧 사회주의의 완성을 의미하는 것은 결코 아니었다.

농업과 공업의 차이, 중노동과 경노동의 차이를 없애며 인민대중

15　스칼라피노·이정식, 한홍구 옮김, 『한국공산주의운동사』 3, 돌베개, 1987, 868~884쪽 참조.

16　조선로동당 중앙위원회 당력사연구소, 『조선로동당략사』 2, 돌베개, 1989, 280~281쪽 참조.

의 점점 커져가는 문화적 욕구를 충족시켜주기 위해서는 한층 높은 수준의 물질적 생산과 기술발전이 요구되었다. 이는 사회주의의 완전한 승리를 위해서는 새로운 도약을 시도해야만 한다는 것을 의미했다. 그럼에도 간부들의 기술실무 능력은 새로운 도약은 고사하고 발전하는 현실이 요구하는 수준마저도 따라잡지 못하는 현상이 빈번하게 나타났다. 이 점은 사상의식의 면에서도 마찬가지였다. 아직까지도 보수주의, 주관주의, 관료주의, 요령주의, 형식주의 등 낡은 사상의 잔재가 완전히 청산되지 않은 채 남아 있었으며, 이 같은 요소들은 경제건설이 어느 정도의 성과를 거두고 몇 년간에 걸쳐 군사적 위기가 극복되면서 간부들이 긴장을 풀고 안이해짐에 따라 더욱 강화되는 양상을 나타냈다. 심한 경우에는 한자리했으니 이제는 놀고먹어도 된다고 생각하는 경우까지 있었다. 이 점은 기존 간부들이 30년 이상 활동을 해오면서 대부분 노쇠해지고 그에 따라 진취성과 대담성 등이 약화됨으로써 더욱 심화되었다.[17]

결국 사회주의 나라들 사이에서도 종종 나타나는 정체현상, 다시 말해 일단의 '체제경화증'이 북한에서도 심각하게 나타날 조짐을 보이고 있었던 것이다. 이 같은 정체현상을 극복하고 사회주의의 완전한 승리를 향한 도약을 이룩하기 위해서는 거듭되는 '혁명'이 절실히 요청되었다. 이 같은 요청에 부응해 추진된 것이 1973년부터 본격적으로 막을 올린 '3대 혁명운동'이었다.[18]

---

17 양호민, 앞의 글, 176쪽.

18 3대 혁명이 정확히 정식화된 것은 이 시기에 와서지만 내용 자체는 훨씬 전부터 존재해왔다. 예컨대 다음과 같은 김일성의 주장은 이를 뒷받침해주고 있다.
"우리 당은 창건 첫날부터 …… 사상, 기술, 문화 분야에서 혁명을 철저히 수행할 데 대한

3대 혁명이 추구하는 바가 무엇인가 하는 것은 다음과 같은 김일성의 설명을 통해 드러난다.

어떤 사람들은 낡은 사회제도를 뒤집어엎고 새로운 사회제도를 세우는 것만 혁명이라고 하는데 우리는 그렇게 보지 않습니다. 사상, 기술, 문화 분야에서 낡은것을 새것으로 바꾸는 것도 하나의 혁명입니다. 그러므로 사상혁명, 기술혁명, 문화혁명도 반드시 낡고 침체한 것과의 투쟁을 통해서만 수행될 수 있습니다. …… 사상혁명, 기술혁명, 문화혁명을 수행하기 위한 투쟁은 사회주의, 공산주의의 승리를 위한 심각한 투쟁입니다. …… 우리가 하는 사상혁명은 결함 있는 사람 자체를 반대하고 목을 떼는 투쟁이 아니라 사람들의 머리 속에 남아 있는 낡은 사상을 뿌리 뽑고 사람들을 혁명화, 노동계급화하기 위한 투쟁입니다. 기술혁명은 낡은 기술을 새 기술로 바꾸고 손노동을 기계화, 반자동화, 자동화하기 위한 투쟁입니다. 문화혁명은 근로자들의 문화, 기술수준을 높이며 생산문화와 생활문화를 세우기 위한 투쟁입니다. 간단히 말하여 사상혁명은 사람들의 머리 속에 있는 녹을 벗기는 투쟁이며 기술혁명은 기계에 있는 녹을 벗기는 투쟁이며 문화혁명은 사람들의 생활과 살림집, 공장과 마을의 때를 벗기는 투쟁입니다.[19]

방침을 내세우고 힘있게 투쟁하였습니다. 물론 우리 당이 해방 직후부터 3대 혁명의 구호를 들지 않았습니다. 그러나 우리는 해방 직후부터 근로자들 속에서 낡은 사상을 뿌리 빼고 그들을 선진사상으로 무장시키기 위한 사상사업을 꾸준히 진행하였으며, 경제 문화 분야에서 온갖 낙후성을 없애고 사회주의적인 경제와 문화를 건설하기 위하여 투쟁하였습니다. 특히 우리 당은 사회주의 제도가 선 다음부터 사상, 기술, 문화의 3대 혁명을 수행하기 위한 투쟁을 더욱 힘차게 벌렸습니다."(위의 글, 146쪽)

19   위의 글, 147쪽.

이 같은 3대 혁명을 추진하기 위해 북한은 두 가지 운동을 전개했는데 '3대 혁명소조운동'과 '3대 혁명 붉은기 쟁취운동'이 바로 그것이었다.

3대 혁명소조운동을 담당하는 3대 혁명소조는 당 핵심과 청년 인텔리로 구성되었는데, 파견 대상이나 기업소의 규모에 따라 20～30명 또는 50명 단위로 편성되어 활동했다. 3대 혁명소조가 청년 인텔리로 구성되었다는 사실은 북한이 새로운 혁명세대를 육성함과 동시에 세대교체를 시도하고자 하는 의도를 반영한 것이었는데 이는 해방으로부터 약 30년이라는 세월, 즉 한 세대가 흘렀다는 점을 고려한다면 자연스러운 발상이라고 볼 수 있다. 이렇게 하여 수만 명에 달하는 3대 혁명소조원들은 북한 전역의 공장·기업소·협동조합과 각종 국가기관에 파견되어 현지 간부들이 지니고 있는 보수주의, 경험주의, 관료주의 등 '낡은 사상'과 투쟁을 벌이는 한편 현대과학에 입각한 새로운 기술을 투입하는 활동을 전개했다.[20]

3대 혁명소조운동이 주로 간부들을 겨냥한 운동이라고 한다면 1975년부터 시작된 3대 혁명 붉은기 쟁취운동은 대중적 사상개조운동인 동시에 대중적 기술혁신운동이며 대중적 문화개조운동이라고 할 수 있다. '사상도 기술도 문화도 주체의 요구대로'라는 표현은 이 같은 3대 혁명 붉은기 쟁취운동의 중심적 구호가 되었다.[21]

그러면 지금부터 3대 혁명운동의 진행상황과 그 성과를 몇 가지 사항을 중심으로 살펴보자.

---

20 위의 글, 174쪽.
21 한홍구, 「새로 쓴 북한통사」, 『월간중앙』, 1988년 10월호, 670쪽 참조.

공장·기업소·협동조합·국가기관·교육기관에 파견된 3대 혁명소조는 기존 간부들이 지니고 있는 각종 낡은 사상과의 투쟁을 전개했다. 이는 낡은 사상의 잔재를 근절하기 위한 노력인 동시에 간부들 사이에 나타나고 있던 타성과 안이함에 대한 투쟁이기도 했다. 요컨대 3대 혁명소조에 의한 사상투쟁은 사회 전반에 나타나고 있는 타성을 극복하고 활기찬 젊은 세대의 활약을 통해 새로운 활력소를 불어넣기 위한 일대 운동이었던 것이다. 물론 이 같은 운동이 기존의 간부들을 무턱대고 배척하는 것을 의미하지는 않았다. 이에 관해 김일성은 다음과 같이 밝혔다.

우리는 나이 든 간부 전부를 제거해버리거나 해임시켜서는 안 된다. 우리는 그들을 존경하지 않으면 안 된다. 우리는 그들을 해고해서는 안 되고 그들이 과거에 그러했던 바와 같이 미래에도 계속 꽃이 활짝 핀 상태로 일을 할 수 있도록 도와주어야 한다. 즉 3대 혁명소조의 중요 목적은 우리 간부들에게 바람직한 지원을 해줌으로써 그들이 보수주의, 경험주의, 기타 시대에 뒤떨어진 이념들을 버리고 당이 요구하는 과업을 성공적으로 수행케 하여 결과적으로 우리 경제를 빠른 속도로 보다 만족스럽게 발전시키는 것이다.[22]

이와 함께 3대 혁명소조원들은 낡은 사상에 반대하는 투쟁을 전개할 때 반드시 이를 기술실무적인 지원과 밀접히 결합한 것을 요구받았다. 대체로 나이 든 간부들은 고등교육을 받을 기회를 갖지 못한 채

---

22 조진경, 「북한현대사 개관」, 서울지역 교지편집인연합회 엮음, 앞의 책, 231쪽.

혁명에 투신해온 탓에 현대적 과학기술에 대한 이해가 매우 부족했고 그런 만큼 단순한 경험에 의존하는 경향이 강할 수밖에 없었다. 즉, 현대과학에 대한 이해의 부족이 고루한 경험주의를 낳고 있었던 것이다. 이에 따라 3대 혁명소조원들은 자신들이 받은 고등교육을 바탕으로 이들 나이 든 간부들이 현대적 과학기술을 습득하도록 도와줌과 동시에 실천을 통해 과학기술의 위력을 입증해 보임으로써 나이 든 간부들의 기술실무적 능력을 대폭 개선시켰고 이를 통해 고루한 경험주의로부터 빠져나오도록 만들었다.

이러한 사상혁명과 관련해 특히 강조되었던 사업작풍은 '청산리방법'과 '대안의 사업체계'였다.

청산리방법은 일찍이 1960년 2월 김일성이 평남 강서군 청산리 협동조합에 내려가 보름간 그곳 농민들과 숙식을 같이하면서 현장지도를 실시한 것에서 유래했다. 당시 김일성은 지방 당의 간부들이 사무실에 앉아서 명령만 내리거나 보고를 기다리는 사업방식을 호되게 질타하면서 하위간부들은 늘 현장에 내려가 실정을 구체적으로 파악해야 하며 기술·실무 면에서는 자기 사업에 정통해야 함을 강조했다. 여기에 기초해 다음과 같은 청산리정신이 일반적 사업지침으로 제시되었다.

> 윗기관이 아랫기관을 도와주고 윗사람이 아랫사람을 도와주며, 늘 현지에 내려가 실정을 깊이 알아보고 문제 해결의 방도를 세우며, 모든 사업에서 정치사업, 사람과의 사업을 앞세우고 대중의 자각적 열성과 창발성을 동원하여 혁명과업을 수행하도록 하는 데 있다.[23]

결국 청산리방법이란 관료주의, 주관주의, 형식주의를 퇴치함으로써 인민대중을 올바르게 지도할 수 있는 사업방식의 일환으로 제시된 것이다.

대안의 사업체계 역시 1961년 12월 김일성이 대안 전기공장을 현장지도하는 가운데 확립된 공장관리지침이다. 이 사업체계의 핵심은 특정 소수의 독단적인 공장관리제를 폐지하고 다수의 노동자가 참여한 가운데 활발한 토론을 통해 공장을 운영해나가는 데 있었다. 즉, 공장 내의 관료주의적 잔재를 청산하고 일선 노동자의 자주적이고 창조적인 활동을 최대한 보장할 수 있게 한 것이다.[24]

기술혁명 역시 사상혁명과 불가분의 연관성을 유지하면서 추진되었다. 이는 기술혁명을 가로막고 있는 중대한 요인 중 하나가 사대주의와 기술신비주의 등 각종 낡은 사상의 잔재라고 인정되었기 때문이다. 이에 관해 김일성은 농촌 기계의 개발을 예로 들며 다음과 같이 지적했다.

일꾼들의 머리 속에 사대주의와 기술에 대한 신비주의가 많다보니 새로운 기계를 대담하게 만들어내지 못하고 있습니다. 농업과학원과 농기계연구소에 수많은 연구사들이 들어앉아 농기계를 연구한다고 하는데 아직 우리나라 실정에 맞는 좋은 농기계를 만들어내지 못하고 있습니다. 지금 일부 과학자, 기술자들은 자체로 좋은 농기계를 창안, 제작할 생각은 하지 않고 다른 나라에서 만든 것을 그대로 본떠서 만들 생각만 하고 있는데 그렇게 하여서는 우리나라 실정에 맞는 좋은 농기계를 만들어낼

---

23   한홍구, 앞의 글, 657쪽.

24   위의 글, 658쪽 참조.

수 없습니다.[25]

기술에 관한 이 같은 낡은 사상의 잔재 역시 3대 혁명소조에 의해 격렬한 비판의 대상이 되면서 '실정에 맞는 주체적 기술의 개발과 대담한 기술의 창조'가 거듭 강조되었다.[26]

이러한 과정을 통해 새로운 기술혁신운동이 고양되었는데 기술혁명에서 특히 중점을 둔 것은 1970년 제5차 당대회에서 제창된 바 있는 '3대 기술혁명'이었다. 3대 기술혁명이란 김일성의 표현에 의하면 다음과 같은 것이었다.

우리는 공업과 농촌경리를 비롯한 인민경제의 모든 부문에서 기술혁신 운동을 널리 벌려 중노동과 경노동의 차이, 농업노동과 공업노동의 차이를 훨씬 줄이며 여성들을 가정일의 무거운 부담에서 벗어나도록 하여야 하겠습니다. 바로 이것이 앞으로 가까운 몇 해 동안에 우리가 수행하여야 할 3대기술혁명 과업입니다.[27]

요컨대 3대 기술혁명이란 근로자들을 힘겨운 노동의 굴레에서 해방시키기 위한 기술혁신운동이라고 할 수 있다. 이를 위해 공장의 자동화·반자동화, 농업의 기술적 조건의 개선, 가사노동을 대체할 수 있는 각종 제품의 공급 확대가 중점적으로 추진되었다.

---

25 양호민, 앞의 글, 180쪽.
26 이 점이 사상(홍紅: 마오쩌둥 사상)이냐 기술(전專: 덩샤오핑 사상)이냐를 양자택일의 문제로 삼으면서 결국 사상만을 택한 중국의 문화혁명과의 중대한 차이다.
27 조선로동당 중앙위원회 당력사연구소, 앞의 책, 263쪽.

먼저 공업 분야에서 이루어진 변화를 살펴보자.

기술혁명이 우선적으로 추진된 분야는 광업이나 수송업 등 위험부담이 크고 중노동이 요구되는 분야로 금속·화학·시멘트 등 유해·고열 노동이 요구되는 분야였다. 이러한 분야에 대해서는 기존의 수공업적 방식을 기계에 의한 작업으로 대체하는 한편 생산공정의 자동화, 원격조종화가 적극 추진되었다. 이에 관련된 몇 가지 성과들을 예로 들면 황해 종합제철소에서의 생산과정의 자동화와 텔레비전에 의한 원격통제시스템의 도입은 생산을 '2배 혹은 3배'로 증가시켰고, 4분의 1의 노동력을 줄였다고 한다. 또한 1975년 4,600미터의 정지整地 콘베이어벨트로 "많은 노동력과 80~90대의 대형 트럭이 하는 일을 대체시켰다"라고 이야기된다. 같은 해 무산탄광으로부터 산맥지대를 가로질러 청진의 김책 제철소로 철광석을 운반하는 세계에서 가장 길다는(98킬로미터) 수송 파이프라인이 개통되었다. 또한 철도의 전철화는 "수송능력을 배가시켰고 연료의 소비를 5분의 1로 줄였으며, 많은 노동력을 절약하였고, 철도운행의 문화를 현격히 제고시켰다."[28] 위와 같은 사업들은 대부분 3대 혁명소조의 활동과정에서 그 발상이 나온 것으로 알려졌으며 북한의 표현대로 '대담한 기술의 창조'를 통해 노동 자체를 훨씬 손쉽게 만들었을 뿐만 아니라 북한이 당면한 노동력 부족 문제를 해결하고 경제를 계속적인 성장가도에 올려놓는 데 크게 기여했다.

이 같은 현상은 농업에서도 비슷하게 나타났다. 농업 노동의 간소화와 노동력의 절감을 위한 작업이 4개의 분야로 나뉘어 추진되었

---

28   아이단 포스터 카터, 앞의 글, 136쪽 참조.

다. 관개화·전기화·기계화·화학화가 바로 그것이다. 이 같은 4대 사업의 추진 결과, 1970년대 중반을 넘어서면서 관개망은 전국적으로 3만 7,000킬로미터에 달하게 되었고 농촌의 전기화 또한 100퍼센트 달성되었다. 기계화 정도를 보자면 비슷한 시기에 8만 대의 트랙터가 공급되어 있었다. 이는 경작지 100정보당 트랙터 보유 수가 6~7대에 이르는 것으로 농업 인구, 경작면적과 비교해볼 때 세계적으로도 매우 높은 수준에 해당하는 것이었다. 새로 개발된 이앙기가 1974년에 도입되었고, 추수의 전면적 기계화는 1970년대 후반에 이르러 완전한 실행단계에 접어들게 되었다. 기계화를 촉진하기 위한 중요한 지침으로는 토지를 표준화된 모양과 크기로 재분할하는 것이었다. 화학화에 대해서는 김일성이 "비료는 쌀이고, 쌀은 사회주의이다"라고 강조하는 가운데 화학비료의 생산 증대에 중점을 두었고, 그 결과 1975년에는 300만 톤의 화학비료가 생산·공급되기에 이르렀다.[29]

여성을 가사노동의 무거운 짐으로부터 벗어나도록 하기 위해 북한이 중점을 두어 생산 증대를 추진한 것은 세탁기, 냉장고 같은 가전제품이라고 할 수 있다. 이 같은 제품들은 1960년대까지만 하더라도 중공업 우선정책에 밀려 공급이 극히 제한되었던 품목들이었다. 이밖에도 여성의 가사노동을 대체하기 위한 방편으로 가공식품과 주방용품의 생산 확대가 적극 추진되었다.[30]

문화혁명에서 가장 중요한 과업은 교육사업을 발전시키는 것이었다. 이는 해방 이후 북한에서 가장 중요하면서도 어려운 문제로 부각

29 위의 글, 137쪽.
30 돌베개 편집부 엮음, 앞의 책, 358쪽 참조.

되어왔던 민족간부의 양성문제를 원만히 해결하는 데 그 목적이 있었다. 그리하여 이미 살펴본 대로 1975년에 11년제 의무교육제도가 전면 실시되었으며, 1970년대 전 기간을 통해 대학은 129개에서 170개로 늘어났고, 481개의 고등전문학교가 새로 설립되었다. 이러한 과정을 통해 1970년대 말에 이르러서는 기술자, 전문가의 대열이 100만 명 이상으로 늘어나게 되었다. 이는 북한에 자체의 힘으로 기술을 개발하고 국가를 관리해나갈 수 있는 풍부한 인적 자원이 확보되었음을 의미하는 것이었다.[31]

위와 같은 3대 혁명을 추진한 결과 북한의 경제는 다시금 괄목할 만한 성장을 이루게 되었다. 그리하여 1971년부터 시작된 인민경제 발전 6개년 계획은 공업 총생산액에서는 1년 4개월, 농업 총생산액에서는 2년을 각각 앞당기는 성과를 달성하게 되었다. 또한 1970년에서 1979년 사이에는 공업 생산의 연평균 성장률이 15.9퍼센트의 수준을 유지하면서 공업 총생산액이 3.8배로 늘어났으며 그 가운데 생산수단 생산은 3.9배, 소비재 생산은 3.7배로 늘어나게 되었다.[32]

경제성장 못지않게 3대 혁명의 성과로 중요하게 지적되었던 것은 새로운 혁명세대의 육성이었다. 이에 관해 김일성은 다음과 같이 설명했다.

3대 혁명소조에 망라된 몇만 명의 청년 인텔리들이 실천투쟁을 통하여 혁명화, 노동계급화된 혁명적 인텔리로 자라난 것은 천 냥이나 만 냥의

---

31 위의 책, 361쪽 참조.

32 위의 책, 358쪽.

금을 주고도 얻을 수 없는 귀중한 성과이며 우리 당의 커다란 자랑입니다. 청년 인텔리들은 공장, 기업소들에 나가 노동자들과 같이 일하고 생활하면서 노동계급의 조직성과 견결성, 집단주의 정신을 배웠으며 노동계급의 무진장한 창발성과 힘의 원천을 알게 되었습니다. 청년 인텔리들은 노동계급과 힘을 합쳐 낡은 사상을 반대하는 투쟁을 벌였으며 노동계급과 노간부들, 청년 인텔리들이 합심하면 못 해낼 일이 없다는 귀중한 경험을 얻었습니다. 나는 3대 혁명소조원들이 지금처럼 자신을 혁명화, 노동계급화하기 위한 투쟁을 계속 잘해나간다면 앞으로 훌륭한 사회주의, 공산주의 건설자가 되리라고 확신합니다.[33]

이와 함께 특히 3대 혁명소조운동과 관련해 중요하게 지적되고 있는 것은 이 운동을 일선에서 지도한 것으로 알려진 김정일의 부각이다. 김정일은 이 같은 운동의 지도과정에서 그 능력을 인정받아 '친애하는 당 중앙' 등으로 호칭되면서 명실공히 북한을 이끌어갈 제2인자로 떠오르게 되었다. 이 점은 김정일이 김일성의 장남이라는 점에서 적대진영으로부터 '봉건적 세습제'라는 비판의 대상이 되고 말았다. 1980년 제6차 당대회에서 김정일이 사실상 김일성의 후계자로 공인된 것에 관한 북한 당국의 입장은 과연 어떤 것인가.

혁명투쟁은 한 세대로 끝나는 것이 아니라 많은 세대에 걸쳐 진행되는 곤란하고도 장기적인 투쟁이다. 따라서 혁명위업을 누가 어떻게 계승할 것이냐 하는 후계자문제가 중요하게 제기된다. 후계자문제를 옳게 처리

---

33 양호민, 앞의 글, 178쪽.

하지 못했을 때 얼마나 심각한 문제가 발생하는지는 스탈린 사후의 소련, 모택동 사후의 중국 등 국제 공산주의 운동의 경험이 잘 보여주고 있다. 따라서 수령은 자기가 개척한 혁명위업을 이어나갈 후계자를 옳게 양성하여 공산주의의 승리를 확고히 담보해주어야 한다. 또 수령의 승계는 단순한 권력만의 승계가 아니라 주체사상도 그대로 계승하여 더욱 발전시켜야 하는 것이다. 친애하는 지도자(김정일) 동지가 수령의 유일한 후계자가 된 것은 단지 그가 수령의 아들이기 때문이 아니라 누구보다도 수령의 후계자로서 갖추어야 할 품성과 탁월한 사상이론을 갖추고 있으며, 인민들의 사랑과 존경을 받기 때문이다.[34]

3. 통일을 위한 발걸음

1970년대 초 남북 간의 통일협상에서 북한은 북한 자신의 주동적 역할을 강조하는 입장에 서 있었다.

북한은 1971년 8월 6일에 김일성이 행한 「미제를 반대하는 아시아 혁명인민들의 공동투쟁은 반드시 승리할 것이다」라는 연설을 계기로 폭넓은 남북협상안을 제기했다. 이 안은 남한의 민주공화당을 포함한 모든 정당, 사회단체, 개별적 인사들을 언제 어디서나 접촉할 용의가 있음을 밝히고 있었다. 북한의 주장에 따르면 남한 당국이 역사적인 7·4남북공동성명에 서약하게 된 것은 이 같은 북한의 제안으로 남북협상에 대한 남한 민중과 세계 인민들의 요구가 높아짐에 따

---

34 조진경, 앞의 글, 233쪽.

라 어쩔 수 없이 대화의 마당에 이끌려 나온 결과였다.[35] 그만큼 당시 남북협상에 임하는 북한의 입장은 상당히 낙관적이고 의욕에 가득 찬 것이었다.

이러한 맥락에서 7·4남북공동성명에서 표방된 조국통일 3대 원칙은 북한이 얻어낸 커다란 승리로 취급되었다. 김일성이 제안한 것으로 알려진 조국통일 3대 원칙은 북한 당국의 표현에 의하면 "전체 조선 인민의 한결같은 의사와 염원을 반영한 민족공동의 행동강령이며 북과 남의 쌍방이 그 이행을 온 민족 앞에 엄숙히 맹세한 조국통일의 대원칙이다. 따라서 이는 대화 전반에서 튼튼히 의거하여야 할 확고한 지침"이며 그와 동시에 "해방 후 4분의 1세기 이상이나 아무런 접촉도 이룩하지 못했던 북과 남 사이에 대화가 실현된 것은 외세를 물리치고 조국을 통일하기 위한 우리 당과 인민의 투쟁에서 커다란 승리"였다는 것이다.[36]

물론 이러한 가운데서도 북한은 남한 당국의 기만술에 대한 경계를 조금도 늦추지 않았다. 예컨대 7·4남북공동성명이 발표된 직후인 1972년 7월 조선노동당 중앙위원회 제5기 제4차 전원회의에서 김일성은 "적들의 양면전술에 언제나 경각심을 높이고 미제와 그 앞잡이들의 있을 수 있는 온갖 도발에 주동적으로 대처할 수 있도록 준비되어 있어야 한다"라고 역설했다.[37]

결국 북한이 우려하는 바는 그대로 현실화되고 말았다. 미국과 남한의 박정희 정권은 겉으로는 남북협상을 내세우면서도 속으로는 무

---

35   조선로동당 중앙위원회 당력사연구소, 앞의 책, 334쪽 참조.
36   같은 곳.
37   위의 책, 335쪽.

력대결정책을 한층 강화해나갔으며, 남한 민중의 솟아오르는 통일에 대한 열망을 유신체제로 돌입하기 위한 계기로 악용했고, 급기야는 영구분단을 향한 유엔동시가입안을 제창하는 지경에까지 이르렀던 것이다.

이 같은 상황에 직면한 북한은 6·23특별선언이 미국이 꾸민 각본에 따른 것임을 지적하면서 궁극적으로는 '두 개의 조선'을 조작하기 위한 책동이라고 맹렬한 공격을 퍼부었다. 즉, 북한의 주장에 의하면 6·23특별선언에서 주창되고 있는 남북한 유엔동시가입안은 현재의 분단상태를 국제적으로 합법화함으로써 이를 영구화하려는 음모에 다름 아닌 것이었다. 이 같은 비판과 함께 북한은 6·23특별선언에 대한 대항조치로 특별선언이 발표된 1973년 6월 23일 바로 그날 다음과 같은 「조국통일 5대 강령」을 발표했다(체코의 공산당 총비서 후사크 환영대회에서 행한 김일성의 연설을 통해 발표되었다).

1. 남북 간의 군사적 대치상태를 해소하고 긴장상태를 완화한다. (군사 문제 우선 해결)
2. 정치, 군사, 외교, 경제, 문화 등 여러 분야에서 다방면적인 합작과 교류를 실시한다. (다방면적 합작)
3. 통일문제를 위한 대민족회의를 소집한다. (대민족회의 소집)
4. 남북에 현존하는 두 제도를 당분간 그대로 두고 남북연방제를 실시하며, 연방 국호는 '고려연방국'이라 한다. (남북연방제)
5. 남북한의 동시유엔가입에 반대하며 유엔가입은 연방제 실시 후 '고려연방국'의 국호로 한다. (단일 회원국 유엔 가입)[38]

조국통일 5대 강령은 7·4남북공동성명에서 제창된 조국통일 3대

원칙에 근거하면서도 통일의 원칙과 방도를 좀 더 구체화한 것으로 이후 북한 통일정책의 기본 골격을 형성하는 것이었다.

먼저 조국통일 5대 강령에서 주목되는 것은 군사문제의 우선적 해결인데, 이는 남북이 서로 총부리를 맞대고 있는 상황에서는 평화통일 자체가 어불성설일 뿐만 아니라 그 어떤 협상도 진실된 것일 수 없다는 북한의 견해를 반영한 것이라고 볼 수 있다. 즉, 북한이 보기에는 진정으로 민족의 통일을 원한다면 우선적으로 서로의 가슴을 겨누고 있는 총부리부터 거두어야만 하는 것이었다. 이러한 맥락에서 남한 당국이 주장해온 '우선 가능한 범위 내에서의 교류'란 문제의 본질을 덮어두기 위한 한낱 얄팍한 기만술책이라고 비판되었다.

이와 함께 조국통일 5대 강령은 통일을 위한 대민족회의의 소집을 요구하고 있는데, 이는 7·4남북공동성명에서 제창되었던 민족대단결의 원칙을 구체화한 것으로 볼 수 있다. 즉, 민족의 통일은 남북한 당국에 의해 그 과정이 독점되어서는 안 되며 그것은 어디까지나 남북의 모든 정당·사회단체·개별적 인사들이 폭넓게 참여하는 가운데 추진되어야 한다는 것이 북한의 주장인 것이다. 다시 말해 조국의 통일은 모든 민족성원이 한결같은 이해관계를 지니고 있는 문제인 만큼 통일협상에서도 동등하고 개방적인 발언권을 행사하지 않으면 안 된다는 것이다.

다음으로 조국통일 5대 강령은 연방제에 의한 통일조국의 건설을 명시하고 있는데, 이는 1960년 8·15경축대회에서 처음으로 제시된 것이었다. 연방제에 의한 통일방안은 일단 현존하는 남북의 제도를

---

38   노중선 엮음, 앞의 책, 506쪽.

그대로 두고 출발한다는 점에서(이후 1980년에 재정립된 연방제 통일방안에서는 연방제가 일시적인 것이 아닌 영구적인 것으로 명시되어 있다) 남한 당국이 주장해온 이른바 '적화통일'이 적어도 공식적인 차원에서는 북한의 정책이 아님을 드러내주고 있다. 여하튼 연방제는 남과 북 중 어느 일방이 자신의 체제에 의한 통일만을 고집한다면 무력동원은 필연적일 것이라는 현실을 고려한 점에서 평화통일을 위한 유일한 방식이라는 평가도 받고 있음은 상당히 주목할 만한 것이다.

그러나 이 같은 북한의 통일정책은 궁극적으로 그러한 정책을 받아들일 수 있는 정권이 남한에 등장할 때에만 가능한 것이었다. 이러한 맥락에서 이 시기 북한의 통일정책은 적어도 남한 내에서는 심각한 난관에 봉착할 수밖에 없었다. 왜냐하면 박정희 정권은 강력한 정보통제력을 이용해 그 같은 북한의 정책이 남한 민중에게 전파되는 것을 완벽하게 봉쇄해버렸기 때문이다. 그리고 당시 남한에서 전개되는 민중운동은 이러한 박 정권의 통제력을 극복할 만큼 충분히 성장해 있지도 못했다.

이 같은 상황 아래 1970년대 초반에 있었던 남북협상은 결국 시종일관 미국과 박정희 정권에 의해 철저히 악용되고 말았다. 이 점은 북한은 물론이고 남한 민중에게도 민중의 주체적인 자각이 뒤따르지 않는 통일협상은 외세와 독재정권을 이롭게 할 수도 있다는 극히 소중하면서도 쓰라린 교훈을 안겨준 것이었다.

이렇게 하여 미국과 박정희 정권의 교활한 술책으로 남북협상은 심각한 좌절을 겪게 되었지만 통일정책을 둘러싼 국제무대에서의 공방전은 북한에 상당한 성공을 가져다주었다. 이와 관련한 사항들은 앞에서 어느 정도 살펴본 것이기는 하지만 여기서 좀 더 자세히 알아보자.

북한은 미국과 남한 징권의 '두 개의 조선' 조작 음모를 분쇄하고 주한 미군을 철수시키며 남한 정권을 국제적으로 고립시키는 것을 목적으로 비동맹운동(북한의 표현에 의하면 '쁠럭 불가담 운동')을 중심으로 광범위한 국제적 연대운동을 전개했는데, 북한 당국은 그 성과에 대해 다음과 같이 열거하고 있다.

1973년 9월 세계 80여 개 나라의 국가 수반과 정부 수반들이 인솔한 대표단을 비롯한 100여 개 대표단들의 참가하에 알제리에서 진행된 제4차 쁠럭 불가담 국가 수뇌자회의와 1976년 8월 스리랑카에서 있은 제5차 쁠럭 불가담 국가 수뇌자회의에서는 미일 침략자들과 그 앞잡이들의 '두 개 조선' 조작 책동을 규탄하고 조국의 자주적 평화통일을 위한 조선 인민의 투쟁에 굳은 연대성을 표시하였으며 남조선에 있는 모든 외국 군대의 철거를 요구하고 우리 당의 조국통일방침을 전폭적으로 지지하는 결의를 채택하였다.

우리 인민의 조국통일 위업에 대한 절대적인 공감과 적극적인 지지가 막을 수 없는 시대적 추세로 되고 있는 환경 속에서 세계의 수많은 나라들에 조선통일지지위원회가 조직되었다.

1975년부터 해마다 조국의 자주적 평화통일을 위하여 투쟁하는 조선 인민과의 국제적 연대성회의가 열렸다. 그리고 1977년에는 벨지끄(벨기에)의 수도 브뤼셀에서 조선의 자주적 평화통일을 지지하는 제1차 세계대회가 열렸으며 1978년에는 일본 도쿄에서 5대륙 60개 나라의 정부급 대표단, 각 정당, 사회단체, 연대성 조직들과 12개의 국제기구 대표가 참가한 가운데 조선의 통일을 위한 제2차 세계대회가 열렸다. 미일 반동들과 남조선 괴뢰들의 파렴치한 파괴책동을 짓부시고 소집된 이 대회는 모든 난관을 이겨내고 자기 사업을 성과적으로 끝마쳤다.

조국의 자주적 평화통일을 위한 조선 인민의 투쟁을 지지하는 국제적인 대세의 흐름은 유엔에도 작용하지 않을 수 없었다. 1973년에 있은 유엔총회 제28차 회의는 위대한 수령 김일성 동지께서 제시하신 자주, 평화, 민족적 대단결의 조국통일 3대 원칙을 전적으로 환영한다는 것을 지적하고 미제의 침략과 내정간섭 도구인 '유엔 한국통일부흥위원단'을 즉시 해체시킬 데 대한 결정을 채택하였다. 이것은 26년 동안에 걸쳐 진행되어온 유엔에서의 조선문제 토의역사에서 전환이 일어났다는 것을 의미하였다. 1975년에는 조선문제에 관한 우리 측 결의안이 압도적 다수의 찬성으로 채택되었다. 그 후에도 매 유엔총회의 연단에서는 미제의 남조선 강점을 규탄하고 조국의 자주적 평화통일을 위한 조선인민의 투쟁을 적극 지지하는 목소리가 높이 울려 나왔다.[39]

이러한 국제적 연대운동은 당연히 통일에 대한 결정적 장애물로 간주되는 미국에 대한 반대투쟁과 결합되었으며 북한은 이 같은 전 세계적 범위에 걸친 반제반미투쟁에서 확고한 주도성을 발휘하고자 노력했다. 이는 조국통일을 위한 3대 요소의 하나인 국제역량을 확보하려는 노력의 소산이라고 볼 수 있다. 북한이 이처럼 세계적 범위에 걸친 반제반미투쟁을 이끌어나가고자 함에 있어서 강력한 무기로 내세운 것은 주체사상을 전 세계에 보급시키는 것이었다. 즉, 전 세계적인 반제운동에서 사상적 지도성을 확보하고자 한 것이었다. 이 같은 노력은 북한의 주장에 의하면 꽤 대단한 성과를 거두었는데 주체사상을 연구하는 소조들이 세계 곳곳에 수백 개나 설립되어 활동하고 있

---

39 조선로동당 중앙위원회 당력사연구소, 앞의 책, 338~339쪽.

다는 사실이 그 한 예라고 할 수 있다. 이러한 주체사상 연구소조들은 상호 연대하면서 활발한 토론회를 개최하기도 했는데 북한이 주장하는 사례들 중 일부를 살펴보면 다음과 같다.

위대한 수령 김일성 동지의 혁명사상, 주체사상에 대한 연구토론회들이 활발히 진행되고 있다. 일본을 비롯한 여러 나라들에서 전국적 토론회가 자주 열릴 뿐 아니라 한 나라의 범위를 벗어나 지역적 또는 대륙적인 토론회, 더 나아가 세계적인 토론회가 해마다 진행되게 되었다. 1971년 12월에는 레바논에서 중근동 지역 '김일성 동지의 창조적 주체사상 연구토론회'가 열렸고 1972년 12월에는 시에라 레온에서 '전 아프리카 김일성 동지의 주체사상 토론회'가, 1973년 11월에는 소말리아에서 '중근동 및 아프리카 지역 주체사상에 관한 과학토론회'가 진행되었다. 1974년 10월에는 또고(토고)에서 '김일성 주석님의 농촌테제 발표 10돌을 기념하는 「농촌문제 해결을 위한 제3세계 인민들의 과업」에 관한 과학토론회'가, 1975년 10월에는 페루에서 '라틴아메리카 주체사상 과학토론회'가 진행되었다. 1976년 9월에는 말가슈(말라가시)에서 세계 50여 개 나라 대표들이 참가한 '주체사상에 관한 국제과학토론회'가 성대히 진행되었다.[40]

이 같은 사실은 주체라는 말, 자주·자립이라는 말이 오늘날 세계의 출판물에서 가장 많이 쓰이는 통용어라는 주장과 더불어 북한의 인민들에게 대단한 자부심을 안겨주는 요소가 되었다.

---

40   위의 책, 349쪽.

책을 쓰고 나서

『다시 쓰는 한국현대사』 1권이 출간된 이후 주위로부터 자주 듣는 질문 하나가 있습니다. 도대체 어떤 자료를 읽고 이 책을 쓰게 되었는가 하는 것이 바로 그것이었습니다. 저는 그때마다 책의 말미에 제시된 참고문헌 목록을 보면 쉽게 알 수 있지 않느냐고 대답했습니다. 그러나 질문을 던진 당사자는 이 같은 대답에 쉽게 만족하지 못하는 눈치였습니다. 아마도 그 사람들은 필자만이 알고 있는 그 어떤 자료가 있을 것이라는 추측을 하고 있었나봅니다.

사실 제가 참고한 '자료'라는 것들은 한결같이 국내에서 공식 출간되어 독자의 손을 거쳐간 것들입니다. 특별히 희귀한 자료라고 할 만한 것은 전혀 없었던 것입니다. 다만 저는 그러한 자료에 실려 있는 내용들을 좀 더 주의 깊게 살펴보았을 뿐입니다.

여기서 말씀드리고 싶은 것은 그 같은 자료들을 섭렵하기 전에 제가 사실 어느 정도 현대사의 흐름에 관해 '감'을 잡고 있었다는 사실입니다. 저는 이러한 감을 바탕으로 자료를 통해 사실 여부를 확인함과 동시에 객관적 근거를 확보해냈습니다. 그러면 저의 그 같은 '감'은 어디에서 마련된 것일까요.

그에 대한 답은 극히 단순합니다. 그것은 마치 어릴 적 할머니에게서 들은 옛날이야기를 바탕으로 마음껏 상상의 나래를 펴는 것과도 같은 것이었습니다. 저는 현대사의 각종 사건에 대한 체험자의 증언을 들을 기회가 종종 있었습니다. 물론 그 같은 이야기를 해주신 분들은 특별한 사람들이 아니었습니다. 어떤 사상을 지니고 있거나 그 나름의 투쟁경력을 가지고 있는 분들이 아니었던 것이지요. 그저 묵묵히 생업에만 종사해온 극히 평범한, 어디에서나 발견할 수 있는 그러한 사람들이었습니다. 증언이라고 하는 것 역시 별다른 형식을 갖춘 것이 아니라 우연한 기회에 자신들이 겪었던 경험들을 회고하는 정도에 불과한 것들이었습니다. 그럼에도 그분들의 삶 자체에 이미 민족사의 온갖 형상이 녹아들어가 있음으로 해서 그처럼 단순한 회고조의 이야기조차도 현대사의 진실에 접근할 수 있는 귀중한 단서가 되었습니다.

한 가지 예를 들어보도록 하겠습니다. 한국전쟁 당시 정확한 시기는 알 수 없지만 제 고향에서는 미 공군기 폭격으로 부락 전체가 불바다가 된 적이 있었다고 합니다. 어른들의 이야기에 따르면 저희 부락에 인민군이 잠복해 있다는 정보를 입수한 것이 미 공군기로 하여금 폭격을 가하게 된 동기였다고 합니다. 물론 그 같은 정보는 완전한 오보였습니다. 결국 미군은 정확한 확인절차도 거치지 않고 민간인 부락에 대한 폭격을 감행한 것입니다. 그 결과 다수의 부상자가 발생했고 제가 알고 있는 사람 중 한 분은 그때 당한 사고로 지금까지도 얼굴에 선명한 화상 자국이 남아 있습니다. 저는 자료를 통해 이 사실을 확인한 결과, 그 사건이 당시 남한 도처에서 미군이 자행한 '몰살작전'의 한 예임을 알게 되었습니다.

저의 현대사 연구는 이러한 방식으로 이루어진 것입니다.

이 점은 지나간 과거의 사실들을 복원하는 작업뿐만 아니라 더욱 현재적인 사회현실을 분석하는 데서도 마찬가지라고 하겠습니다. 또 다시 한 가지 예를 들어보겠습니다. TV 제조공장에 다니는 한 노동자는 "내가 만든 제품이 해외로 수출될 때에는 10만 원 정도에 팔리는데 막상 그걸 사려면 30만 원 정도를 들여야 하니 도대체 누구 좋으라고 일을 하는지 모르겠다"라며 분통을 터뜨렸습니다. 이 점은 그 공장에서 일하는 노동자라면 누구나 쉽게 느낄 수 있는 문제입니다. 그러면서도 한국 경제의 본질적 특성을 정확히 반영하고 있습니다. 제가 1960년대 이후 한국 경제의 특성을 설명하면서 출발점으로 삼았던 것은 바로 이 같은 노동자들이 내뱉듯 던진 몇 마디 말들이었습니다.

고등교육을 받은 지식인들은 자신만이 세상을 잘 알고 있는 듯이 오만을 떨면서 교육받지 못한 민중을 깔보기 쉽습니다. 그러나 우리 민중은 현실의 모순 한가운데 서 있음으로써 체험을 통해 세상을 볼 수 있는 정확한 눈을 획득해왔습니다. 다만 그것이 개념이나 이론으로 정리되지 못했을 뿐입니다. 그러면서도 그들은 지식인의 세계와는 사뭇 다른 그들 나름의 언어를 통해 자신들의 생각을 표현해왔습니다. 예컨대 어느 농민이 "어차피 우리는 세상이 뒤집어져야만 산다"라고 푸념을 늘어놓았을 때 그는 '혁명'이라는 용어를 사용하지는 않았지만 현 사회의 근본적 변혁이 절실함을 깨닫고 있는 것입니다. 다시 말해 혁명에 대해 능히 감을 잡고 있는 셈입니다.

결론적으로 말해 제가 이 책을 쓸 수 있도록 길잡이 역할을 해준 것은, 저만이 알고 있는 그 어떤 특별한 자료가 아니라 포괄적으로 표현한다면 민중의 체험과 세상을 보는 그들의 눈이었습니다. 이렇게 해서 저는 이번 작업을 통해 허황된 자만심을 버리고 민중을 대한다면 그들 속에서 무궁무진한 지혜를 발견할 수 있다는 소중한 교훈을 깨닫게 되었습니다. 아울러 모든 이론은 민중의 상식에 뿌리를 내리고 그것에 입각해 설명될 때에만 민중 자신의 것이 될 수 있음을 확신하게 되었습니다. 민중이 알지도 못하는 개념이나 이론체계를 근거로 무언가를 설명하고자 한다면 민중이 그것을 받아들일 수 없는 것은 너무나 당연한 이치입니다. 물론 저 자신이 이러한 교훈을 올바르게 실천하기에는 아직은 까마득히 멀었다고 볼 수 있습니다. 다만 그렇게 해야 한다고 믿고 있을 뿐입니다.

참고문헌

거번 맥코맥·마크 셸던, 장을병 외 옮김,『남북한 비교연구』, 일월서각, 1988.

고도 다카오五島隆夫,『제5공화국 그 군부인맥』, 지양사, 1987.

고은 외,『민중』, 청사, 1983.

마루야마 나오키丸山直起 외, 편집실 편역,『한반도 위상의 재조명』, 인간사, 1985.

김낙중 외,『한국경제의 현단계』, 사계절, 1985.

김병오,『민족분단과 통일문제』, 한울, 1985.

김성환 외,『1960년대』, 거름, 1984.

김윤환 외,『한국경제의 전개과정』, 돌베개, 1981.

김정원,『분단한국사』, 동녘, 1985.

김준엽·스칼라피노 엮음,『북한의 오늘과 내일』, 법문사, 1985.

노중선 엮음,『민족과 통일』, 사계절, 1985.

대동 편집부 엮음,『민족과 경제』, 대동, 1988.

데이비드 콩드, 장종익 옮김,『남한 그 불행한 역사』, 좋은책, 1988.

돌베개 편집부 엮음,『북한 '조선로동당' 대회 주요 문헌집』, 돌베개, 1988.

리영희,『전환시대의 논리』, 창작과비평사, 1979.

리영희·임재경 엮음,『반핵』, 창작과비평사, 1988.

미 하원 국제관계위원회 국제기구소위원회 엮음, 한미관계연구회 옮김,『프레이저 보고서』, 실천문학사, 1986.

박현채 외,『해방 40년의 재인식』 II, 돌베개, 1986.

변형윤 외,『한국사회의 재인식』 1, 한울, 1985.

사카이 아키오坂井昭夫, 허강인 옮김,『독점자본주의와 군사노선』, 세계, 1986.

서울지역 교지편집인연합회 엮음,『백두에서 한라까지』, 돌베개, 1988.

송건호 외,『해방 40년의 재인식』 I, 돌베개, 1985.

스칼라피노·이정식, 한홍구 옮김,『한국공산주의운동사』 3, 돌베개, 1987.

양호민 외,『북한사회의 재인식』 1, 한울, 1987.

엘렌 브룬·재퀴스 허쉬, 김해성 옮김, 『사회주의 북한』, 지평, 1988.

윌프레드 버쳇, 김남원 옮김, 『북한현대사』, 신학문사, 1988.

이내영 엮음, 『한국경제의 관점』, 백산서당, 1987.

이대근·정운영 엮음, 『한국자본주의론』, 까치, 1984.

이태호, 『불꽃이여 이 어둠을 밝혀라』, 돌베개, 1984.

조갑제, 『국가안전기획부』, 조선일보사, 1988.

조민우 엮음, 『민중의 함성』, 거름, 1987.

조선로동당 중앙위원회 당력사연구소, 『조선로동당략사』 2, 돌베개, 1989.

진덕규 외, 『1950년대의 인식』, 한길사, 1981.

청사 편집부 엮음, 『70년대 한국일지』, 청사, 1984.

한동혁 엮음, 『지배와 항거』, 힘, 1988.

『말』, 1987년 3월호, 1987년 5월호, 1988년 3월호, 1988년 9월호.

『월간중앙』, 1988년 10월호.

『중앙경제신문』, 1989년 2월 9일자.

다시 쓰는 한국현대사 1권 차례

왜 한국현대사를 다시 쓰는가

제1부 해방과 분단

제1장   해방의 길목에서

제2장   좌절과 분노

제3장   배신과 음모

제4장   하나의 나라와 두 개의 정부

제5장   남한 민중의 무장항쟁

제2부 한국전쟁

제1장   전쟁 전야

제2장   전쟁의 발발과 미국의 개입

제3장   격돌하는 두 세계

제4장   심판대에 오른 양심

제5장   전쟁 중의 남과 북

제6장   전투 없는 전쟁

책을 쓰고 나서

참고문헌

다시 쓰는 한국현대사 3권 차례

책을 펴내면서

제6부   항쟁의 불꽃
        제1장   독재와 민주의 갈림길
        제2장   광주민중항쟁

제7부   어둠과의 대결
        제1장   권력과 지배의 논리
        제2장   다시 일어서는 민중
        제3장   민중의 총궐기

제8부   급변하는 내외정세와 민족의 진로
        제1장   역사는 우리의 것이다
        제2장   국제정세의 대변화
        제3장   격동의 한반도
        제4장   과거에서 미래로

책을 마무리하면서
참고문헌